U0487238

A COLLECTION OF
SWISS LAWS AND REGULATIONS ON
ECOLOGICAL AND
ENVIRONMENTAL PROTECTION

◎ 贵州与瑞士比较研究丛书

瑞士生态环保
法律法规译汇

吴大华　邓琳君 等 / 编译

社会科学文献出版社
SOCIAL SCIENCES ACADEMIC PRESS (CHINA)

《瑞士生态环保法律法规译汇》

编委会及翻译人员名单

主　编　吴大华（贵州省社会科学院院长、贵州与瑞士发展比较研究中心主任、法学博士后、经济学博士后、二级研究员、博士生导师）

副主编　邓琳君（华南理工大学法学院博士研究生）

成　员　李洁（贵州省社会科学院工业经济研究所研究员、中国社会科学院工业经济研究所博士后研究人员、贵州与瑞士发展比较研究中心副主任、法学博士）

　　　　　贾梦嫣（贵州省社会科学院法律研究所助理研究员、英国剑桥大学法学硕士）

　　　　　贺华中（贵州民族大学化学与环境科学学院原院长、教授、理学博士）

　　　　　朱薇（贵州省社会科学院区域经济研究所副研究员、菲律宾国立比立勤大学管理学哲学博士）

　　　　　刘云飞（贵州财经大学法学院副教授、法学博士）

　　　　　辛纪元（云南大学法学院博士研究生、贵州师范大学法学院讲师）

　　　　　李继扬（云南大学法学院博士研究生）

　　　　　刘洪瑞（贵州民族大学法学院博士研究生、贵州省工商行政管理局副处长）

陈远树（华南理工大学法学院博士研究生、广东省商务厅干部）
田离原（贵州师范大学法学院法学硕士）
段红丽（贵州大学法学院法学硕士）

前　言

　　欧洲中部的瑞士和中国内陆的贵州原本是相隔万里、鲜有交集的两个地方，随着2013年"生态文明贵阳国际论坛"之"贵州与瑞士对话"分论坛的全面展开，人们逐渐认识到两地的众多相似之处。除了自然地理和生态条件等方面的外在相似，两地在生态环保理念上也达到了高度的契合。瑞士素有"欧洲公园"之称，其在经济发展过程中对生态环境进行了很好的保护，是一个现代工业与自然美景"齐飞"的国家。瑞士国土面积狭小，环境保护与人口增长、经济发展之间的矛盾不可避免。但是瑞士很好地实现了人与自然的和谐共存，在发展经济的同时保持了自然环境的优美和谐。2014年6月，我有幸率团赴瑞士考察学习，切身体会到了瑞士在生态环保方面取得的成绩，其做法和经验无疑会给贵州建设生态文明带来一些有益的启示。

　　从瑞士生态建设的经验看，全面而严格的生态环保立法是其实现可持续发展的坚实保障。早在1876年，瑞士议会就通过了第一部有关森林保护的法律《森林检查团法》（1991年修订为《联邦森林法》），1877年继而制定了《水利工程检查团法》（1991年修订为《水利工程法》）。这两部法律为以后构建起可持续发展的法律体系奠定了重要的基础。1983年通过的《联邦环境保护法》是瑞士环境保护的基石。该法对环境保护的基本原则以及一些关键领域进行了规定。1998年修改的宪法专门设有"环境保护和领土政治"的章节，内容包括可持续发展、环境保护、国土整治、水资源保护、森林保护、自然与文化遗产保护、渔业和狩猎、动物保护等部分，以基本法的形式表达了瑞士人民坚持环保的决心。正是由于有了科学合理的生态环保立法，瑞士以其优美的自然环境和清新的空气赢得了"欧洲花园"的美誉。一方面，瑞士生态环保立法非常全面。分别从大气污染防治（空气污染防治、非电离辐射防治、噪声污染防治、震动污染防治）、土壤污染防治、有机体污染防治、化学物质污染防治、废物处置、污染场地修复、水资源保护、森林保护、气候保护、物种保护、生态系统保护、风景区保护、自然灾害预防等方面对瑞士环境进行了全方位的保护，为瑞士实现可持续发展提供了坚实的保障。另一方面，瑞士生态环保立法相当严格。《联邦森林法》第三条就明确规定：森林面积不得减少。谁伐一棵树就得种一棵树，乱砍伐者要受到法律制裁。此外，该法还规定了一系列的禁令，包括禁止生产对环境有害的产品、禁止对树木进行转基因等。

贵州山川秀丽，资源丰富，生态环境良好。同时，喀斯特地形地貌分布广泛，生态基础十分脆弱，一旦受损难以修复。贵州正处于科学发展、后发赶超、同步小康关键时期，面临着既要"赶"又要"转"的双重任务，处理好生态环境保护和发展的关系，是贵州经济社会发展最大的辩证法。被称为"公园省"的贵州也是中国生态文明的先行者，贵阳市是第一个循环经济试点城市，从2000年起就开始探索循环经济的发展。2002年3月，贵阳市结合当地的经济、社会和环境条件，做出了建设循环经济生态城市的决定。同年5月，贵阳市被国家环保总局确认为全国建设循环经济生态城市首家试点城市。2004年初，又被联合国环境规划署确认为全球唯一的循环经济试点城市。2004年发布了《贵阳市循环经济型生态城市建设规划》。2004年11月，贵阳市颁布施行了我国第一部循环经济方面的地方性法规《贵阳建设循环经济生态城市条例》，明确了贵阳市发展循环经济的原则、方向和途径。2009年出台国内首部促进生态文明建设的地方性法规《贵阳市促进生态文明建设条例》，为贵州省的生态文明建设立法提供了可贵经验。近年来，贵州省人大常委会先后制定了《贵州省水土保持条例》、《贵州省森林防火条例》、《贵州省义务植树条例》等，逐步形成了贵州省推动石漠化治理、加强生态文明建设的法规体系。2011年7月出台《贵州省赤水河流域保护条例》，开创了贵州省为一条跨省河流保护立法的先例，并与云南、四川签订了《川滇黔三省交界区域环境联合执法协议》，共同开展赤水河流域生态环境保护的会商和联动执法行动，形成了中国第一个全流域跨省区河流生态保护协调机制和工作机制。2013年，生态文明贵阳会议在成功举办四届之后，升格为生态文明贵阳国际论坛，成为我国唯一以生态文明为主题的国家级、国际性论坛。2014年3月7日，习近平总书记带着对贵州发展的深切关怀和殷切期盼，来到十二届全国人大二次会议贵州代表团，与贵州代表一起共商发展大计。总书记对贵州省近年来发展所取得的成绩给予了充分肯定，勉励贵州"要树立正确的发展思路，因地制宜选择好发展产业，切实做到经济效益、社会效益、生态效益同步提升，实现百姓富、生态美的有机统一"。贵州省紧紧围绕习总书记讲话精神，把《生态文明建设促进条例》列入立法计划，紧锣密鼓地开展立法调研起草论证工作。《贵州省生态文明建设促进条例（草案）》初审后，在《贵州日报》全文刊登条例草案文本公开征求意见，并深入田间、厂矿、社区和社会各层面调查研究征求民意。数易其稿后于2014年5月审议通过了《贵州省生态文明建设促进条例》（以下简称《条例》）。在目前国家还没有专门上位法，全国各省（区、市）也还没有出台类似法规的情况下，贵州省把生态文明建设纳入法治轨道。这部《条例》首次建立生态补偿机制，明确了补偿的原则、方式等；首次建立生态保护红线制度，将生态文明建设纳入政府部门的考核目标；首次建立环境信用机制。《条例》的颁布施行，为贵州推进生态文明建设、实现绿色崛起、营造宜居的生活环境、提高人民群众幸福指数、打造生态文明先行区，从制度上给予保障。6月，贵州生态文明先行示范区建设实施方案获得国家批复。7月，生态文明贵阳国际论坛2014年年会隆重召开，发布了"生态文明贵阳国际论坛2014贵阳共识"，站在了加快生态文明建设的新起点上。

2015年全国"两会"期间，习近平总书记在参加江西代表团审议时指出："环境就是民生，青山就是美丽，蓝天也是幸福。要着力推动生态环境保护，像保护眼睛一样保护环境，像对待生命一样对待生态环境，对破坏生态环境的行为，不能手软，不能下不为例。"这与去年在贵州团的讲话是"姊妹篇"。2015年3月4日，中共中央政治局首次提出了"绿色化"概念，这是十八大提出的"新四化"概念的提升，至此，"四化"变"五化"，生态文明建设开始有了理论上的"抓手"，也有了实践的路径。由上可见，习近平总书记在不同场合60多次对生态文明建设提出了一系列新思想、新观点、新论断，为生态文明建设提出了依据。4月25日，中共中央、国务院正式公布《关于加快推进生态文明建设的意见》。这是继党的十八大和十八届三中、四中全会对生态文明建设作出顶层设计后，中央对生态文明建设的一次全面部署，对于经济转型升级、促进社会和谐、全面建成小康社会、维护全球生态安全，具有十分重要的意义。

"他山之石，可以攻玉。"从国外生态环保立法的实际情况看，发达国家总体上走在发展中国家的前列。我们要完善生态环保立法，除了对本土生态环保法律资源进行挖掘研究，更要强化对国外生态环保法制的借鉴。贵州在今后的发展中，务必认真学习贯彻习近平总书记的重要讲话精神，进一步坚守发展和生态"两条底线"，不断推动"法治贵州"建设。要做到既实现"金山银山"，又保住"绿水青山"。除了扬长避短，充分发挥自身的生态优势，更要多向成功的案例学习。正基于此，我们搜集了瑞士生态环保相关的法律法规进行翻译，一是为相关科研人员、相关专业的学生和其他对瑞士生态环保法律法规感兴趣的读者提供比较全面的研究资料。二是为贵州生态环保立法工作提供一些可资借鉴的参考资料。本次翻译一共收集了20部法律法规，包括《联邦自然与文化遗产保护法》、《联邦森林法》、《森林条例》、《联邦水资源保护法》、《联邦拦水设施法》、《降低噪声条例》、《联邦格劳宾登州瑞士国家公园法》、《有害物质和制剂防治条例》、《联邦非人类基因技术法》、《挥发性有机物税收优惠条例》、《饮料容器条例》、《动物福利法》、《联邦环境保护法》、《大气污染防治条例》、《联邦二氧化碳减排法》、《二氧化碳减排条例》、《污染场地修复条例》、《污染场地修复收费条例》、《污染物排放与废水中废物和污染物转移登记条例》、《关于防止重大事故条例》，基本涵盖了瑞士生态环保的法律法规。需要指出的是，本次翻译主要针对的是瑞士生态环保法律法规，因此本书将作为"贵州与瑞士比较研究丛书"，同时也是"外国生态法律法规译汇"之一进行出版。此项工作完成后，我们还将继续翻译瑞士其他方面的法律法规，以及世界上生态保护良好的其他国家的生态环保法律法规。由于编译者阅历、水平所限，加之收集材料、整理资料和文字加工润色的时间比较仓促，错误与不足在所难免，敬请方家不吝指正。

吴大华

2015年5月10日于甲秀楼

CONTENTS 目录

前　言 // 1

上篇　生态保护法律法规

联邦自然与文化遗产保护法 // 3

联邦森林法 // 18

森林条例 // 32

联邦水资源保护法 // 52

联邦拦水设施法 // 79

降低噪声条例 // 87

联邦格劳宾登州瑞士国家公园法 // 120

有害物质和制剂防治条例 // 123

联邦非人类基因技术法 // 195

挥发性有机物税收优惠条例 // 206

饮料容器条例 // 230

动物福利法 // 237

下篇 环境保护法律法规

联邦环境保护法 // 251

大气污染防治条例 // 284

联邦二氧化碳减排法 // 356

二氧化碳减排条例 // 368

污染场地修复条例 // 417

污染场地修复收费条例 // 432

污染物排放与废水中废物和污染物转移
　　登记条例 // 439

关于防止重大事故条例 // 452

后　记 // 474

Contents

Prefact // 1

Part One Laws and Regulations on Ecological Protection

Federal Act on the Protection of Nature and Cultural Heritage // 3

Federal Act on Forest // 18

Ordinance on Forest // 32

Federal Act on the Protection of Waters // 52

Federal Act on Water Retaining Facilities // 79

Noise Abatement Ordinance // 87

Federal Act on the Swiss National Park in the Canton of
  Graubünden // 120

Ordinance on Protection against Dangerous Substances and
  Preparations // 123

Federal Act on Non – Human Gene Technology // 195

Ordinance on the Incentive Tax on Volatile Organic Compounds // 206

Ordinance on Beverage Containers // 230

Animal Welfare Act // 237

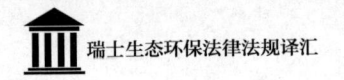

Part Two Laws and Regulations on Environmental Protection

Federal Act on the Protection of the Environment // 251

Ordinance on Air Pollution Control // 284

Federal Act on the Reduction of CO_2 Emissions // 356

Ordinance for the Reduction of CO_2 Emissions // 368

Ordinance on the Remediation of Polluted Sites // 417

Ordinance on the Charge for the Remediation of Contaminated Sites // 432

Ordinance on the Register relating to Pollutant Release and the Transfer of Waste and of Pollutants in Waste Water // 439

Ordinance on Protection against Major Accidents // 452

Postscript // 474

瑞士生态环保法律法规译汇

生态保护法律法规

上篇

联邦自然与文化遗产保护法

1966 年 7 月 1 日制定

（修订截止于 2012 年 1 月 1 日）

根据联邦宪法第二十四条[sexies]，国民议会和联邦议会的联席会议，经审阅了联邦委员会 1965 年 11 月 12 日的公告后，通过联邦自然保护与文化遗产法。

第一条 目标

受联邦当局的监督，根据联邦宪法第二十四条[sexies]第二至五款的规定，该法旨在：

a. 认真管理和保护具有地方特色的遗产景观和遗址，历史遗迹，以及本国的自然和文化古迹，并促进它们的保存和保养；

b. 支持各州履行保护自然，文化遗产和古迹的工作，并确保与他们合作；

c. 支持活跃在该领域的组织在保护自然、文化遗产或古迹方面做出的努力；

d. 保护本土动植物及其生物多样性和自然栖息地；

e. 促进科研与教育，加强自然保护、文化遗产和古迹保护领域专家的教育和培训。

第一节 自然保护，文化遗产保护和保留古迹联邦任务的履行

第二条 联邦任务的履行

一、联邦宪法第二十四条[sexies]第二款规定的联邦任务的履行具体指的是：

a. 联邦的规划、建设以及改造和装置工程，其机构和企业，如联邦政府的大楼及相关设备，国家道路和瑞士联邦铁路公司的大楼及相关设备；

b. 许可和授权书的签发，如交通基础设施和设备的建造和运行（包括批准计划），能量、液体或气体输送设备的建造和运行，以及电信业务、森林砍伐许可和授权的签发；

c. 为规划、工程和设备提供补贴，如土地改良项目、农业建筑改造项目、河道治理、水体保护结构和运输基础设施。

二、各州主管官厅对于以上第一款 c 中补贴项目的决定应被视为等同于联邦政府任务的履行。

第三条 联邦和各州的义务

一、在联邦任务的履行过程中，联邦政府及其机构和企业、各州应确保具有地方特色的遗产景观和遗址、历史遗迹、自然和文化古迹得到精心管理，如果有公共利益的冲突也应保留未被破坏的。

二、他们需要履行的义务如下：

a. 合理设计和维护其自身建筑和设备，或前述的所有建筑（第二条 a）；

b. 增加许可和授权书签发的条件或要求，或拒绝签发许可和授权书（第二条 b）；

c. 限制或拒绝发放补贴（第二条 c）。

三、不管第四条中定义的遗迹的重要性，该义务均适用。任何一项措施都不得超出保护遗迹及其周围环境所需的范围。

四、决定做出之前，联邦主管机构应咨询有关各州。联邦环境办公室、联邦文化办公室，联邦公路办公室及有关联邦机构应按照 1997 年 3 月 21 日联邦政府和行政组织法第六十二条 a 和第六十二条 b 实施该法。

第四条 遗迹的分类

关于联邦宪法第二十四条^{sexies}第二款所定义的具有地方特色的遗产景观和遗迹，自然和文化古迹，必须对其进行区分：

a. 具有国家重要性的遗迹；

b. 具有地区重要性和地方重要性的遗迹。

第五条 具有国家重要性遗迹的联邦清单

一、与各州协商后，联邦委员会应制定具有国家重要性遗迹的清单。

可以依据自然保护，文化遗产或古迹保护等领域官方机构和组织已经拟定的清单。选择入选遗迹的原则应在名单中加以说明，并且必须至少包括以下细节：

  a. 对遗迹的精确描述；

  b. 他们具有国家重要性的理由；

  c. 可能的威胁；

  d. 现有的保护措施；

  e. 要实现的保护水平；

  f. 改进建议。

二、清单不必面面俱到。他们必须定期审查和更新。新遗迹的加入，现有遗迹的调整或删除应由联邦委员会与各州协商后再决定。各州可以自己主动要求进行审查。

  第六条　加入清单的重要性

一、列入具有国家重要性遗迹清单的遗迹表明它特别值得保护，或在任何情况下都应以尽全力对其进行保护，包括进行修复或实施适当的替代措施。

二、在履行联邦任务的过程中，只有在具有国家重要性的对立利益，与保护遗迹的利益等同超过其利益时，才可以不遵守清单中所明确的遗迹保护原则。

  第七条　委员会的专家报告

一、如果由联邦机构负责完成联邦任务，那么联邦环境署，联邦文化办公室或联邦公路办公室必须进行评估，是否有必要由第二十五条第一款中规定的委员会准备专家报告。如果由州负责完成联邦任务，该评估应由第二十五条第二款中的各州专家完成。

二、如果在联邦任务履行过程中，依据第五条被列入清单的一个遗迹被严重破坏或出现重大问题，委员会应为决策机构准备一份专家报告，指出该遗迹是否应被保护或应该如何被保护。

  第八条　选择性报告

在重要的情况下，委员会可以在程序的任何阶段主动提交关于遗迹保护或保全的专家报告。然而，报告应尽早提交。只要委员会有要求，应随时提供所有必要文件。

第九条　其他专家报告

主管联邦机构也可要求各州专家机构（第二十五条第二款），负责自然保护、文化遗产保护或古迹保护的各州委员会，或由州指定的其他机构编写一份专家报告。此外，它可以要求活跃在自然保护，文化遗产保护或古迹保护等领域的组织提交他们的意见。

第十条　各州的咨询

在第七条、第八条和第九条所指定的情况下，也应向各州政府进行咨询。各州应当邀请有关方表态。

第十一条　军事设施例外

根据1995年2月3日武装部队法第一百二十六条第四款的规定，军事建筑和设备的建造不需要获得批准，在这种情况下不应要求联邦主管机关编写专家报告，也无须为选择性专家报告提供文件。

第十二条　市镇和组织的上诉权利

一、反对州政府或联邦主管官厅裁决的上诉权应给予如下：

a. 市镇；

b. 保护自然、文化遗产、古迹或类似对象的组织，该组织还应符合以下要求；

①该组织活跃在整个瑞士；

②不以营利为目的；任何商业活动的开展都必须服务于非营利的目标。

二、上诉的权利被赋予法律领域的组织，并且该组织在过去至少十年内已经完成部分目标。

三、联邦委员会应指定有权提出上诉的组织。

四、该组织的最高执行机构负责提出上诉。

五、该组织可以对其合法的独立州和州以上的下级组织进行授权，赋予其在与地区活动相关的具体案件中提出反对意见或提出上诉的权利。

第十二条 a　对提供联邦补贴决策的上诉不予受理

如果一项关于提供联邦补贴的决策已经通过裁决的方式在其他地方得到实施，该裁决是依据第十二条第一款对联邦任务履行中的规划、工程或设备的规定做出的，那么将不再受理针对该决策的上诉。

第十二条 b 裁决的通知

一、根据第十二条第一款的规定，主管官厅应将其裁决以书面通知或在官方联邦公报公开或在各州机关出版物公开的形式通知有关市镇和组织。该裁决一般应允许公众查阅 30 天。

二、如果联邦或州法律规定了异议程序，那么必须根据第一款发出通知。

第十二条 c 丧失上诉权

一、没有行使追索权的市镇和组织可以参加诉讼的其余部分，只要其受到裁决修订的损害。强制购买案件适用 1930 年 6 月 20 日联邦强制购买法。

二、如果一个市镇或组织没有根据联邦或州法律参与异议程序，则不再享有上诉的权利。

三、如果一个组织未能在土地使用规划中达成与裁决效力相当的有效反对意见，或其反对意见被驳回且该驳回具有完整法律效力，那么该组织将无权在之后的法律程序中提出反对意见。

四、第二款和第三款也适用于各州法律中规定的针对土地使用规划的反对意见及上诉。

第十二条 d 申请者和组织之间的协议

一、如果申请人和组织签订的协议涉及与公法事宜相关的义务，该协议将被主管官厅视为共同申请。主管官厅应在做出裁决或决策时考虑该协议带来的影响，除非根据 1968 年 12 月 20 日联邦法行政诉讼法第四十九条的规定，该协议存在缺陷。

二、不允许申请人和组织在财务或其他利益相关事项上达成协议，如果涉及：

a. 公法义务的执行，特别是官方要求；

b. 不属于公法规定的措施或与本项目无关；

c. 以放弃追索权或任何其他程序上的让步作为支付条件。

三、上诉机关应驳回上诉，如果该上诉是对法律程序的滥用或根据第二款的规定，该组织要求违法支付。

第十二条 e 提前施工

建设项目可在法律程序完结前开始，只要诉讼结果不影响已经完成的项目。

第十二条 f　程序费用

如果该组织败诉，其应当承担联邦主管官厅之前的上诉费用。

第十二条 g　各州和相关联邦办公室的上诉权利

一、根据第十二条第一款的规定，各州有权针对联邦主管官厅做出的裁决提出上诉。

二、根据第十二条第一款的规定，相关联邦办公室有权针对各州的裁决提出上诉；还可根据联邦和各州法律规定行使追索权。

第二节　联邦政府对自然，文化遗产和遗迹保护以及单独联邦措施的支持

第十三条　为值得保护区域的保护工作提供财政资助

一、在与风景、具有地方特色的遗迹、历史遗迹，或值得保护的自然和文化遗迹的保护、收购、维护、调查和存档相关的协议基础上，联邦政府可以在其授权额度内为各州的自然保护、文化遗产保护和遗迹保护提供全球财政资助。

二、作为例外，其可以通过裁决的方式为需要联邦政府单独评估的项目提供补财政资助。

三、财政资助的额度由保护区域的重要性和措施的有效性决定。

四、财政资助只有在措施是符合成本效益，并进行专业操作的条件下提供。

五、有序的保护和保养措施，构成对财产的使用（民法典第七百零二条）公法限制。他们对有关土地业权人具有约束力，且必须由各州进行土地登记。这一义务的豁免由联邦委员会决定。

第十四条　机构的补贴

对致力于自然保护、文化遗产保护和遗迹保护的国家组织，联邦可以为其用于服务公众利益的活动成本提供补贴。

第十四条 a　研究，培训，公共关系

一、联邦政府可以为以下事项提供补贴：

a. 研究项目；

b. 专家的培训和继续教育；

c. 公共关系。

二、只要是符合国家利益，联邦政府可以自己开展这些活动，或由其承担费用，安排第三方开展。

第十五条 购买和维护值得保护的区域

一、联邦可以通过合同或者通过强制购买（无法达成合同的情况下）的方式，购买或维护自然景观、历史遗迹和具有国家重要性的自然或文化遗迹。其可以将管理职责分配给各州、市镇或组织。

二、适用联邦强制购买法。

第十六条 预防措施

如在第十五条中定义的某处自然风景、历史遗迹，或具有国家重要性的文化遗迹面临紧迫危险，联邦环境、交通、能源和通讯部或联邦内政部可采取临时措施将存在问题的区域置于联邦政府的保护之下，并采取任何必要的保护措施。

第十六条 a 补贴规定

一、联邦议会通过简单的联邦法令批准临时信贷框架来保证提供补贴。

二、文化遗产和古迹保护区的财政适用 2009 年 12 月 11 日文化促进法第二十七条的规定。

第十七条 偿还补贴

如果一个遗迹被认为不再值得保护，那么可能会要求偿还所有或部分补贴。

第十七条 a 专题报告

在各州批准的前提下，联邦议会应规定哪些情况下委员会可以主动或在第三方的请求下准备专家报告。

第三节 保护本土动植物

第十八条 保护动物和植物物种

一、必须通过保持足够广泛的栖息地（生境）和其他适当的措施以预防本土动植物物种的灭绝。这些措施一定要充分考虑到值得保护的农业和林业利益。

一、^{bis}应给予河岸区、沼泽地和沼泽，稀有森林群落、树篱、灌木丛、干草原和在维护生态平衡中起到重要作用，或为群落生境提供了极为有利生存条件的其他地点特殊保护。

一、[ter]如果在充分考虑各方利益之后，由于采取技术干预，值得保护的栖息地遭受损害不可避免，有关责任方必须采取措施，确保尽可能对其进行保护和恢复，如果不可行，则提供适当的补偿。

二、如果采取病虫害防治措施，特别是通过使用有毒物质，必须注意不危及值得保护的动物和植物物种。

三、联邦政府可以鼓励在合适的地点重新安置已在瑞士野外灭绝或数量受威胁的物种。

四、保留针对狩猎及鸟类和渔业进行联邦立法的权利。

第十八条 a　具有国家重要性的群落生境

一、联邦委员会应在向各州咨询之后指定具有国家重要性的群落生境。应确定这些群落生境的位置并明确保护对象。

二、各州应当为具有国家重要性的群落生境的保护和维护进行安排部署。应采取及时适当的措施，并确保其得到实施。

三、联邦委员会在向各州咨询之后，可以限制安排保护措施所需的时间。如果在进行提示之后，一个州还未能在规定的期限内安排保护措施，联邦环境、交通、能源和通讯部可以采取必要的措施并由该州承担其中的一部分费用。

第十八条 b　具有区域和地方重要性的群落生境及其生态补偿

一、各州负责对具有区域和地方重要性的群落生境进行保护和维护。

二、位于居民区内部和外部的、使用较为密集的区域，各州应通过树篱、灌木丛和河岸树种植或其他适合这一地区的近自然植被的条款来确保生态补偿。这样做的同时必须考虑到农业的要求。

第十八条 c　土地所有者和经营者的位置

一、群落生境的保护和维护应该在与土地所有者和农业或林业运营商协议的基础上，并通过合理使用农业和林业使其尽可能实现。

二、如果为了保护对象，土地所有者和农业或林业经营者的现有使用得到限制，或提供了无偿服务，他们有权利获得相应的补偿。

三、如果土地所有者未按要求使用土地而使保护目标未能达成，他必须根据当局指令，接受第三方对其的使用。

四、如果为达到保护目标必须要收购土地，各州有强制购买的权力。

在其实施条例的过程中，他们可以宣称适用强制购买法，各州政府应据此对仍然存在争议的任何异议进行裁决。如果要保护的地点位于多个州境内，适用强制购买法。

第十八条 d　融资

一、在项目协议的基础之上，联邦政府可以在其授权额度内为各州具有国家重要性、地区和地方重要性的群落生境的保护和维护及生态补偿提供全球补偿支付。

二、作为例外，联邦政府可以通过裁决对需要联邦单独评估的项目提供补偿金。

三、补偿支付的额度由保护区的重要性和措施的有效性决定。

四、补偿金只有在措施是符合成本效益，并进行专业操作的条件下提供。

五、指定具有国家重要性群落生境的费用由联邦政府承担。

第十九条　野生植物的采集和动物的捕获；强制性审批

以商业为目的进行的采集野生植物和捕获野生动物的行为都必须获得各州主管官厅的授权。这种批准可能被限制于特定的品种、地区、季节、数量上，或在其他方面进行限制。禁止有组织的采集或捕获活动。前述规定不适用于正常的农业和林业开发，或常规量的真菌、浆果的采集，用在茶和药中的草药的采集，除非该物种受到保护。

第二十条　保护珍稀动植物

一、联邦议会可完全或部分禁止采摘、挖、连根拔起、移动，许诺销售、销售、购买或破坏珍稀植物。其同样可以采取适当措施，保护受到威胁的或应该受到保护的动物物种。

二、各州可以为更多的物种发放禁令。

三、为了保护物种，联邦委员会也可以提出附加条件，限制或禁止生产、销售、进出口和中转植物或植物产品。

第二十一条　河岸植被

一、河岸植物（芦苇和急流河床，冲积地带植被和其他自然河岸植物群落）不能被清除或掩盖，或以其他方式破坏。

二、如果条件许可，各州应确保河岸植被得到生长，或者至少是创造有利其生长的条件。

第二十二条　特殊审批

一、各州主管官厅可以以科学为目的或以教育和治疗为目的进行特殊审批，允许以采集或挖取受保护的植物或在指定区域内捕获动物。

二、在水体保护机构和水体保护相关立法允许的情况下，可以以项目建造为目的，在限定区域内除去河岸植被。

三、如果根据不同成文法的规定，由某个联邦官厅决定一个项目，那么该联邦官厅应进行特殊审批。

第二十三条　外来动植物物种：强制性审批

原产地不在国内或者不在某地的动植物品种及其亚品种的培育都必须得到联邦委员会的批准。前述规定不适用于围场、花园和公园，或农业和林业企业。

第三节 a　风景秀丽并且具有国家重要性的沼泽及沼泽景观

第二十三条 a　沼泽的保护

第十八条 a、第十八条 c 和第十八条 d 适用于风景秀丽并且具有国家重要性的沼泽及沼泽景观的保护。

第二十三条 b　沼泽景观的定义及划分

一、沼泽景观是具有沼泽特征的近天然的景观，其中的非沼泽部分与沼泽有着密切的生态关联、视觉关联、文化关联及历史关联。

二、一个沼泽景观被认为风景秀丽并且具有国家重要性，如果它：

a. 是独一无二的；

b. 在相似的同类景观中拥有重要价值。

三、联邦委员会应指定风景秀丽并且具有国家重要性的沼泽景观并确定其位置，也应考虑现有居住点及土地利用情况。因此，联邦委员会应当与各州进行密切合作，各州也应征询有关土地所有者的意见。

四、联邦应当为景观秀丽并且具有国家重要性的沼泽景观的指定工作提供资助。

第二十三条 c　沼泽景观的保护

一、总目的是保护沼泽景观的自然和文化特色，这也是沼泽景观风景秀丽并具有国家重要性的关键因素。联邦委员会应当针对沼泽景观的特点明确保护的目标。

二、各州应负责制定并实施具体的保护目标。在适当的时候他们应采取合适的保护和维护措施。类推适用第十八条 a 第三款和第十八条 c。

三、在有关保护和维护措施协议的基础上，联邦政府应在授权额度内向各州提供全球补偿支付。

四、作为例外，联邦政府可以通过裁决对需要联邦单独评估的项目提供补偿金。

五、补偿支付的额度由保护区的重要性和措施的有效性决定。

六、补偿金只有在措施是符合成本效益，并进行专业操作的条件下提供。

第二十三条 d　沼泽景观的改建和使用

一、在不与保护沼泽景观特点发生冲突的前提下可以允许对沼泽景观进行改建和使用。

二、在符合第一款规定的前提下，可以对以下事项进行特别批准：

a. 农业及林业使用；

b. 维护和重建合法的建筑物及设备；

c. 保护人们免受自然灾害的措施；

d. 用于上述 a～c 的基础设施。

第三节 b　国家级公园

第二十三条 e　定义及分类

一、国家级公园拥有极高的自然及景观价值。

二、分为以下几类：

a. 国家公园；

b. 地区自然公园；

c. 自然探索公园。

第二十三条 f　国家公园

一、国家公园是能够大面积提供本土动植物未受损害的栖息地，并允许景观自然演变及发展的区域。

二、在这个框架内，也服务于以下目标：

a. 提供休养的区域；

b. 推广环境教育；

c. 允许科研，尤其是关于本土动植物及景观的自然演变。

三、它包含：

a. 核心区，允许自然环境自由发展，公众有限的使用；

b. 缓冲区，采取近自然方式对文化景观进行管理并防止有害干预。

第二十三条 g　地区自然公园

一、地区自然公园是一个大面积的、部分人口密集的地区，其特征为拥有丰富的自然及文化景观，其建筑和设备与景观及地方特色的和谐融为一体。

二、在地区自然公园内：

a. 自然及景观的质量应被维护并得到提升；

b. 可持续的商业活动应当得到推广，合成产品的销售和服务应当得到提升。

第二十三条 h　自然探索公园

一、自然探索公园是一个靠近拥有密集居住人口区的地域，它为本土动植物提供未受破坏的栖息地并允许公众去感受自然。

二、在其框架内，应致力于推广环境教育。

三、它包含有：

a. 核心区，允许自然环境自由发展，公众有限的使用；

b. 过渡区，允许公众感受自然并防止对核心区造成损害。

第二十三条 i　支持地区的倡议

一、各州应对各区域建立并运行国家级公园付出的努力表示支持。

二、它们应确认市镇相关的区居民能以合适的方式发挥其作用。

第二十三条 j　公园标签及产品标签

一、根据各州的推荐，联邦应当授予公园机构公园标志，如果：

a. 采取合适的措施保证公园能长期存在；

b. 满足第二十三条 f，第二十三条 g 或第二十三条 h 和第二十三条 e，第二十三条 i 第二款及第二十三条 l 字母 a 和字母 b 规定的要求。

二、拥有公园标志的公园机构可以申请为那些在公园内以可持续的方式生产产品或提供服务的个人和商家申请产品标签，以便标记产品或服务。

三、公园标签和产品标签只在有限期间内进行授予。

第二十三条 k　经济支持

一、在与国家级公园的建立、运行和质量保证相关的协议基础上，联邦应当向各州提供全球财政资助，如果：

a. 该公园满足第二十三条 j 第一款字母 a 和字母 b 规定要求；

b. 有合理的自筹资金的措施，其他资金来源不足；

c. 这些措施经济有效并有专业的操作。

二、财政资助的额度由保护区的重要性和措施的有效性决定。

第二十三条 l　联邦委员会条例

联邦委员会应针对以下事项颁布条例：

a. 国家级公园获得公园标签和产品标签所要满足的要求，特别是关于公园的大小、使用许可、保护措施及对公园长期所做的保证；

b. 对公园标签和产品标签的授予及开发利用；

c. 对项目协议的总结及对联邦提供的全球财政资助有效性的确认；

d. 对国家级公园的科学研究的支持。

第二十三条 m　Graubunden 州现有国家公园

一、Graubunden 州现有的国家公园的管理适用 1980 年 12 月 19 日国家公园法。

二、根据第二十三条 f 第三款字母 b 的规定，在通过增加一个缓冲区进行扩建之前，联邦可以授予其"瑞士国家公园基金会"的公园标志。

三、根据第二十三条 k 的规定，通过增加缓冲区进行扩建的行为都应被提倡。

第四节　刑法规定

第二十四条　轻罪

一、在没有获得授权的情况下，任何人故意：

a. 毁坏或严重损害受本法保护的自然或文化遗迹，受保护的历史遗迹，受保护的自然景观或受保护的群落生境；

b. 清除、覆盖或以其他方式破坏第二十一条规定的河岸植被；

c. 毁坏或严重损害埋藏的自然物体或具有重大科学价值的古董（民法典第七百二十四条第一款）；

d. 违反 1973 年 3 月 3 日濒危野生动植物物种国际贸易公约，进口、出口、运输或占有公约附录 I – III 中的规定的动植物产品。

处一年以下监禁刑或罚款。

二、过失情况下，处最高 40000 瑞士法郎的罚款。

第二十四条 a　违法行为

任何人：

a. 未能遵守联邦补助相关规定所明确的条件和要求；

b. 违反根据第十六条、第十八条、第十八条 a、第十八条 b、第十八条 c、第十九条、第二十条、第二十三条 c、第二十三条 d 和第二十五条 a 规定发布的执行条例，且侵权行为已被认定为犯罪行为；

c. 在没有获得授权的情况下实施根据第十九条、第二十二条第一款和第二十三条规定要求获得授权的行为；

处最高 20000 瑞士法郎的罚款。

第二十四条 b　对法律实体和商业公司的适用

适用 1974 年 3 月 22 日联邦行政刑法第六条和第七条。

第二十四条 c　没收

适用刑法典第六十九条关于没收非法所得财产的条款。

第二十四条 d　起诉

一、各州负责起诉。

二、联邦兽医办公室应根据 1974 年 3 月 22 日行政刑法第二十四条第一款字母 d 的规定起诉并判罪。如果同时侵犯了海关法律，那么海关总署应进行调查并在简易程序中出具处罚条令。

第二十四条 e　恢复

任何人破坏受本法保护的自然或文化遗迹、受保护的历史遗迹、受保护的自然景观、受保护的群落生境或河岸植被，不考虑任何刑事诉讼程序，要求其：

a. 停止非法行为；

b. 支付修复损害的费用；

c. 如果损害无法弥补，需采取适当的补偿措施。

第五节　组织和信息

第二十五条　组织

一、联邦委员会应任命一个或多个咨询委员会负责自然保护、文化遗产保护及古迹保护。

二、各州应指定专业机构负责自然保护、文化遗产保护及古迹保护。

第二十五条 a　信息及建议

一、联邦及各州有责任告知并建议当局及公众有关自然景观的现状及重要性。

二、他们应建议合适的保护和维护措施。

第六节　最后条款

第二十五条 b　沼泽和沼泽景观的恢复

一、各州应对 1983 年 6 月 1 日之后出现的，位于风景秀丽并且具有国家重要性的沼泽和沼泽景观区域内的设备、建筑物和土壤退化区域进行指定。这些设备、建筑物和土壤退化区域与保护目标相冲突，并且根据空间规划法的规定，未能在土地使用区的基础上获得正式批准。

二、在 Rothenthurm 的沼泽景观区内，Schwyz 州和 Zug 州应根据 1983 年 6 月 1 日联邦宪法第二十四条^{sexies}第五款的过渡条例来指定设备，建筑物及土壤退化区域。

三、各州负责进行授权或实施相关项目的机构也应发布恢复原状的指令。在恢复原状的过程中，应适当考虑比例原则。

第二十五条 c

已废除。

第二十六条　生效

联邦委员会决定本法的生效日期，并发布必要的执行条例。

生效日期：1967 年 1 月 1 日。

联邦森林法

1991 年 10 月 4 日制定

（修订截止于 2013 年 7 月 1 日）

根据联邦宪法第二十四条、第二十四条[sexies]、第二十四条[septies]、第三十一条[bis]，国民议会和联邦议会的联席会议，经审阅了联邦委员会 1988 年 6 月 29 日的公告后，通过联邦森林法。

第一章　总则

第一条　目的

一、本法旨在：

a. 保护森林面积及其空间格局；

b. 将森林作为近自然群落进行保护；

c. 确保森林功能的实现，尤其是其防护、社会和经济功能（即森林功能）；

d. 促进并维持林业部门的发展。

二、本法更进一步的目的旨在保护人民生命和重大财产免受雪崩、山体塌方、土壤侵蚀和岩崩（自然事件）的损害。

第二条　森林的定义

一、森林是指具有森林功能的、被林木和灌丛林覆盖的任何区域。其原产地、类型和土地登记名称都不具备决定性。

二、同样被定义为森林的有：

a. 放牧林、林木覆盖的牧场、栗木树林和核桃树林；

b. 无立木或无价值的森林区，如空地、林道和其他森林建筑物和设施；

c. 义务植树造林区。

三、不成林的树木、灌木丛、树篱、林荫道、花园、绿化区域和公园、供短期使用种植在空白地带的树木、种植在拦沙坝上以及此类设施前景的树木和灌木等不属于森林的范畴。

四、在联邦委员会指定的框架内，各州确定视为森林的新开拓植树和其他植树区域的宽度、面积和年份。特别是，如果植树区域发挥了社会和保护功能，各州的决定则不具备决定性的作用。

第三条　森林保护

森林面积不得减少。

第二章　保护森林免受干扰

第一节　森林采伐和申报

第四条　森林采伐的定义

森林采伐是永久地或暂时地改变林地的使用。

第五条　禁止森林采伐和毁损

一、禁止森林采伐。

二、如果申请者有充分的理由证明森林采伐比森林保护更重要，那么在满足下列条件的情况下，可以例外批准森林采伐的申请。

a. 计划进行森林采伐的地点对于工作非常重要；

b. 该项工作对于实现空间规划要求非常必要；

c. 森林采伐的确对环境造成了重大威胁。

三、重要原因不包括经济利益，如土地利用的潜在利润或以非林业为目的的、对土地的低成本征收。

四、必须考虑到自然和文化遗产的保护。

五、必须限定采伐许可证的期限。

第六条　责任

一、下列机关可以批准例外情况：

a. 联邦主管官厅，如果其有权对工程建设或改造做出决定（该工程建设或改造是导致森林采伐的主要原因）；

b. 各州机关，如果其负责对工程建设或改造做出决定（该工程建设或改造是导致森林采伐的主要原因）。

二、各州主管官厅应当在做出减损决定之前听取联邦环境办公室（联邦办公室）的意见，如果：

a. 采伐面积超过 5000 平方米；如果针对同一个项目有几个申请，那么其总面积起到决定性作用；

b. 被采伐的森林分布在几个州。

第七条　森林采伐补偿

一、森林采伐的实物补偿必须在同一地区并且使用主要适合该地区的物种。

二、为了保护自然和景观，在下列地区可以实施相关措施替代实物补偿：

a. 在森林面积不断增长的区域；

b. 通过例外的方式来保护耕地的其他区域和具有生态或景观价值的区域。

三、下列森林采伐情况下，可以免除其补偿：

a. 为了开垦耕地，且树木已经生长 30 年的区域；

b. 为了确保防洪和修复水资源；

c. 根据 1966 年 7 月 1 日联邦自然和文化遗产保护法第十八条 a 和第十八条 b 第一款的规定，为了保护和提高群落生境。

四、如果根据第三款规定所收回的耕地在 30 年之内被用作其他用途，那么森林采伐的补偿要在之后进行补交。

第八条

已废除。

第九条　补偿

各州应当确保未能被 1979 年 6 月 22 日联邦空间规划法第五条所涵盖的森林采伐所获得的大量利益得到足额补偿。

第十条　森林的申报

一、只要能表明其合法利益，任何人都可以要求州主管官厅宣告一块土地是否为森林。

二、当根据 1979 年 6 月 22 日联邦空间规划法制定和修改土地使用计划时，其申报的森林必须位于以下地点：

a. 在发展区与森林接壤或将来接壤的地点；

b. 在发展区周围，并且各州希望阻止森林的增长。

三、如果申报森林的请求与森林采伐的申请有关联，那么其责任依据本法第六条决定。

第二章 森林和空间规划

第十一条 森林采伐和规划许可

一、森林采伐许可证并不能免除其持有者根据1979年6月22日空间规划法的规定获得规划许可的义务。

二、如果一个建设工程不仅需要森林采伐许可证，也需要获得在建筑区外建设的例外许可，那么后者只有在与本法第六条规定的主管官厅达成协议的情况下才被允许。

第十二条 土地使用计划中的森林

将森林划分到某个区需要获得森林采伐许可证。

第十三条 森林划分和土地使用区

一、第十条第二款情形下的森林边界的申报应当规定于土地使用计划之中。

二、这些边界之外的被林木新覆盖的区域不被认为是森林。

三、如果对土地使用计划进行了修改并且实际情形有了重大改变，那么森林边界要根据第十条规定的森林申报程序重新进行审查。

第三章 森林中的人行通道和机动车通道

第十四条 可接近性

一、各州应当确保公众可以进入森林。

二、当保护森林或公共利益有需要时，如保护野生动植物，各州应当：

a. 限制进入某些森林区域；

b. 在森林中举行重大活动需要获得许可证。

第十五条 机动车运输

一、只有以林业为目的，机动车才可以在森林和林道中通行。联邦委员会可以对军事和其他公共事物规定例外情况。

二、在不对森林保护或其他有关公共利益的事件造成损害的前提下，各州可以批准不以林业为目的的林道的使用。

三、各州应当提供交通信号、交通标志和必要的管理。如果信号指示、标志示意和管理不够充分，可以设立路障。

第四章 保护森林免受其他有害影响

第十六条 有害使用

一、未构成第四条中的森林采伐行为，但是对森林的功能或管理产生了威胁或造成了干扰的行为也是违法行为。该情形下的使用权利应当被撤销，必要时可以使用强制购买。各州应当制定必要规定。

二、在某些条件和要求限制的重大原因下，各州可以对该类使用行为进行批准。

第十七条 森林边缘距离

一、只有在森林保护、维护和使用不被干扰的情况下，才允许在森林附近建造建筑物和设施。

二、各州应当对建筑物及设施与森林边缘的最小合适距离进行规定，并应当对地点和期望的林分高进行考虑。

第十八条 环境有害物质

禁止在森林中使用环境有害物质。环境保护立法可以对该条款的例外情况进行规定。

第三章 保护森林免受自然事件的破坏

第十九条

当有必要保护人类生命和重大财产时，各州应当保证雪崩释放地带和山体滑坡、腐蚀和落石区域的安全并在森林中开展防洪工作。采取的措施应当尽量保持自然。

第四章 森林的使用和维护

第一节 森林管理

第二十条 森林管理原则

一、应当使用充分发挥森林功能并且不对森林造成干扰或限制（可持续性）的方式对其进行管理。

二、各州应当制定规划与管理条例；制定过程中，各州应当对木材供应需求、近自然森林培育、自然与文化遗产保护进行考虑。

三、如果森林状况和森林保护允许，为了保护生态和景观，可以全部或者部分停止对森林的维护和使用。

四、为了保护野生动植物的生物多样性，各州可以将合适区域划分为森林保护区。

五、当森林防护功能有需要时，各州确保进行最低程度的维护。

第二十一条　木材采伐

任何人对林木进行采伐都要求获得林业服务处发放的许可证。各州可以对例外情况进行规定。

第二十二条　禁止皆伐

一、禁止皆伐和与皆伐效果相同的其他形式的林木采伐。

二、为了实施特殊的森林培育措施，各州可以允许例外情况。

第二十三条　林窗的立木重建

一、如果对森林稳定性或保护功能造成损害的干扰或自然事件导致了林窗的产生，那么必须保证立木的重建。

二、如果自然繁衍不能实现立木重建，那么林窗必须通过种植适合当地的树木和灌木来实现。

第二十四条　森林繁殖材料

一、只有适合当地健康的繁殖材料和植物才可以被用作森林种植。

二、联邦委员会对森林繁殖材料的原产地、使用、交易和安全措施进行规定。

第二十五条　转让与分割

一、市政和公司所有森林的转让以及森林的分割需要得到各州的批准。但是前提是森林的功能不会因此受到破坏。

二、如果转让和分割还需要根据1991年联邦农村土地权利法进行授权，各州应当确保授权程序通过共同决定得出。

第二节 森林损害的预防和修复

第二十六条 联邦措施

一、联邦委员会应当对以下林业措施制定条例：

a. 预防和修复森林遭受的损害；

b. 修复森林灾害带来的损害。

二、联邦委员会应当对那些影响森林外围植物并且可能对全国范围内的森林造成威胁的灾害和害虫制定预防措施。

三、联邦委员会应当与各州和利害关系人进行合作，建立森林植物保护服务处。

第二十七条 各州采取的措施

一、各州应当采取必要的林业措施来防止那些可能对森林保护产生危害事情的发生。

二、各州应当对野生动物种群进行规定，并保证在不采取保护措施的情况下也能使森林得到保护，尤其是适合当地树种的自然繁殖得到保护。如果不可行，他们必须采取措施预防野生动物造成的破坏。

第二十八条 发生森林灾害情况下的特别措施

在发生森林灾害的情况下，联邦议会可以通过一般联邦法令的方式采取特别措施对林业和木材业进行保护，该法令不需要进行公投。

第五章 宣传措施

第一节 培训，建议，研究和数据采集

第二十九条 联邦在教育与培训相关事宜上的义务

一、联邦应当监督、协调并完善林业教育和培训。

二、联邦应当确保瑞士联邦技术研究所林业工程师的基础培训及其继续教育和培训。

三、联邦应当对公共林业服务处高级官员的任职资格进行规定。

四、关于职业与专业教育和培训的立法也同样适用于林业人员的培训。在林业教育和培训领域，联邦委员会应当对联邦环境、交通、能源和通讯部实施该法的相关规定进行细化。

第三十条 各州的培训和建议义务

各州应当确保对林业工人进行培训并为森林所有者提供指导建议。

第三十一条 研究和发展

一、以下列事项为目的，联邦可以批准或提供经济资助：

a. 关于森林的研究；

b. 为了防止森林遭受有害影响，研究并完善相关措施；

c. 为了保护人类生命和重大财产免受自然灾害，研究并完善相关措施；

d. 为了推进木材市场和木材使用的发展，研究并完善相关措施。

二、联邦可以建立并运行研究机构。

第三十二条 将职责转交给社团

一、联邦可以将森林保护的相关职责委任给国家机构，并向他们提供经济资助。

二、联邦也可以将某些地区，尤其是山区的特别重要的职责委任给州或区社团。

第三十三条 调查

一、联邦应当确保对森林的地理位置、功能和状况，木材生产和使用，林业结构和经济状况进行定期调查。森林所有者、林业和木材公司的管理机构应当为相关机构提供其所需信息，并在需要的时候接受问询。

二、开展调查或对调查结果进行评估的责任均受官方秘密的约束。

第三十四条 信息

联邦和各州应当确保向各机构和公众公开森林的重要性和状况，以及林业、木材部的相关信息。

第二节 资金

第三十五条 原则

一、在满足以下条件的情况下，根据本法所支付的补贴金应在授权额度内得到保证：

a. 措施成本不高并且得到了专业实施；

b. 结合其他联邦法律，并根据其行为对措施进行评估；

c. 受益者所做出的贡献与其经济表现、其他经济来源和自筹经费的合理措施是成比例的；

　　d. 第三方，即从损害行为中获益的人或损害行为的发起人，有义务进行共同筹资；

　　e. 对森林保护有益的、永久解决冲突的方法得以实现。

　　二、联邦委员会可以规定，只有参与林业部的自筹经费项目的受益者才能获得补助金。

　　第三十六条　保护森林免受自然事件的破坏

　　一、为以下特定目的，联邦应当以项目协议为基础，对各州实施的保护人类生命和重大财产免受自然事件破坏的措施支付全球补偿金：

　　a. 建立、维护和置换防护建筑物和设施；

　　b. 种植具有特别防护功能的森林并对幼林进行维护；

　　c. 编制风险登记和灾害地图，建立和运行监测站，完善维护居民点和运输路线安全的早期预警服务。

　　二、例外情况下，对于需要联邦进行个体评估的项目，联邦可以通过对项目做出裁决的方式提供财政资助。

　　三、财政资助的数额由自然事件造成的威胁、措施的成本及有效性决定。

　　第三十七条　防护林

　　一、联邦可以以项目协议为基础，对于各州为了充分发挥防护林功能而实施的措施支付全球补偿金，特别是为了以下目的：

　　a. 防护林的维护，包括预防和修复对防护林造成威胁的森林破坏；

　　b. 将防护林作为一个自然群落进行维护的基础设施必须得到保障。

　　二、财政资助的数额由维护的防护林的面积、潜在的威胁以及措施的有效性决定。

　　第三十八条　森林的生物多样性

　　一、联邦可以向保护和提高森林生物多样性的相关措施提供财政资助，特别是在以下方面：

　　a. 森林保护区和其他具有生态价值的森林栖息地的保护和维护；

　　b. 幼林的维护；

　　c. 森林栖息地的连通性；

　　d. 传统森林管理模式的保护；

e. 森林繁殖材料的收集。

二、联邦政府为下列措施提供财政资助：

a. 第一款字母 a 至 d 中的措施：以各州达成的项目协议为基础支付全球补偿金；

b. 第一款字母 e 中的措施：由联邦办公室进行裁决。

三、财政资助的级别以生物多样性相关措施的重要性以及措施有效性为基础。

第三十八条 a　林业部门

一、对于提高森林管理营利能力的措施，联邦可以向其提供财政资助，特别是：

a. 具有互操作性的规划基地；

b. 提高林业管理条件的措施；

c. 在木材供应的特殊情况下，林业和木材部门为了宣传和市场营销而采取的临时联合措施；

d. 在木材供应的特殊情况下对木材进行存储。

二、联邦为下列措施提供财政资助：

a. 第一款字母 a、b、d 中的措施：以各州达成的项目协议为基础支付全球补助金；

b. 第一款字母 e 中的措施：由联邦办公室进行裁决。

三、财政资助的级别以相关措施的有效性为基础。

第三十九条　教育和培训

一、根据 2002 年 12 月 13 日职业和专业教育与培训法第五十二至第五十九条，联邦为林业人员的教育和培训提供补助金。

二、第一款中的减损包含了 50% 的特别职业费用，尤其针对林业人员的现场实践培训和林业人员教学资料的编写。

三、减损还包括 50% 的以下费用：

a. 林业工人的教育与培训水平的提高；

b. 为有意愿获得资格证的林业工程师提供实践培训。

第四十条　投资信贷

一、联邦可以发放免息或低利息的可偿还贷款：

a. 作为建筑贷款；

b. 用于资助第三十六条、第三十七条和第三十八条第一款字母 b 中有资格获得补助的措施的剩余成本；

c. 用于收购林业车辆、机器和设备，制造林业设施。

二、贷款受还款期限的限制。

三、各州只有通过申请才能获得贷款。如果一个债务人不能完成其还款义务，相关州应当代替其承担相应责任。

四、还款应当被用于资助新的投资信贷。

第四十一条　提供补助金

一、联邦议会应当通过简单的联邦法令批准一个临时的四年框架信贷，用于提供补助金和信贷。

二、用于额外自然灾害的补助金在时间上受到相应措施实施期间的限制。

第六章　刑事条款

第四十二条　轻罪

一、任何人故意实施下列行为：

a. 未经批准的皆伐；

b. 无权通过提供虚假或不完整信息为自身或他人获得报酬；

c. 未能按规定进行森林繁殖或阻碍了按规定进行的森林繁殖。

应当被判处一年以下的监禁刑或判处罚金刑。

二、如果行为人属于过失，他或她应当被科处 40000 瑞士法郎以下的罚金。

第四十三条　违法

一、任何人未经批准故意实施下列行为：

a. 滥用林业建筑物和设施；

b. 限制森林的可接触性；

c. 未能遵守第十四条中关于可接触性的限制；

d. 在森林中或林道上驾驶机动车辆；

e. 在森林中采伐树木；

f. 违反提供信息的义务，阻碍调查，或者提供不真实、不完整的信息，或拒绝提供信息；

g. 未能遵守关于森林内外相关措施的规定，这些措施用于防止和修复森林损害以及防止那些可能从内部威胁到森林的疾病和害虫；刑法第二百三十三条对此进行保留；

h. 未能遵守关于森林繁殖材料原产地、使用、交易以及森林繁殖材料保护的规定。如果某个违法行为同时也触犯了海关立法，那么根据1925年10月1日海关法对其进行起诉和审判。

应当对其科处20000瑞士法郎以下的罚金。

二、预备行为和共犯行为也属于违法行为。

三、如果行为人是过失，刑罚为罚金。

四、各州可以将违反州法律的行为视为违法行为。

第四十四条　轻罪和商业违法行为

如果犯罪行为或违法行为发生在企业法人、合伙人或独资企业运营期间，或者公营公司、机构运营期间，则适用1974年3月22日联邦行政犯罪法第六条和第七条。

第四十五条　起诉

各州负责提起诉讼。

第七章　程序和执行

第一款　程序

第四十六条　上诉

一、上诉程序依照联邦司法行政的一般规定。

二、对于各州主管官厅根据本法所做出的裁定以及对本法的实施规定，联邦办公室根据联邦和州法律享有上诉权。

三、根据1966年7月1日联邦自然和文化遗产保护法第十二条的规定，各州、各社区和相关机构对于自然与文化遗产保护相关事项享有上诉权，并且对依据本法第五条、第七条、第八条、第十条、第十二条和第十三条做出的裁决也享有上诉权。

第四十七条　授权和决议的效力

本法规定的授权和决议只有在其生效后才具有效力。

第四十八条　强制购买

一、如果森林保护措施或者建立预防自然灾害的设备和设施有需要，各州可以通过强制购买获得必要的土地财产和任何相关的地役权。

二、各州可以在其执行条例中适用 1930 年 6 月 20 日强制购买法，据此州政府应当对任何处于争议中的异议进行裁决。如果强制购买的对象超过了一个州的地域，那么适用强制购买法。

第二款 执行

第四十九条 联邦

一、联邦负责监督本法的实施，并执行本法对其直接分配的任务。

二、联邦机构根据森林法的规定，以其他联邦法或国际协议为基础进行一项裁决之前，应当向相关各州进行咨询。联邦办公室和其他相关联邦机构在实施过程中应根据 1997 年 3 月 21 日政府和行政组织法第六十二条 a 和第六十二条 b 进行合作。

三、联邦委员会颁布有关执行条例。

第五十条 州

一、各州实施本法并制定必要法规；保留本法第四十九条。

二、各州机构应当采取及时必要的措施对违法情况进行纠正。他们有权收取保证金并进行代理执行。

第五十一条 森林机构

一、各州确保林业服务的合适机构。

二、他们将其区域划分为森林区域和森林地区。他们安排持有资格证书的合格林业工程师对森林区域进行管理，并安排合格森林管理者对森林地区进行管理。

第五十二条 保留进行授权的权利

各州关于第十六条第一款、第十七条第二款、第二十条第二款的执行条例经联邦批准才能生效。

第五十三条 提供信息的义务

一、各州的执行条例在生效前必须上报联邦办公室。

二、联邦环境、交通、能源和通讯部对各州需要上报联邦办公室的条例和决议进行规定。

第八章　最后条款

第五十四条　现有立法的废除

下列立法已被废除：

a. 1902 年 10 月 11 日联邦政府森林警察监督法；

b. 1969 年 3 月 21 日联邦山区林业投资信贷法；

c. 1956 年 12 月 21 日的联邦政府帮助恢复感染栗疫病森林的联邦法令；

d. 1988 年 6 月 23 日森林保护特别措施的联邦法令。

第五十五条　现有立法的修正

修正案可查询 AS 1992 2521。

第五十六条　过渡性条款

一、本法生效之日起，新法适用于未决程序。旧法所规定的主管部门应当完善未决程序。

二、本法生效两年后，无限制采伐森林的授权失效。在单个案例中，如果森林采伐的条件得到满足，那么主管官厅可以延长截止日期。在截止日期前必须递交申请。保留新法的变通权。

第五十七条　公民公决和生效

一、本法受选择性公投的约束。

二、联邦委员会决定本法的生效日期。

生效日期：1993 年 1 月 1 日。

第四十条和第五十四条字母 b：1994 年 1 月 1 日。

森林条例

1992 年 11 月 30 日制定

（修订截止于 2013 年 7 月 1 日）

根据 1991 年 10 月 4 日联邦森林法第四十九条和 1983 年 10 月 7 日联邦环境保护法第二十九条的规定，瑞士联邦委员会颁布森林条例。

第一章 森林的定义

第一条 森林的定义

一、各州应当对林木覆盖区域界定为森林所依据的参数在以下范围内进行确定：

a. 区域，包括一个适当的林缘：200 至 800 平方米；

b. 宽度，包括一个适当的林缘：10 至 12 米；

c. 新移植区域的树龄为 10 至 20 年。

二、如果林木具有特别重要的社会或保护功能，不管其区域、宽度和树龄，都被界定为森林。

第二条 林木覆盖的牧场

林木覆盖的牧场是指以畜牧业和林业为目的，由林木区域和开放牧场交叉覆盖的区域。

第三条 拦沙坝和前景

一、拦沙坝是指阻止天然水流并形成回流的建筑。

二、拦沙坝的近前景指的是与机场周边建筑接壤的地域。一般是宽为 10 米的地带。

第二章 保护森林免受干扰

第一节 森林采伐

第四条 森林采伐的定义

下列行为不能被定义为森林采伐：

a. 使用林地建造林业建筑物和设施，或者不以林业为目的建设小型设备和设施；

b. 如果保护目的与森林保护相一致，则可以根据1979年6月22日空间规划法第十七条的规定将森林划分为保护区。

第五条 森林采伐申请，公开和咨询

一、如果联邦为主管官厅，森林采伐申请必须递交给负责的联邦机构，如果州为主管官厅，森林采伐申请必须根据州法律递交给主管官厅。

二、主管官厅应当公布申请并为相关咨询提供途径。

三、联邦环境办公室应当对森林采伐申请发布指导意见。

第六条 联邦官厅与各州官厅的合作

一、如果联邦负责发放森林采伐许可证，联邦办公室和各州之间的合作适用森林法第四十九条第二款的规定。各州官厅应当在事实查证方面给予联邦官厅支持和帮助。

二、基于听取联邦办公室意见的义务已被确定（森林法第六条第二款），以下森林采伐面积都包括在森林采伐面积的计算中，包括以下内容：

a. 森林采伐申请中包含的森林采伐面积；

b. 在申请递交之前已经在同一地区进行了15年的采伐，或者由于进行该工作，采伐依然得到允许。

第七条 森林采伐决议

一、森林采伐决议包括以下内容：

a. 森林采伐得到批准或拒绝的区域以及标有明确坐标的受到影响的地带；

b. 补偿措施的内容和范围以及标有明确坐标的受到影响的地带；

c. 森林采伐许可证的使用期限以及与森林采伐相关的，特别是包含补偿措施的义务的完成；

d. 未能解决的目标；

e. 其他进一步的条件和要求。

第八条　同类补偿

一、同类补偿是指在某地种植与被采伐区域同样面积大小、具有相似质量条件的森林。

二、同类补偿包括土地的收购、种植和所有长期保护补偿区域的必要措施。

三、森林自然生长的区域和自愿种植的森林区域都可以作为同类补偿。

第八条 a　森林面积增加的区域

各州应当在咨询联邦办公室后对森林面积增加的区域进行指定。以联邦和州的调查为基础，秉承遵循地理特征的原则并对现有居民及其对森林的使用情况进行考虑，最终划分出森林的边界。

第九条　耕地的保护和具有生态或景观价值区域的保护

一、在某些情况下，特别是在轮作区域，可以免除同类补偿。

二、具有生态价值的区域为：

a. 1966 年 7 月 1 日联邦自然和文化遗产保护法第十八条第一款^{bis}中规定的群落生境；

b. 根据空间规划法第十七条被指定为自然保护区的区域。

三、具有景观价值的区域为：

a. 1977 年 8 月 10 日国家级景观和自然遗迹联邦目录所保护的对象；

b. 瑞士联邦宪法第二十四条第五款规定的、国家级的美丽的沼泽景观；

c. 根据空间规划法被指定为风景保护区的区域。

第九条 a　森林采伐补偿的免除

在某些区域，特别是那些不能再以森林形式存在的区域，在修建防洪项目和修复水资源的情况下，可以免除森林采伐的补偿。

第十条

已废除。

第十一条　土地登记和通知的记录

一、在州森林主管官厅的要求下，必须对土地登记进行记录并提供以下信息：

a. 同类补偿或者为了保护自然和景观利益而采取的措施；

b. 在出现森林法第七条第四款中规定的森林使用发生改变的情形下，应当支付的补偿金。

二、各州应当对所有的补偿措施进行监督并向联邦办公室报告相关工作的最后通过情况。

第二节 森林的申报

第十二条 森林申报的裁决

一、森林申报裁决记录了一片立木或无立木区是否是森林并对其坐标进行了明确。

二、在地图上对森林的位置、大小以及受影响的地带进行了明确。

第十二条 a 发展区外静态森林边界的明确

各州的结构规划必须对需要阻止森林面积增加的区域进行明确。

第三节 机动车运输

第十三条

一、机动车运输只有在以下情况才能使用林道：

a. 救援和修复；

b. 警方控制；

c. 军事演习；

d. 预防自然灾害相关措施的实施；

e. 电信服务供应商网络线路的维护。

二、在第一款规定的情形下，如果无法避免，机动车运输可以使用森林的其他区域。

三、禁止在林道和森林其他区域开展包含有机动车运输的活动。

第四节 森林中的建筑物和设施

第十三条 a 森林建筑物和设施

一、可以建造森林建筑物和设施，如森林维护站、林木覆盖的燃料库和林道或者在根据空间规划法获得官方许可证的情况下对其进行改造。

二、获得许可证的条件为：

a. 有利于区域森林管理的建筑物和设施；

b. 有建造相关建筑物和设施的需要，其地理位置和规模非常适合当地情况，并且

c. 没有重大公共利益阻止该许可证的发放。

第十四条　州森林主管官厅的咨询

一、州森林主管官厅根据空间规划法第二十二条的规定发放森林建筑物或设施建造许可证时要举行听证会。

二、根据空间规划法第二十四条的规定，以非林业为目的的小型建筑物和设施的例外建造许可证只有在与州林业主管官厅达成一致的情况下才能发放。

第三章　保护森林免受自然灾害的破坏

第十五条　基本文件

一、各州应当对保护森林免受自然灾害破坏所需的基本文件进行汇编，特别是风险登记和灾害地图。

二、在对基本文件进行汇编的过程中，应当对联邦特别机构所做的工作及其指导意见进行考虑。

三、各州应当在其开展的对空间产生影响的所有活动中，特别是建筑和土地使用规划中对基本文件进行考虑。

四、他们应当满足联邦办公室对于该文件的请求并使公众能够以合适的形式了解这些文件。

第十六条　早期预警服务

一、当保护人的生命和重大财产有需要时，各州应当建立早期预警服务。他们应当确保相关监测站和信息系统的完善和正常运作。

二、当建立和运行早期预警服务时，他们应当对联邦特别机构所做的工作及其指导意见进行考虑。

三、他们应当确保联邦办公室对于监测站和信息系统所提供数据的相关要求得到满足并使公众能够以合适的形式了解该数据。

第十七条　危险区域的防御

一、危险区域的防御包括：

a. 森林培育措施；

b. 为防止雪崩造成的破坏而建立的设施以及特殊情形下为预防雪崩而建立的设施；

c. 与森林保护相关的激流渠道所采取的配套措施（森林里的荒溪治理）；

d. 山体滑坡和沟蚀防治措施以及相应的排水工程和冲刷防护；

e. 落石和岩崩防治措施，加固设施以及特殊情形下对存在滑落风险的物体进行的预防性处理；

f. 将存在风险的建筑物和设施转移到安全地点。

二、如果可以，该工程应当与生物工程和森林培育措施相结合。

三、各州应当确保规划的协调性；特别是该规划应当平衡森林管理、自然和景观保护、水利工程以及农业和空间规划之间的利益。

第四章 森林的维护和使用

第一节 森林管理

第十八条 森林规划

一、各州应当针对森林管理规划制定条例，特别规定以下内容：

a. 规划的类型及其内容；

b. 负责规划的实体；

c. 规划目标；

d. 规划数据的获得及其使用；

e. 规划和控制程序；

f. 规划的定期审查。

二、林业规划文件必须至少对地理位置、森林功能及其重要性进行描述。

三、在具有互操作性的规划中，各州应当确保公众：

a. 得到关于规划目标和进程的通知；

b. 可以以合适的方式参与；

c. 可以对其进行检查。

第十九条 森林培育措施

一、所有有利于保护或修复林木稳定性和质量的维护干预都被界定为森林培育措施。

二、作为幼林维护的一部分实施的措施为：

a. 为了形成稳定林木而进行的幼林生长的维护、灌木丛的维护以及树干的修剪；

b. 为了维持再生长而在择伐林、多层次森林、生长有标准林木和矮林的灌木林以及多层次森林边缘区采取的特别措施；

c. 为防止猎物造成的破坏而采取的保护措施；

d. 在难以到达区修建道路。

三、修剪和再生措施为：

a. 削减和新立木的种植，以及必要的配套措施；

b. 木材采伐及运输。

四、保持森林防护功能的最低维护措施是指确保林木长期稳定性的维护干预；被砍伐的木材可以在当地使用或者留在原地，前提是不会带来危险。

第二十条　皆伐

一、皆伐是指将林木完全或几乎全部移除，使其生态功能近似于砍伐区的开阔土地或者对森林或其周边林木造成了严重破坏。

二、如果能够确保老林木被砍伐后得到充分再生，那么该行为不被界定为皆伐。

第二节　森林繁殖材料

第二十一条　生产和使用

一、各州应当确保合适的森林繁殖材料的供应。

二、州林业主管官厅应当对森林繁殖材料获取的林分进行选择并应当将种子林分通知联邦办公室。

三、主管官厅应当对种子和植物机体结构的商业和工业生产进行管制并制定原产地证书。

四、只有获得原产地证书的森林繁殖材料才能被用于林业目的。

五、联邦办公室应当针对以下事项给予各州建议：

a. 森林繁殖材料的生产、供应和使用；

b. 遗传多样性的保护。

六、联邦办公室对种子林分和基因储备进行登记。

第二十二条 进口和出口

一、森林繁殖材料的进口需要获得联邦办公室的批准。

二、在满足下列条件的情况下可以获得批准：

a. 森林繁殖材料适合进行森林培育并且其原产地已被官方证书所证实；

b. 进口商做出书面声明，该繁殖材料只用于森林之外的区域。

二、^{bis}进口转基因森林繁殖材料的批准依照2008年9月10日释放法令的规定；现有法令的相关条款也同样适用。

三、联邦环境、交通、能源与通讯部应当针对森林繁殖材料的出口文件进行规定。

第二十三条 商业管理

一、公共和私人的种子提取、树木培育、森林花园和零售商必须对森林繁殖材料的原产地、加工、培育及供应进行记录并制定目录。

二、他们应当在其报价、货物及其发票中向购买者标明森林繁殖材料的分类和原产地。

三、联邦办公室应当对其商业管理进行管制并可以要求各州提供帮助。

第二十四条 技术规定

一、联邦环境、交通、能源和通讯部应当针对规定的实施发布法令。

二、为了科学目的，可以允许进口和使用适应性与原产地并未得到证实的森林繁殖材料。

第三节 环境有害物质的使用

第二十五条

森林中环境有害物质的例外使用依照2005年5月18日化学品风险减少条例的规定。

第二十六条至第二十七条

已废除。

第四节 森林损害的预防和修复

第二十八条 森林损害的预防

各州应当采取下列措施防止可能危害森林保护的损害的发生（森林损害）：

a. 预防火灾的长期技术设施的建立；

b. 相关装置和设备，如甲虫捕捉器以及安装在树木上的有害机体消灭器的购买、操作、监管和维护；

c. 削减行为的实施以及在存在有害机体或疾病繁殖、蔓延风险的情况下对清除材料的摧毁；

d. 减少土地的物理负重。

第二十九条 森林损害的减少

各州应当通过下列措施预防森林损害带来的影响：

a. 废物利用，如果必要的话移除受损树木；

b. 根据2005年5月18日植物保护产品条例的规定，使用植物保护产品对那些可能存在有害机体或疾病繁殖或蔓延的树木进行树皮剥落或者治疗。如果不能被运输到合适地点，那么可以在树木倒下的地点实施以上行为；

c. 如果存在有害机体或疾病繁殖、蔓延的风险，可以对树木进行削减、砍伐和摧毁树皮、树枝；

d. 清除受损的幼林。

第三十条 协调、信息和建议

一、联邦办公室应当对防护林的破坏所采取的预防和修复措施以及在森林灾害出现情况下各州所采取的措施进行协调。

二、瑞士联邦森林、雪和景观研究所的任务为：

a. 组织并与各州林业服务处一起对森林保护相关数据进行收集；

b. 对有机体的产生以及其他可能危害森林的因素的出现提供信息；

c. 在森林保护方面给予各州林业服务处建议。

三、瑞士联邦森林、雪和景观研究所应当与联邦森林植物保护服务处进行合作。

四、此外，适用2001年2月28日植物保护条例的相关规定。

第五节　猎物造成的损害

第三十一条

一、尽管对猎物数量进行了规定，但是猎物依然造成了损害，那么应当制订计划预防该情况的发生。

二、该计划应当包括栖息地的完善措施（群落生境的保护），保护森林免受猎物干扰，造成损害的对单个猎物的射击行为以及绩效评估的实施。

三、该计划是林业规划的组成部分。

第五章　培训和基本数据

第一节　基础培训和继续教育及培训

第三十二条　林业工程师

一、联邦技术研究所应当提供相应的学习课程，该课程以林业工程师的基础培训为基础并使其获得新的资格（继续教育和培训）。

二、联邦办公室应当与联邦技术研究所、各州以及林业机构、研究所和专业协会一起，确保在教育和培训过程中所获得的知识和技能能够得到保持，并且确保林业工程师能够在理论和实践中都获得进步（继续培训）。

第三十三条　林业人员

一、各州应当：

a. 为森林管理员提供高等职业教育并以此为目的创办职业学院；

b. 与相关负责机构一起，为林业人员的职业继续教育和培训提供所需的工作环境。

二、根据 2002 年 12 月 13 日职业和专业教育与培训法第十九条第一款、第二十八条第二款和第二十九条第三款的规定，联邦办公室应当就林业教育与培训领域相关规定的制定或批准举行听证会。

第三十四条　林业工人

一、各州应当与农业和林业机构一起，为没有接受林业培训的工人和农民组织特殊的技能培训课程。

二、这些课程应当特别针对职业安全相关问题。

第三十五条　协调和文件编制

一、已废除。

二、联邦办公室应当针对林业教育和培训措施建立一个中央协调和文件编制机构。

第二节　公共林业服务处高级职位的任职资格

第三十六条　要求

只有具备下列条件的人员才有资格被任命为林区管理员或者担任联邦和州林业服务处的高级职位：

a. 获得瑞士大学林业学位或者获得具有同等效力的国外学位；

b. 顺利完成林业实习。

第三十七条　林业实习

一、联邦委员会应当指定一个委员会负责林业实习并对实习生的职业技能进行评估。

二、该部应当针对下列事项进行规定：

a. 林业实习的准入、组织和期限，培训对象以及获得实习证所要达到的要求；

b. 已废除；

c. 教学人员的任职资格和任务。

三、各州应当提供所需的实习职位并确保实习生获得适当的酬劳。

第三节　调查

第三十七条 a

一、联邦办公室负责森林调查数据的收集。

二、通过与瑞士联邦森林、雪和景观研究所进行合作，联邦办公室将开展以下调查：

a. 通过国家森林目录的方式，对与森林地理位置、功能和情况相关的数据进行调查；

b. 通过长期项目研究，对森林生态系统所承受的压力进行调查。

三、联邦办公室将调查结果向相关机构和公众进行公布。

第六章　财政资助（不包括投资信贷）和补偿金

第一节　基本规定

第三十八条　获得联邦资助所要满足的基本前提条件

只有在满足下列条件的情况下才能获得联邦财政资助和补偿金：

a. 所采取的措施与林业规划一致；

b. 所采取的措施是必要并且合适的；

c. 所采取的措施满足了技术适用、经济和生态要求；

d. 满足了联邦法律的其他要求；

e. 确保与其他部门的公共利益保持协调；

f. 保证其得到进一步的维护。

第二节　措施

第三十九条　保护森林免受自然灾害

一、针对自然灾害相关措施和基本文件汇编所发放的补偿金一般是以全球为基础进行分配。全球补偿金的等级通过联邦办公室和各州协商之后得出并以下列事项为基础：

a. 灾害及其破坏潜力；

b. 所采取措施和所制定规划的范围和质量。

二、补偿金可以以个案为基础进行发放，如果该措施：

a. 超过了一个州的范围；

b. 与国家目录上所列举的保护区或保护对象相关；

c. 由于可能的改变或其他原因，需要进行特别复杂的或者专业的评估；

d. 不可预见。

三、根据第二款所支付的补偿金占措施成本的35%至45%并以下列事项为基础：

a. 灾害及其破坏潜力；

b. 全面风险评估的实施等级；

c. 所采取措施的范围和质量及其规划。

四、如果某个州由于例外保护措施的实施，特别是恶劣天气造成的破坏而产生了大量费用，那么第三款中所规定的资助可以例外增加至最高值，即措施成本的65%。

五、下列情形下不能获得补偿金：

a. 保护高危地区新建筑物和设施所需的措施；

b. 保护旅游建筑和设施的措施，例如居民区之外的空中索道、上山吊椅、滑雪道或登山路径。

第四十条　防护林

一、针对防护林保护而发放的全球补偿金以下列事项为基础：

a. 灾害及其破坏潜力；

b. 所维护的防护林的公顷数；

c. 维护防护林所需的基础设施的范围及其规划；

d. 所提供的服务质量。

二、补偿金的数额通过联邦办公室和相关州协商后得出。

第四十一条　森林的生物多样性

一、为维护和完善森林生物多样性而采取的相关措施，其所获得的全球财政资助级别以下列事项为基础：

a. 被指定并且需要维护的森林保护区的公顷数；

b. 需要维护的幼林公顷数；

c. 需要维护的栖息地的公顷数，特别是提供栖息地连通性的森林边缘区；

d. 为提高动植物种类、维护生物多样性而采取措施的程度和质量；

e. 森林保护区之外的被指定为含有大量老树木和死木区域的公顷数；

f. 被维持的、以森林培育形式存在的区域的公顷数，例如林木覆盖的牧场，生长有标准林木和矮林的灌木林以及栗树林或核桃林；

g. 所提供服务的质量。

二、资助的数额由联邦办公室和相关州协商后得出。

三、只有在第一款字母 a 以及 c 至 f 中规定的生态保护通过合同形式或者其他合适的方式得到保证，才能够获得财政资助。

四、只有所采取的措施将近自然森林培育的要求进行考虑，才能获得对幼林维护提供的财政资助。

第四十二条　森林繁殖材料的生产

一、联邦应当以个案为基础，为森林繁殖材料提供财政资助，资助数额为措施成本的30%至50%。

二、下列事项可以获得财政资助：

a. 种子提取的构造措施；

b. 生产和加工种子的技术设备、机器和装置的购买；

c. 负责提供合格种子的种子种植和种子采购中心的运行。

三、如果所提交的一项建筑工程或一个操作概念得到了州的批准并对成本进行了估算，提供了财物证明，那么其所获得的财政资助可以得到确定。

第四十三条　林业部门

一、为了提高森林管理有效性而采取措施的全球财政资助级别由下列事项决定：

a. 为了具有互操作性的规划基地：由州的森林区域大小和规划中包含的森林区域大小决定；

b. 为了提高林业管理条件：由木材联合采伐的规模和以企业合作或企业合并形式存在的营销规划决定；

c. 为了木材供应特殊情形下的木材储备：由市场暂时不能吸收的木材数量决定。

二、资助数额由联邦办公室和相关州协商后得出。

三、只有在满足下列条件的情况下，才能获得用于提高林业管理条件的全球财政资助：

a. 企业合作或合并被作为一项长期措施；

b. 大量具有经济价值的林木被联合采伐或联合营销；

c. 商业账户得到维持。

第四十四条　教育和培训的完善

一、联邦应当根据第三十七条为林业实习教学人员的培训及其酬劳提供财政资助，并且要以个案为基础，为作为实习一部分的相关课程提供财政资助，最高数额为被认可的成本的50%。

二、联邦应当为林业人员现场实践教学所需的特别职业费用提供财政资助作为补偿。其补偿形式为森林管理员就读学校培训费用及其课程费用的10%。

三、联邦应当以个案为基础，为林业人员教学材料的创造提供财政资助，最高数额为被认可成本的50%。

四、联邦应当以个案为基础，为用于培训和教育林业工人的课程、课程材料和移动培训小组的使用提供财政资助，最高数额为被认可成本的50%。

第四十五条　研究和发展

一、联邦应当以个案为基础，为尚未接受任何委托项目的研究和发展提供财政资助，最高数额为项目成本的50%。

二、联邦可以以个案为基础，为致力于完善研究和协调发展的机构提供财政资助，前提是联邦在这些机构获得了足够的共同决定权。

第三节　全球补偿金或财政资助发放的程序

第四十六条　申请

一、各州应当向联邦办公室递交全球补偿金或财政资助的申请。

二、申请应当包含以下内容：

a. 所要达到的项目目标；

b. 为达到该目标可能采取的措施及其实施；

c. 措施的有效性。

三、如果所采取的措施不止影响到一个州，那么各州之间应当确保对申请进行协商。

第四十七条　项目协议

一、联邦办公室应当与州主管官厅达成项目协议。

二、项目协议的主旨为：

a. 共同达到的战略项目目标；

b. 州所提供的服务；

c. 联邦所提供的资助；

d. 控制。

三、项目协议的最长期限应为4年。

四、联邦办公室应当针对项目协议的程序、与项目协议主旨相关的信息和文件发布指导意见。

第四十八条　支付

全球补偿金或财政资助以分期的方式进行支付。

第四十九条　报告和控制

一、各州应当每年向联邦办公室汇报全球补助金的使用情况。

二、联邦办公室应当通过抽样的方式对以下事项进行控制。

a. 根据项目目标所采取的单个措施的实施；

b. 补助金的使用。

第五十条　不符合要求的履行和与预期不符的使用

一、联邦办公室应当在项目进行中全部或部分停止分期付款，如果：

a. 项目未能按其所报告的义务进行开展（第四十九条第一款）；

b. 故意对其自身的服务造成严重破坏。

二、项目结束后，如果其所提供的服务明显不符合要求，那么联邦办公室应当要求各州纠正相关错误并应当给予其合适的期限。

三、如果通过财政资助或补偿金所获得的设施和装备并未按预期目的进行使用，那么联邦办公室可以要求各州在合理期限内停止或改变其使用。

四、如果未能纠正其错误或者并未停止、改变其使用，则根据1990年10月5日补助金法第二十八条和第二十九条的规定将补偿金收回。

第四节　特殊情况下补偿金或财政补助的发放

第五十一条　申请

一、在特殊情况下，没有州参与的补偿金或财政资助的申请必须递交给联邦办公室。所有其他申请必须递交给州。

二、各州应当对其接收的申请进行审查并转交给联邦办公室，附上其合理的建议、已经获得的州授权和关于补助金的州决议。

三、联邦办公室应当对申请相关的信息和文件发布指导意见。

第五十二条　补助金的发放和支付

一、联邦办公室应当对补偿金或财政资助数额的确定做出裁决，或者应当与补助金接受者达成协议。

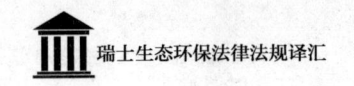

二、补助金的支付应当取决于相关措施的进展情况。

第五十三条　不符合要求的履行和与预期不符的使用

一、尽管受到了警告，补偿金或财政资助申请得到通过的接受者未能实施相关措施或者实施方式不符合要求，那么应当停止对其支付补偿金或财政资助或者应当减少补偿金的数量。

二、尽管受到了警告，接受者未能实施相关措施或者实施方式不符合要求，如果补偿金或财政资助已经全部支付完毕，那么应当根据补助金法第二十八条对其进行收回。

三、如果通过补偿金或财政资助所获得的设施、装备未能按预期目的进行使用，联邦办公室可以要求各州在合理期限内停止或改变其使用行为。

四、如果未能停止或改变其使用行为，应当根据 1990 年 10 月 5 日补助金法第二十八条和第二十九条的规定对其进行收回。

第五十四条　报告和管理

第四十九条也适用于报告和管理。

第五十五条至第五十九条

已废除。

第七章　投资信贷

第六十条　要求

一、投资信贷应当发放，如果：

a. 该投资是必要的且适合用于自然灾害的预防或者森林的维护和使用；

b. 申请者的财政状况需要这项投资。

二、申请者必须能够承担所有的财政负担。

三、申请者必须耗尽了他或她自身的财政资源并愿意接受第三方的任何资助。

四、投资信贷不能通过 1962 年 3 月 23 日联邦农业投资信贷和商业补助金法或 1974 年 6 月 28 日联邦山区投资补助金法所发放的信贷进行积累。

五、各州无权为其自身投资申请信贷。

六、已废除。

第六十一条　联邦信贷

一、联邦办公室应当向各州发放全球贷款用于投资信贷的支付。该贷款应当为无息贷款且还款期为 20 年以上。

二、各州应当每年向联邦办公室告知其下一年可能需要的借款。

三、可用资金应当按需分配。

第六十二条　申请

一、投资信贷的申请必须递交给各州。

二、申请中必须附上以下文件：

a. 总体工作计划；

b. 营业账户；

c. 关于申请者财政状况的报告。

三、通过商业合同的形式对森林进行维护或使用的公司必须在其申请中附上近两年的资产负债表和损益账户。

第六十三条　信贷数额和利率

一、信贷投资应当发放：

a. 作为建筑信贷，涵盖建筑成本的 80%；

b. 根据第三十九条、第四十条和第四十三条的规定对剩余的措施成本进行资助；

c. 涵盖林业运输工具、机器和装置购买费用的 80%；

d. 涵盖林业设施建造成本的 80%。

二、投资信贷一般为免息贷款。然而，如果申请者能够承担所有的财政负担，那么可以对其收取适当的利率。

三、禁止发放低于 10000 瑞士法郎的贷款。

第六十四条　期限、支付和收回

一、投资信贷的还款期限应当不超过 20 年。

二、分期还款根据所采取措施的性质和借款人的财政状况决定。

三、还款开始于：

a. 对于第六十三条第一款字母 a 和字母 b 中规定的投资，在项目完成一年之后开始还款，但是最长不能超过信贷首次支付后的五年；

b. 对于其他投资，在信贷支付后的下一年开始还款。

四、借款人可以在任何时间不经通知将贷款全部还清或还掉一部分。

五、已废除。

六、未能按期还款将收取5%的利息。

第八章 最后条款

第一节 实施

第六十五条 联邦对本条例的实施

一、该部有权独立开展森林法实施所需的行动。

二、如果联邦官厅适用其他联邦法律，或者依照与本条例主旨相关的国际法所达成的协议或决议，那么他们也应当适用本条例。联邦办公室和各州之间的合作依照森林法第四十九条第二款的规定。保留法定的保密义务。

第六十六条 各州对本条例的实施

一、各州应当在本法生效五年之内针对森林法和本条例颁布有关执行条例。

二、他们应当将关于森林采伐的所有裁决和决议通知联邦办公室。

第六十六条a 地质信息学

根据2008年5月21日地理信息条例附件一的规定，联邦办公室作为被指定的联邦主管官厅，应当为地理数据库数据确定最小的地理数据模型和建模。

第二节 现有立法的废除和修订

第六十七条 现有立法的废除

下列立法已被废除：

a. 1965年10月1日联邦森林警察监督条例；

b. 1973年5月23日林业高级官员任命条例；

c. 1988年11月28日联邦森林保护例外措施条例；

d. 1956年10月16日森林植物保护条例第二至第五条；

e. 1956年10月16日关于森林繁殖材料和森林植物原产地及其使用的

联邦委员会法令；

f. 1970 年 6 月 22 日山区林业投资信贷条例。

第六十八条　现有立法的修订

第三节　生效

第六十九条

一、本条例除第六十条至第六十四条和第六十七条字母 f 外，其余于 1993 年 1 月 1 日生效。

二、第六十条至第六十四条和第六十七条字母 f 于 1994 年 1 月 1 日生效。

2000 年 2 月 2 日修订的最后条款。

直到 2000 年 1 月 1 日才能处理的由各州负责的森林采伐申请，受之前法律规定的约束。

联邦水资源保护法

1991 年 1 月 24 日制定

（修订截止于 2013 年 8 月 1 日）

根据联邦宪法第七十六条第二款、第三款的规定，国民议会和联邦议会的联席会议，经审阅了联邦委员会 1987 年 4 月 29 日的公告后，通过联邦水资源保护法。

第一部分　总则

第一条　目的

本法旨在保护水资源不受有害影响并致力于实现以下目标：

a. 保护人类和动植物的健康；

b. 保障饮用水的供给和经济用途，并保障水资源的其他用途；

c. 保护本土动植物的自然栖息地；

d. 保护水体使其适合作为鱼类栖息地；

e. 保护水资源使其成为风景要素之一；

f. 确保农用地的灌溉；

g. 允许以休闲为目的的水资源利用；

h. 确保水循环的自然功能。

第二条　适用范围

本法适用于所有地表水和地下水。

第三条　注意义务

在任何情况下，任何人都应该尽到注意义务，避免对水资源造成有害影响。

第三条 a　污染者付费原则

依据本法所采取措施的费用由行为人自行承担。

第四条　定义

本法中：

a. 地表水：是指水体以及包含底部和河岸的河床，也包括生活在其中的动物和生长在其中的植物；

b. 地下水：是指地下水（包括泉水），蓄水层，上下隔水层；

c. 有害影响：是指污染以及任何对伤害水体特性或功能的干扰；

d. 污染：是指导致水质发生了有害的物理的、化学的或生物的改变；

e. 废水：是指经家庭、工业、商业、农业或其他途径使用过的水，还包括下水道污水、建筑物表面或钢筋混凝土层面流下的雨水；

f. 被污染的废水：是指可能对其流入的水体造成污染的废水；

g. 农家肥：是指液态肥料，牲畜产生的厩肥以及饲料仓储排放的液体；

h. 流量 Q_{347}：是指平均每年有 347 天的流量能够达到或超过过去十年的平均值，并且能够不因水损害、取水或水供给而受到重大影响；

i. 常设流量：是指大于零的流量 Q_{347}；

k. 剩余流量：是指一次或数次取水之后河道所剩余的流量；

l. 必需的水资源禀赋：是指取水之后为保持特定剩余流量而所需的水量；

m. 修复：是指运用土木工程的方法，对经历开沟、校直、覆盖或开渠的地表水的自然功能进行重建。

第五条　国防或紧急情况下的免责

在国防利益需要或者紧急情况下，联邦委员会可以通过条例规定本法条款的免责事由。

第二部分　有害影响的预防和修复

第一章　水体质量的维持

第一节　物质的排放、引入和渗流

第六条　原则

一、禁止直接或间接将有可能污染水体的物质引入水体；禁止将此类物质渗流进入水体。

二、如果某类物质存在污染水体的风险，禁止在水体外围储存或传播此类物质。

第七条 污水的处置

一、污水必须经过处理。只有经过州主管官厅的批准才能将污水排放或渗流进入水体。

二、未被污染的废水必须根据州主管官厅的指示，通过渗流进行排放。如果当地情况不允许，那么未被污染的废水要排放进入地表水；如果可以，在这种情况下要设立滞留措施以保证稳定的排放，避免高流量的发生。未在各州批准的城市排水计划中表明的排水行为需要得到州主管官厅的同意。

三、各州应当安排城市排水计划的制订，如果必要，还要安排区域排水计划的制订。

第八条

已废除。

第九条 联邦委员会对物质排放和渗流的规定

一、联邦委员会应当明确地表水和地下水所应达到的水质。

二、联邦委员会应当对以下事项进行规定：

a. 污水排入水体；

b. 污水的渗流；

c. 根据其使用方式、物理属性或者使用数量，可能污染水体或损害废水处理厂正常运作的物质。

第二节 污水的处理和农家肥的使用

第十条 公共污水系统和中央污水处理厂

一、各州负责在以下区域建立公共污水系统和中央污水处理厂：

a. 建筑区；

b. 污水处理特别程序（第十三条）不能为其水资源提供足够保护或者经济上不可行的建筑区外的现有建筑群。

一、[bis]各州应当确保处理厂能够经济有效地运行。

二、在地表水和地下水能够得到保护的前提下，单独或居民稀少区域的污水应当通过中央污水处理厂以外的系统进行处理。

三、如果私有污水系统同样服务于公众利益，那么它们拥有与公共污水系统相同的地位。

四、已废除。

第十一条 接入污水系统和接收污水的义务

一、公共污水系统覆盖区域内产生的污水必须排放进入该系统。

二、公共污水系统覆盖的区域应当包括：

a. 建筑区；

b. 接入公共污水系统的其他区域（第十条第一款字母b）；

c. 适合接入公共污水系统的其他领域。

三、污水系统负责人有义务接收污水并将其输入合适的中央废水处理厂。

第十二条 公共污水系统覆盖区域的特殊情况

一、对于不符合进入排水系统的污水，负责人应该对其进行前期处理。各州应该对前期处理进行规定。

二、各州主管官厅应当为不能排入中央污水处理厂的污水确定合适的处理方式。

三、拥有常设流量的未被污染的废水不应直接或间接通过中央污水处理厂。各州主管官厅可以就此条规定设定例外情况。

四、拥有较大数量牛或猪的农场，其家庭污水可以同液态化肥一起作为农用，如果：

a. 居民或者工业建筑及其相邻土地都处于被划分为农业区的区域，或者市主管官厅正采取必要措施，特别是在区域规划领域，将建筑物及其相邻土地划分为农业区；

b. 有能力对家庭污水进行储存，并且该污水被用于农场所有或其租赁的土地上。

五、如果根据第四条的规定，该居民或工业建筑及其相邻土地在五年之内未被划入农业区，那么其家庭污水必须排入公共污水系统。

第十三条 污水处理的特别程序

一、公共污水系统覆盖区域外围的污水必须通过最先进方法进行处理。

二、各州应当确保水体质量的各项要求得到遵守。

第十四条 畜牧农场

一、所有的畜牧农场应使肥料的生产和使用达到平衡。

二、农家肥应当作为农用或园艺使用，并采用最先进的、与周围环境相适应的方法进行使用。

三、农场必须设有存储设施，并且拥有至少三个月的存储能力。然而，在山区、气候条件不佳或者特殊农作物生长的区域，各州主管官厅可以对存储能力提出更高的要求。对于牲畜存在时间较短的建筑，主管官厅也可以规定较低的存储要求。

四、不管是所有还是租赁，或是合同约定，农场必须有足够的农用地用于施肥，施肥的最大容量相当于每公顷三头牲畜。如果合同约定的农用地或者农用地的一部分超出正常养殖范围，那么至少一半牲畜的粪肥要用于农用地，不管是所有或是租赁。在这种情况下，每公顷所使用的粪肥数量不应该超过三个牲畜粪肥单位。

五、所有肥料交易都必须制定文本并获得负责主管官厅批准。

六、如果土壤的污染物承受能力、海拔和地形条件需要的话，各州主管官厅应当减少允许的每公顷牲畜粪肥单位。

七、在下列情况下，联邦委员会可以对农用地的要求规定例外：

a. 家禽和马场，以及其他已有的中小型畜牧农场；

b. 服务于公共利益的农场（废物回收、研究等）。

八、一个牲畜粪肥单位等于一头重600公斤母牛的年均液态和固态粪肥产量。

第十五条 设施和设备的建造和监控

一、污水处理厂、农家肥存储设施和技术加工厂及饲料原料筒仓的负责人应当确保其得到合适的使用、维护和维持。必须定期对废水处理厂和农家肥加工厂的正常运作进行检查。

二、各州主管官厅应当对这些设施进行定期监控。

第十六条 联邦委员会对污水处理和设施监控的规定

联邦委员会应当为以下事项制定要求：

a. 向污水系统排放污水；

b. 生产过程中的特殊排放；

c. 污水处理厂残留物的回收和处理；

d. 设施和设备的监控；

e. 农家肥加工产生污水的使用。

第三节 建筑许可所要求的污水处理技术

第十七条 原则

新建筑物和建筑物改造工程的建筑许可只有在以下情况才能获得批准：

a. 在公共污水系统覆盖区域，污水都排放进入污水系统（第十一条第一款）或者作为农业用途（第十二条第四款）；

b. 在公共污水系统覆盖的外围区域，污水通过特别程序得到处理（第十三条第一款）；并为此向各州水资源保护局进行了咨询；

c. 不适合中央污水处理厂处理的污水通过合适的方法得到处理（第十二条第二款）。

第十八条 例外

一、在公共污水系统覆盖区域，如果小型建筑和设施因为重要原因不能立即与污水系统连接，只要在短期内能够连接并且这段时间内产生的污水能够通过其他合适的方法得到处理，可以批准其建筑许可。该种情况下，主管官厅应当在批准建筑许可之前向州水资源保护局进行咨询。

二、联邦委员会可以就例外情况进行详细规定。

第四节 区域规划保护

第十九条 水资源保护区域

一、各州应当根据地表水和地下水被污染的风险划分水资源保护区域。联邦委员会应当制定所需的规定。

二、在生态特别脆弱的区域，如果房屋和设施的建设、改造、挖掘、土木工程和类似工程可能会对水体造成威胁，那么只有在获得各州批准的前提下才可以进行。

第二十条 地下水保护区

一、各州应当为服务于公众利益的地下水井和地下水补给设施划定保护区；对划定保护区所需的财产权，各州不应设定任何限制。

二、地下水井的负责人必须：

a. 开展必要的调查，以确立保护区的界限；

b. 获得必要物权；

c. 在适用的情况下，承担对于限制财产权的补偿费用。

第二十一条 地下水保护区域

一、各州应当确定具有重要使用价值的地下水资源补给区域。如果可能对未来地下水使用或补给设施造成不利影响，这些区域内将禁止建造任何建筑物、设施或进行任何施工。

二、对于因限制财产权而产生的补偿责任，各州可以转移给地下水井和地下水补给设施的负责人。

第五节 可能污染水体的液体的处理

第二十二条 基本要求

一、处理可能污染水体的液体的负责人必须确保提供水体保护所需的建筑物和设备，对其进行定期检查、进行正确操作和维护。需要批准的存储设施（第十九条第二款）必须至少十年检查一次；根据对水体造成污染的风险，联邦委员会可以对其他设施规定检查的间隔时间。

二、存储设施或转移区域必须防止液体泄漏。一旦发生泄漏，应当很快检测和保留该液体。

三、只有经过培训，并拥有最先进设备和经验的人员，才可以对装有可能污染水体的液体设施进行建造、改造、检查、加满、维持、排空和拆卸。

四、任何设施零件的生产商必须检测其产品是否符合最新标准并对检测结果进行记录。

五、如果要对装有可能污染水体的液体设施进行建造、改造或拆卸，负责人必须根据州规定，向州主管官厅进行汇报。

六、装有可能污染水体的液体设施的负责人、设施操作或维护的委托人，在检测到泄漏情况时应当立即向水资源保护检查员进行汇报。他们应当主动采取一切可能的方法防止水体遭受污染。

七、第二款至第五款不适用于对水体没有污染危险或者其危险基本可以忽略不计的设施。

第二十三条

已废除。

第二十四条　人造洞穴的存储

如果在地下洞穴存储可能污染水体的液体会使其与地下水相连，那么禁止此类存储行为。

第二十五条　可能形成液体、进而对水体造成污染的物质

第二十二条、第二十四条适用于那些与液体混合后可能形成液体并对水体造成污染的物质。

第二十六条

已废除。

第六节　适用于水体的土地使用和方法

第二十七条　土地使用

一、应当根据最新的技术水平对土地进行使用，以此保证水体不受任何负面影响，特别是避免化肥和植物处理产品的流失和浸出。

二、联邦委员会可以制定必要的规定。

第二十八条　适用于水体的方法

如果第七至第二十七条中所包含的措施不足以维持某一特殊水体所需的水质要求，各州应当确保针对该水体实行额外的措施。

第二章　确保适当的剩余流量

第二十九条　许可证

对水体进行下列使用必须获得许可：

a. 从含有永久水流的河道取水；

b. 从湖泊或地下水取水，取水的方法会对含有永久水流的河道的排放速度产生重大影响。

第三十条　获得许可证的条件

获得取水许可证需要满足以下条件：

a. 符合第三十一至第三十五条规定的要求；

b. 加上其他的取水量，流量 Q_{347} 至多减少 20%，并且总的取水量不得超过每秒 1000 升或；

c. 为了补给饮用水，每年至多有每秒 80 升的泉水和每秒 100 升的地下水被抽取。

第三十一条 最小剩余水流量

一、当从含有永久流量的河道取水时，最低剩余流量必须为：

流量 Q_{347} 达到 60 升/秒	50 升/秒
流量 Q_{347} 每增加 10 升/秒	增加 8 升/秒
流量 Q_{347} 为 160 升/秒	130 升/秒
流量 Q_{347} 每增加 10 升/秒	增加 4.4 升/秒
流量 Q_{347} 为 500 升/秒	280 升/秒
流量 Q_{347} 每增加 100 升/秒	增加 31 升/秒
流量 Q_{347} 达到 2500 升/秒	900 升/秒
流量 Q_{347} 每增加 100 升/秒	增加 21.3 升/秒
流量 Q_{347} 为 10000 升/秒	2500 升/秒
流量 Q_{347} 每增加 1000 升/秒	增加 150 升/秒
流量 Q_{347} 为 60000 升/秒	10000 升/秒

二、由于其他措施的实施导致以下条件不能得到满足，那么应当对上面第一款所计算出的最低剩余流量进行增加：

a. 不管取水和现有的废水排放，必须维持规定的地表水水质；

b. 地下水资源必须得到不断补充，使依赖于其的饮用水供给维持在其所需的程度，并且农用地的水平衡不受重大损害；

c. 除非有重大原因，稀有栖息地和生物群落直接或间接依赖的水体的类型和大小必须得到维护或者在可能的情况下，用具有相同价值的水体进行替代；

d. 水体必须保持足够的深度以供鱼类自由迁徙；

e. 流量 Q_{347} 达到每秒 40 升、海拔 800 米，作为鱼类产卵地和幼鱼栖息地的水道，其功能的连续性必须得到保障。

第三十二条 例外

在下列情况下，各州主管官厅可以规定较低的剩余流量：

a. 水体的流量 Q_{347} 低于 50 升/秒：水体所处位置的海拔在海平面 1700 米以上，并且有超过 1000 米的一长段低于该水体的取水点，或者水体不适合作为鱼类栖息地，并且所处位置的海拔在海平面 1500 米至 1700 米之间；

b. 从不适合作为鱼类栖息地的水体中取水,并且剩余流量至少为流量 Q_{347} 的 35%;

b.^{bis} 位于取水处下方的长 1000 米,几乎不具有生态潜力的地段,并且保证水体的自然功能不能受到重大损害;

c. 在限定区域的保护规划和使用规划中,通过停止进一步取水等特殊方法,在同一区域可以达到适当的平衡;这种保护和使用计划应当获得联邦委员会的批准;

d. 在必要时可对取水时间进行限制,特别是在饮用水补给、灭火或农业灌溉的情况下。

第三十三条 增加最低剩余流量

一、在权衡取水规划利弊的情况下,如果确实有必要,主管官厅应该增加最低剩余流量。

二、取水的有利方面包括:

a. 取水能够满足公共利益;

b. 水流发源地的经济利益;

c. 具有取水需求的人的经济利益;

d. 取水可以满足能源供给。

三、取水的不利方面包括:

a. 水资源作为风景要素的重要性;

b. 水资源对于保护自然栖息地、保护野生动植物多样性,特别是鱼类资源,以及保护渔业和鱼类自然繁殖所带来的收入的重要性;

c. 维持足够的水流量以长期满足水质要求;

d. 维持地下水情的平衡,以保障饮用水的补给、区域常用地的使用以及当地植被的生长;

e. 确保农业灌溉。

四、任何需要取水的人都应当向主管官厅报告以下内容:

a. 取水所产生的后果,针对不同的水流量计算取水带来的利益,特别是关于电能的生产和成本;

b. 取水行为带来的不利影响以及可能采取的预防此类损害的措施。

第三十四条 从湖泊和地下水资源取水

如果是从湖泊或者地下水资源取水,并且水流量因此受到重大影响,那么必须根据第三十一至第三十三条的规定对水道进行保护。

第三十五条　主管官厅决议

一、主管官厅应确定个案中必需的水资源禀赋以及保护取水点下方水资源的必要措施。

二、主管官厅可以确定一个临时可变的水资源禀赋，但剩余流量不得低于第三十一条和第三十二条中明确的数值。

三、主管官厅应当在做出决定之前向有资质的机构进行咨询；如涉及总产量超过 300 千瓦的发电厂，主管官厅还应当向联邦政府进行咨询。

第三十六条　控制必需的水资源禀赋

一、任何人从任何水体取水都应当向主管官厅证明，其所采取的措施能够维持必需的水资源禀赋。如果该程序的费用不合理，那么可以以水量平衡为基础进行计算并得出相应的证据。

二、如果行为人能证明目前的有效流量低于必需的水资源禀赋，那么在现有情况持续期间，行为人的义务仅限于维持等于该有效水流量的水资源禀赋。

第三章　水体有害影响的预防和修复

第三十六条 a　水体空间的提供

一、在听取利益相关方的意见之后，各州应当为地表水制定空间需求（为水体提供的空间）以保证其以下功能：

a. 水体的自然功能；

b. 防洪；

c. 水资源的使用。

二、联邦委员会应当对细节进行规定。

三、各州应确保在建筑物和土地使用计划中对水体所需的空间进行考虑，并使其得到发展和广泛利用。为水体提供的空间不包括耕地。如果耕地发生流失，那么必须根据 1979 年 6 月 22 日联邦空间规划法第十三条制定联邦部门计划进行补偿。

第三十七条　水道的人工修复和修正

一、只有在下列情况才允许对水道进行开沟和校直：

a. 保护人或重大财产价值（1991 年 6 月 21 日联邦水利工程法第三条

第二款）;

b. 提供航道或者为了公共利益而进行的水力发电;

b.^bis 建造垃圾填埋场,该填埋场只能建造在事先计划好的位置,并且只存放未经污染的开挖材料、开采出来的材料或者用过的材料;

c. 根据本法,可以对已经开沟或校直水道的状况进行提升。

二、水体的天然河道必须得到保护或修复。水体及水体空间必须通过下列方法进行开发:

a. 为多样化的动植物提供栖息地;

b. 维持最大限度的地表水和地下水交换;

c. 适合该地点的植被能够在河岸上生长。

三、在建筑区域,主管官厅可以就第二款规定例外情况。

四、第二款也适用于人工水道的开发。

第三十八条 水道的覆盖和涵洞的开凿

一、禁止覆盖水道或在水道内修建涵洞。

二、主管官厅可以就以下事项规定例外:

a. 洪水溢流渠和灌溉渠;

b. 交通道路下方的通道;

c. 农业或林业运输路线下方的通道;

d. 含有间歇水流的小型排水沟;

e. 当现有地下通道或遮盖物使开放水道无法形成或者将会对农业生产方式造成重大影响时,必须对其进行替换。

第三十八条 a 水资源的修复

一、各州应当确保水资源得到修复。修复对自然和风景产生的有利方面以及修复所带来的经济后果都要在修复过程中进行考虑。

二、各州应当制定修复措施并明确具体的时间安排。他们应当确保在建筑物和土地使用计划中对其进行考虑。如果耕地发生流失,那么必须根据1979年6月22日联邦空间规划法第十三条制定联邦部门计划进行补偿。

第三十九条 湖泊中固体物质的引入

一、禁止在湖泊中引入固体物质,即使该物质不会导致污染。

二、各州主管官厅在以下情形下可以允许建造堤防:

a. 建筑物不能在其他地方进行建造,重大的公共利益需要建造堤防并且这种目的不能通过其他方法实现；

b. 浅水区因此得到开发。

三、堤防的建造应当尽量自然，并且所有的河岸植被都应当进行替换。

第三十九条 a　水力发电

一、水力发电厂的负责人必须通过土木工程相关措施来防止或减少短期水体水流量变化（水力发电）对原生动植物及其栖息地造成严重损害。在水力发电厂负责人的要求下，主管官厅可以批准土木工程以外的替代措施。

二、这些措施由以下因素决定：

a. 对水体造成伤害的程度；

b. 水体的生态潜力；

c. 成本比例；

d. 防洪带来的利益；

e. 与提高再生能源相关的能源政策目标。

三、在听取相关水力发电厂负责人的意见后，相关水体下游区所采取的所有措施必须根据意见进行相互协调。

四、根据第一款所建设的贮水池可以在不改动许可的前提下用于抽水蓄能。

第四十条　排空和放空拦蓄之水

一、水坝负责人要尽可能确保，在排空和放空拦蓄之水或者检查排水及洪水溢流设施时，下游动植物不受影响。

二、排空或放空拦蓄之水应当得到各州主管官厅的批准。发放许可证的机构应当向相关机构进行咨询。如果为了保证操作安全需要进行周期性地排空或放空，主管官厅应当对该项操作的时间和类型进行固定。

三、如果发生特殊事件，负责人为了安全起见不得不降低蓄水池的水位，那么他应当立即通知有关主管官厅。

第四十一条　堤坝废料

一、任何筑坝拦水的人不能将任何由于操作原因移除的废料移入水中。主管官厅可以批准例外情况。

二、堤坝负责人必须根据主管官厅的指示定期对设施附近的废料进行收集。

第四十二条　清水和使用过的水的抽取和排放

一、如果从天然湖泊取水或者向天然湖泊中排水，那么湖泊的层面和水流量不能被大量改变，并且不允许水平面的变化对河岸带造成潜在的有害影响。

二、如果是从河道取水和向河道排水，那么清水和废水的排放类型和地点都必须经过合理选择，尽量避免人工加固和修正的需要。

第四十三条　地下水资源的保护

一、在一个较长时期内，各州应当确保地下水资源的取水量不多于其补给量。在短期内，除非地下水资源的质量或植被受到影响，地下水的取水量可以多于其补给量。

二、如果地下水资源由于过度取水或者补给的减少而受到损害，各州应当确保该种情况尽可能地得到修复，不管是通过减少取水量，还是通过人工补给或是饮用水的地下存储。

三、如果不同地下水资源相互间的永久连接会对地下水的质量和数量造成影响，那么这种连接是不允许的。

四、任何新设备的安装都不允许永久地、大量地减少可用地下水资源的存储量和流量。

五、禁止低水坝对地下水以及依赖于地下水位的植被造成重大损害。主管官厅可以对现有设施规定例外情况。

六、只有在农业生产无法得到满足的情况下，才允许建立可能导致大面积地下水位下降的排水区。

第四十三条 a　底沙平衡

一、禁止相关设施改变水体的底沙平衡，以致对本土动植物及其栖息地、地下水情和防洪造成严重影响。设施负责人应当针对该情况采取合适的措施。

二、这些措施由以下因素决定：

a. 对水体造成伤害的程度；

b. 水体的生态潜力；

c. 成本比例；

d. 防洪带来的利益；

e. 与再生能源相关的能源政策目标。

三、在听取相关水力发电厂负责人的意见后，相关水体下游区所采取的所有措施必须根据意见进行相互协调。

第四十四条　从水道中采石、采砂和采集其他材料

一、任何人需要采石、采砂、采集其他材料或者需要为采石、采砂、采集其他材料进行前期采集工作，都必须获得许可证。

二、下列情形将不能获得许可证：

a. 在地下水保护区；

b. 低于地下水资源的地下水位线，并且该地下水资源的数量和质量都非常适合进行水补给；

c. 水道的底沙平衡可能受到负面影响。

三、对于数量和质量都适合进行水补给的地下水资源，如果能够在最大地下水位线之上保留物质保护层，也可以获得在地下水位线之上开采的许可。保护层的尺寸应当根据当地情况进行选择。

第三部分　执行、基本规定、开发措施和程序

第一章　执行

第一节　各州的执行

第四十五条

在任何情况下，各州都应当执行本法，第四十八条不要求联邦执行。他们应当制定所有必要的规定。

第二节　联邦的执行

第四十六条　监督与合作

一、联邦应当对本法的执行进行监督。

二、联邦委员会应当对以下合作事项进行规定：

a. 各州的水资源保护措施；

b. 联邦机构之间水资源保护措施；

c. 联邦机构与各州之间水资源保护措施。

第四十七条　实施条例

一、联邦委员会应当制定实施条例。

二、已废除。

第四十八条　联邦执行权力

一、在执行任何联邦其他法律或任何国际协议的同时，有关联邦主管官厅也负责水资源保护法的实施。在进行决议之前，有关主管官厅应当向有关州进行咨询。联邦环保署（联邦办公室）和其他相关联邦机构应当根据1997年3月21日政府及行政机构组织法第六十二条a和第六十二条b的规定参与实施。

二、如果第一款中的程序不适合某类任务，联邦委员会应当对相关联邦机构的执行进行规定。

三、联邦应当执行关于物质的规定（第九条第二款字母c）；联邦可以就任务的具体内容向各州寻求帮助。

四、对于根据其他关于物质的联邦法律所获得的信息，联邦委员会应当确定哪些可以适用于联邦办公室。

第三节　特殊执行规定

第四十九条　水资源保护机构和水资源保护检查员

一、各州应当设立水资源保护机构。他们应当组建水资源保护检查员和应急服务处。

二、联邦办公室是联邦水资源保护机构。

三、联邦和各州可将执行职责，特别是检查和监督的职责，委派给公营公司或私人。

第五十条　信息和咨询服务

一、联邦和各州应当对该法实施的效果和采取的措施进行检验，并将与水资源保护和水资源状况相关的检验情况及时告知公众。

二、水资源保护机构应当为政府主管官厅和私人提供咨询。

三、水资源保护机构应当为预防或减少水体有害影响提出建议方法。

第五十一条　关于化肥使用的咨询服务

各州应当确保针对第十四至第二十七条的执行设立咨询服务处。

第五十二条 容忍和职业秘密

一、联邦和各州主管官厅可以对私有和公共水资源进行调查。为此他们可以设立必要的设备并对设施进行检查。土地所有者和设施负责人应当确保接受职责委托的调查者能够获得允许进行调查，并且应当向其提供所有需要的信息。

二、接受委托执行本法者、专家和委员会成员以及专门机构都应当遵守职业秘密的相关规定。

三、当调查结果关系到公众利益时，相关机构在咨询过相关当事人后，可以公布调查结果和检查情况。检查结果只有在提出请求时才可获得，并且没有重大利益阻碍其实现。在所有情形下，生产秘密和商业秘密都应当受到保护。

第五十三条 强制执行措施

主管官厅可以执行其通过执行令的方式制定措施。由于各州法律不包含条例或更严格的规定，各州程序可以适用行政程序法第四十一条的规定。

第五十四条 安全成本和补救措施

主管官厅为了解除水体受到的威胁，以及查明损害、修复损害所采取的相关措施的费用应当由相关责任人承担。

第五十五条 联邦收费

一、联邦应当就许可、检查以及根据本法规定所提供的任何特殊服务收取费用。

二、联邦委员会应当为费用的收取确定收费率。

第五十六条 跨州的水资源

一、如果地表水或地下水覆盖了不止一个州，那么相关的各州应当为了其他各州的利益，采取必要措施保护水体。

二、如果各州不能就所采取的措施达成一致，联邦委员会应当做出决定。

第二章 基本条款

第五十七条 联邦义务

一、联邦应当将瑞士作为一个整体，就以下事项开展调查：

a. 水文平衡；

b. 地表水和地下水的水质；

c. 饮用水的供给；

d. 与水资源保护相关的其他事项。

二、为了水资源保护的公共利益，联邦可以对设施和程序的完善提供资金，以此来增加现有的技术知识，特别是那些在源头采取的措施。

三、联邦应该使利害关系人能够获得调查的结果和解释。

四、联邦委员会应当对调查和评估的实施进行规定。

五、联邦机构应当发布特别的技术指导，并为监督机构提供建议。他们可以通过向第三方付费开展水文工作或者使用第三方的设备开展工作。

第五十八条　各州的职责

一、各州执行本法应当开展进一步的调查。他们应当与相关联邦机构就调查结果进行交流。

二、各州应当对其领域内的水供给设施和地下水资源建立详细目录。除非国防利益要求进行保密，公众应当有权获得该目录。

第五十九条　流量 Q_{347} 的评估

在水体的数据不够充分的情况下，应当通过其他方法对流量 Q_{347} 进行评估，例如水文观测或数学模型。

第六十条　主管官厅的通知义务

如果主管官厅的某些操作许可会对附近的水文监测站或者其他监测站造成影响，那么主管官厅在发放许可前应当通知该监测站的负责机构。

第三章　资金

第六十条 a

一、各州应当确保服务于公共利益的废水处理厂的建设、操作、维护、完善和更换费用能够通过费用收取的方式分摊给废水生产者。在组织收费时，要特别考虑以下因素：

a. 产生废水的性质和容量；

b. 维护设施价值的贬值费用；

c. 利益；

d. 为了维护、完善和更换，以及满足法定条件和优化操作所需的计划投资。

二、如果遵循污染者付费原则进行收费会对环境友好型的废水处理造成危害，那么可以通过不同方式对废水处理进行资助，使其满足要求。

三、废水处理厂的负责人必须有符合要求的资金储备。

四、费用的计算原则应当公之于众。

第四章 奖励

第六十一条 废水处理厂

一、以项目协议为基础，联邦应当在批准的信贷限度内为各州的以下建造和采购行为支付全球补偿金：

a. 在中央废水处理厂安装脱氮设施和装备，用来履行国际法或国际组织决议中的协议，该协议旨在维护瑞士周边的水体质量；

b. 建设替代字母 a 中设施和设备的污水系统。

二、补偿金等级由第一款中提到的各种措施的脱氮量决定。

第六十二条 废物处理设施

一、如果各州建设或采购了处理特殊废物的设施和设备，并且该设施和装备为瑞士带来了利益，那么联邦应当在批准的信贷限度内为其支付全球补偿金。

二、联邦应当在批准的信贷限度内向财政能力较低或处于中等水平的各州支付补偿金，用于建造和采购相关设施和设备，对城市废物进行处理和回收，前提是关于设施建造的初审决议产生于 1997 年 11 月 1 日之前。对于不具备能力的地区，联邦委员会可以在有需要的情况下将最后期限延长至 1999 年 10 月 31 日。

二、[bis] 各州可以继续享有第二款中规定的获得联邦捐赠的权利，如果：

a. 设施建造的初审决议产生于延长的截止日期之前；

b. 由于技术原因，且并非由于州的错误，一个新的设施必须获得批准；

c. 最新的初审决议产生于 2005 年 11 月 1 日之前，并且

d. 建造开始于 2006 年 11 月 1 日之前。

三、已废除。

四、补偿金数额应当等于：

a. 第一款和第二款中设施和设备归属成本的 25%；

b. 已废除。

第六十二条 a　农业方面的措施

一、在批准的信贷限度内，联邦应当对防止水土流失和物质浸出的农业措施支付补偿金，如果：

a. 这些措施对于满足地表水和地下水质相关要求是必要的；

b. 相关州对需要这些措施的区域进行了指定并对所需的措施进行了协调；

c. 这些措施在经济上不可行。

二、补偿金的等级由被阻止流失或浸出物质的属性、容量以及不能依据 1998 年 4 月 29 日农业法或 1966 年 7 月 1 日联邦自然与文化遗产法获得报销的措施费用所决定。

三、已废除。

四、以项目协议为基础，联邦农业办公室应当为需要这些措施的各个地区提供补偿金作为全球补偿。为了预测项目是否能够保证水体得到所需的保护，联邦农业办公室应当向联邦环保署进行咨询。各州应当将补偿金分配给有资格的个人。

第六十二条 b　水体的修复

一、以项目协议为基础，联邦政府应当在批准的信贷限度内，以全球捐款的方式向各州支付补偿金，用于水体修复各项措施的规划和实施。

二、在特别复杂的项目中，各州可以根据个案的情况支付补偿金。

三、补偿金的等级由该措施与水体自然功能重构的关联性以及该措施所取得的效果决定。

四、如果设施负责人有义务对设施进行拆除，其不得就拆除获得任何捐赠。

五、根据 1998 年 4 月 29 日农业法，由于对其土地的广泛使用，应当对水体空间的管理者支付补偿金。农业预算以及相关支出限度也应随之增加。

第六十二条 c　水峰值修复和底沙平衡修复的规划

一、在批准的信贷限度内，联邦应当根据第八十三条 b 为进行规划的各州发放补偿金，前提是该规划在 2014 年 12 月 31 日之前提交给联邦。

二、补偿金数量应当为可归属成本的 35%。

第六十三条 发放补偿金的基本要求

只有在预期解决方案是基于合理规划，能够保障水资源获得合适保护，采用最新技术并且具有经济可行性时，才能对其发放补偿金。

第六十四条 基础方面，培训和信息的提供

一、如果各州查明了某一重要水体水质不合格原因，联邦应当在批准的信贷限度内向其支付补偿金用于建立补救措施。

二、联邦可以为专家培训和信息公开提供经济上的资助。

三、在批准的信贷限度内，联邦可以通过补偿金的方式或者通过其自身工作，为各州制定水供给设施和地下水资源目录的准备工作提供帮助，前提是：

a. 该目录是根据联邦指南进行准备的；

b. 该申请于 2010 年 11 月 1 日之前提交。

四、联邦补偿金不得超过费用的 40%。

第六十四条 a 风险担保

联邦应当为其许诺的新设施和装备提供风险担保。担保金额不得超过可归属成本的 60%。

第六十五条 资金

一、联邦议会应当通过简单的联邦法令批准临时信用贷款，以确保补偿金的支付。

二、根据 1990 年 10 月 5 日补助法第十三条第六款中实施原则所提供的保障，联邦议会应当通过简单的联邦法令批准连续四年支付补偿金所需的资源。

三、根据第六十四条 a 的规定，联邦议会应当批准联邦通过多年信用担保的方式提供最高额度的风险担保。

第六十六条 补偿金的收回

一、错误支付的补偿金应当收回。同样，如果某个设施或某件设备未按既定目的进行使用，那么也应当收回补偿金。

二、提起联邦索赔的权利期限为设施建起的五年之内。

第五章 程序

第六十七条 司法行政
上诉程序依照联邦司法行政的一般规定。

第六十七条 a 公共机关的上诉
一、对于各州主管官厅适用本法及执行条例时所做出的决议,联邦办公室有资格行使联邦法律和州法律赋予的追索权。

二、已废除。

第六十八条 土地合并,强制购买和占有
一、如果实施本法有需要,并且私人收购不可行,各州应当进入土地合并程序。联邦和各州可以通过强制购买程序获得所需的权利。他们可以委任第三方行使该权力。

二、只有在私人收购或土地合并不成功的前提下才能进入强制征收程序。

三、各州可以在其实施条例中宣布适用1930年6月20日联邦强制购买法;他们应明确:

a. 各州政府应当对具有争议的异议做出决定;

b. 如果能够准确定强制购买的受影响人,联邦强制购买委员会的主席可以批准简易程序。

四、联邦强制购买法适用于涉及两个或更多州管辖领域的事务。联邦环境、交通、能源和通信部应当对强制购买事项做出决议。

五、无论在何种情况下,被开发的水体空间表面应当属于农民。它们应当作为生态补偿区。

第四部分

第六十九条
已废除。

第五部分　刑事条款

第七十条　轻罪

一、任何人故意实施以下行为，将被判处最高三年的监禁刑或者罚金：

a. 向水体违法排放可能直接或间接污染水体的物质，以可能污染水体的方式允许物质浸出，或将其存储于水体周围，或将其在水体周围扩散（第六条）；

b. 装有可能污染水体的液体设施负责人，未能在他或她的能力范围内，对建筑物或设备采取本法规定的步骤或者未能使建筑物和设备处于正常运行的状态，从而对水体造成了污染或者产生了可能污染水体的风险（第二十二条）；

c. 没有维持主管官厅所规定的必需水资源禀赋或者未能在取水点下方采取必要措施对水资源进行保护（第三十五条）；

d. 违法对水道进行人工加强或修正（第三十七条）；

e. 未经许可对水道进行覆盖或开凿，或者违反许可所规定的条件（第三十八条）；

f. 在未获得州主管官厅许可的情况下向湖泊引入固体物质或者违反许可所规定的条件（第三十九条第二款）；

g. 未经许可擅自采石、采砂或采集其他物质，或者进行采集的前期准备工作，或者违反许可所规定的条件（第四十四条）。

二、如果是过失，科处行为人最高180个日罚款单位的罚金刑。

第七十一条　违法行为

一、任何人故意实施以下行为，将被处以最高20000法郎的罚金：

a. 以任何其他方式违反本法规定；

b. 违反传达给其的单个命令，并且该命令包括关于本条规定的罚金刑的具体情况。

二、过失情形下则处以罚金。

三、帮助和教唆行为也是违法行为。

四、已废除。

第七十二条　刑法典的适用

如果违法本法的行为同时也构成了瑞士刑法典第二百三十四条规定的犯罪行为，那么适用瑞士刑法典的规定。在任何情形下，本法中的刑事条款与刑法典的刑事条款同时适用。

第七十三条　刑事诉讼法的适用

1974 年 3 月 22 日联邦刑事诉讼法中第六条和第七条适用于本法规定的违法行为。

第六部分　最后条款

第一章　现有立法的废止和修正

第七十四条　水资源保护法的废除

废除 1971 年 10 月 8 日联邦水资源污染防治法（水资源保护法）。

第七十五条　联邦立法修正案

已废除。

第二章　暂行条款

第一节　未经污染废水的处置，肥料存储设施和大坝废料

第七十六条　未经污染废水的处置

各州应当确保在本法生效后至少 15 年内，未经污染废水的常设流量不再对任何水处理厂的运作造成损害（第十二条第三款）。

第七十七条　肥料存储设施

根据个案的紧急情况，各州主管官厅应当就肥料存储设施能力的调整规定过渡期。应当确保在本法生效后至少 15 年内，所有的肥料存储设施都得到完善。

第七十八条至第七十九条

已废除。

第二节 取水

第八十条 补救

一、如果取水对水道造成了重大影响，那么应当根据主管官厅的指示对取水点下方进行补救。补救行为应尽量避免对现有水资源使用权的侵犯，以防止权利人就此侵犯行为提出索赔。

二、当有关水道处于风景地带，或者包含了国家或州目录上的栖息地，或者有重大公共利益的需要，主管官厅应当制定更广泛的补救措施。确定是否进行补偿以及补偿数量的程序应当依照 1930 年 6 月 20 日强制购买法中规定的程序进行。

三、如果广泛补救措施的实施对第二款中目录所列举地区的小型水力发电厂或其他具有历史价值的水设施产生了影响，那么主管官厅应当对自然遗产保护所带来的利益和目录所列举地区的利益进行权衡。

第八十一条 补救过渡期

一、主管官厅应该根据个案的紧急程度，规定补救措施完工的最后期限。

二、主管官厅应当确保最迟在 2012 年底完成补救工作。

第八十二条 补救的基本原则

一、各州根据第二十九条规定，对现有的水抽取量制定目录，该目录应包含以下信息：

a. 水抽取量；

b. 剩余流量；

c. 必需水资源禀赋；

d. 法律现状。

二、主管官厅应当对目录列举的水抽取进行评估，并判断补救是否必要以及在多大程度上需要进行补救。其结论应当形成报告，该报告包括补救完成所需的时间间隔。

三、主管官厅应当在两年内将其目录提交给联邦主管官厅，并在本法生效后五年内提交其报告。

第八十三条 依据已获批准许可进行取水

一、当计划取水的许可证在本法生效之前获得批准，那么应当根据法律要求采取措施保障取水点下方的水资源得到保护，该措施应当尽量避免对现有的水资源使用权造成侵害，以防止对其侵害进行补偿。如果许可证在1987年6月1日之后才获得批准，那么不应当对本法第三十一条规定的相关措施享有求偿权。

二、当重大公共利益需要对水体进行更广泛的保护时，主管官厅应当根据本法采取所有的必要措施。确定是否补偿以及补偿数额的程序依照1930年6月20日的强制购买法中所规定的程序进行。

三、主管官厅应当要求这些措施最迟在取水设施开始建造之前完成。

第二节^{bis} 水峰值和底沙平衡

第八十三条 a 补救措施

现有水力发电厂和其他水设施的负责人有义务在该项规定生效后20年内，根据第三十九条a和第四十三条a的规定采取合适的补救措施。

第八十三条 b 计划和报告

一、各州根据第八十三条a制定相应措施并明确其完工期限。该计划还包括水力发电厂负责人根据1991年6月21日联邦渔业法第十条规定所应采取的措施。

二、各州应在2014年12月31日之前向联邦提交该计划。

三、他们应每四年向联邦汇报相关措施的实施情况。

第三节 补偿金

第八十四条

一、如果关于设施和设备的补偿金的申请在本法生效之前提交，那么应当根据之前的法律进行决定。补偿金的计算取决于该州决定补偿时的财政资源。

二、已废除。

第三章 公民公决和生效

第八十五条

一、本法受选择性公投的约束。

二、联邦委员会决定本法的生效日期。

生效日期：1992年11月1日。

1997年6月20日修正案的最后条款

一、如果依据1991年1月24日水资源保护法第六十一条第二款中字母a、b、c、e和f条文所提出的补偿金申请于1995年1月之前提交，该申请必须根据本法进行评估。其中包含的条件大意为"建造工程必须在本法生效五年之内开始"替换为"关于设施建造的初审决议必须在1997年11月1日之前做出"。

二、如果依据1994年3月18日水资源保护法第六十一条第一款中字母c条文所提出的补偿金申请提交于2002年11月1日之前，并且这些措施在此之前都已经进行了实施和说明。那么该申请必须根据本法进行评估。

三、如果依据1994年3月18日水资源保护法第六十一条第二款所提出的补偿金申请提交于本修正案生效之前，那么该申请必须根据新法进行评估。

联邦拦水设施法

2010 年 10 月 1 日制定

（修订截止于 2013 年 1 月 1 日）

根据联邦宪法第七十六条第三款，国民议会和联邦议会的联席会议，经审阅了联邦委员会 2006 年 6 月 9 日的公告后，通过联邦拦水设施法。

第一章 总则

第一条 目的

本法旨在管理拦水设施的安全及由放水造成的损害赔偿责任问题。

第二条 范围

一、本法适用于符合下列规范的拦水设施：

a. 水库高于水平面或地平面的储水高度至少 10 米；

b. 储水高度至少 15 米，水库储水能力超过 50000 立方米。

二、联邦监管当局（第二十二条）可以：

a. 如果拦水设施有特殊潜在风险，联邦监管当局可以宣称挡水设施未达到上面条例所指定的标准；

b. 如果拦水设施被证明没有特殊潜在风险，联邦监管当局可以将其排除在条例范围之外。

第三条 定义

一、挡水设施的安装设计是作为大坝或储水储泥设施，他们也是拦截沉积物、冰雪或者是短暂水流的结构（储蓄盆）。

二、大型拦水设施是指带有如下几种标准的装置：

a. 储水高度至少 25 米；

b. 储水高度高于 15 米，储水能力超过 50000 立方米；

c. 储水高度超过 10 米，储水能力超过 100000 立方米；

d. 储水能力超过 500000 立方米。

第四条 关于水体与邻国接壤的拦水设施

一、关于水体与邻国接壤的拦水设施，联邦委员会可能会制定特殊条款或同意邻国的特殊条款。

二、为了达到此目的，联邦委员会可以偏离（调整）适用的立法规定以及联邦立法或国际公约中指定管辖的地方。

第二章 拦水设施的安全

第一节 建设与运营

第五条 基本原则

一、拦水设施的设计、建造、运营必须依照先进的科学和技术，以保证所有可预见的操作和加载情况下的安全。

二、为具体说明利用措施，要尽可能的特别注意经济可行的水力发电的利用。具体措施将由监管当局与设施所有者磋商后给出，根据向权威的工程与能源行业专家的咨询得知，目前，相关措施还在框架阶段，与设施所有者还没有达成任何协议。

三、为了进行检查和维护操作，水库里的水必须能够排干，如果某处有任何迫在眉睫的威胁，那里的水位必须能够被降低。为了满足此项要求，拦水设施必须至少配备一个尺寸足够的泄水底孔，或者是尺寸足够的底部闸门。联邦委员可以允许特殊类别的拦水设施的特例存在。

四、水库达到最高储水量时，必须能够安全地排洪。

第六条 规划许可与建设

一、任何人想要建设或修改拦水设施，都要得到相关许可机关的规划许可。

二、装置的建设与修改必须以得到其他法律规定的许可为基础，要在符合那些法律规定的同时，再在此条款的约束下决定是否授予规划许可。

三、遵守了技术安全的要求，规划许可必须准以授予。

四、规划许可申请中必须包含进行技术安全评估要求的所有信息。

五、监管部门检查申请。如果监管部门不是许可证发放机关，应将技术安全评估的结果通知给许可证发放机关。如果认为有必要保证装置的技术安全，监管当局应对与建设相关的所有条件做具体陈述。

六、批准许可时，许可证发放机关要考虑到技术安全评估结果以及所要求的保证设施技术安全要求的条件。

七、如果需要采取特殊的结构措施来保护装置免遭破坏，许可证颁发机关应要求其采取这些特殊结构措施。

八、在建设阶段，监管当局应当核实是否遵守了特殊的技术安全要求。

第七条　试运行

一、拦水设施试运行或再次试运行，必须得到监管当局的许可。

二、许可证申请必须包括进行技术安全评估要求的所有信息。

三、监管当局检查申请者所提供的信息，核实这些信息是否遵守了技术安全评估的要求。如果认为有必要确保装置的技术安全性，监管当局应对试运行及其相关操作的条件做具体陈述。

第八条　运营

一、运营者必须保证：

a. 保证人口和环境安全；

b. 泄水工程结构足够并具有功能性。

二、评估拦水设施的条件和运转状态，运营者应进行要求的所有检查、测量以及测试，并及时评估测试结果。经营者应当向监管部门提交所有相应报告。

三、运营者必须：

a. 正确的维护拦水设施，及时修复损坏、整顿安全缺陷；

b. 按照监管部门要求改造或修改设施以整顿安全缺陷问题；

c. 允许安装使用国际检测和测量系统，授权检验机构对该系统的访问。

四、监管部门应评估报告，并核实是否遵守了技术安全要求，也应对设施做定期检查。

五、如果认为有必要保证设施的技术安全，监管部门应对设施连续运作的条件进行指定。

六、只要拦水设施还能够储水、泥和其他物质，就须进行检测和维护。如果没有运营者，拦水设施所在地的土地所有者对此负有责任。

第九条　其他结构和设施对安全的影响

建设或改建对现存的拦水设施产生消极影响的结构或设施，应在动工之前咨询监管部门。

第二节　紧急概念

第十条　紧急情况预防措施

一、运转状态异常、自然事件或损坏行为等因素会使拦水设施无法继续保证安全运作，运营者对此应采取预防措施。

二、紧急突发事件中，必须采取措施避免对人员、财产以及环境造成损害。

第十一条　水体报警系统

一、拦水设施的储水能力超过 200 万立方米，运营者必须在拦水设施附近区域操作安装一个水体报警系统。

二、拦水设施的储水能力不到 200 万立方米，但潜在风险巨大的，监管部门有权命令运营者必须在其附近区域操作安装水体报警系统。

三、"附近区域"是指当拦水设施突然崩溃时，两小时之内洪水泛滥的区域。

第十二条　突发事件中的人口保护

一、突发事件中，在可用的民防工具和体系的帮助下，联邦政府、行政区和社区负有对人口散布指令的责任。

二、军事威胁事件中，联邦委员会指定当局会发布特别指令。

第三章　法律责任

第十三条　此法案的豁免范围

本章中的规定不适用于仅以抵御自然灾害为目的的拦水设施。

第十四条　运营者需要承担的责任

一、拦水设施的运营者对由水、泥浆或其他物质组成的巨大水流风险所造成的人身和财产损害负有责任。

二、除收入损失外，运营者对管理当局为阻止或减少紧迫的威胁所下令采取的措施费用负责。

三、此责任条款适用于任何拥有、建造、或运营拦水设施的人。如果运营者不是拦水设施的所有者，所有者应与运营者负有连带责任。

四、如果联邦政府、行政区、公社或其他公共机构运营拦水设施，也有责任履行本条例的规定。

第十五条 责任豁免

如果可以证明损失是由不可抗力、受害者本人的重大过失、恐怖破坏主义行为、或战争行为造成的，拦水设施的运营者可以免责。

第十六条 瑞士职责标准的适用性

鉴于本法案不包含任何特殊规定，责任按照瑞士职责标准中关于侵权行为的规定处理。

第十七条 主要损害事件中的证据保护

一、造成重大损失的事件，联邦委员会应责令进行调查。

二、联邦委员会应发布公告，要求遭受损害者在三个月之内向指定时间和地点进行申报。联邦委员会在公告中应说明，未能遵守指定的最后期限，也不排除在索赔要求之外，但可能会妨碍后续的灾害与拦水设施放水之间因果关系的评估。

第十八条 责任风险范围

行政区（或州）通过对保险合同或其他等价的方式的总结，并符合风险类型和程度的责任，可能会规定适用此法案的，部分或全部涵盖在范围之内。

第十九条 大范围损害

一、大范围损害事件中，联邦议会可能会以法令的形式提出一个补偿计划。

二、大范围损害，如果后果是灾难性的，必须预测到：

a. 责任人被要求用来赔偿风险损失的可利用资金不足以满足所有赔偿要求，或者；

b. 由于申请人数量巨大而不能进行普通的赔偿诉讼。

三、在赔偿计划中，联邦会议应为解决索赔定义可利用资金的分配原则。

四、在赔偿计划中，联邦会议也可以：

a. 偏离（更改）此条例的规定，或以其他规定处理索赔要求；

b. 假设联邦政府将为未赔偿的损害出资，由此产生的付款应由拦水设施所在的行政区使其确认；

c. 调节赔偿计划的执行程序，指定一个独立的小组，那些对裁决不满的人可向联邦最高法院提起上诉。

五、联邦委员会应采取预防措施。

第二十条　大范围损害付款义务的修改与出资分配

一、大范围损害所造成的紧急突发事件中，联邦委员会有权制定和私人保险、社会保险以及公共保险相关的具体规定。

a. 代表保险公司修改支付义务；

b. 征收被保险人的出资分配；

c. 扣除保险公司付款的出资分配。

二、此授权不适用于责任保险。

第二十一条　官方采取的措施费用成本

有关部门为了防止或减少紧急威胁的发生而采取的预防措施的成本可以转嫁到拦水设施的运营者和所有者身上。

第四章　监督与法律保护

第二十二条　联邦政府的监督

一、联邦监察机关监督本法案规定的执行。

二、大型拦水设施受联邦政府直接监督。

三、联邦委员会应指定联邦监管机构。

第二十三条　行政区的监督

一、行政区应对不受联邦政府直接监管的拦水设施进行监管。

二、行政区应指定他们自己的监管部门。

第二十四条　特殊情况

一、在特殊情况下，联邦监管当局可以与有关行政区订立偏离以上第二十二条和第二十三条中所引用的规定的监管协议。

二、一个操作单元中有多个拦水设施，如果其中的一个拦水设施直接受联邦政府的监管，那么这个操作单元中的所有拦水设施都受联邦政府的直接监管。

第二十五条　合作要求

为确保监管当局能够履行自身职责，拦水设施的运营者应该：

a. 提供所有要求的信息及文件；

b. 免费安置或安排必要的人员和材料；

c. 始终授予监管当局自由访问的权力。

第二十六条　报告义务

对拦水设施的建造和运营负有责任的人员，必须及时向监管当局报告与安全相关的所有情况。

第二十七条　第三方援助

一、监管当局履行职责可以请求外界专家援助。

二、相关费用由设施运营商承担。

第二十八条　监管费

一、联邦监管当局监管费用的收取是按年收取而不是直接收取。

二、费用由大型拦水设施的运营商交付。

三、监管费用的金额以前五年平均监管活动的费用为标准进行收取。

四、联邦委员会规定可补偿的监管费用的细节和具体要求，同时指定可免除付费的设施。

第二十九条　上诉权

一、所有决议依照本法案出台，任何反对决议的申诉将在联邦行政法院备案。

二、联邦监管当局可以根据联邦及行政区的法律，对由行政区做出的、适用于此法案及其补充条款的判决践行上诉权。

三、行政区当局应及时免费通知监管当局关于上诉的决议。

第五章　刑事条款和数据处理

第三十条　违反安全规定

一、任何有以下行为者判处三年以下的监禁刑罚：

a. 任意建造不合格拦水设施，尤其是忽略所需安全措施的拦水设施；

b. 意识到有明显安全隐患，仍继续运行拦水设施。

二、监禁刑法必须与罚款处罚相结合使用。

三、过失犯罪者判处三年以下的刑事监禁或判处罚款处罚。

第三十一条 诉讼

一、诉讼是联邦政府的职责。

二、1974年3月22日联邦行政刑法的法律开始施行。

三、联邦委员会指定行政当局对诉讼及判决负有责任。

第三十二条 个人资料处理

一、当局对适用于此法案的个人资料的处理负有责任，包括与刑事诉讼和制裁相关的资料。

二、他们可能会将资料电子存档，如果基于本法案统一实施的需要，他们也可能会对资料进行内部的交换。

第六章 最终条款

第三十三条 实行

联邦委员会制定实施细则。

第三十四条 现行立法的废除

废除1877年6月22日联邦水利工程质量检查法。

第三十五条 全民公投与生效

一、本法受选择性公投的约束。

二、联邦委员会确定本法的生效日期。

生效日期：2013年1月1日。

降低噪声条例

1986 年 12 月 15 日制定

（修订截止于 2010 年 8 月 1 日）

根据 1983 年 10 月 7 日联邦环境保护法第五条、第十二条第二款、第十三条第一款、第十六条第二款、第十九条、第二十一条第二款、第二十三条、第三十九条第一款、第四十条及第四十五条，联邦委员会颁布降低噪声条例。

第一章　总则

第一条　目的和范围

一、本条例旨在防止有害的和干扰性噪声。

二、本条例规定了：

a. 根据法案第七条相关之规定，对由新设施和现有设施所造成的外部噪声的限制；

b. 处于噪声环境之下的建筑区的设计和建设；

c. 对易受噪声影响及处于噪声环境之下的有房间建筑物的建筑许可证的颁发；

d. 对易受噪声影响的有房间新建筑物的内、外部噪声的隔音措施；

e. 对易受噪声影响的现有建筑物的内、外部噪声的隔音措施；

f. 对外部噪声的测定，和基于噪声极限值对该测定进行的评级。

三、本条例没有规定：

a. 对源于工业区的噪声的防范措施，只要这类噪声仅影响工业区内的工业建筑物及住宅；

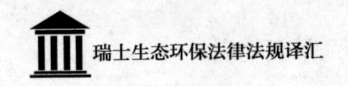

b. 对次声波和超声波的防范措施。

第二条 定义

一、固定设施是指在操作过程中产生外部噪声的建筑物、交通设施、建筑设施和其他固定设施，包括特定的公路、铁路、机场、工业、商业、农业设施、射击场、永久性军用射击场和射击训练场。

二、新的固定设施也包括已完全改变用途的固定设施和建筑物。

三、限制排放措施是指对设施进行改造的技术性、结构性和功能性的措施，或是改变、限制和舒缓交通流量的措施，或是沿着排放路径所作的结构性措施。这些措施旨在减少或防止外部噪声的产生和传播。

四、改进措施是指对现有固定设施的限制排放措施。

五、噪声释放的极限值包括影响限值、计划值和报警值。这些数值是根据噪声的特性、白天的时间和受保护建筑物和地区对噪声的敏感度而设定的。

六、易受噪声影响的房间包括：

a. 住宅里的房间，没有餐饮设施的厨房、卫生间、储藏室除外；

b. 在工业建筑物里经常由人们持续占用的房间，为农场动物准备的房间和产生高分贝工业噪声的房间除外。

第二章 交通工具、移动设备和机器

第一节 交通工具的限制排放措施

第三条

一、机动车辆、飞机、船舶、铁路中释放的噪声，必须尽可能的运用技术性和操作性方法使之减少，且使其达到经济上可接受。

二、噪声限制排放设施是由道路交通立法，这一立法涉及了民用航空、内河航运、铁路、车辆等交通工具。

三、其他交通工具的噪声排放措施按照移动设备和机械的相关条款规定。

第二节 移动设备和机器的噪声限制排放措施

第四条 原则

一、降低移动设备和机器外部噪声的排放必须达到的标准：

a. 在技术和操作上可行，在经济上可接受；

b. 受噪声影响的人群的健康没有受到严重损害。

二、执法部门责令其完善操作和结构的措施，或适当的维护措施。

三、对那些因操作军事设备、机械、武器而不可避免地释放出高分贝噪声的地方，执法当局应当放松要求。

四、根据对固定设施的规定，用来操作固定设施的器械和机械的噪声排放需要受到限制。

第五条　对设备和机器的合格评定和标识

一、设备和机器只有通过合格评定和适当的标识才能投放市场。

二、联邦环境、交通、能源和通讯部应当说明：

a. 需进行合格评定和标识的设备与机器的类型；

b. 预防性的限排措施和标识要求，这些要求应充分考虑国际认可标准；

c. 提交合格评定的文件；

d. 检验、测量和计算程序；

e. 后续控制；

f. 对国外测试结果和标识的认可。

第六条　建筑工地噪声条例

联邦环境办公室颁布包含结构和操作措施的环境法规来控制建筑工地的噪声。

第三章　新建和改建固定设施

第七条　新建固定设施的限制排放措施

一、新建固定设施的噪声排放应遵循执法当局的限制，标准如下：

a. 技术上和操作上可行，经济上可接受；

b. 由设施单独产生的噪声水平不能超出计划值。

二、执法机关应当在达标的情况下放宽要求，但在新建固定装置的安装过程中，不能超出计划值的分贝率。另外，在空间规划过程中，要以公共利益为重。无论如何，要保证排放的噪声低于规定的限制值。

第八条　改建固定设施的限制排放设施

一、对在本条例生效前已存在的固定设施进行改建时，该设施的新建或改建部分的噪声排放必须受执法部门限制，直到技术和操作上可行，经济上可接受。

二、如果大幅更改固定设施，由设施产生的噪声必须至少被限制在影响限值的范围内。

三、如果在可预见的范围内，因设施本身或对运输设备与日俱增的要求而导致噪声值明显上升，那么由设施负责的人对设施做出的改装、扩建和操作变更，构成对该固定设施的重大修改。

四、对新建固定设施的改建，适用第七条相关之规定。

第九条 交通设施的需求增加

对新建的或已经重大改建的固定装置的操作不得导致下列情况：

a. 由于交通设施需求的增加，导致噪声排放超出影响限值；

b. 由于整治交通而引起的交通设施的需求增加，导致噪声排放水平显著上升。

第十条 现有建筑的隔音措施

一、如果新建的或已明显改建过的公共或已获得许可证的固定设施未能符合第七条第二款、第八条第二款和第九条规定的要求，执法机关应当要求受噪声影响的现有建筑物业主根据本条例附录一的规定对易受噪声影响的房间窗户采取隔音措施。

二、经执法当局同意，建筑物业主可以采取其他结构上的隔音措施，以减低房间内的噪声至相同的水平。

三、以下情形，无须采取隔音措施：

a. 可以预见减少建筑隔音的效果不大；

b. 与保护地方特色或地方古迹的重大利益发生冲突；

c. 建筑物将在新建的或已改建的设施投入服务后的三年内被拆除，或相关建筑物的房间在此期间将会改变用途成为不易受噪声影响的房间。

第十一条 费用问题

一、设施负责人应当承担限制新建或改建设施噪声排放而产生的费用。

二、如果业主根据第十条第一款的规定采取隔音措施，设施负责人也须承担经证实由下述情况而引起的惯常性当地费用：

a. 设计和监督工作；

b. 根据附件一对窗户安装隔音，并由此产生的必要的改变；

c. 负责人不作贡献，不管是应业主的要求而不作贡献，需要进行融资；

d. 由此产生的其他费用。

三、如果业主需根据第十条第二款的规定采取隔音措施，设施负责人由此而承担的惯常性当地费用不能超出其因履行第十条第二款而支出的费用，业主需承担剩余的费用。

四、如果需要对多个设施发出的噪声采取限制噪声排放措施或隔音措施，由此而产生的费用由各设施根据其排放噪声的比例承担。

五、建筑物业主承担隔音措施的维护及更新费用。

第十二条　监察

执法机关应当在新建或改建设施投入使用一年内检查这些设施是否已采取了法定的限排限制和隔音措施。如果有任何疑问，执法机关将进行测试，以评估这些措施的有效性。

第四章　现有的固定设施

第一节　改进措施和隔音措施

第十三条　改进措施

一、在固定设施的噪声排放明显超出影响限值的情况下，执法机关应当在听取设施负责人的报告后，责令改善设备。

二、设施的改进措施应符合以下要求：

a. 技术上和运作上可行，经济上可接受；

b. 不再超出影响限值。

三、除非有重大利益，相比于简单地防止或减少噪声传播的措施，执法机关应当优先批准能防止或减少噪声产生的措施。

四、无需进行改进的情形：

a. 在尚未开发的建筑区超出影响限值；

b. 由于各州的建设和规划立法的要求，排放噪声的地方已采取了规划、设计或结构性措施，这些措施在第十七条规定的期限届满前可符合影响限值的要求。

第十四条　放宽改进要求

一、执法机关应当在以下方面放宽对改进措施的要求。

a. 改进会导致不合理的操作限制或成本；

b. 改进目标与重大利益，即与地方特色的保存、自然景观的保护、交通运行安全或者国家安全相冲突。

二、无牌私营的设施噪声排放不能超出警报值。

第十五条　现有建筑的隔音措施

一、如果放宽改进要求导致公共的或有许可证的固定设施不符合影响值的要求，那么执法机关应当要求排放噪声的现有建筑物的业主按照附件一的规定安装隔音窗。

二、经过执法机关的批准，业主可以在建筑物采取其他隔音措施，以减低房间内的噪声至相同的水平。

三、以下情形，无须采取隔音措施：

a. 可以预见减少建筑隔音的效果不大；

b. 措施与保护本地特色或古迹等重大利益相冲突的；

c. 建筑物将在采取法定隔音措施后三年内被拆除；或相关建筑物的房间在此期间将会改变用途成为不易受噪声影响的房间。

第十六条　费用

一、设施负责人承担改进费用。

二、公共或有许可证的设施负责人也要承担对法案第十一条规定的现有建筑物采取隔音措施的费用，符合法案第二十条第二款规定的例外情形除外。

三、如果需要对多个设施采取改进和隔音措施，由此而产生的费用由各设施根据其排放噪声的比例承担。

四、建筑物业主承担隔音措施的维护与更新费用。

第十七条　期限

一、执法机关应根据采取措施的紧急性为落实改进和隔音措施规定期限。

二、根据以下决定评估的紧迫性：

a. 影响限值超出的范围；

b. 受到噪声影响的人数；

c. 支出与收益的关系。

三、改进和隔音措施必须自本条例生效后十五年内完成。

四、对道路的改进和隔音措施的期限可以延期。

a. 国道：可延期至 2015 年 3 月 31 日；

b. 1985 年 3 月 22 日联邦特定矿物油税适用法第十二条规定的主干道和其他道路：可延期至 2018 年 3 月 31 日。

五、对铁路设施采取的噪声改进和隔音措施，须在 2000 年 3 月 24 日联邦降低铁路噪声的规定的期限内完成。

六、下述设施的改进和隔音措施必须在以下期限前完成：

a. 军事飞机场：2020 年 7 月 31 日前；

b. 重型飞机使用的民用机场：2016 年 5 月 31 日前；

c. 根据 2006 年 8 月 23 日的修正案附件七，须进行强制性改进的民事射击场：2016 年 11 月 1 日前；

d. 军用射击场和训练场地：2025 年 7 月 31 日前。

第十八条　检验

执法机关应当在改进和隔音措施完成后一年内，检查这些设施是否已采取了法定的改进和隔音措施。如果有任何疑问，执法机关将进行测试，以评估这些措施的有效性。

第十九条

已废除。

第二十条　定期调查

一、联邦环境办公室应当定期询问执法机关关于现有固定设施，特别是公路、铁路设施、机场、射击场、军事射击场和训练场等设施的噪声改进和噪声保护措施的情况。

二、对于道路，执法部门须在每年 3 月 31 日前提交下列文件：

a. 总结：

①需要改进的道路或路段；

②这些道路或路段完成改进所需的大体时间；

③采取改进和防止噪声措施所需的费用；

④受到高于影响限值和报警值的噪声影响的人数。

b. 报告：

①过去一年内已对道路和路段采取的改进措施，和已实施的隔音措施；

②这些改进和噪声保护措施的有效性和成本。

三、对于国家公路，应当从联邦公路办公室获得第二款的要求的信息。对于主干道路和其他道路，应当从州获得这些信息。信息提交必须符合联邦环境办公室的要求。

四、联邦环境办公室应当对信息进行评定，尤其是应对已取得改进进展及改进措施的成本和成效有关的信息进行评定。联邦环境办公室应通知执法机关评定结果，并公布这些评定结果。

第二节 补贴政策的修订和现有主干道路隔音措施的改进

第二十一条 补贴资格

一、联邦对现有基础设施的改进和隔音措施提供补贴，直到第十七条中的改进的期限届满：

a. 主干道依据联邦法案第十二条，适用标记矿物油税法；

b. 其他道路。

二、依据标记矿物油税法第十三条第一款字母 a 给予的补贴构成全球支付的部分。在第一款字母 b 的支付是在全球范围内给予在项目协定中被州政府规定的路段的。

第二十二条 申请

一、各州根据第二十一条第一款字母 b 的规定向联邦环境办公室提交道路改进和道路隔音措施的补贴申请。

二、申请必须特别包含以下信息：

a. 在项目协定期间改进的道路或部分路段；

b. 计划中的改进和隔音措施以及它们的成本；

c. 措施的效率。

第二十三条 项目协定

一、联邦环境办公室尽责与州政府缔结项目协定。

二、项目协定特别包括：

a. 改进的道路或部分路段；

b. 联邦的支付金额；

c. 控制程序。

三、项目协定最多适用四年。

四、联邦环境办公室发布关于项目协定的程序和与项目协定主题相关信息及档案的指令。

第二十四条 补贴的确定

一、改进补贴数额取决于：

a. 受这些措施保护的人群数量；

b. 噪声污染的减少量。

二、对现有建筑上的隔音措施，为每一个隔音窗户或其他效用相同的结构上的防噪措施分配 400 瑞士法郎。

三、补贴的金额由联邦政府和州政府进行协商。

第二十四条 a 至第二十四条 b

已废除。

第二十五条 支付

全球补贴以分期付款的方式支付。

第二十六条 报告和控制

一、州政府应该每年向主管联邦办公室报告补贴的使用情况。

二、联邦环境办公室应该随机抽样核实：

a. 依据项目目标的每个措施的实施；

b. 支付款项的使用。

第二十七条 补贴的不履行和补贴的滥用

一、如州政府发生以下情况，联邦环境办公室应该在项目期间扣留全部或部分分期付款：

a. 没有完成报告义务（第二十六条第一款）；

b. 在很大程度上因为自己的过失而未能履行义务。

二、如果在项目的总结中发现州政府未能履行义务，主管联邦办公室就应该责令州政府纠正这种情况；同时主管联邦办公室应当为其纠正设定适当的期限。

三、如果已经支付的补贴的分期付款被用于不同于预期的目的，联邦环境办公室就应当责令州政府在规定的期限内停止或纠正补贴的滥用。

四、如果错误不纠正或滥用不停止、不补救，根据 1990 年 10 月 5 日补贴法第二十八条和第二十九条收回。

第二十八条

已废除。

第五章 对暴露在噪声区域的建筑区和建筑许可的要求

第二十九条 新建筑区和有较高降噪要求的新区的选址

一、建有噪声敏感房间的建筑的新建筑区和有较高噪声减少要求的新无建筑区应该选址于噪声暴露不超过计划值，或可通过计划、设计或结构措施使噪声暴露控制在计划值内的区域。

二、已废除。

第三十条 建筑区的发展

当法案生效时仍未发展的建有噪声敏感房间的建筑区，仅可被发展至不超过计划值或可通过用途的改变，或通过计划、设计和结构措施使之控制在计划值内的程度。执法当局可以给予小部分的建筑区特例。

第三十一条 受噪声影响区域的建筑许可

一、如果影响限值被超过，新建筑和对建有噪声敏感房间的建筑的重大修改，可在影响限值能在以下情况下被控制时予以授权：

a. 通过将噪声敏感房屋建在远离噪声源的地方；

b. 通过结构或设计措施保护建筑免受噪声影响。

二、如果影响限值不能通过第一款的方法被控制，建筑许可就只可在修建该建筑有高于一切的利益并且州政府同意的情况下予以授予。

三、土地所有者承担措施的费用。

第六章 新建筑的隔音措施

第三十二条 要求

一、新建筑的项目业主应确保外部建筑要素的隔音和噪声敏感房屋的分隔物、楼梯和建筑设备的分隔物符合建设实践的规定。特别是依据工程师和建筑师的瑞士社会 SIA 标准第一百八十一点的要求，对使用强噪声飞行器的民用机场适用更严格的要求，对其他的固定装置适用最低要求。

二、如果超过影响限值但满足第三十一条第二款关于授予建筑许可的要求时，执法机关应适当地对建筑外部的隔音构件实施更严格的要求。

三、要求也适用于已修改的、已替换的和新安装的外部的建筑构件、分隔物、楼梯和建筑设备。如果为达到要求将涉及不合理的花费时，经要求，执行当局将给予费用减轻。

第三十三条　外部建筑构件，分隔物和建筑设施

一、外部建筑构件形成一个房间的外部边界（例如窗户，外门，外墙，房顶等）

二、分隔物（如室内墙体、天花、门等），用来分隔建筑物内的个体单位，例如寓所。

三、建筑设施是固定装置，例如加热装置、通风装置、给排水系统、电梯和洗衣机。

第三十四条　建筑许可申请

一、项目业主必须在申请中明确指出以下几点：

a. 导致超过影响限值的外部噪声污染；

b. 房间的用途；

c. 易受噪声影响房间的外部建筑构件和分隔物。

二、对于在超过影响限值区域的建筑项目，执法当局可要求提供外部建筑构件隔音的细节。

第三十五条　检查

建筑工程完成后，执行当局应随机检查以核定隔音措施是否符合要求。如果有任何的疑问，执行当局必须进行更详细的检查。

第七章　对由于固定装置而导致的外部噪声的检查、评估和控制

第一节　检查

第三十六条　检查的义务

一、执法机构应当调查由于固定装置而导致的外部噪声，或者在执法机关有理由认为相关暴露限值正在被超越或将会被超越时，责令对其进行检查。

二、执法机构应该考虑由以下两点导致的噪声等级的升高或降低：

a. 固定装置的建设、更改以及改进，特别是当所涉项目在调查阶段已被认可或能够接受公众监督时；

b. 当项目在调查阶段能够接受公众监督时，其他建筑的建设，更改以及拆除。

三、当调查由 2000 年 5 月 24 日联邦降低铁路噪声条例规定的现有铁路设备导致的噪声暴露等级时，当局也应根据此法考虑拟定排放清单。

第三十七条　噪声污染登记

一、在道路、铁路设施、小型机场和军事射击范围以及训练场地中，执法部门应将根据第三十六条规定进行具体记录（噪声污染记录）的噪声曝光水平记录。

二、噪声污染登记对象：

a. 已测噪声污染；

b. 所使用的计算程序；

c. 计算所输入的数据；

d. 土地使用计划中按照不同噪声暴露水平分类的区域；

e. 适宜的灵敏度水平；

f. 设施及其物主；

g. 被超出噪声限制适当数值的噪声暴露等级所影响的人数。

三、执法机构应对注册的监督和审查工作负责。

四、根据要求，相关部门上交了噪声污染记录器给联邦环境办公室之后，办公室将会对标准化记录和数据陈述方式提出建议。

五、民用航空的联邦办公室负责测量巴塞尔米卢斯机场在瑞士境内产生噪声的等级。

六、任何人都可以在商业与制造业秘密得到保障的基础上，不与其他利益发生冲突的情况下访问噪声污染记录。

第三十七条 a　噪声暴露等级的确定与控制

一、执行机构说明了在设备的建设、更换和改进上可允许的噪声暴露等级。

二、如果设备的噪声等级在预期中严重或者永久偏离原定噪声等级时，执法机构将采取必要措施。

三、对于噪声等级的确定，联邦环境署将针对噪声暴露等级的标准化记录和展示发表相关的意见或建议。

第三十八条　确定的方式

一、噪声暴露等级将依据计算与测量，根据极限音量等级（简称 Lr）或是最大音量等级（简称 Lmax）来界定。

二、飞机的噪声暴露等级应主要通过计算来决定。

三、对于计算步骤和测量仪器的要求请见附件二。

第三十九条　确定的要点

一、对于一般建筑物，噪声暴露水平的测量将由声音非常敏感的房间窗户中心所决定。飞机的噪声暴露等级同时也由邻近建筑所决定。

二、对于一些有着较高的减小噪声的要求的不发达区域，测量将会在距地面 1.5 米以上进行。

三、对于落后地区，噪声暴露等级测定重点根据在导致房间容易产生噪声的建筑与规划法则来确定。

第二节　等级

第四十条　限制暴露的价值意义

一、根据在附件三 ff 呈现具体化的限制暴露的价值意义，权威执行部门将会对一些固定设施外面的暴露情况进行定级。

二、暴露极限值，如果低于一系列装置所产生的相同种类的噪声暴露等级，则也被视为超标。但这个规则适用于新的固定装置的计划数值（第七条第一款）。

三、在缺乏暴露极限值时，执行机关会根据第十五章的条例评估噪声暴露程度的同时，也应该适当依据第十九条和第二十三条。

第四十一条　暴露限制数值的有效性

一、曝光限制数值适用于对噪声敏感的建筑中。

二、它们也适用于：

a. 在尚未开发的有声音敏感房间的建筑区应该遵守建筑和规划法规；

b. 在尚未开发的高噪声地区可适当降低要求。

三、人们只在白天或者晚上出现而没有限制暴露数值、暴露极限值的地方。

第四十二条　工业区建筑的特殊暴露极限值

一、对于敏感级别为一、二或三级的工业区建筑（第二条第六款），计划和影响阈值应降低 5 分贝。

二、第一款不适用于院校和家庭，它仅仅适用于窗户紧闭情况下通风效果良好的酒店和宾馆。

第四十三条　敏感等级

一、在土地利用区域根据1979 年 6 月 22 日空间规划法第二十二条第十四条 ff，适用于下述敏感级别：

a. 在噪声量更高的一级敏感区域，休闲场所表现尤其突出；

b. 在二级噪声敏感区域且不允许排放噪声操作的区域，在住宅与公共建筑、装置区域表现较为突出；

c. 在操作排放高等级噪声的三级敏感区中，尤其在居住区、工业区（混合区）和农业区；

d. 操作允许排放高等级噪声的三级敏感等级中，尤其是工业区。

二、一些地方被鉴定为敏感级别一或二，一旦已经暴露于噪声中，可被归为更高级敏感级别。

第四十四条　程序

一、各州应保证敏感等级被界定为建筑法规中的土地使用空间或公社的土地使用计划。

二、在土地使用空间的指定或者修改的时候，或者是在修改建筑法规的时候界定敏感等级。

三、在界定前，各个州应该按照各个案例，根据第四十三款条约进行界定。

第八章　最后条款

第一节　执行

第四十五条　联邦和州的责任

一、各州政府应该执行该条例，除非它代表对联邦的执行。

二、如果联邦政府应用其他与本条例主题相关的联邦法律、国际条约或决定的，他们也应该执行本条例。联邦环境办公室和州政府的合作适用本条例第四十一条第二款和第四款的规定；保留保密的法定职责。

三、以下当局负责执行有关排放限制措施（第四条、第七至第九条和

第十二条),改进(第十三条、第十四条、第十六至第十八条和第二十条)和噪声暴露等级的测控(第三十六条、第三十七条、第三十七条 a 和第四十条)的规定:

a. 对铁路装置:

①依据 1957 年 12 月 20 日生效的铁路条例附件的规定,当关于主要铁路项目的条款通过规划审批程序实施时,联邦环境,交通,能源和通信部;

②在其他情况下,联邦运输办公室;

b. 对民用机场:

①依据 1948 年 12 月 21 日航空条例第三十七条的规定,当用于机场运作的,关于建筑物和装置的条款通过规划审批程序实施时,联邦环境,交通,能源和通信部;

②在其他情况下,联邦民用航空办公室。

c. 对国家公路:

①当条款通过规划审批程序实施时,联邦环境、交通、能源和通信部;

②在其他情况下,联邦公路办公室。

d. 对国防设施:

联邦国防、群众防护和运动办公室。

e. 对电器装置:

①依据 1902 年 6 月 24 日电力条例第十六条第二款字母 b 的规定,当重电力装置的联邦视察员(ESTI)未能解决联邦当局关心的异议或争议时,瑞士联邦能源办公室;

②在其他情况下,ESTI。

f. 对悬索铁路装置:

依据 2006 年 6 月 23 日悬索铁路条例第二条的规定:联邦运输办公室。

四、规定排放限制措施和改进措施的责任在于联邦当局,但噪声防护的责任在于州政府时,双方应对必要措施进行协调。

五、对国家公路:

联邦环境、交通、能源和通信部同样负责隔音措施条款(第十条和第十五条)的执行。它协调州政府的隔音措施和这些条款的执行。

第四十五条 a 国家噪声污染调查

联邦环境办公室应进行一项噪声污染的全国调查。它应出版一个空间参照式的，对特定道路、铁路、航空噪声污染和对军事靶场和训练场地的噪声污染的报告。至少每五年应更新此报告。

第四十六条 地理信息

联邦环境办公室应根据该条例提供最小的地理数据模型的说明和官方地理数据的展示模型，其中被指明是 2008 年 5 月 21 日地理信息条例附件一中的联邦专业权威。

第二节 过渡条款

第四十七条 固定装置及建筑物

一、当该条例生效，授权开始建筑工程的决定尚未生效时，固定装置指的是新固定装置。

二、对于被修改的固定装置，第八至第十条只适用于当该条例生效，授权修改的决定尚未生效时。

三、当该条例生效，建筑许可尚未生效时，建筑物指的是新建筑物。

四、对于必须被修改的建筑物，第三十一条和第三十二条第三款仅适用于当该条例生效，建筑许可尚未生效时。

第四十八条

已废除。

第四十八条 a 对道路的改进和隔音措施

一、已依据先前法律授予的用于改进措施和隔音措施的补贴，应该支付。

二、根据第一款规定的补贴到期 2015 年 1 月 1 日，如果在该日期：

a. 计划中的措施还没有得到落实，或者

b. 已落实措施的费用尚未向联邦环境办公室开具发票的。

第四十九条

已废除。

第三节 生效

第五十条

本条例于 1987 年 4 月 1 日生效。

附件一

（第十条第一款和第十五条第一款）

窗户的隔音要求

1. 在窗户和相关位置如卷帘盒、安静的通风设备处测量到的建筑物加权声音衰减指数（包括频谱校正系数、R'w+（C 或 Ctr））根据相关的额定声级 Lr，必须小于或者等于下列最小值：

声级，单位分贝 dB（A）		R'w+（C 或 Ctr），单位分贝 dB
昼间	夜间	
≤75	≤70	32
>75	>70	38

2. R'w 的数值至少是 31 分贝，至多是 41 分贝。

3. 执法部门应适当对特别大的窗户提出比第一、第二段更为严格的要求。

4. 建筑物声音衰减指数、R'w、频谱校正系数、C 或 Ctr 是根据公认的规则制定的，尤其是依据 ISO140 和 ISO717 等国际标准组织的标准制定的。

5. 频谱校正系数 Ctr 主要适用于低频噪声，特别是机场噪声和最高时速达 80 公里/小时的道路噪声。频谱校正系数 C 主要适用于高频噪声，尤其是铁路噪声和最高时速 80 公里/小时以上的道路噪声。

6. 执法机关可以责令在卧室安装安静的通风装置。

附件二

（第三十八条第三款）

对计算程序和测量仪器的要求

1. 计算程序

1.1 用于计算噪声暴露声级的程序必须考虑以下因素：

a. 安装物噪声源的排放；

b. 暴露点和安装物噪声源或者航道之间的距离（由于传播和耗散引起的衰减）；

c. 地面对噪声传播的影响（地面效应）；

d. 建筑物和自然障碍物对噪声传播的影响（由于障碍物和反射引起的衰减）。

1.2 联邦环境办公室（FOEN）向执法机关推荐最新水准的计算程序。

2. 测量仪器

测量环境噪声声级的仪器适用 2006 年 2 月 15 日发布的《测量仪器条例》要求和联邦司法警察部的相应实施条例。

附件三

（第四十条第一款）

道路交通噪音的极限暴露值

1. 范围

下面第 2 节中规定的极限暴露值适用于道路交通噪声，包括机动车辆在道路上发出的噪声（机动车噪音）和铁路上发出的噪声（铁路噪音）。

2. 极限暴露值

敏感等级（第43条）	规划值 声级，单位分贝（A）		环境极限值 声级，单位分贝（A）		报警值 声级，单位分贝（A）	
	昼间	夜间	昼间	夜间	昼间	夜间
I	50	40	55	45	65	60
II	55	45	60	50	70	65
III	60	50	65	55	70	65
IV	65	55	70	60	75	70

3. 额定声级的确定

3.1 原则

①道路交通噪声的额定声级 Lr 是由机动车噪音（Lr1）和铁路噪声（Lr2）的部分额定声级确定的，计算公式如下所示：

$$Lr = 10 \cdot \log(100, 1 Lr1 + 100, 1 Lr2)$$

②部分额定声级 Lr1 是机动车产生的等效连续 A 加权声级 Leq, m 和声级校正 K1 之和：

$$Lr1 = Leq, m + K1$$

③部分额定声级 Lr2 是铁路产生的等效连续 A 加权声级 Leq，b 和声级校正 K2 之和：

$$LR2 = Leq, B + K2$$

④部分额定声级 Lr1 和 Lr2 是假设路面干燥的情况下针对昼夜平均交通量确定的。

3.2　昼夜平均交通量

①昼夜平均交通量定义为 06 点到 22 点之间和 22 点到 06 点之间的每小时平均交通量。

②昼间（Nt）和夜间（Nn）每小时机动车交通量都分为两个部分交通量，分别是 Nt1 和 Nt2，以及 Nn1 和 Nn2。

③机动车的部分交通量 Nt1 和 Nn1 包括私家车、送货车、面包车、摩托车和无轨电车。

④机动车的部分交通量 Nt2 和 Nn2 包括卡车、铰接式卡车、客车、摩托车和拖拉机。

⑤铁路交通包括所有定期和不定期服务的列车，包括流动服务。

3.3　机动车昼夜平均交通量测定

①昼夜平均交通量（Nt、Nn）和部分交通流量（Nt1、NT2、Nn1、Nn2）由以下因素确定：

a. 对现有道路的交通量调查；

b. 对将要新建或改建的道路交通流量的预测。

②如果没有足够的交通量调查数据或没有详细的交通量预测，交通量 Nt、Nn、Nt1、Nt2、Nn1 和 Nn2 是从每日平均交通量（ADT；每 24 小时车辆数）中确定的，计算公式如下：

$$Nt = 0.058 \cdot ADT \quad Nn = 0.009 \cdot ADT$$
$$Nt1 = 0.90 \cdot Nt \quad Nn1 = 0.95 \cdot Nn$$
$$Nt2 = 0.10 \cdot Nt \quad Nn2 = 0.05 \cdot Nn$$

③ADT 是根据公认的交通规划、交通技术原则确定的。

3.4　铁路昼夜平均交通量测定

铁路昼夜平均交通量由以下因素确定：

a. 基于现有铁路设施的运行时间表和交通量数据；

b. 基于对将要新建或改建的铁路设施的交通量预测。

3.5 声级修正

①机动车噪声的声级修正 K1 是由平均昼夜交通量计算的，公式如下所示：

当 $N < 31.6$ 时，$K1 = -5$

当 $31.6 \leq N \leq 100$ 时，$K1 = 10 \cdot \log(N/100)$

当 $N > 100$ 时，$K1 = 0$

其中，N 代表每小时机动车交通量 Nt 或 Nn。

②铁路噪声的声级修正 K2 等于 -5。对于经常发生并且是清晰可辨的铁路发出的尖锐噪声，声级修正 K2 等于 0。

附件四

（第四十条第一款）

铁路噪声极限暴露值

1. 范围

①下面第 2 节中规定的极限暴露值适用于标准铁轨和窄轨铁路发出的噪声。

②铁路产生的噪音被认为等同于道路交通噪音。（附件三中第 1 节）。

③缆车铁路和铁路车间、能源设施和类似的铁路工程产生的噪声被认为是等同于工业和商业设施产生的噪音。（附件六中第 1 节）。

2. 极限暴露值

敏感等级（第43条）	规划值 声级，单位分贝（A） 昼间	规划值 声级，单位分贝（A） 夜间	环境极限值 声级，单位分贝（A） 昼间	环境极限值 声级，单位分贝（A） 夜间	报警值 声级，单位分贝（A） 昼间	报警值 声级，单位分贝（A） 夜间
I	50	40	55	45	65	60
II	55	45	60	50	70	65
III	60	50	65	55	70	65
IV	65	55	70	60	75	70

3. 额定声级的确定

3.1 原则

①铁路噪声的额定声级 Lr 是由车辆噪音（Lr1）和调轨噪声（Lr2）的部分额定声级确定的，公式如下所示：

$$LR = 10 \cdot \log(10^{0.1 \cdot Lr1} + 10^{0.1 \cdot Lr2})$$

②部分额定声级 Lr1 是车辆运行产生的等效连续 A 加权声级 Leq, f 和声级修正 K1 之和：

$$Lr1 = Leq, f + K1$$

③部分额定声级 Lr2 是调轨产生的等效连续 A 加权声级 Leq, f 和声级修正 K2 之和：

$$Lr2 = Leq, r + K2$$

④部分额定声级 Lr1 和 Lr2 是针对昼夜平均交通量确定的。

3.2 昼夜平均营运量

①昼夜平均营运量是从 06 时到 22 时和从 22 时至 06 时的拖运及调轨操作，按年度取平均值。

②车辆营运包括所有定期和不定期服务的列车，包括流动服务。

③调轨包括为了实现列车接续和断开所进行的所有分轨移动和操作。

④车辆营运及调轨的确定因素：

a. 现有的运行时间表及营运数据；

b. 对将要新建或改建的铁路设施的营运预测。

3.3 声级修正

①交通噪声的声级修正 K1 计算公式如下所示：

$$当 N < 7.9 时，K1 = -15$$

$$当 7.9 \leq N \leq 79 时，K1 = 10 \cdot \log(N/250)$$

$$当 N > 79 时，K1 = -5$$

其中，N 代表每昼夜的列车运营次数。

②调轨噪声的声级修正 K2 是基于所有脉动型、音调型和刺耳型噪声的频率和可听度，数值等于：

所有类型噪声的可听度	所有类型噪声的频率		
	罕见	偶尔	频繁
微弱	0	2	4
清晰	2	4	6
强烈	4	6	8

附件五

（第四十条第一款）

民用机场的噪声极限暴露值

1. 适用范围和定义

①下面第 2 节中规定的极限暴露值适用于民用机场民用运输产生的噪声。

②民用机场是指在巴塞尔、日内瓦和苏黎世的国家机场以及其他持牌特许机场。

③轻型飞机是指最大允许起飞重量不超过 8618 公斤的飞机。

④重型飞机是指最大允许起飞重量超过 8618 公斤的飞机。

⑤民用机场的维修车间、维护工作及类似操作产生的噪声被认为是等同于工业和商业设施产生的噪声（附件六，第 1 节）

2. 极限暴露值

2.1 轻型飞机交通噪声的极限暴露值，以 Lr_K 表示

敏感等级（第43条）	规划值 Lr_K，单位分贝（A）	环境极限值 Lr_K，单位分贝（A）	报警值 Lr_K，单位分贝（A）
I	50	55	65
II	55	60	70
III	60	65	70
IV	65	70	75

2.2 轻型和重型飞机产生的总交通噪声极限暴露值，以 Lr 表示

对于重型飞机使用的民用机场产生的总交通噪音，除了极限暴露值 Lr_K 以外，还适用下面所列的极限暴露值。

上篇 生态保护法律法规

2.2.1 昼间极限暴露值（06-22时），以 Lr_t 表示。

敏感等级（第43条）	规划值 Lr_t，单位分贝（A）	环境极限值 Lr_t，单位分贝（A）	报警值 Lr_t，单位分贝（A）
I	53	55	60
II	57	60	65
III	60	65	70
IV	65	70	75

2.2.2 夜间第一小时（22-23时）、夜间第二小时（23-24时）、夜间最后小时（05-06时）的夜间极限暴露值，以 Lr_n 表示。

敏感等级（第43条）	规划值 Lr_n，单位分贝（A）	环境极限值 Lr_n，单位分贝（A）	报警值 Lr_n，单位分贝（A）
I	43	45	55
II	47/50[1]	50/55[1]	60/65[1]
III	50	55	65
IV	55	60	70

注1. 较高数值适用于夜间第一小时（22-23时）

2.3 极限暴露值，以 $\overline{L}max$ 表示

对于只由直升机使用的民用机场（直升机机场），除了以 Lr_k 表示的极限暴露值之外，还适用下面以 $\overline{L}max$ 表示的极限暴露值：

敏感等级（第43条）	规划值 $\overline{L}_{max}$，单位分贝（A）	环境极限值 $\overline{L}_{max}$，单位分贝（A）	报警值 $\overline{L}_{max}$，单位分贝（A）
I	70	75	85
II	75	80	90
III	80	85	90
IV	85	90	95

3. 轻型飞机噪音的额定声级 Lr_k 的测定

3.1 原理

①轻型飞机噪音的额定声级 Lr_k 是等效连续 A 加权声级 Leq_k 和声级修

正 K 之和：

$$Lr_k = Leq_k + K$$

②等效连续声级 Leq_k 是由一天之内平均峰值营运情况下每小时飞机起降（动作次数 n）的平均次数所确定的。

③飞机起降指轻型飞机的所有着陆和起飞动作。复飞计作两次飞行动作。

3.2 现有民用机场的飞机起降次数 n

对于现有民用机场，飞机起降架次 n 由以下因素决定：

a. 识别出营运年中具有最大交通量的六个月；

b. 对于这六个月，每个星期七天分别确定其日平均飞行次数。一周中交通最繁忙的两天的日平均次数被命名为 N1 和 N2；

c. n 是通过计算 N1 和 N2 在昼间 12 个小时的平均值来决定，公式如下：

$$n = (N1 + N2) / 24$$

3.3 新民用机场的飞机起降次数 n

①对于即将新建或改建的民用机场，飞行次数 n 是通过交通量预测所确定的。

如果没有详细的预测，n 是通过年度飞行预测次数 N 确定的，公式如下：

$$n = (N \cdot 2, 4) / (365 \cdot 12)$$

3.4 声级修正

声级修正 K 是由年度飞机起降次数 N 确定的，公式如下：

当 N < 15000 时，K = 0

当 N ≥ 15000 时，K = 10 · log（N/15000）

4. 重型飞机起降的民用机场交通额定声级 Lr 的测定

4.1 原理

①对于重型飞机起降的民用机场，总交通额定声级 Lr 是基于相关航空交通量确定的，其中昼间（06 - 22 时）、夜间第一小时（22 - 23 时）、夜间第二小时（23 - 24 时）、夜间最后小时（05 - 06 时）需单独计算。

②对于重型飞机起降的民用机场，总交通量昼间额定声级 Lr_t 由轻型飞机的额定声级 Lr_k 和重型飞机的额定声级 Lr_g 计算得出，公式如下：

$$Lr_t = 10 \cdot Log(10^{0.1 \cdot Lr_k} + 10^{0.1 \cdot Lr_g})$$

③对于重型飞机的噪音，其昼间额定声级是飞机在 6~22 时之间的操作所产生的等效连续 A 加权声级 Leq_g 的总和，取一年平均值。

$$Lr_g = Leq_g$$

④对于重型飞机的噪音，其夜间第一小时、夜间第二小时、夜间最后小时的额定声级 Lr_n 是等效连续 A 加权声级 Leq_n，每个取一小时平均值，来自于 22-23 时、23-24 时和 5-6 时之间的飞机运营，取一年平均值：

$$Lr_n = Leq_n$$

4.2 相关航空交通量

①等效连续声级 Leq_g 和 Leq_n 由运营数据确定。

②对于即将新建或改建的民用机场，相关航空交通量由预测的交通量确定。

③在夜间第二小时（23-24 时）之后以及夜间最后小时（05-06 时）之前起飞的飞机归为夜间第二小时（23-24 时）。

5. 直升飞机场平均最大噪音声级 $L\max$ 的测定

①直升飞机场平均最大噪音声级 $L\max$ 是一组具有代表性的过往航班和过境航班的最大噪音声级的正向平均数。

② $L\max$ 由设定为"慢"SLOW 的仪表测定的。

附件六

（第四十条第一款）

工商业噪音极限暴露值

1. 适用范围

①下面第 2 节中规定的极限暴露值适用于以下噪音：

a. 工业、商业以及农业设施产生的噪音；

b. 工业、商业以及农业设施以及铁路、机场中的货物装卸产生的噪音；

c. 工业、商业场所以及农场周边的交通产生的噪音；

d. 多层停车场以及大型路边停车场产生的噪音；

e. 加热、通风和空调设备产生的噪音。

②经常持续运行的能源、垃圾处理和传输设备、空中索道以及缆索铁道、上山吊椅和赛车轨道视为等同于工业商业设施。

2. 极限暴露值

敏感等级（第43条）	规划值 声级，单位分贝（A）		环境极限值 声级，单位分贝（A）		报警值 声级，单位分贝（A）	
	昼间	夜间	昼间	夜间	昼间	夜间
I	50	40	55	45	65	60
II	55	45	60	50	70	65
III	60	50	65	55	70	65
IV	65	55	70	60	75	70

3. 额定声级的测定

3.1 原理

①工商业以及相似类型噪音的额定声级 Lr 由每种噪声相位的部分额定声级 Lr,i 确定，公式如下所示，其中昼间（07 - 19 时）和夜间（19 - 7 时）分别计算：

$$Lr = 10 \cdot \log \sum 10^{0,1 \cdot Lr,i}$$

②部分额定声级 Lr,i 由噪声相位 i 的每日平均持续时间计算的，公式如下所示：

$$Lr, i = Leq, i + K1, i + K2, i + K3, i + 10 \cdot \log (ti/to)$$

其中

Leq,i 是噪声相位 i 期间的等效连续 A 加权声级；

K1，i 是噪声相位 i 的声级修正；

K2，i 是噪声相位 i 的声级修正；

K3，i 是噪声相位 i 的声级修正；

ti 是噪音相位 i 的每日平均持续时间，以分钟表示；

to ＝720 分钟。

③噪声相位是暴露点在声级、频率以及脉冲内容方面受到一致的噪音影响的时间段。

3.2 噪声相位的日平均持续时间

①噪声相位 i 的日平均持续时间（ti）是由它的年持续时间（Ti）和年工作天数（B）计算得出的，计算公式如下：

$$ti = Ti/B$$

②对于新建的或改建的设施，噪声相位 i 的日平均持续时间是由预测运营量确定的。

3.3 声级修正

①声级修正 K1 的数值：

a. 对于第 1 节第 1 段 a 和 b 款描绘的噪声来说，数值是 5；

b. 对于第 1 节第 1 段 c 款描绘的噪声来说，数值是 0；

c. 对于第 1 节第 1 段 d 款描绘的噪声来说，数值是昼间为 0，夜间为 5；

d. 对于第 1 节第 1 段 e 款描绘的噪声来说，数值是昼间为 5，夜间为 10；

②声级修正 K2 需要考虑在暴露点上噪音音调内容的可听见度，数值等于：

a. 对于听不见的音调内容　　　　数值是 0；

b. 对于能够微弱听见的音调内容　数值是 2；

c. 对于能够清晰听见的音调内容　数值是 4；

d. 对于能够强烈听见的音调内容　数值是 6。

③声级修正 K3 需要考虑在暴露点上噪音脉冲内容的可听见度，数值等于：

a. 对于听不见的脉冲内容　　　　数值是 0；

b. 对于能够微弱听见的脉冲内容　数值是 2；

c. 对于能够清晰听见的脉冲内容　数值是 4；

d. 对于能够强烈听见的脉冲内容　数值是 6。

附件七

（第四十条第一款）

民用靶场设施的噪声极限暴露值

1. 范围

①下面第 2 节规定的极限暴露值适用于民用靶场设施产生的噪音，这种靶场只能使用手枪或小型武器射击静止或移动的目标。

②靶场使用的手枪或小型武器属于以下的武器类别：

a. 突击步枪和相似口径的便携式武器；

b. 带中心火药筒的小型武器，特别是弹药手枪；

c. 带缘火药筒的小型武器；

d. 带缘火药筒的便携式枪支；

e. 带弹药筒的运动步枪；

f. 猎枪；

g. 其他火器。

③如果靶场按照 1995 年 2 月 3 日的《武装部队法》第 62、第 63 条相关规定用于射击训练，那么它们就属于公共靶场。

2. 极限暴露值

敏感等级（第43条）	规划值 L_r，单位分贝（A）	环境极限值 L_r，单位分贝（A）	报警值 L_r，单位分贝（A）
I	50	55	65
II	55	60	75
III	60	65	75

对于按照第 1 节第 3 段公共靶场产生的噪声，其中武器类别为 a 或 b，声级修正为 < -15 的，不适用报警值。

对于这种靶场，不需要根据第 15 条设置隔音措施。声级修正 Ki 的计算见第 3.2.1 节中指定的数值。

3. 额定声级的确定

3.1 原则

①靶场设施产生的噪声的额定声级 Lr 是各武器类别的部分额定声级

Lri 的正向之和：

$$Lr = 10 \cdot \log \Sigma 10^{0.1 \cdot Lri}$$

②部分额定声级 Lri 是某一武器类别的平均单次射击声级和声级修正之和：

$$Lri = Li + Ki$$

③单次射击平均声级 Li 是根据某一类型武器或弹药的正向平均单次射击声级 Lj 的射击次数计算出来的正向平均加权数值；

④正向平均单次射击声级 Lj 必须是从"FAST 快速"时间常数下 A 加权最大声级中计算出来的：

其中

Mj 是每年射击次数，使用单一类型的武器或某武器类别的单一类型的弹药，取三年平均值；

Mi 是每年射击次数，使用单一类型的武器，取三年平均值。

3.2 声级修正

3.2.1 计算

①声级修正 Ki 的计算公式如下：

$$Ki = 10 \cdot \log(Dwi + 3 \cdot Dsi) + 3 \cdot \log Mi - 44$$

其中

Dwi 是指每一类武器每年在工作日期间射击的半日数，取三年平均值；

Dsi 是指每一类武器每年在星期天或公共假日期间射击的半日数，取三年平均值；

②当确定射击半日数和射击次数时，必须考虑所有在三年期间内定期举行的训练。

3.2.2 射击半日数的测定

①任何上午、下午进行的并且持续 2 个小时以上的射击训练都算作射击半日。持续两个小时或少于两个小时的算作射击半日。

②对于新建的或改建的射击靶场，射击半日数是根据业务预测量确定的。对于现有的射击靶场，射击半天数取决于统计数。

3.2.3 射击次数的确定

1. 对于现有靶场设施，每类武器的射击次数 Mi 由射击日志来确定。

2. 如果现有靶场设施的射击日志不完整或如果靶场设施是新建的或改建的，射击次数由预测的未来射击量来确定。

附件八
（第四十条第一款）
军事机场噪声极限暴露值

1. 范围

①下面第 2 节中规定的极限暴露值适用于军用机场产生的交通噪音。

②用于军事目的的民用性地区空港和机场也被认为是军用机场。

③直升机被认为相当于螺旋桨飞机。

④军用机场的维修车间、维护车间及类似操作产生的噪音被认为等同于工业和商业设施产生的噪声（附录六，第 1 节）。

2. 极限暴露值

2.1 以 Lr 表示的极限暴露值

敏感等级（第43条）	规划值 L_r，单位分贝（A）	环境极限值 L_r，单位分贝（A）	报警值 L_r，单位分贝（A）
I	50	55	65
II	60	65	70
III	60	65	70
IV	65	70	75

2.2 以 L_{rz} 表示的极限暴露值

除了以 Lr 表示的极限暴露值之外，附件五中规定的极限暴露值 Lr，以下称之为 L_{rz}，同样适用于军用机场上的民用交通产生的噪音。

3. 额定声级的确定

3.1 原则

①军用机场噪音的额定声级是从军用飞机噪声额定声级 L_{rm} 和民用飞机噪声额定声级 L_{rz} 中计算的，计算公式如下所示：

$$Lr = 10 \cdot \log(10^{0.1 \cdot Lrm} + 10^{0.1 \cdot Lrz})$$

②额定声级 Lrz 的计算方式与附件五第 3、第 4 节中规定的民用机场相应的额定声级 Lr 一样。

③额定声级 Lr_m 是从喷气式飞机噪音的部分额定声级 Lr_j 和螺旋桨飞机噪音的部分额定声级 Lr_p 中计算的，计算公式如下所示：

$$Lr_m = 10 \cdot \log(10^{0,1 \cdot Lrj} + 10^{0,1 \cdot Lrp})$$

④部分额定声级 Lr_j 是操作喷气飞机产生的等效连续 A 加权声级 Leq_j 和声级修正 K_0 和 K_1 之和：

$$Lr_j = Leq_j + K_0 + K_1$$

⑤部分额定声级 Lr_q 是操作喷气飞机产生的等效连续 A 加权声级 Leq_j 与声级修正 K_0 和 K_2 之和：

$$Lr_p = Leq_p + K_0 + K_2$$

⑥等效连续声级 Leq_j 和 Leq_p 是从平均交通流量下一天中每小时飞行动作的平均次数计算的，其中喷气式飞机和螺旋桨飞机的飞行动作分别计算（飞行动作次数 n_j 和 n_q）。

⑦飞行动作是喷气式飞机和螺旋桨飞机的全部起飞和着陆。重飞算为两次飞行动作。

3.2 军用机场上飞行动作次数 n_j 和 n_p

①对于现有的军用机场来说，飞行动作次数 n_j 和 n_p 如下确定：

a. 识别出运营年内交通量最大的 6 个月，其中喷气式飞机和螺旋桨飞机的飞行动作分别计算；

b. 对于这六个月，确定喷气式飞机的飞行动作次数 M_j 和螺旋桨飞机的飞行动作次数 M_p；

c. 飞行动作次数 n_j 和 n_p 是从 M_j 和 M_p 中计算出来的，按照 130 天和昼间 12 小时取平均值：

$$n_j = M_j / (12 \cdot 130)$$
$$n_p = M_p / (12 \cdot 130)$$

②对于新建或改建的军用机场，飞行动作次数 n_j 和 n_p 由交通量预测来确定。

3.3 声级修正

①声级修正 K_0 等于 -8。

②声级修正 K_1 是从喷气式飞机每年飞行动作次数 N_j 计算的，计算公式如下：

如果 $N_j < 15\ 000$，$K_1 = 0$

如果 $N_j \geq 15\ 000$，$K_1 = 10 \cdot \log (N_j/15\ 000)$

③声级修正 K_2 是从喷气式飞机每年飞行动作次数 N_p 计算的，计算公式如下：

如果 $N_p < 15\ 000$，$K_2 = 0$，

如果 $N_p >= 15\ 000$，$K_2 = 10 \cdot \log (N_p/15\ 000)$，

附件九
（第四十条第一款）
军事靶场和训练场地的噪声极限暴露值

1. 范围

①下面第 2 节规定的极限暴露值适用于军事靶场和训练场地产生的噪声。

②除了第 2 节规定的极限暴露值之外，附件七中规定的极限暴露值适用于军事靶场和训练场地民用射击产生的噪音，警察和边界警卫射击除外。

③从维修车间、维护车间和类似操作产生的噪音以及军事靶场和训练场地的交通噪音认为是等同于工业和商业设施产生的噪音（附件六，第 1 节）。

④军事靶场和训练场地上直升机产生的噪声认为等同于直升机场产生的噪音（附件五，第 2.3 节和第 5 节）

2. 极限暴露值

敏感等级（第43条）	规划值 L_r，单位分贝（A）	环境极限值 L_r，单位分贝（A）	报警值 L_r，单位分贝（A）
I	50	55	65
II	55	60	70
III	60	65	70
IV	65	70	75

3. 额定声级的确定

3.1 原理

军事靶场和训练场地射击噪音的额定声级 Lr 是从声级 L_{AE1}、L_{AE2} 和声级修正 K1 和 K2 中计算的，计算公式如下：

$$Lr = 10 \cdot \log(100.1 \cdot L_{AE1} + 100.1 \cdot (L_{AE2} + K1)) - 10 \cdot \log(T) + K2$$

其中

Lr 军事靶场和训练场地噪音的额定声级；

T 以秒计算的额定时间 = 52 周·5 天·12 小时·60 分钟·60 秒；

L_{AE1} 一年中星期一到星期五 07－19 时全部射击事件的暴露声级；

L_{AE2} 一年中发生在 L_{AE1} 之外的全部射击事件的暴露声级；

K1   5

K2   15

3.2 射击量的确定

①对于现有的军事靶场和训练场地来说，射击次数是由时间跨度三年的调查来确定的。

②对于现有的军事靶场和训练场地来说，如果没有射击次数数据或者军事靶场和训练场地是新建的或改建的，射击次数由未来预测量来决定。

联邦格劳宾登州瑞士国家公园法

1980 年 12 月 19 日制定

（修订截止于 2006 年 6 月 13 日）

根据联邦宪法第二十四条[sexies]第三款和第四款，国民议会和联邦议会的联席会议，经审阅了联邦委员会 1979 年 9 月 12 日的公告后，通过联邦格劳宾登州瑞士国家公园法。

第一条　性质和目标

一、在恩嘎丁和穆恩斯特尔的瑞士国家公园是自然保护区，该区域内的任何动植物自然发展，除非是直接为了公园的维护，反对任何人为入侵。

二、国家公园依据规章对外开放，接受科学研究。

第二条　公园机构

国家公园管理机构对在伯尔尼注册的瑞士国家公园公法基金会（"基金会"）负责。

第三条　资金

一、基金的最初资金由国家公园基金出资，该基金由瑞士自然保护联盟提供。

二、为了履行职责，基金会可以使用基金收入及其他收入。

三、联邦委员会每年提供一笔费用用于管理、监督和保护。

四、基金会可以对国家公园内的设施的使用收取费用。

五、基金资产仅可用于异常情况下的使用，基金资产不得少于 100 万法郎。

第四条 联邦国家公园的命名

一、基金会的最高管理者是国家公园委员会,它包括9个成员,他们由联邦委员会任命。

二、三名成员由瑞士自然保护委员会成员推荐,两名成员由瑞士科学院推荐,两名成员分别由格劳宾登州和公园社区推荐。两名成员代表瑞士联邦。

三、联邦委员会委任联邦国家公园委员会主席。否则该委员会自动延续。委员会任命秘书、会计和其他管理人员。

第五条 任务

一、联邦国家公园委员会应当确保国家公园的维持和发展。尤其要:

a. 与州和社区合作;

b. 管理、监督和维护公园及其设施;

c. 向公众宣传国家公园的性质和目标,向访问者宣传规章制度;

d. 鼓励公园管理者与科学研究者之间的合作。

二、联邦国家公园委员会应当确保法律规定的公园的疆域得到保证。应当为履行基金会的目标而签订各种合同。为保护公园的疆域、公园的减少和扩张,连同所需的任何支付而签订的合同须经联邦委员会的批准。

三、瑞士联邦国家公园委员会经与环境部、交通部、能源部和通讯部磋商,发布规章来管理和监督公园。

第六条 法律继承

一、基金会应当承担那些与国家公园有关的权利和履行义务,这些权利和义务属于联邦并优先于本法案。

二、基金会尤其应当成为联邦和土地权利人之间的合同的一方。

三、瑞士科学院和瑞士自然保护联盟的参与要与瑞士联邦的规定保持一致。

第七条 公园规范

在咨询联邦国家公园委员会意见的基础上,格劳宾登州应当制定公园规范,并经联邦委员会批准。

第八条 犯罪规定

一、任何人侵犯了公园的规定,依据规定收到处罚的,应当承担责任。

二、州负责对罪行的起诉。

三、对于侵犯公园规章的人，公园管理者可以做出没收的处罚。

第九条　监督和上诉

一、国家公园接受联邦环境部、交通部、能源部和通信部监督。联邦国家公园应当每年呈报材料，并经联邦委员会和联邦议会批准。

二、瑞士联邦审计署审计公园账户。

三、联邦国家公园委员会做出的决定应服从于联邦司法实施的总则一致的上诉权利。

第十条　最后条款

一、废除1959年10月7日联邦格劳宾登州瑞士联邦公园法。

二、本法受选择性公投的约束。

二、联邦委员会确定本法的生效日期。

生效日期：1981年4月15日。

有害物质和制剂防治条例

2005年5月18日制定

（修订截止于2013年1月1日）

根据2000年12月15日化学品法，1983年10月7日联邦环境保护法第二十六条第三款、第二十九条、第三十条a至第三十条d、第三十八条第三款、第三十九条第一款、第四十一条第三款、第四十四条第二款和第三款、第四十六条第二款和第三款、第四十八条第二款，1991年1月24日联邦水法第九条第二十二款字母c、第二十七条第二款和第四十八条第二款及1995年10月6日联邦技术性贸易壁垒法的实施情况，联邦委员会颁布有害物质和制剂防治条例。

第一部分 总则

第一条 目的和适用范围

一、本条例规定：

a. 可能危及人类生命、健康和环境的有害物质和制剂的定义和鉴定；

b. 市场销售的可能危及人和环境的有害物质和制剂的范围；

c. 可能危及人和环境的物质和制剂的处理；

d. 执法机关对涉及有害物质和制剂的处理方法。

二、本条例适用于2005年5月18日《生物产品条例》（第六条）中所指的生物产品和植物保护产品，以及2005年5月18日《植物保护产品条例》（第七条）中所指的生物产品和植物保护产品。

三、本条例适用于放射性物质和制剂，但不包括这些物质和制剂产生的放射性影响。

四、本条例中只有第七至第十条、第十三至第十五条和第九十五条适用于化妆品，并且仅指与环境保护、分类或环境风险评价相关的化妆品。

五、本条例不适用于：

a. 有害物质和制剂的公路、铁路、轮船、飞机和管道的运输；

b. 海关监管下有害物质和制剂的转移，前提是不涉及对这些有害物质和制剂的加工或改造；

c. 以成品形式提供给终端用户的有害物质和制剂，分为以下几类：

①1992年10月9日的食品法案第三条规定的食品；

②2000年12月5日医疗产品法案第四条第一款字母a规定的药品和第一款字母b规定的医疗器械；

③1999年5月26日食品条例第三条第一款规定的动物饲料；

d. 1997年6月20日武器法案第四条第一款规定的武器和弹药；

e. 环境保护法第七条第六款规定为废物的物质、制剂和物体。

六、只有第四十九条适用于进口、重贴标签和出口的危险物质和制剂。

第二条 定义

一、本条例使用化学药品法中关于对有害物质和制剂的定义：

a. 物质是指自然状态下的、或通过加工获得的化学元素及其化合物，包括必需的添加剂和加工过程中产生的杂质，但是不包括那些可以分离出去、不影响物质稳定性或改变其化学组成的溶剂；

b. 已废除；

c. 制造商指的是：

①在瑞士居住、或办事处、其分支机构在瑞士注册的任何自然人或法人，不论其以专业生产或商业生产方式，从事提取、进口有害物质、制剂或产品的；

②在瑞士获得有害物质、制剂或产品，或以赢利为目的、出售有害物质、制剂或产品而又没改变其属性的人也被认为是制造商；

——没标明原供货商，以自己的名字销售的，

——以自己商标进行销售的，

——非原生产商的包装品，

——其他的目的。

③如果某人通过第三方制造有害物质、制剂或产品，如其定居在瑞士或其场所或分支机构注册在瑞士，则此人被认为是唯一的制造商。

二、此外，本条例中：

a. 有害产品是指由一种或多种有害物质或制剂组成的物品，该物质或制剂在生产过程中被赋予了特殊的形状或外观设计，这种产品不再是化学物质，在更大程度上是以使用为最终目的；

b. 有害物质是指 1990 年 6 月 15 日欧洲现有商用化学物质清单中的物质；

c. 有害聚合物是指由分子组成的物质，由一种或多种单体，包括：

①由至少三个单体与一个或多个单体或化合物共价反应形成的简单大分子。

②由多个简单大分子组成的分子聚合体；这些分子由于单体数量的不同具有不同的重量属性。

c^{bis}. 单体是指在相关聚合反应条件下，与相似或不相似分子能够形成共价键的物质。

c^{ter}. 单体单元是指聚合反应中一个单体形式；

d. 中间产物指的是在化学加工过程中唯一产生和使用的物质。该物质在化学加工过程中转变成一种或多种物质；

e. 二次产物指的是有害物质或制剂在存储、使用或处理过程中，通过化学或生物化学转换形成的物质；

f. 已废除；

g. 唯一代表是指定居于国外或者办公室在国外注册的制造商授权的任何自然人或法人，其负责指定和授权向瑞士进口某有害物质；

h. 科学研发是指在受控条件下，涉及化学品数量低于每年 1 吨的科学实验、分析研究；

i. 产品和过程研发是指产品或物质的科学研究和深层次开发，以及在试验工厂用以生产或测定使用的某制剂或物质；

j. 完整的研究摘要要求详细描述实验全过程的目的、方法、结果和结论，为独立评估提供充实的信息，减少了阅读全部报告的时间和精力；

k. 有害物质的暴露管理方案包括正常运行管理和风险管理，要详尽描述有害物质在生命周期中是如何制造、使用，制造商是如何控制有害物质对人类和环境的危害、是否给消费者提出控制危险的建议和说明。这些暴露管理方案应尽可能包括一套或多套特定处理措施；

l. 危险等级是指有害物质的物理属性，以及对人和环境的危害程度；

m. 纳米材料是指分散的颗粒或粉体材料，在三维空间中至少有一维处于纳米尺度范围（1~100纳米），或者材料的表面积与体积之比大于60平方米/立方厘米，符合以上两种定义的材料就被叫做纳米材料。因此，富勒烯、石墨烯片因其有一个或多个外部尺寸小于1纳米，所以被认为是纳米材料，是一种单壁碳纳米管。

三、纳米材料的其他司法解释必须与化学品法案中的定义一致。

四、对2006年第1907号法规（欧盟化学品注册、评估、授权和限制法规，REACII）和2008年第1272号法规（欧盟物质和混合物的分类、标签和包装法规，CLP）的相关解释，以本条例为准，参照附件五。

第三条　危险物质和制剂

危险物质是指：

a. 满足CLP法规附录一的第二至第五部分规定关于有害物质的物理危险性、人群健康危险性和环境危险性等基准条件的物质。

b. 制剂是指：

①满足第十条第一款规定的，第四至第六条所列属性之一的，以及67/548/EEC附则Ⅵ第二至第五条详细描述的物质，定义为制剂。

②满足第十条第二款规定的，CLP法规附录一第二至第五条关于有害物质的物理危险性、人群健康危险性和环境危险性等基准条件的物质，定义为制剂。

第四条　有害物质的理化性质

具有下列理化属性之一的物质，被定义为有害制剂：

a. 爆炸物：在无氧的情况下也能发生放热反应并产生气体，以及在一定的实验条件下，局部发生爆炸、爆燃或加热后爆炸的物质；

b. 氧化物：在与其他物质接触，特别是易燃物质接触后产生剧烈放热反应；

c. 易燃物：燃点和沸点极低，如煤气，在常温和正常压力下与空气接触便会燃烧；

d. 高度易燃物：

①无需使用任何能源，在常温下与空气接触便可发热并最终燃烧；

②在固体状态下，与火源短暂接触之后便燃烧并能够继续燃烧，或者在移除火源之后燃烧殆尽；

③燃点低；

④与水或潮湿空气接触，产生大量危险、易燃气体；

e. 可燃物：燃点低的物质。

第五条 对健康的危害性

有下列属性之一，可定义为对健康具有危害性：

a. 高毒性：因吸入、吞食或被皮肤吸收，剂量极低时，造成死亡、对健康急性、慢性损伤；

b. 毒性：因吸入、吞食或被皮肤吸收，剂量较低时，造成死亡、对健康急性、慢性损伤；

c. 有害性：因吸入、吞食或被皮肤吸收，可能会造成死亡、对健康急性、慢性损伤；

d. 腐蚀性：与生物组织接触，会毁坏生物组织；

e. 刺激性：中、长期接触或反复接触，虽不会腐蚀皮肤或黏膜，但能引发皮肤或黏膜炎症；

f. 过敏：因吸入或皮肤较长时间暴露其中，造成不利过敏性反应；

g. 致癌性：因吸入、摄入或刺穿皮肤，诱发癌症或使癌症发病率增加；

h. 致突变：因吸入、摄入或刺穿皮肤，诱发遗传基因缺陷或使遗传基因缺陷发病率增加；

i. 生殖毒性：因吸入、摄入或刺穿皮肤，造成或增加后代非遗传性病变，和/或男性或女性的生殖功能或能力下降。

第六条 对环境的危害性

进入环境的制剂，会对一个或多个环境因子产生立即或延迟危害。

第六条 a 持久性，生物累积性及毒性

一、如果某物质达到 REACH 法规附件十三部分的 1.1.1－1.1.3 规定的基准规定，则该物质被认为具有持久性、生物累积性和毒性。（PBT）

二、如果某物质达到 REACH 法规附件十三部分的 1.2.2－1.2.1 规定的基准规定,则该物质被认为有很强的持久性和生物累积性。

第二部分 市场需求

第一章 自我约束

第一节 基本义务

第七条 一般规定

一、联邦化学法第五条和联邦环境保护法第二十六条提出了自我约束机制,要求制造商自我评判物质或制剂是否会威胁人类生命、健康或环境。依照本条例规定,制造商必须遵守:

a. 分类;

b. 包装;

c. 标明物质和制剂名称;

d. 提出处理预案;

e. 编制安全数据表。

二、如果某产品含有PBT(聚对苯二甲酸丁二酯)或vPvB(强持久性、高生物累积性和有毒性的物质)、联邦环境保护法附件七中列举的危险物质或制剂,按照联邦环境保护法自我约束机制,要求制造商评判这些物质或制剂是否会危害环境,是否会间接危害人类健康,并提出在使用这些物质或制剂时,应该采取有倾向性的、可以预期的有效处理方法。

二、^{bis}如果某产品含有附件七中列举的危险物质或制剂,制造商必须评判这些物质或制剂是否会危害人类健康,并提出在使用这些物质或制剂时,应该采取有倾向性的、可以预期的有效处理方法。

三、制造商必须按照第一条和第二条相关义务之规定,收集所有可用数据。

四、任何人进口有害物质、制剂或产品,无论是用于专业实验或商业目的,在提供给第三方第一次使用前,或自己第一次使用前,都必须履行第一条和第二条所规定义务。

第二节 有害物质的分类

第八条 制造商对有害物质的分类

一、制造商必须按照下列条款对有害物质进行分类：

a. CLP 法规的第五至第十五条；

b. CLP 法规第四条第三款，如果联邦内政部规定按照第九条分类，则需以 CLP 法规附则 VI 第三部分表 3.1 为依据。

二、制造商有义务按照第五十二条列出安全数据清单，并且必须遵照下列基准或条款对有害物质进行分类：

a. 附件六中对指令 67/548/EEC 规定的基准；

b. CLP 法规第四条第三款，如果瑞士联邦内政部规定按照第九条分类，则需以 CLP 法规附则 VI 第三部分表 3.2 为依据。

三、分类必须依据遵守：

a. 对已有的有害物质和制剂，以第七条第三款为基准；

b. 对新的有害物质和制剂，以第十八条第二款字母 b 指定的技术资料为基准。

第九条 官方对有害物质和制剂的分类

一、联邦内政部可以根据联邦环境、交通、能源和通信部以及联邦经济事务、教育和研究部的协议，制定某类有害物质和制剂的分类准则，并将分类结果以标签注明，联邦内政部可以宣布选用合适的欧洲分类准则。

二、联邦公众健康办公室可以依据与联邦环境办公室、国家经济事务秘书处的协议，更新已宣布选用的欧洲分类清单。

第三节 有害制剂的分类

第十条 原则

一、有害制剂制造商必须以本条例第十一至第十五条对有害制剂进行分类。

二、除以上第一条外，制造商也可按照下列规定对有害制剂进行分类：

a. CLP 法规的第五至第十五条；

b. CLP 法规的附件七。

第十一条　对有害制剂进行理化分类

一、有害制剂的制造商必须根据第二章指令 67/548/EEC 附则六制定的基准，对有害制剂进行理化分类。

二、必须按照指令 67/548/EEC 的附件六第 9.1.1 节对气态制剂的易燃性和氧化性进行评判。

三、如果某制剂的组成发生改变，但按照现有科学知识能确定该制剂没有导致分类上的变更，就没有必要对其理化性质再做鉴定。

四、不需要制造商对制剂进行理化分类的情形：

a. 制剂的组成物质不属于易爆、易氧化、极易燃、高易燃或可燃物质；

b. 该制剂本身不具备易爆、易氧化、极易燃、高易燃或可燃属性中的任何一种。

第十二条　按对公众健康的危害性对制剂进行分类

一、制造商必须依据第 1999/45/EC 号法规附件二的计算方法，按对公众的危害性对制剂进行分类。

二、分类也可以试验结果为依据，假设：

a. 该制剂无致癌性、诱变性或生殖毒性；

b. 可以证明，按第一款所指计算方法，无法对该制剂做合理的分类；

c. 用动物实验后的结果表明，无法对该制剂正确分类。

三、以实验结果为依据进行分类，必须严格遵守指令 67/548/EEC 附件六之规定。

四、如果某种制剂按照计算方法和试验结果分属两个类别，则以实验结果优先。

五、凡能证明对人类健康有危害性的制剂，如其分类与第一条和第三条不符，则以其对人类健康危害性分类为准，其证明必须包括：

a. 流行病学研究；

b. 按照指令 67/548/EEC 附件六进行科学有效的案例研究；

c. 按照瑞士或国外经验进行回顾性评价，如对中毒信息区域和职业病信息进行统计学研究。

六、如能证明，因为几种有害制剂的相互作用，导致对某制剂按照第一款所示计算方法进行分类时，可能会高估或低估其对人类健康的危害性，这一点在分类时必须予以考虑。

第十三条 按对环境的危害性对有害制剂分类

一、制剂生产商必须按对环境的危害性对有害制剂进行分类：

a. 按照第 1999/45/EC 号指令附件三所述计算方法（进行分类）；

b. 以第三十四条规定的实验结果为依据，按照指令 67/548/EEC 附件六基准（进行分类）。

二、如果一个待分类有害制剂可同时使用计算方法和测定结果分类，则以测定结果优先。

第十四条 有害制剂浓度

如果使用计算方法对有害制剂分类，则只需考虑那些危害健康和环境的成分浓度超过第 1999/45/EC 指令第三条第三款所规定的临界值的制剂。

第十五条 重新评价有害制剂对健康和环境的危害性

一、下列情形，制剂制造商必须重新评价制剂对健康和环境的危害性：

a. 制剂结构发生改变时；

b. 因制剂组成发生变化，导致初始浓度发生改变时：

①若为危害健康的制剂结构发生改变，则遵从指令 1999/45/EC 第六条第四款之规定；

②若为危害环境的制剂结构发生改变，则遵从指令 1999/45/EC 第七条第三款第三点之规定。

二、若经科学证实，以上改变不影响最初分类结果，则不需要重新评价。

第二章 关于有害物质新品种通告，关于不受该通告管制的其他有害物质新品种的申明

第一节 关于有害物质新品种通告

第十六条 义务

一、一种新的有害物质或其与某制剂及其产品一起第一次投放市场前，其制造商或厂商唯一代理必须通知发布通告的管理部门：该物质、制剂和产品在正常使用或其他可预见的使用方式下，会释放哪些成分。

一、^{bis}如果一种新的有害物质是由单体或单体单元组成的聚合物，或化学合成的物质，则该物质适用本条例第一条。

二、如果有充足理由相信，该产品在使用过程中会释放某有害成分，发布通告的管理部门可以要求对该产品中的有害成分发布通报。

第十六条 a 关于有害物质的数量

本条例第十七条、第十八条、第十八条 b、第二十二条、第二十五条、第二十九条和第六十条，以及附件三所指有害物质的通告数量，按以下基准予以通告：

a. 如果该有害物质在欧洲经济区内制造，则要对欧洲经济区年生产总量，以及提供给通告人的那一部分予以通告；

b. 如果该有害物质在瑞士制造，按较大数量予以通告：

①在瑞士销售的年总量；

②欧洲经济区制造的年出口最大量。

c. 如果该有害物质在瑞士和欧洲经济区以外生产，对直接进口到瑞士的年总量予以通告；

d. 如果该有害物质在瑞士和欧洲经济区以外生产，对出口到欧洲经济区成员国的年总量，以及通告人进口的那一部分数量要予以通告。

第十七条 通告豁免

一、以下情形豁免通告：

a. 聚合物或聚合物中含有害物质重量小于2%；

b. 短链聚合物名单中的有害物质；

c. 第十六条 a 规定的年进口总量不足1吨的有害物质；

c.^{bis}用作科研开发，年投放市场的总量不足1吨的有害物质；

d. 由制造商投放市场的有害物质：

①仅以产品研发和过程研发为目的；

②仅限于为达成以上目的所需有害物质的量；

③期限少于五年；若确实需要，经通报机构和评估机构协商，可延长至十年；

e. 仅作为食品、医疗产品、动物饲料的原材料、活化剂、添加剂的有害物质；

f. 在瑞士获得的有害物质；

g. 非单体的中间产物；

h. REACH 法规附件五中所列有害物质。

二、如果某种有害物质可能危及人类或环境，有充足理由申请豁免，通报机构应当要求制造商和评估机构同时提交检验报告，且不能超越附件三第七点字母 a、第八点字母 a、第九点字母 a 所列之技术范畴。

第十八条　通告的形式和内容

一、通告必须以书面形式，使用官方语言，一式四份。资料使用英文，报送电子文档。

二、通告必须包含以下资料：

a. 有害物质的最终数量与第十六条 a 字母 a、b、c 或 d 的要求一致；

b. 附件三中规定需提交的内容：

①通告机构名称；

②有害物质名称；

③制造和使用信息；

④分类和标签；

⑤安全使用指南；

⑥暴露在有害物质中的评估；

⑦理化性质研究报告摘要；

⑧危及人类健康的研究报告摘要；

⑨危及环境的研究报告摘要；

c. 若第十六条 a 所述的某有害物质数量达到或超过每年 10 万吨，则根据第十八条 a 提交化学安全报告；

d. 若包含危险物质、PBT 或 vPvB 等物质，则需提交安全数据清单；

e. 要提交所有可以公开的资料，说明有害物质对人类健康和环境的影响，除非该物质按字母 b，在技术上一目了然。

三、某物质储存备用，且其有害成分浓度低于以下限制值，则不适用第二条第二款字母 c：

a. 1999/45/EC 号指令附件 Ⅱ 中第 B 部分、附件 Ⅲ 中第 B 部分浓度限制值；

b. 第九条官方分类条令中设立的浓度限制值；

c. 1999/45/EC 号指令第三条第三款设立的可选用浓度限制值；

d. PBT 或 vPvB 物质的重量达到 0.1%。

四、如果第十六条 a 字母 a 或 d 所述情形不适用于第二款规定,或者确定不需要通告者提供这些内容,则通告者必须提供相关证明材料。

五、如果通告者可以通过合理渠道获得实验报告,那么通告机构可以要求通告者提供有害物质的技术范围以外测试报告,以及与此相关的评估结果。

第十八条 a　化学品安全报告

化学品安全报告是指按照 REACH 法规附件 I 化学品安全评估报告,安全评估包括以下步骤:

a. 人体健康危害评估;

b. 物理化学危害评估;

c. 环境危害评估;

d. PBT 和 vPvB 评估;

e. 如果有害物质 REACH 法规第十四条第四款规定的基准,则包括以下评估:

①所有确定用途的暴露评估;

②所有确定用途的风险说明。

第十八条 b　关于 2008 年 6 月 1 日之前欧盟通告的有害物质

一、应尽可能用最新的有害物质的文档、通告数量、风险评估报告取代欧盟 2008 年 6 月 1 日之前、第十八条第二款第二至第九点规定相关信息。

二、如果按第十六条 a 确定的有害物质的数量超过欧盟通告的限制值,通告必须按照第十八条第二款使用较高值的新规定。

三、若一种新的有害物质是第一次通告,通告机构应与评估机构协商。如果通告者提出如下证明,则要求其提交相关技术档案的摘要:

a. 已超过欧盟保护期;

b. 有害物质和浓度的特性,欧盟通告中有害物质杂质的特性。

第十九条

已废除。

第二节　关于以前的通告和保护期资料的使用

第二十条　以前的通告资料

一、以下情形，通报机构可参考以前的通告资料：

a. 新通告者提供与以前通告者的信件证明，该资料经通告机构协商确定；

b. 超过资料保护期。

二、以下内容，通告者不必参考以前的通告资料：

a. 有害物质的特性和纯度，所含杂质的属性；

b. 对有害物质的无害化处理。

三、竞争法和知识产权法不受本规定之约束。

第二十一条　资料保护期

一、资料保护期为10年。

二、后续提交的资料必须符合第六十条规定，保护期为5年；后续提交的资料若按第一款规定，在保护期内，可相应延长。

第二十二条　对脊椎动物测试必须提前咨询

一、以通告为目的的任何对脊椎动物的测试，都必须与通告机构书面联系，咨询其测试的合法性（化学药品法第十二条）。

二、咨询必须包括：

a. 第十八条第二款字母b第二点规定的有害物质的特性；

b. 第十六条a规定的有害物质的数量。

第二十三条　使用以前脊椎动物测试资料

一、如果通报机构已有以前足够的关于脊椎动物测试资料，应当告知通告者没必要进一步测试。

二、如果以前脊椎动物测试资料在有效期内，通报机构应当：

a. 给通告者提供以下信息：

①哪些资料可继续使用；

②获取这些资料的地址。

b. 告知以前通告者的地址。

三、以前通告者可以在30天内提出反对立即使用和推迟使用其资料的申请。

四、通报机构没有收到推迟使用的申请，可以决定使用该资料。

五、通报机构收到推迟使用的申请，可以决定：

a. 哪些地方使用以前通告者的资料；

b. 根据以前通告者推迟使用期限，延迟发布某有害物质通告。

六、通报机构应新通告者的请求，发布资料使用说明摘要。这没有偏离第八十五条关于保密资料的规定。

第二十四条　以前通告者享有脊椎动物测试资料被使用的被补偿权益

一、根据第二十一条保护脊椎动物测试资料的规定，以前通告者享受新通告者使用其资料的资金补偿权益。

二、如果通告者在6个月内不能就补偿金达成协议，通报机构应一方要求，按照以下条款决定酬金数额：

a. 获得测试结果的花费；

b. 剩余保护期；

c. 通告者的个数。

三、以前的通告者可要求通报机构禁止该有害物质进入市场，直到与新的通告者达成补偿协议为止。

第三节　有害物质产品和研发过程的申报

第二十五条　申报义务

按照第十六条a规定，某种新有害物质年投放市场量不少于一吨，且按照第十七条第一款字母d规定，该物质可豁免通告，制造商或制造商的唯一代理商必须在该物质首次投放市场前，将该物质单独或作为备用材料、或产品，在正常或可预见条件下使用可能释放出某有害物质的情形，向通告机构申报。

第二十六条　申报的形式与内容

一、申报必须以书面形式提交，使用官方语言，一式四份。资料和档案使用英文，报送电子文档。

二、申报档案必须包含以下内容：

a. 制造商的名称和地址；

b. 国外制造商的名称和地址，如果制造商已经进口该物质；

c. 该物质特性的基本资料；

d. 预期用途；

e. 该物质制造商预期在瑞士的年上市量；

f. 拟定类别和标签；

g. 该物质的研究过程和接收人员名单；

h. 关于危险物质、PBT 或 vPvB 等物质的防范安全资料清单。

第四节　通告和申报的程序

第二十七条　接收确认和文件转发

一、通报机构在收到制造商或唯一代理商提交的通告和申报后，要确认接收日期。

二、通报机构有权将明显不完整的文件转发给评估机构。

第二十八条　对通告或申报的审查

一、评估机构在其职权范围内，对以下文件进行评估：

a. 提交的文件是否完整，理由是否充实有效；

b. 数据是否科学合理；

c. 实验报告是否与实验结果一致，是否满足第三十四条规定的要求。

二、评估机构应当将审查结果告知通报机构。

第二十九条　补充文件

一、通报机构若发现提交的文件明显不完整，必须立即通知制造商或唯一代理商。

二、评估机构若发现提交的文件不完整、不准确，或需补充资料或进一步实验，方可对有害物质做出危险性评估，应立即告知通报机构。通报机构应要求制造商或唯一代理商提交补充资料，或予以更正。

二、^{bis}按照第十八条第二款字母 b 第七至第九点的规定，若研究报告摘要不足以支撑对某专点试验开展独立评估，通报机构可要求制造商或唯一代理商提交完整研究报告。

三、通报机构在收到制造商或唯一代理商提交的补充资料或更正的文件后，要确认接收日期。

第三十条　通告或申报的受理

通报机构经审查，认为通报或申报文件内容完整，数据充实，满足有害物质的危险评估和风险评估需求，则可与评估机构协商，受理通报或申报。

第五节　有害物质上市授权

第三十一条　有害物质按照通报要求上市

一、有害物质按照通报要求上市，需满足以下条件：

a. 通报机构已受理其通报；

b. 通报机构收到补充资料和修改文件，确定受理通报日期 60 天后，无新的信息发布。

二、若经证实，按照第一条字母 b 的规定，通报者在 2008 年 6 月前已在欧盟通报和被受理，上市时间可减少至 30 天以后。

第三十二条　有害物质按照申报要求上市

有害物质按照申报要求上市，需满足以下条件：

a. 通报机构已受理其申报通报；

b. 通报机构收到申报的补充资料和修改文件，确定受理申报日期 60 天后，无新的信息发布。

第三章　测试要求

第三十三条　测试原则

一、制造商必须保证测试过程、方法和对测试结果的评估符合国家现行科学和技术规范。

二、FDHA（瑞士联邦内政部）、DETEC（瑞士联邦环境、交通、能源及通信部）和 EAER（瑞士联邦经济教育科研部）可以在各自职权范围内规定具体测试准则。

第三十四条　测试要求

一、测试旨在确定有害物质和制剂的性质，必须严格遵守以下准则：

a. 法规（EC）440/2008 制定的测试方法；

b. 2007 年 8 月经济合作与发展组织化学品测试指南。

二、其他测试方法：

a. 第一款中没有提到的方法；

b. 制造商可以指出某规定的方法不适于测定某个理化性质；

c. 按照 REACH 法规第十三条第三段，被欧盟认可的方法。

三、下列情形，制造商可以明确指出其他测试方法：

a. 已有测试方法结果无效；

b. 为保护受测试的动物。

四、非临床测试旨在确定对人类健康和环境的危险性，必须严格遵守2005年5月18日优良实验室规范（GLP）准则。

五、如果某些测试不符合或部分不符合GLP准则，提交的测试报告的人必须说明理由。通报机构经与评估机构协商，决定是否其测试结果。

第四章　包装和标签

第一节　危险物质的包装和标签

第三十四条 a　包装

制造商制造危险物质或给第三方提供危险物质，必须按照CLP法规第三十五条规定对危险物质进行包装。

第三十四条 b　标签

一、制造商制造危险物质或给第三方提供危险物质，必须按照第十七条第一款，第十八条（第二款的最后一句除外），第十九至第二十三条，第二十五条第一款、第三款、第四款、第六款，第二十六至第二十八款，第二十九条第一至第四款，第三十一条，第三十二条第一至第五款，CLP法规第三十三条规定，给危险物质贴上标签。

二、除第一款外，标签必须满足以下要求：

a. 标签必须包括制造商的名称、地址和电话。对从欧盟成员国进口的、非公众使用的危险物质，制造商不得用第十七条第一款规定的名称代替；

b. 标签必须用至少两种官方语言标记。对提供给终端用户的危险物质，根据双方协议，可以只用一种官方语言或英文标记。

三、标签的其他内容应符合其他立法规定，这些规定可参见CLP法规第二十五条的补充条款。

四、按照IUPAC（国际理论和应用化学联合会）命名法则，标签名称若超过100个字符，则可使用其他名称。根据第六十四条规定，通报提供了两种名称：IUPAC命名法的名称和其他名称。

第三十四条 c 不使用标签

一、如果包装太小或不适合包装，不可能为每一种有害物质制作标签，通报机构可与评价机构协商，允许将多种有害物质一起包装，标签上也只使用一种官方语言予以标记。

二、对此，通报机构要制定一个合理的、通用规则，允许不使用标签，并公之于众。

第三十四条 d 出口危险物质的标签

一、任何人出口危险物质，都必须参照相关国际标准，给危险物质贴上标签，标签至少包含以下信息：

a. 制造商的名称；

b. 化学名称或商标名称；

c. 标签要注明危险物质对人类和环境的危险性，及适当的保护措施。

二、标签必须使用进口该危险物质的国家可以接受的语言文字。

第二节 有害制剂的包装和标签

第三十四条 e 一般规定

一、制造商制造有害制剂或给第三方提供有害制剂，必须按照下列规则对有害制剂进行包装，注上标签。

a. 如果有害制剂属仅按照第十条第一款进行分类，则按照第三十五至第五十条，参照第三十四条字母 d；

b. 如果有害制剂属按照第十条第二款进行分类，则参照第三十四条 a 至第三十四条 d。

二、不允许按照第一款字母 a 和第一款字母 b 双重标记。

第三十五条 包装特征

一、包装必须保证，内盛有害制剂在贮存、运输过程中不会对人或环境产生危险。

二、特别地，包装必须满足以下要求：

a. 包装的设计和构造，必须保证容器不会脱落；

b. 容器不损毁包装；

c. 包装和容器不形成有害或危险化合物；

d. 包装能安全承受正常压力和张力，固件不得有任何松动。

三、按照第一款和第二款规定，包装要满足邮寄、铁路公路运输、空运、船运和管道运输。

第三十六条　包装设计

销售给普通民众的危险制剂的包装设计绝不允许：

a. 吸引和激发儿童的好奇心；

b. 误导消费者；

c. 与食品、化妆品、医疗产品或动物饲料混合包装。

第三十七条　特殊规定

一、销售给普通民众的以下几种有害制剂的包装箱必须加固儿童防护扣件：

a. 标明有毒或腐蚀性的制剂；

b. 标明有害、危险的制剂，但不包括气溶胶或容器已封口的喷雾剂；

c. 浓度等于或大于3%的甲醇（CAS号67－56－1），以及浓度等于或大于1%的二氯甲烷（CAS号75－09－2）。

二、如果销售给普通民众的有害制剂贴有有毒、有害、腐蚀、极易燃或高易燃标签，其包装箱上必须有危险、禁止接触的警示标识，但标明极易燃或高易燃的气溶胶除外。

三、儿童防护扣件和危险、禁止接触的警示标牌的技术性能必须符合指令67/548/EEC附录Ⅸ之规定。

四、对1992年10月9日食品法没有覆盖的气溶胶喷雾器，必须同时满足本条例和75/324/EEC指令附件第2.1、2.4、3、4、5、6点的规定。

第三十八条　豁免

第三十五至第三十七条不适用于1977年3月25日炸药法所指的炸药或烟火装置，但产生有害气体、烟雾或粉尘的烟火装置必须遵守第三十五至第三十七条规定。

第三十九条　危险制剂的标记

一、危险制剂的标识必须包括以下内容：

a. 制剂名称；

b. 制造商的名称，地址和电话号码。从欧盟成员国进口的、非市售危险制剂，按照指令1999/45/EC第10点2.2规定，制造商的名称不得改为该制剂销售商的名称；

　　c. 销售给普通民众的制剂，应标明有害制剂的净重；

　　d. 附件一第一条规定的危险制剂符号和说明；

　　e. 按照附件一第二条规定，以"R-短语"（R 是 Risk 第一个字母）表示特别危险；

　　f. 按照附件一第三条规定，"S-短语"（S 是 Safety 第一个字母）表示安全；

　　g. 按照附件一第四条规定，制剂中危险物质应标明其化学名称。

第四十条　特殊危险制剂的标识

一、特别危险制剂的标识，除符合第三十九条规定外，还应严格执行附件一第五条规定。

第四十一条至第四十二条

已废除。

第四十三条　替代化学名称的使用

一、以下情形，制造商可以给制剂使用可替代的化学名称。

　　a. 经证实，制造商在标签上或安全数据表上泄露制剂名称，可能会泄露商业机密，不利于保护知识产权，会承担风险；

　　b. 有害物质满足 CLP 附件一第 1.4 节的基准要求。

二、替代化学名称应能表明最重要的官能团名称或本身就是一种可替代的名称。

三、制造商欲使用替代名称，必须向通报机构提出书面请求。

四、使用替代名称要求制剂必须是：

　　a. 一个明确的化学结构；

　　b. 一个明确的商标名称或命名；

　　c. 用于某些用途。

五、替代名称可授权给制造商，但不得转让。

第四十四条　替代化学名称的使用申请

一、使用替代化学名称的申请必须包括：

　　a. 制造商的名称，地址和电话号码；

　　b. 标签上利于保密并与有害物质相关信息：

　　　①化学名称；

②CAS 号；

③EC 号；

c. 替代名称；

d. 请求理由；

e. 制剂的商标名称；

f. 制剂的化学结构信息，法规要求的安全数据表；

g. 制剂的类别；

h. 制剂的标识；

i. 制剂的用途；

j. 物理状态；

k. 如果应用，安全数据表。

六、通报机构与评估机构协商，决定是否受理该点申请。

第四十五条 禁止误导性的标签

危险制剂的标识和简介禁止给人以无危险的印象，特别不能使用"无毒"、"无害"、"环境友好"、"无污染"或"生态型"等字词。

第四十六条 可选标识

一、制造商可以按照附件一第七款，在有害制剂或产品的包装上添加利于环境保护的其他危险警示说明。

二、制造商必须使用附件一第七款规定的象形图案，没有充足依据，不得使用国际通用的象形图案。

第四十七条 完成标识

一、每一个包装、标签上都要有标识信息。标识信息至少使用两种官方文字，要清晰、易读、耐久，牢固附着在包装物上。

二、具体操作过程以附件一第六条规定为准。

三、提供给终端用户的制剂上的标识，按双方协议，可只使用一种官方文字或英文。

第四十八条 内包装和外包装

一、下列情形，需满足第三十九至第四十七条的规定：

a. 外包装标识要执行邮寄、铁路或公路运输、航运、水运和管道运输的规定；

b. 内包装标识要执行第三十九至第四十七条关于在使用之前或拆除

外包装之后的相关规定。即内包装标示符合规定。制造商要负责包装和标识。

二、单个包装，如果满足第一款字母 a 规定，可以省略危险警示符及说明，但对于制剂，如果标签上没有危险警示符"N"和"对环境有危险"等说明文字，则不可省略。

第四十八条 a　减少标识

一、以下情形，通报机构与评估机构协商后，可以允许某些制剂或制剂包装箱不使用标识或使用其他可用标识：

a. 按照第三十九至第四十七条规定，包装太小或不适合标识；

b. 使用的剂量很小，不足以对人类或环境产生风险。

二、为公平起见，通报机构应发布一个减免标识的通用规则。

三、通报机构也可以将已被批准的减免标识制成一个清单，并公之于众。

第四十九条

已废除。

第五十条　不需标识

一、第三十九至第四十九条不适用于炸药或烟火装置（第三十八条），产生有毒气体、烟雾或粉尘烟火装置除外。

二、第三十九条不适用于被人吸入、吞食、皮肤接触，投入水体后对人体健康无危险的市售制剂。比如：

a. 块状金属；

b. 合金；

c. 含聚合物或合成橡胶的制剂。

三、市售气溶胶容器、喷雾嘴被密封的容器等有吸入危险类的有害制剂不必标识为"R65"。

第四章 a　泄漏应急处理预案和安全数据表

第一节　泄漏应急处理预案

第五十条 a

一、符合 REACH 法规第十四条第四款规定、提供给第三方的有害物质，若供应量大于或等于 10 万吨，制造商必须为每一种使用方式制定有害物质的泄漏应急处理预案。

二、任何人若以商业使用为目的、通过第三方获得的、年使用量大于或等于 1 吨的标有泄漏应急处理预案的有害物质，或者无安全数据表的有害物质或制剂，必须配备泄漏应急处理预案。

三、第二款不适用于以下情形：

a. 新使用方式的泄漏应急处理预案仅针对安全数据清单所指泄漏条件；

b. 制剂中的某种有害物质的浓度低于第十八条第三款规定的极限值；

c. 该物质以产品或过程研发为目的。

四、必须按照 REACH 法规附件 I 第 5.1 节的要求制定泄漏应急处理预案。

第二节 安全数据表

第五十一条 目的

安全数据表旨在促使在专业或商业领域使用有害物质或制剂的人员，采取有效措施保护人群健康、职场安全和环境。

第五十二条 制定安全数据表的责任

凡是第五十四条规定需要提供安全数据表的情形，制造商都必须为以下有害物质和制剂制定安全数据表：

a. 危险物质和制剂；

b. PBT 或 vPvB 物质；

c. 附件七所列物质；

d. 含有至少一种危及人类健康或环境的有害成分的制剂，单个有害成分的浓度 ≥ 1.0%（重量，非气态制剂）；

e. 至少含有一种 PBT 或 vPvB 成分制剂，浓度 ≥ 0.1%（重量）；

f. 至少含有附件七所列成分之一的制剂，浓度 ≥ 0.1%（重量）；

g. 至少含有一种制剂，该制剂的工作场所暴露限制值已由指令 2000/39/EC142、2006/15/EC143 或 2009/161/EU 做出了规定。

第五十三条 安全数据表的编制原则

一、必须按照以下原则编制安全数据表：

a. 根据第十条、REACH 附件二分类的有害物质制剂，按照法规（EU）453 号/2010 第 1 条的修订稿编制安全数据表；

b. 根据 REACH 第十条第二款分类的有害制剂，按照法规（EU）第一条第二点 453 号/2010（对应于附件 I 法规（EU）453 号/2010）的修订稿标识安全数据表。

二、在编制信息安全数据表是，必须参照 REACH 附件二第二版第 1、7、8、13 和 15 点的要求。

三、化学品安全报告（第十八条 a）以及按照第五十条 a 制定的泄漏应急处理预案必须附在安全数据表之后。

四、安全数据表中必须对分类做出如下说明：

a. 对有害物质，必须同时按照第八条第一款和第八条第二款进行分类；

b. 根据第三十四条 e 第一款字母 b 标识的有害制剂，必须同时按照第十条第一款和第十条第二款进行分类。

五、FDHA 可以与 DETEC 和 EAER 协商，确定编制安全数据表的技术准则。

第五十四条 提供安全数据表的责任

一、经商人员提供第五十二条所指的有害物质或制剂给其他人，从事专业研发或商业活动的，必须提供最新的安全数据表。

二、下列情形，必须提供安全数据表：

a. 提供第五十二条字母 a 至 c 定义的有害物质或制剂时，最迟应在第一次供货时；

b. 根据要求，提供第五十二条字母 d 至 g 定义的有害物质或制剂时。

三、给零售店提供的有害物质和制剂，应专业或商业客户要求，必须提供安全数据表。

四、提供安全数据表必须：

a. 免费；

b. 应客户要求，或双方同意，使用官方语言或另一种语言；附件使用英文；

c. 纸质版或电子版；应客户要求的安全数据表必须提供纸质版。

第五十五条　更新

一、一种有害物质或制剂的重要新信息一经公布，制造商必须更新安全数据表。

二、供应商必须在新信息公布之后的十二个月之内，制作新的安全数据表，并提供给所供货的专业或商业客户。

三、第二款规定不适用于通过零售店获得有害物质或制剂的客户。

第五十六条　保存安全数据表的责任

只要在工作场所还要继续使用某种有害物质或制剂，专业或商业客户就必须保存该有害物质或制剂的安全数据表。

第三部分　销售责任

第一章　关于重新评价、分类和制作标识

第五十七条　有害物质、制剂或产品的重新评价

制造商必须对含有危险成分的物质、制剂或产品进行重新评价，必要时还要对其重新分类：

a. 用于不同的目的；

b. 用不同的方式进行使用；

c. 使用量比以前大很多；

d. 杂质的性质和数量发生改变，并可能对人类健康或环境造成不良影响；

e. 随时根据其实际操作中出现的新数据或新现象，重新进行对人类健康或环境影响的风险评价。

第五十八条　文档的更新与保存

一、制造商须根据其提供的有害物质、制剂或产品在使用过程中出现的现象，不断更新文档。

二、制造商必须保存其提供的有害物质、制剂或产品的评价、分类文档及其评价、分类结果，并保证其有效性，保存时间不得少于其最后投放市场之后十年。如分析条件许可，还须保存样本和标本。

第二章　新有害物质的信息更新和附加测试报告

第五十九条　信息更新

一、下列情形，通告者必须立即书面告知通知机构：

a. 第十八条第二款字母 b 第一至六点或第二十六条第二款所指内容发生改变时；

b. 当第十六条 a 所指的某有害物质量很可能已经达到第六十条第一款规定的阈限值时，通知者应进行有针对性的测试，并将测试结果按照第六十条第一款生成附加信息；

c. 当第十六条 a 规定的有害物质量与最后通报量相比，增加或减少一半以上时；

d. 当有害物质对人类健康或环境有新的不良影响内容公之于众时；

e. 通报者在市场销售的有害物质用作新的用途时；或者通报者已知晓这种有害物质的用途与通报机构规定的用途不一致时；

f. 通报者正在或已经编制完的测试报告超出了第十八条第二段字母 b 中技术档案对该物质的要求；

g. 通报者能够获得第十八条第二款字母 b 所指的有害物质技术档案表册之外的测试报告。

二、有害物质的唯一代理商必须确保能够获得最新数据，特别是进口商的年进口量数据。

三、唯一代理商负有对新有害物质的通报责任，其代理进口商必须告知唯一代理商有害物质的年进口量。

第六十条　关于有害物质的提交资料

一、通报者对第十六条 a 确定的有害物质，还必须向通报机构提供以下资料：

a. 年使用量大于或等于 10 吨：附件三第八点字母 b、第九点字母 b 所指资料，第十八条 a 规定的化学安全报告；

b. 年使用量大于或等于 100 吨：附件三第七点字母 b、第八点字母 c 和第九点字母 c 所指资料，第十八条 a 规定的化学安全报告；

c. 年使用量大于或等于 1000 吨：附件三第八点字母 d、第九点字母 d 所指资料，第十八条 a 规定的化学安全报告。

二、通报机构收到第五十九条第一款指定的资料后，应按照第二十三条规定，告知通报者受理日期。

三、若通报者对有害物质的风险评价不充分，同时评价机构也提出请求，则通报机构可要求通报者提供更多资料，或对有害物质及其转化产品进行测试。

四、通报机构经咨询通报者，与评价机构协商后，应当制定测试时间表。

五、如在规定期限内，通报者没能提交测试报告，通报机构可安排测试，费用由通报者承担。通报机构可视情节轻重，决定是否禁止通报者继续销售此类有害物质。

第三章　注册责任

第六十一条　有害物质和制剂的注册要求

有害物质和制剂的制造商必须第五十二条规定，在有害物质和制剂第一次进行市面销售的三个月之内，到通报机构注册登记，即使其安全数据表还没有编制完成。

第六十二条至第六十三条

已废除。

第六十四条　注册申请的内容

注册申请中必须包含以下内容：

a. 制造商的名称和地址；

b. 标签上若无制造商名称，必须按规定注明销售该有害物质或制剂的负责人名称；

c. 对有害物质，必须包括：

①CLP法规第十八条第二款字母a至d规定的化学名称；

②CAS号；

③EC号；

④分类和标识；

⑤预期的用途；

⑥对危及环境的有害物质，按年销售量分以下几个等级：小于1吨、1~10吨、10~100吨、大于100吨；

⑦对纳米材料：包括物质成分、颗粒形状、平均粒径，如有可能，还应包括粒径分布、表面积与体积比、晶体结构、凝聚态、表面涂层及其功能；

⑧该物质是否为 PBT 或 vPvB 的证据；

⑨IEEA 化学品安全报告，如果制造商能合法获得该报告；

d. 对有害制剂，必须包括：

①商品名称；

②安全数据表要求的制剂成分的资料；

③分类和标识；

④预期的用途；

⑤物理性状；

⑥对危及环境的有害制剂，按年销售量分以下几个等级：小于 1 吨、1～10 吨、10～100 吨、大于 100 吨；

⑦对纳米材料：包括纳米材料的成分、颗粒形状、平均粒径，如有可能，还应包括粒径分布、表面积与体积比、晶体结构、凝聚态、表面涂层及其功能。

第六十五条　扩展注册申请

一、出售给普通民众的危险制剂，必须将制剂的全部成分告知通报机构。对非危险制剂，按照指令 1999/45/EC 附件Ⅵ第 B 部分规定，只登记可辨别制剂成分最重要官能团的名称，或其他名称。

第六十六条　注册申请和扩展注册申请形式

注册申请和扩展注册申请形式如下：

a. 使用电子文档，特殊情况，可以使用电子传输纸质文档；

b. 使用一种官方语言或英文。

第六十七条　修改

一、对资料做任何修改，按照第六十四条和第六十五条规定，必须在 3 个月内通报。

二、如果危及环境的有害物质和制剂的年实际销售量超过注册登记量，必须在第二年 3 月 31 日之前按第六十四条字母 c 第六点、字母 d 第六点规定的类别予以通报。

第六十八条　履行注册登记的特殊形式

如果提交的注册申请要求使用其他化学名称，通报机构掌握了第六十四条 a、b 和 d 及第六十五条所需的资料，则按照第六十一条规定，可认为以满足注册申请要求。

第六十九条　免于注册

本章中规定的注册要求不适用于：

a. 已废除；

b. 中间体；

c. 市场销售的有害物质和制剂，只用于分析研究、教育和开发；

d. 只用于食品、医疗产品或动物饲料的物质和制剂；

e. 需要联邦农业办公室授权的化肥，或必须按照 2001 年 1 月 10 日化肥条例向联邦农业办公室通报 FOAG 的化肥。

f. 需要 2000 年 11 月 27 日爆炸物条例授权的炸药和烟火装置；

g. 在瑞士获得的有害物质；

h. 在瑞士获得、改变原包装形式销售的有害制剂，如果满足：

①商标名称、组成和预期用途不变；

②原制造商的名称也没改变；

i. 仅有注册登记的气体组成的气体混合物；

j. 包装箱中含量低于 200 毫升的非危险制剂，并且是在瑞士制造，由制造商直接提供给终端用户；

k. 专供专业用户、年销售量小于 100 公斤的制剂。

第四部分　有害物质、制剂和产品的处理

第一章　总则

第七十条　关于制造商提供的资料

一、市场销售的、或提供给专业或商业用户的有害物质、制剂和产品须按照制造商提供的方法使用和处理。

二、必须注意包装物上、安全数据表上制造商给出的提示和说明。

第七十一条　排放

一、只有根据使用情况，在限定的范围内，有害物质和制剂才可直接

进入环境。

二、为此，用户必须：

a. 使用允许的设备，准确使用；

b. 尽可能采取措施，防止有害物质和制剂进入周围区域或水体；

c. 尽可能采取措施，确保动物、植物、生物群落及其栖息地免受威胁。

三、经制造商明确用途的制剂可直接进入环境。

第七十二条　存储

一、贮存有害物质和制剂，必须注意包装物上提示和说明。

二、危险物质和制剂及其容器必须加以保护，免受危险撞击，特别机械性撞击。

三、危险物质和制剂必须是清晰可辨，并远离其他物品。附近不得贮存食品、动物饲料或医疗产品。

四、第一至三款也适用于那些排放的有害物质或制剂数量大，可能危及人类健康或环境的产品。

五、有害物质和制剂可能产生危险反应的，必须分开存贮。

六、非商业用途的危险物质和制剂只可贮存在容器内，并满足下列要求：

a. 不能与含食品、化妆品、医疗产品或动物饲料混合；

b. 标识上必须给出有害物质或制剂的名称；

c. 包装物的结构必须符合第三十五条规定。

第七十三条　提供有害物质和制剂的职责

在商业领域提供有害物质或制剂的任何人，要给用户提供一份安全数据表，必须熟悉并有能力解释安全数据表的内容。

第七十四条　化学品的联系人

一、公司和教育机构必须告知州执法机构，按照化学品法第二十五条第二款指定专门的化学品的联系人。

二、FDHA按照第一款规定，制定强制性通告规则；确定通告的内容和形式。

三、规则要求：化学品的联系人必须具有技术资格，承担工作职责。

第七十五条　广告

一、有害物质、制剂和产品的广告，决不能误导使用者，使人认为其对人类健康和环境没有危险，是环境可接受的，绝不能鼓励不正当或非法使用或处置。

二、除非在描述其属性的同时能给出更详细的解释，否则，在广告中禁止使用诸如"可降解"、"环境无害"、"环境友好"、"水友好"等词汇。

三、对普通公众不事先观看标识就可购买的危险物质或制剂，其广告商必须以容易理解、清晰可见、可以听懂的方式，指明其危险性。

四、第三款也适用于按照本条例附件一第五点或 CLP 法规第二十五条第六款规定标识的有害制剂。

五、不能投放市场的有害物质和制剂不得用于促销。

第二章　第 1 类和第 2 类危险物质和制剂的处理

第七十六条　第 1 类和第 2 类危险物质和制剂

一、以下危险物质和制剂被视为第 1 类：

a. 按照 CLP 法规制作的标识中，至少包含本条例附件六第 1.1 款所列的一个元素；

b. 不是按照 CLP 法规制作的标识，但标识中至少包含本条例附件六第 2.1 款所列的一个元素。

二、以下危险物质和制剂被视为第 2 类：

a. 按照 CLP 法规制作的标识中，至少包含本条例附件六第 1.2 款所列的一个成分；

b. 不是按照 CLP 法规制作的标识，但标识中至少包含本条例附件六第 2.2 款所列的一个成分。

第七十七条　存储

一、按照第七十二条规定，贮存第 1 类和第 2 类有害物质或制剂。

二、贮存第 1 类和第 2 类有害物质或制剂的任何人，都必须保证未经授权不可获得所贮存的有害物质或制剂。

三、对用作商业的第 1 类和第 2 类有害物质或制剂，如果标识中有危险警示符号或图案，则仅能装入容器中贮存。

第七十八条 禁止随意销售

一、禁止向普通公众随意销售第 2 类有害物质和制剂。

二、第一款不适用于汽车燃料。

第七十九条 供应限制

一、第 1 类有害物质和制剂决不允许提供普通公众。

二、第 1 类和第 2 类有害物质和制剂仅提供给成年人做商业之用。

三、第二款不适用于专业或商业领域的必须处理这些有害物质或制剂的法定为成年人。

四、第一款和第二款并不适用于汽车燃料。

第八十条 供货商的职责

一、任何人销售第 1 类有害物质或制剂，都必须明确告知购买者采取必要的预防措施和正确的处理方法。

二、任何人销售第 2 类有害物质或制剂给普通公众，都必须在供货时，以合适的方式明确告知购买者采取必要的预防措施和正确的处理方法。

三、按照第二款规定，有害物质和制剂只提供给那些有正确判断力、能履行化学品法案第八条职责、符合联邦环境保护法第二十八条规定的人。

四、第一款和第二款规定的职责不适用于汽车燃料的供应。

第八十一条 供应商须知

一、供货商必须掌握一些专业知识：

a. 第 1 类有害物质或制剂只提供给专业领域的终端用户；

b. 第 2 类有害物质或制剂提供给普通民众。

二、联邦内政部可以规定。

a. 通过何种方式掌握这些基本知识，比如，采取专业培训；

b. 为这些人制定培训内容、时间，安排培训课程。

三、参照 2005 年 5 月 18 日减少化学品风险条例第十一条执行。

四、第一款不适用于汽车燃料。

第八十二条 被盗、丢失和误售

一、第 1 类有害物质或制剂被盗或丢失，责任人必须立即报警。

二、警方必须告知州负责机构以及联邦警察办公室。

三、若在市场上出现误售第 1 类或第 2 类有害物质或制剂，当事人必须立即通知州负责机构，并提供如下资料：

a. 能准确鉴别该有害物质或制剂的所有资料；

b. 对该有害物质或制剂潜在危险的全面描述；

c. 能得到的关于这些有害物质或制剂所有信息，直接提供给客户的信息，被转手售出的信息等；

d. 采取措施尽可能避免危险，如警告、暂停销售、退出或召回等。

四、各州当局必须决定是否需要向市民发布危险警告。

第八十三条　样本

第1类和第2类有害物质和制剂只对专业或商业用户进行促销。

第八十三条a　有害物质和制剂用作自我防卫

一、将有害物质和制剂用作自我防卫，参照第七十七条、第七十九条第二款和第三款、第八十条第二款和第三款、第八十一条第一款字母b、第八十二条第三款和第四款及第八十三条。

二、绝不允许随意提供有害物质和制剂用于自我防卫。

第三章　高关注有害物质的处理

第八十三条b　高关注有害物质清单

一、REACH法规第五十七条规定，附件七（候选名单）中有害物质，被视为是高关注有害物质。

二、联邦环境办公室经与联邦内政部和国家经济事务秘书处协商，可决定REACH法规附件十四中哪些候选名单可作为高关注有害物质列入ORRChem附件1.17。

第八十三条c　含有高关注有害物质的产品

一、销售含有高关注有害物质浓度超过0.1%的产品，必须向客户提供以下资料：

a. 有害物质的名称；

b. 供货商所知道的关于有害物质的安全使用常识。

二、这些资料必须免费提供给：

a. 专业或商业客户：不做如此要求；

b. 个人客户：要求在45天之内。

第五部分　数据处理

第八十四条　产品注册

一、通知机构应当对下列条例中所规定的物质和制剂进行登记：

a. 本条例；

b. 减少化学品风险条例；

c. 2005年5月18日的生物农药产品条例；

d. 2005年5月18日的植物保护产品条例。

二、以下列数据为基础对注册信息进行汇编：

a. 已由瑞士机构收集或制作的数据，且第一款中引用的条例之一对该瑞士机构进行了规定；

b. 国外机构或国际组织提供的数据。

第八十五条　保密数据

一、当数据涉及的利益值得被保护时，执法机构应当对数据进行保密，除非其公开有利于重大的公共利益。

二、该通知机构应当与评估机构进行商议并对保密数据进行指定。应在数据传送到主管州或联邦机构（第八十七条第二款中引用的）之前进行指定。

三、特别是对商业/制造业秘密的维护，包括某种物质或制剂的全部组成信息及其投放市场的数量，应当得到保护。

四、如果通知机构发现保密数据通过合法手段得到公布，该数据不应再被视为保密数据。

五、在任何情况下，下列数据不被视为保密数据：

a. 商标；

b. 处理通知、申报或注册要求相关事宜的负责人的姓名和地址；

c. 指令67/548/EEC中附件七A、七B、七C和七D所规定的理化性质；

d. 妥善处理的程序、尽可能回收或再利用的程序、其他无害处理材料方法的程序；

e. 毒理学和生态毒理学测试结果的总结；

f. 某一物质的纯度及与分类相关的杂质和添加剂的特性；

g. 对使用过程中预防措施的建议以及发生事故情况下的应急措施；

h. 安全数据表中出现的信息；

i. 用于确定人类和环境暴露情形的合适的分析方法。

六、该通知机构和评估机构可以允许公众访问注册产品的数据，前提是该数据在任何情况下都不会被视为保密数据。

第八十六条 传送给通知机构和评估机构的数据

如果对方提出要求或者执行本条例有需要，下列关于物质、制剂和物体的数据必须传送给通知机构和评估机构：

a. 瑞士联邦农业局根据下列条例收集的数据：

①2001 年 1 月 10 日肥料条例；

②1999 年 5 月 26 日动物饲料条例；

③2005 年 5 月 18 日的植物保护产品条例；

b. 关于食品污染物和食品成分的数据以及关于日常使用商品中物质的数据，该数据均由 1995 年 3 月 1 日食品条例中规定的联邦公共卫生局和联邦兽医办公室负责收集；

c. 联邦海关总署从报关单中收集的数据；

d. 由瑞士联邦经济事务司、瑞士国家意外伤害保险基金或各州就业监察员根据工人保护相关立法收集的数据；

e. 由毒物信息中心（第九十一条）收集的数据；

f. 由检查机构依据瑞士减少化学品风险条例第十二条第三款收集的数据；

g. 在本条例及其他保护人类健康或保护环境免受物质、制剂或物体损害的立法执行过程中，由各州收集的数据。

第八十七条 信息和数据的交换

一、为了履行其职责，通知机构和评估机构应当共享数据信息，该数据包括他们自身收集的数据以及根据本条例或其他保护人类健康或环境免受物质、制剂或物体损害的立法，代表通知机构和评估机构收集的数据。为此，他们可以建立自动化的检索程序。

二、对于负责执行保护人类健康或环境免受物质、制剂或物体损害的相关立法的联邦机构和各州机构，通知机构和评估机构应当使其能够获得必要数据以便履行其职能。为此，他们可以建立自动化的检索程序。

二、[bis]关于制造者和市场上销售的物质或制剂的相关数据，如果下列机构有需要以便履行其职责，那么通知机构可以向其公布数据信息：

a. 评估机构；

b. 海关当局；

c. 第二款中规定的州机构；

d. 毒药信息中心（第九十一条）。

三、在特殊情况下，通知机构和评估机构可以将物质、制剂和物体的相关数据传送给第二款中列举的机构之外的其他主体，前提是该主体需要数据以便履行其职责。

四、制剂成分相关的保密数据只有在第二款、第二款[bis]和第三款规定的情形下才能被传送，前提是刑事诉讼机构需要该数据或者该数据有助于回答，特别是紧急情况下的医疗咨询或者帮助人类生命、健康或环境远离即将到来的危险。

五、各州应当将有关室内空气质量的调查结果和分析通知相关的通知机构，并将室内空气的相关数据传送给通知机构。

第八十八条 向其他国家和国际机构传送数据

一、通知机构和评估机构可以将非保密数据传送给国外当局和机构，以及国际组织。

二、他们可以传送数据，如果：

a. 国际协议或国际组织决议有规定；

b. 有利于阻止人类生命、健康或环境遭受即将面临的危险。

第六部分　执行

第一章　联邦

第一节　机构

第八十九条 通知机构和指导委员会

一、该通知机构在行政上隶属于瑞士联邦公共卫生办公室。

二、为通知机构任命一个指导委员会。其成员由下列联邦办公室的负责人组成：

a. 瑞士联邦公共卫生办公室；

b. 瑞士联邦农业办公室；

c. 瑞士联邦环境署；

d. 瑞士联邦经济事务司。

三、督导委员会有下列职权：

a. 任命通知机构的管理者；

b. 决定通知机构的策略；

c. 对通知机构财政预算享有查阅权和认购权。

四、指导委员会的决议遵循协商一致原则。

第九十条　评估机构

一、评估机构如下：

a. 瑞士联邦公共卫生办公室，负责人类生命和健康保护相关事宜；

b. 瑞士联邦环境署，负责环境保护和间接保护人类的相关事宜；

c. 瑞士联邦经济事务司，负责工人权益保障相关事宜。

第九十一条　毒物信息中心

一、依据瑞士化学法第三十条建立的毒物信息中心即为苏黎世瑞士毒理学信息中心。

二、瑞士联邦公共卫生办公室应与苏黎世瑞士毒理学信息中心就其根据化学法第三十条第二款提供服务所应获得的报酬达成协议。

第九十二条　化工专家委员会

一、瑞士联邦内政部可以与瑞士联邦能源局和联邦经济教育科研部就化工专家委员会人员的指定进行协商。

二、化工专家委员会应当由来自联邦和各州机构、科学、商业和消费者保护领域以及利益团体的专家组成。

三、化工专家委员会应当就物质和制剂相关立法及其执行的基础问题向联邦部门提出建议并且有权提出建议。化工专家委员会也可以请外来专家进行协商。

第九十三条

已废除。

第二节　对现有物质的审查

第九十四条

一、评估机关可以对下列任何现有物质进行审查：

a. 由于其生产的数量或向市场投放的数量，或者由于其危险属性或其副产品、废物的危险属性，该物质代表了一类会给人类生命、环境带来特别风险的物质；

b. 该物质包含在一个国际现有物质项目之中。

二、如果要对某个现有物质进行审查，应评估机构的请求，通知机构应当要求所有相关制造商提供下列信息：

a. 制造商的名称和地址，如果该物质由制造商从国外进口，那么还包括国外制造商的名称和地址；

b. 用于评估和确立物质危险属性的所有文件；

c. 已知的用途；

d. 关于制造商投放市场数量的信息；

e. 提交给欧洲化学管理局的注册文件，前提是能够获得该注册文件且通知人被认为有合适的理由获得该注册文件。

三、如果评估机构有要求，通知机构应当要求制造商之一开展调查或研究。该制造商所产生的费用将由所有相关制造商共同承担。

第三节　自我调节和监管的审查

第九十五条　自我调节审查

一、评估机构必须在其能力范围内，对物质、制剂和物体的下列信息进行审查：

a. 评估和分类；

b. 安全数据表中出现的信息。

二、他们可以就下列事项对通知机构进行指导：

a. 为了验证物质、制剂和物体的组成及其理化性质；

b. 要求州执行机构进行取样。

三、如果有理由认为评估或分类并未得到开展或者未能得到正确开展，应评估机构的请求，通知机构应当要求相关制造商提供：

a. 确立或评估危险属性所需的所有文件；

b. 安全数据表。

四、应评估机构的请求，通知机构应当要求制造商进行测试或进行额外评估，如果有迹象表明：

a. 物质或制剂及其副产品或废物会危害人体健康或环境；

b. 对象，他们的副产品或废物可能危害环境。

五、此外，执行机构享有化学法第四十二条赋予的权力，在有可能对环境造成危害的情况下，还享有化学法第四十一条赋予的权力。

六、如果某个制造商不遵从官方指示，应评估机构的请求，通知机构应当禁止其继续从事物质、制剂或相关物体的供给业务。

七、对于化妆品，原材料及该类产品的专用添加剂，其负责主体应当制定必要措施。瑞士联邦环境署的参与由1997年3月21日联邦政府组织法第六十二条a和第六十二条b进行规定。

第九十六条　国防监测

与国防相关的事宜，通知机构应在与评估机构协商的基础上，对本条例是否得到遵守进行审查。

第九十七条　进口和出口的监测

一、应通知机构的请求，海关应当对物质、制剂或物体是否遵守本条例的规定进行核查。

二、评估机构可以要求通知机构提交有关第一款中规定事项的请求。

三、在涉嫌侵权的案件中，海关有权在边境将货物扣留并根据本条例寻求其他执行机构的帮助。该机构必须开展进一步调查并采取必要措施。

第四节　依据欧盟立法进行的调整

第九十七条a

在与瑞士联邦环境署和瑞士联邦经济事务司协商的基础上，瑞士联邦公共卫生办公室应当采纳附件七，并考虑（EC）法令附件一中的最终入选名单（在化学品注册、评估、授权和限制法第五十九条第一款有所提及）。

第五节 第三方职责的委托

第九十八条

一、主管联邦机构可以依据本条例,将所有或部分职责及权力赋予适格的公共企业或私人。

二、在某种程度上,与健康保护执法相关权限的赋予仅限于以下方面:

a. 自我监管的审查;

b. 将评估作为通知审查或信息更新的一部分;

c. 化学法第二十八条关于信息的规定;

d. 化学法第十六条中规定的风险评估。

第六节 费用

第九十九条

联邦执行机构对其行政行为收取费用和对费用的计算以2005年5月18日化学收费条例为依据。

第七部分 最后条款

第一章 过渡条款

第一节 进一步审查

第一百条 各州执行机构的职责

一、各州执行机构通过随机抽样的方式,对投放市场的物质、制剂和物体进行审查。

二、在审查框架内,各州执行机构应确保:

a. 通知、申报、注册的相关要求(第十六条、第二十五条、第六十一条、第六十七条和第六十八条)和信息更新的相关规定(第五十九条)得到遵守;

b. 产品包装符合有关包装的规定(第三十四条a和第三十四条e至第三十七条);

c. 产品的标签符合有关标签的规定（第三十四条 b、第三十九至第五十条和附件一）；

d. 与规定、安全数据表更新与保留相关的要求得到满足，且安全数据没有明显错误；

e. 关于广告（第七十五条）和样品（第八十三条）的规定得到遵守；

f. 供应关注度很高的物质时提供相关信息的要求得到遵守。

第一百零一条　州和联邦执法部门之间的合作

一、通知机构必须出于自愿或应评估机构的请求，指导各州执行机构对某种物质、制剂或物体进行审查，特别是第九十五条第一款所规定的事项。

二、应通知机构的请求，各州执行机构必须收集样品。

三、如果审查过程中发现了严重问题，负责审查的机构必须向通知机构和第一百零二条中规定的负责机构进行通报。

四、如果有合理理由怀疑分类的正确性，负责审查的机构必须向通知机构进行通报。

第一百零二条　各州执行机构的命令

如果审查过程中发现有行为违反了第一百条第二款和第一百零一条第一款中的规定，该侵权方所在的各州主管机构或其注册办公室所在的各州主管机构必须对其下达命令。

第二节　环保措施实施和完善的监督

第一百零三条

一、各州执行机构必须对有关实施规定的遵守情况进行监督（第七十至七十四条和第七十六至八十二条）。化学法第二十五条第一款第二句也同样适用。

二、各州必须完善环保措施。

第一百零四条至第一百零九条

已废除。

第一百一十条　供应业务所需的知识和化学品接触者

瑞士联邦内政部在与瑞士联邦环境、交通、能源和通讯部及瑞士联邦经济教育科研部协商基础上，应当对下列事项规定过渡条款：

a. 供应特别危险的物质和制剂所需的相关知识要求；

b. 化学接触人的相关要求。

第一百一十条 b　与 2009 年 1 月 14 日修正案相关的过渡条款

一、

已废除。

二、

已废除。

三、制造商必须遵守第五十条 a 中与制剂暴露情境相关的要求：

a. 已废除；

b. 2013 年 6 月 1 日之前向市场投放的年投放量达到 100 吨或 100 吨以上的物质；

c. 2018 年 6 月 1 日之前向市场投放的年投放量达到 10 吨或 10 吨以上的物质。

第一百一十条 c　与 2010 年 11 月 10 日修正案相关的过渡条款

一、2012 年 12 月 1 日之前根据第三十五至第五十条进行包装和贴标签的物质可以：

a. 在 2013 年 11 月 30 日之前由制造商向市场投放；

b. 在 2014 年 11 月 30 日之前提供给最后用户。

二、2015 年 6 月 1 日之前依据第三十五至第五十条进行包装和贴标签的制剂可以：

a. 在 2016 年 5 月 11 日之前由制造商向市场投放；

b. 在 2017 年 5 月 31 日之前提供给最后用户。

三、已废除。

第一百一十条 d　与 2012 年 11 月 7 日修正案相关的过渡条款

一、由于 2012 年 11 月 7 日修正案对包装和标签进行了修改，已经根据欧盟物质和混合物的分类、标签和包装法规（该法规根据 EC790/2009 指令进行了最后修订）进行包装和贴标签的物质可以：

a. 在 2013 年 11 月 30 日之前由制造商向市场投放；

b. 在 2014 年 11 月 30 日之前提供给最后用户。

二、在 2015 年 5 月 31 日之前，第十条第二款中所指的制剂可以依据欧盟物质和混合物的分类、标签和包装法规（如第一款中所明确的）进行分类。

三、已经依据欧盟物质和混合物的分类、标签和包装法规（如第一款中所明确的）进行包装和贴标签的制剂可以：

a. 在 2016 年 5 月 31 日之前由制造商向市场投放；

b. 在 2017 年 5 月 31 日之前提供给最后用户。

四、在 2015 年 5 月 31 日之前，可以根据 EC1999/45 指令提交关于使用替代化学名的请求（根据第四十四条）。

五、如果某份安全数据表已经根据现有法律对物质和制剂进行了汇编，制造商必须在 2014 年 11 月 30 日之前履行第五十三条第一款中规定的义务。

六、对于 2012 年 12 月 1 日之前向市场投放的、不受注册要求约束的制剂，制造商必须在 2013 年 11 月 30 日之前履行第六十一条中规定的义务。

七、于 2012 年 11 月 30 日之前向市场投放，但由于下列某项标签规定而被禁止进行自助式销售的物质和制剂（第七十八条第一款进行了详细规定），可以在 2013 年 11 月 30 日之前继续进行自助式销售；

a. 附件六第 1.2 款字母 f 点中规定的 EUH029 和 EUH031；

b. 附件六第 2.2 款字母 f 点中规定的 R29、R31 和 R32。

第二章　生效

第一百一十一条

本条例于 2005 年 8 月 1 日生效。

附件一

（第三十九条、第四十条、第四十六条、第四十七条第二款、第一百条第二款字母 c）

标签准备工作

1. 危险

1.1　危险符号和危险标志

1.1.1　危险制剂的标签必须使用下列危险符号和危险标志。

E 爆炸物	O 氧化物	F+ 极易燃物
F 高度易燃物	N 危害环境	T+ 剧毒
T 有毒物	Xn 有害物	C 腐蚀性物品
Xi 刺激性物质		

1.1.2 符号必须使用黑色并以橙黄色作为背景

1.2 危险符号和危险标志的分配

1.2.1 危险制剂必须根据其分类使用合适的危险符号和危险标志作为

标签。

1.2.2 如果制造商为某个制剂进行分类需要不止一个危险符号，那么适用下列规定：

a. 如果危险符号 T^+ 或 T 是标签所必需的，那么符号 Xn，Xi 和 C 是可选的；

b. 如果危险符号 C 是标签所必需的，那么符号 Xn 和 Xi 是可选的；

c. 如果危险符号 E 是标签所必需的，那么符号 F，F^+ 和 O 是可选的；

d. 如果危险符号 Xn 是标签所必需的，那么符号 Xi 是可选的。

2. 特殊风险

2.1 危险惯用语

R 1 干燥时易爆炸

R 2 遇冲击、摩擦、明火或其他火源时易爆炸

R 3 遇冲击、摩擦、明火或其他火源时极易爆炸

R 4 生成极敏感的爆炸性金属化合物

R 5 受热可能引起爆炸

R 6 与空气或未与空气接触发生爆炸

R 7 可能引起火灾

R 8 与可燃物接触可引起燃烧

R 9 与可燃物料混合时发生爆炸

R 10 易燃的

R 11 高度易燃的

R 12 极易燃的

R 14 遇水即产生强烈反应

R 15 与水接触释放出极易燃气体

R 16 与氧化物质混合时发生爆炸

R 17 在空气中可自燃

R 18 在使用过程中，可能会形成易燃易爆的蒸汽－空气混合物

R 19 会形成爆炸性的过氧化物

R 20 吸入有害

R 21 与皮肤接触是有害的

R 22 吞食有害

R 23 吸入有毒

R 24 与皮肤接触有毒

R 25 吞食有毒

R 26 吸入有极高毒性

R 27 与皮肤接触剧毒

R 28 吞食有极高毒性

R 29 与水接触释放出有毒气体

R 30 使用中高度易燃

R 31 与酸接触释放出有毒气体

R 32 与酸接触释放出剧毒气体

R 33 累积效应的危险

R 34 引起烧伤

R 35 引起严重烧伤

R 36 刺激眼睛

R 37 刺激呼吸系统

R 38 刺激皮肤

R 39 有极严重的不可逆的危险

R 40 有限证据表明具有致癌作用

R 41 对眼睛有严重损害的风险

R 42 吸入可能导致过敏

R 43 接触可能会引起皮肤过敏

R 44 密闭加热有爆炸风险

R 45 可能导致癌症

R 46 可能导致遗传损伤

R 48 长期接触有严重损害健康的危险

R 49 吸入可引起癌症

R 50 对水生生物有极高毒性

R 51 对水生生物有毒性

R 52 对水生生物有害

R 53 可能在水生环境中造成长期的不良影响

R 54 对植物有毒

R 55 对动物有毒

R 56 对土壤生物有毒

R 57 对蜜蜂有毒

R 58 可能在环境中造成长期的不良影响

R 59 对臭氧层造成危险

R 60 可能损害生育能力

R 61 可能对未出生的孩子造成伤害

R 62 有对生育能力造成损害的风险

R 63 有对未出生的孩子造成伤害的风险

R 64 可能对哺乳婴儿造成危害

R 65 有害的吞食可能造成肺部损伤

R 66 反复接触可能会引起皮肤干燥或开裂

R 67 蒸汽可能引起困倦和眩晕

R 68 造成不可逆影响的风险

2.2　复合型危险惯用语

R 14/15 与水发生剧烈反应，释放出极易燃气体

R 15/29 与水接触释放出有毒的，极易燃气体

R 20/21 吸入及与皮肤接触有害

R 20/22 吸入及吞食有害

R 20/21/22 吸入、与皮肤接触及吞食有害

R 21/22 与皮肤接触及吞食有害

R 23/24 吸入及与皮肤接触有毒

R 23/25 吸入及吞食有毒

R 23/24/25 吸入、与皮肤接触及吞食有毒

R 24/25 与皮肤接触及吞食有毒

R 26/27 吸入及与皮肤接触有极高毒性

R 26/28 吸入及吞食有极高毒性

R 26/27/28 吸入、与皮肤接触和吞食有极高毒性

R 27/28 与皮肤接触和吞食有极高毒性

R 36/37 刺激眼睛和呼吸系统

R 36/38 刺激眼睛和皮肤

R 36/37/38 刺激眼睛、呼吸系统和皮肤

R 37/38 刺激呼吸系统和皮肤

R 39/23 有毒的：经吸入产生十分严重的不可逆的危险

R 39/24 有毒的：与皮肤接触有极严重不可逆作用危险

R 39/25 毒性、有毒的：吞食有极严重不可逆作用危险

R 39/23/24 有毒的：经吸入和与皮肤接触有极严重不可逆反应的危险

R 39/23/25 有毒的：经吸入和吞食有极严重不可逆反应的危险

R 39/24/25 有毒的：与皮肤接触和非常严重的不可逆作用危险吞食

R 39/23/24/25 有毒的：经吸入、与皮肤接触和吞食产生极严重的不可逆的危险

R 39/26 极高毒性：吸入产生极严重的不可逆的危险

R 39/27 极高毒性：与皮肤接触产生极严重的不可逆的危险

R 39/28 极高毒性：吞食产生极严重的不可逆的危险

R 39/26/27 极高毒性：经吸入、与皮肤接触产生极严重的不可逆的危险

R 39/26/28 极高毒性：经吸入和吞食产生极严重的不可逆的危险

R 39/27/28 极高毒性：与皮肤接触和吞食产生极严重的不可逆的危险

R 39/26/27/28 极高毒性：经吸入、与皮肤接触和吞食产生极严重的不可逆的危险

R 42/43 吸入和与皮肤接触可能产生过敏

R 48/20 有害的：经吸入长期接触有严重损害健康的危险

R 48/21 有害的：与皮肤长期接触有严重损害健康的危险

R 48/22 有害的：经吞食长期接触有严重损害健康的危险

R 48/20/21 有害的：经吸入、与皮肤长期接触有严重损害健康的危险

R 48/20/22 有害的：经吸入、吞食有严重损害健康的危险

R 48/21/22 有害的：与皮肤长期接触和吞食有严重损害健康的危险

R 48/20/21/22 有害的：经吸入、与皮肤长期接触和吞食有严重损害健康的危险

R 48/23 有毒的：经吸入长期接触有严重损害健康的危险

R 48/24 有毒的：与皮肤长期接触有严重损害健康的危险

R 48/25 有毒的：经吞食长期接触有严重损害健康的危险

R 48/23/24 有毒的：经吸入、与皮肤长期接触有严重损害健康的危险

R 48/23/25 有毒的：经吸入、吞食而长期接触有严重损害健康的危险

R 48/24/25 有毒的：与皮肤长期接触、吞食有严重损害健康的危险

R 48/23/24/25 经吸入、与皮肤长期接触和吞食有严重损害健康的危险

R 50/53 对水生生物有极高毒性，可能在水生环境中造成长期的不良影响

R 51/53 对水生生物有毒性，可能在水生环境中造成长期的不良影响

R 52/53 对水生生物有害，可能在水生环境中造成长期的不良影响

R 68/20 有害的：经吸入可能有不可逆作用的风险

R 68/21 有害的：与皮肤接触可能有不可逆作用的风险

R 68/22 有害的：吞食可能有不可逆作用的风险

R 68/20/21 有害的：经吸入和与皮肤接触产生不可逆作用的风险

R 68/20/22 有害的：经吸入和吞食产生不可逆作用的风险

R 68/21/22 有害的：与皮肤接触和吞食产生不可逆作用的风险

R 68/20/21/22 有害的：经吸入和与皮肤接触产生不可逆作用的风险

2.3 危险惯用语的分配

2.3.1 危险制剂必须根据其分类，在其标签上使用合适的危险惯用语。

2.3.2 作为一般规则，不允许使用超过 6 个的危险惯用语。然而，一类制剂的任何一种危险属性都必须使用至少一个危险惯用语进行明确，以表明其主要危险。复合危险惯用语被视为单个危险惯用语。

2.4 危险惯用语的选择

2.4.1 危险惯用语必须根据下列标准和优先事项进行分配：

a. 对健康的危险：

①危险惯用语与符号所展现的危险类别一致。在某些情况下，危险惯用语必须根据 EC1999/45 指令附件二中 B 部分的内容进行使用。更具体地说，制剂成分的危险惯用语（该成分对于将制剂归为危险类别至关重要）必须在标签上写明；

②危险惯用语与其他危险类别一致，该危险类别是由其成分决定的，

但是并未由符号进行表示。

b. 由物化性质所产生的危险：

①危险惯用语与符号所表现的危险类别一致。更具体地说，制剂成分的危险惯用语（该成分对于将制剂归为危险类别至关重要）必须在标签上写明；

②危险惯用语与其他危险类别一致，该危险类别是由其成分决定的，但是并未由符号进行展示；

③如果符号已经对危险进行了表示，那么无须再使用危险惯用语 R11 和 R12 进行重复。

c. 对环境的危害：

①危险惯用语与"对环境的危害"类别一致；

②如果除了复合型危险惯用语 R51/53 或 R52/53 或危险惯用语 R53，R50 已经被分配，那么必须使用复合型危险惯用语 R50/53。

2.5 豁免

2.5.1 已经包装好并且在市场上进行销售的某类制剂无须使用合适的危险惯用语来明示，前提是该类制剂只包含不超过 125 毫升的下列物质。

a. 被归为高度易燃、具有氧化性或刺激性一类，没有使用危险惯用语"有严重损害眼睛的危险"，或者

b. 被归为对环境有害一类并且使用了符号 N。

2.5.2 当标签中含有符号 F 或 F^+，不必注明危险惯用语 R11 或 R12。

3. 安全建议

3.1 安全术语

S1 保持紧锁

S2 避免儿童接触

S3 保存在阴凉处

S4 远离生活区

S5 将该物质保持在……（由制造商指定合适的液体）

S6 将该物质保持在……（由制造商指定合适的惰性气体）

S7 保持容器紧闭

S8 保持容器干燥

S9 放置于通风良好的地方

S 12 不要将容器密封

S 13 远离食品，饮料和动物饲料

S 14 远离……（由制造商指定不相容的材料）

S 15 远离热源

S 16 远离火源，禁止吸烟

S 17 远离可燃材料

S 18 小心处理及开启容器

S 20 使用时不得进食或饮水

S 21 使用过程中禁止吸烟

S 22 切勿吸入粉尘

S 23 切勿吸入气体/烟雾/蒸汽/喷雾（由制造商指定适当的措词）

S 24 避免接触皮肤

S 25 避免接触眼睛

S 26 如接触眼睛，立即用大量水冲洗并征求医生意见

S 27 立即脱掉所有被污染衣物

S 28 与皮肤接触后，立即用大量……（由制造商指定）

S 29 切勿倒入下水道

S 30 切勿将水加入本品

S 33 采取措施预防产生静电

S 35 该物质及其容器必须以安全的方式进行处置

S 36 穿戴适当的防护服

S 37 戴合适的手套

S 38 通风不良时，佩戴合适的呼吸设备

S 39 佩戴护眼罩和护面罩

S 40 清洁该物质污染的地面和所有物体，使用……（由制造商指定）

S 41 发生火灾或爆炸时，切勿吸入烟雾

S 42 在蒸熏/喷涂过程中佩戴合适的呼吸设备（由制造商指定合适的措辞）

S 43 在发生火灾时使用……（由制造商指定消防设备的类型。如果用水会增加风险，补充："禁止用水"）

S 45 若发生事故或感到不适，立即寻求医疗建议（可能时出示标签）

S 46 如果吞食，立即求医并显示该容器或标签。

S 47 保持温度不超过……摄氏度（由制造商指定）

S 48 保持潮湿与……（由制造商指定合适的材料）

S 49 仅保存在原始容器中

S 50 不可与…混合（由制造商指定）

S 51 只在通风良好的地方使用

S 52 不宜在表面积大的区域内部使用

S 53 避免接触，使用前获得特别指示

S 56 在危险或特殊废物收集点处理该类物质

S 57 使用适当容器避免环境污染

S 59 指制造商/供应商的回收/回收信息

S 60 该物质及其容器必须作为危险废物处置

S 61 避免释放到环境中。指的是特殊的指示/安全数据表

S 62 如果吞食，不要诱导呕吐：立即求医并显示该容器或标签

S 63 在由于吸入导致事故发生的情况下：将伤者移至空气新鲜处并保持静止

S 64 如果误吞，用清水漱口（只有当人清醒时适用）

3.2 复合安全术语

S 1/2 锁上，远离儿童

S 3/7 保持容器密闭并贮存于避光、阴凉干燥处

S 3/9/14 保存在阴凉，通风良好的地方，远离……（由制造商指定不相容材料）

S 3/9/14/49 仅保存在原始容器中并保存在阴凉，通风良好的地方，远离……（由制造商指定不相容的材料）

S 3/9/49 仅保存在原始容器中并保存在阴凉，通风良好的地方

S 3/14 保持在阴凉的地方，远离……（由制造商表示指定不相容的材料）

S 7/8 保持容器密闭和干燥

S 7/9 保持容器密闭并保存在通风良好的地方

S 7/47 保持容器密闭，温度不超过……摄氏度（具体由制造商明确）

S 20/21 使用时，不得进食、饮水和抽烟

S 24/25 避免与皮肤和眼睛接触

S 27/28 与皮肤接触后，立即脱掉所有被污染的衣物并用大量……进行清洗（具体由制造商指定）

S 29/35 切勿倒入下水道；废物和容器必须通过安全的方式进行处理

S 29/56 切勿倒入下水道；在危险或特殊废物收集点处置该物质

S 36/37 穿戴适当的防护服和手套

S 36/37/39 穿戴合适的防护服，手套和防护眼罩/面罩

S 36/39 穿戴合适的防护服和防护眼罩/面罩

S 37/39 穿戴合适的防护服，手套和防护眼罩/面罩

S 47/49 仅保存在原始容器中，温度不超过……摄氏度（具体由制造商确定）

3.3 安全术语的分配

3.3.1 危险制剂必须根据其分类，在标签上使用合适的安全术语。安全术语的分配以 EEC/548/67 指令附件六中第六款为依据。

3.3.2 作为一般规则，不允许使用超过 6 个的安全术语。复合型安全术语被认为是单个术语。

3.3.3 必须使用与制剂处理相关的安全术语，除非该制剂或其容器的处理绝对不会对人类健康或环境造成危害。

3.3.4 对于已经向公众出售的危险制剂，适用下列规定：

a. 所有毒性强的、有毒的和腐蚀性的制剂都必须使用安全术语 S1、S2 和 S45。

b. 字母 a 中危险制剂之外的所有危险制剂都必须使用安全术语 S2，那些仅被归类为对环境有害的除外。

c. 字母 b 中的所有危险制剂都必须使用安全术语 S46，除非该制剂不会造成任何由吞食引起的危险，特别是儿童。

3.3.5 安全术语的选择必须考虑使用意图以及可预见的使用情况。

3.3.6 安全术语的选择必须避免任何冗余或模糊。

3.3.7 如果由于技术原因，安全术语不能出现在商标或包装上，可以以书面信息的形式单独提供该类信息。

3.4 豁免

3.4.1 已经包装好并且在市场上进行销售的某类制剂无须使用合适的安全术语来明示，前提是该类制剂只包含不超过 125 毫升的下列物质：

a. 被归为高度易燃、具有氧化性或刺激性一类，没有危险惯用语"有严重损害眼睛的危险"，或者

b. 被归为对环境有害的一类。

4. 制剂中有害物质的申报

4.1 作为一般规则，无须指明超过四种的危险物质，该危险物质是某类制剂危险属性的主要原因。

4.2 在所有情况下，如果某制剂由于某种危险物质而被归为下列类型，那么有必要对该物质进行明确：

a. 致癌；

b. 致突变；

c. 生殖毒性；

d. 毒性很强，有毒或有害的，一次的接触不会致命；

e. 有毒或有害的，重复或长时间的接触会造成严重影响；

f. 敏感性。

4.3 在不对第二款造成影响的情况下，如果某制剂由于某种危险物质而被归为下列类型，那么有必要对该物质进行明确：

a. 炸药；

b. 氧化；

c. 极易燃的；

d. 高度易燃的；

e. 易燃；

f. 刺激；

g. 危险环境。

4.4 对于危险符号 T^+，T 或 Xn 所表示的制剂，只用考虑那些使用符号 T^+，T 或 Xn 的物质。根据第三款的规定，这些物质的浓度等于或超过了下列最低限度：

a. 官方分类中确立了 Xn 限度；

b. 如果 a 段中没有确立任何限度：Xn 限度以欧洲议会 EC1999/45 指

令中附件 2 的 B 部分和 1999 年 5 月 31 日理事会成员国有关危险制剂分类、包装和标签（EC1999/45 指令）的法律法规及行政规章中规定的限制值为依据。

4.5　对于使用危险符号 C 的制剂，只用考虑使用符号 C 的物质，根据第三款的规定，其浓度等于或超过下列最低限制值（Xi 限制）：

a. 官方分类中确立了限度值；

b. 根据 EC1999/45 指令附件 2 中 B 部分确立了 Xi 限制值。

5. 具有特殊风险制剂的相关规定

5.1　α–氰基丙烯酸酯胶粘剂

5.1.1　氰基丙烯酸酯胶粘剂必须标记如下："氰基丙烯酸酯。危险。在几秒钟内黏合皮肤和眼睛。避免儿童接触"。

5.1.2　包装上必须附有安全须知。

5.2　含有异氰酸酯的制剂

含有异氰酸酯的制剂（如单体，低聚物，预聚物等，或它们的混合物）必须被标记如下："含有异氰酸酯。请参阅制造商提供的信息"。

5.3　含有环氧基树脂且平均分子量≤700 的制剂

含环氧基树脂且平均分子量≤700 的制剂必须标示如下："含有环氧基树脂成分。请参阅制造商提供的信息"。

5.4　含有活性氯的制剂

向公众出售的、活性氯成分超过 1% 的制剂必须标示如下："警告！不要与其他产品一起使用。可能释放出有害气体（氯气）"。

5.5　含有镉（合金）和拟用于硬钎焊或焊接的制剂

含有镉（合金）和拟用于硬钎焊或焊接的制剂必须标示如下："警告！含有镉。使用过程中形成危险的烟雾。请参阅制造商提供的信息。遵守安全指示"。

5.6　作为气雾剂的制剂

5.6.1　1992 年 10 月 9 日食品法中未作规定的喷雾器受本条例和 EEC324/75 指令附件中介绍性条款的第 2、2.2 和 2.3、第一款 a 中第一、第二、第八条的约束。

5.6.2　在本条例第三条未将喷雾器视为危险品的情况下，必须标明制造商的名称和地址。如果喷雾剂是从欧洲经济区成员国进口的，可以用该喷雾器在欧洲经济区销售的负责人的名字代替制造商的名字，具体在EC1999/45指令第十条2.2中进行了规定。

5.7 制剂不属于致敏类但含有至少一种致敏类的物质

如果某类制剂不属于致敏类但含有至少一种致敏类物质，且其所呈现的浓度等于或大于0.1%或者其浓度等于或大于官方分类（第九条）中规定的物质的具体浓度值，那么该制剂必须标示如下："包含（致敏物质名称）。可能会产生过敏反应"。

5.8 含有卤代烃液体制剂

无闪点或在高于55℃的情况下出现闪点，含有卤代烃和不超过5%的易燃或高度易燃物质的制剂必须标示如下（视情况而定）："使用时可能成为易燃物"或"使用时可能成为高度易燃物"。

5.9 制剂不属于危险品，但含有至少一种危险物质且不是出售给一般公众

不属于危险品，但含有至少一种危险物质且不是出售给一般公众的制剂必须标示如下："可应专业用户要求提供安全数据表"。

5.10 含有安全术语R67所指定物质的制剂

5.10.1 含有安全术语R67所指定物质，且总浓度等于或大于15%的制剂必须在标签上使用安全术语R67。

5.10.2 第一款中具体规定的标签事项可以免除，如果：

a. 该制剂由安全术语R20、R23、R26、R68/20、R23/39或R26/39指定；或者

b. 包装不超过125毫升。

5.11 向一般公众销售的危险制剂

5.11.1 向一般公众销售的危险制剂必须按照3.3在标签上使用安全术语。

5.11.2 如果由于物理原因而不能在包装上进行说明，则类别为有毒（T）或腐蚀性（C）的制剂必须附上准确易懂的使用说明，如果可以，还包括打开包装的说明。说明书必须至少使用两种官方语言。

5.12 用于喷雾的危险制剂

用于喷雾的危险制剂必须在标签上使用安全术语S23，并附上安全术语S38或S51。

5.13 含有安全术语 R33 所指示物质的制剂

当某制剂含有安全术语 R33 指示的物质且该物质浓度等于或大于 1%，该制剂的标签必须使用安全术语 R33，除非官方分类中规定了不同的浓度限值（第九条）。

5.14 含有安全术语 R64 所指示物质的制剂

当某制剂含有安全术语 R64 指示的物质且该物质浓度等于或大于 1%，该制剂的标签必须使用安全术语 R64，除非官方分类中规定了不同的浓度限值（第九条）。

6. 标签

6.1 必须保证包装上的标签在商品正常放置的情况下能够水平阅读其信息。

6.2 标签的尺寸必须符合如下：

包装的容量	尺寸（毫米）
不超过 3 升	如果可能，至少 52×74
大于 3 升但不超过 50 公升	至少 74×105
大于 50 升但不超过 500 升	至少 105×148
大于 500 升	至少 148×210

6.3 标签上必须且只能包含本条例规定的关于标签的信息，以及其他任何与卫生和安全相关的信息。

6.4 每个符号必须覆盖标签表面十分之一的面积且不得少于 1 平方厘米。

6.5 如果每个包装上都注明了第三十九至第四十六条具体规定的信息，那么无须使用标签。

6.6 必须保证标签的颜色和外观或者包装的颜色和外观（第五款中的情形）能够与危险符号及其背景明显区分。

6.7 如果是移动煤气罐，只要其符合 EEC548/67 指令附件六中相关规定，那么视为其已经符合了关于标签的相关要求。

7. 可选标签

7.1 环境危害指示

序 号	图 形	解 释
7.1.1	对蜜蜂有毒	不要在开花之前或开花期间喷洒。 不要用来治疗受蚜虫影响的植物。 当附近有开花的植物或散布着开花的野草时，请小心使用。 不要在风中使用。
7.1.2	危险的地下水	禁止在饮用水井所在的地下水保护区 S（S1、S2 和 S3）使用。 不要在休耕或暂时休耕地传播。 不要在岩溶地区，或在多孔的土壤使用。 不要在铁路上使用。 禁止在饮用水井所在的地下水保护区 S（S1、S2 和 S3）进行存储。
7.2.1	生活垃圾	可与生活垃圾一起处置。
7.2.2	危险废物	作为危险废物拿到……（公司）。 作为危险废物返还给销售点。 作为为危险废物返还给有毒废物收集点。 作为危险废物拿到废油收集点。 注：该标签必须清楚注明处置方法。
7.2.3	不要通过水渠处置	不要倒入水槽或厕所，应与生活垃圾一起处置。 不要倒入水槽或厕所，应返还给销售点或废物回收点。 注：该标签必须清楚注明处置方法。

附件二

（第五十三条）

附件三

（第十六条 a、第十七条第二款、第十八条第二款字母 b 和第六十条第一款）

技术档案

一般规定

一、技术档案中的信息可以按照欧洲化学品管理局批准的形式进行提交。在这种情况下，某些表达方式可能与本附件中使用的不一致。

二、第六至九点中所需的信息取决于具有决定作用的物质的数量（根据第十六条 a 确定）。

1. 通知人的一般信息

1.1 必须提供通知人的信息，具体包括：

a. 姓名，地址，电话号码和电子邮件地址；

b. 联络人；

c. 如果合适，通知人生产基地的位置。

1.2 此外，如果该通知人是唯一代表，需要提供以下信息：

a. 外国制造商的名称和地址；

b. 生产基地位置；

c. 外国制造商的授权，声明任命该通知人作为其唯一代表；

d. 进口商的名称和地址；

e. 每个进口商每年预计进口的物质数量。

2. 物质的鉴定

必须提供物质的下列信息：

a. 化学品的注册、评估、授权和限制法附件六第二款中具体规定的数据；

b. 如果是纳米材料：组成数据，如果可行，表明涂层数据和表面功能化数据。

3. 制造和使用信息

必须提供下列信息：

a. 预计接到通知的当年通知人将向市场投放的总体数量；

b. 通知人自己使用的数量；

c. 可以提供的物质的形式或状态；

d. 对确定用途的简短描述；

e. 物质制造商产生的废物数量及废物组成的信息，使用对象和确定用途的信息；

f. 使用建议（安全信息表第 1.2 节）。

4. 分类和标签

必须明确下列事项：

a. 根据本条例第八条第一款（按照欧盟物质和混合物的分类、标签和包装法规所规定的所有危险等级和类别）对物质进行分类；如果没有被划分为危险等级或者与危险等级没有区别，需要提供相关理由；

b. 根据第三十四条 b 为物质贴标签；

c. 适用欧盟物质和混合物的分类、标签和包装法第十条得出的任何具体浓度限制。

5. 安全使用指南

必须对与安全数据表（该安全数据表以第五十二条为依据）一致的下列信息进行陈述：

a. 急救措施（安全数据表，第四点）；

b. 消防措施（安全数据表，第五点）；

c. 意外释放措施（安全数据表，第六点）；

d. 处理和储存（安全数据表，第七点）；

e. 运输信息（安全数据表，第十四点）；

f. 暴露控制/个人防护（安全数据表，第八点）；

g. 稳定性和反应性（安全数据表，第十点）；

h. 处理意见。关于回收和处理方法的信息以及向公众公布的信息（安全数据表，第十三点）。

6. 信息披露（每年 1~10 吨）

根据第十六条 a 规定被认为是具有决定性数量的物质（每年 1~10 吨），必须对下列信息进行披露：

a. 主要用途类别：

①工业用途；

②专业用途；

③消费者使用；

b. 规范工业和专业用途：

①在封闭系统中使用；

②使用导致纳入或基质上；

③非分散使用；

④分散使用；

c. 披露的重要途径：

①人体暴露：口服，皮肤；

②环境暴露：水，空气，固体废物和土壤；

③曝光模式：意外/频繁，偶尔或连续/频繁；

7. 理化性质信息

必须提供下列信息：

a. 具有决定性数量（根据第十六条 a 为每年 1 吨或 1 吨以上的）：

①与化学品的注册、评估、授权和限制法附件七中第七款具体规定的信息相关的令人信服的研究总结报告；

②如果是纳米材料：粒子形状和平均粒径，如果可以，个数基粒径分布，比表面积和聚合状态；

b. 具有决定性数量（根据第十六条 a 为每年 100 吨或 100 吨以上的）：除了字母 a 所要求的信息，还要提供与化学品注册、评估、授权和限制法附件九中第七款具体规定的信息相关的令人信服的研究总结报告。

8. 毒理学信息

必须提供与下列信息相关的令人信服的研究总结报告：

a. 对于数量为每年 1 吨或 1 吨以上的：化学品注册、评估、授权和限制法附件七中第八款具体规定的信息；

b. 对于数量为每年 10 吨以上的：除了字母 a 要求的信息，还需提供化学品注册、评估、授权和限制法附件八中第八款具体规定的信息；

c. 对于数量为每年 100 吨或 100 吨以上的：除了字母 a 和字母 b 要求的信息，还需提供化学品注册、评估、授权和限制法附件九中第八款具体规定的信息；

d. 对于数量为每年 1000 吨或 1000 吨以上的：除了字母 a 至字母 c 要求的信息，还需提供化学品注册、评估、授权和限制法附件十中第八款具体规定的信息。

9. 外毒素的生态信息

必须提供与下列信息相关的令人信服的研究总结报告：

a. 对于数量为每年 1 吨或 1 吨以上的：化学品注册、评估、授权和限制法附件七中第九款具体规定的信息；

b. 对于数量为每年 10 吨或 10 吨以上的：除了字母 a 要求的信息，还需提供化学品注册、评估、授权和限制法附件八中第九款具体规定的信息；

c. 对于数量为每年 100 吨或 100 吨以上的：除了字母 a 和字母 b 要求的信息，还需提供化学品注册、评估、授权和限制法附件九中第九款具体规定的信息；

d. 对于数量为每年 1000 吨或 1000 吨以上的：除了字母 a 至字母 c 要求的信息，还需提供化学品注册、评估、授权和限制法附件十中第九款具体规定的信息。

10. 某些测试的省略

根据化学品注册、评估、授权和限制法附件十一中对标准的具体规定，第七至九点中的某些测试可以省略，如果：

a. 从科学上来说没有测试的必要；

b. 测试在技术上是不可能的；

c. 暴露评估使某些测试有可能被免除。

附件四

已废除。

附件五

（第二条第四款）

公式、立法和个别条文之间的对应关系

为了正确理解欧盟化学品注册、评估、授权和限制法规、欧盟物质和混合物的分类、标签和包装法规，本条例中也有所涉及，公式、立法和个别条文之间的对应关系如下：

1. 等效表达式

欧盟使用的条款	瑞士使用的条款
制造商、供应商、进口商、下游用户	第二条第一款字母 c 对制造商进行了定义
投放市场	化学法第四条第一款字母 i 对其进行了定义
混合物	制剂
物品	物质
中间物	第二条第二款字母 d 界定的中间物

续表

欧盟使用的条款	瑞士使用的条款
需要化学安全报告	如果暴露情境必须与安全数据表相连
官方咨询机构	瑞士毒理学信息中心（第九十一条）

2. 相当于欧盟立法规定，瑞士引用 REACH 法规和 CLP 法规和个别欧盟规定

欧盟立法和个别条文	瑞士法律和个别条文
指令 EEC609/86	2005 年 12 月 16 日的动物保护法
指令 EC8/98	2005 年 5 月 18 日的生物农药产品条例
指令 EEC414/91	2010 年 5 月 12 日的植物保护产品条例
关于危险货物运输规定	关于邮寄运输、铁路运输、公路运输、空运、水运和管道运输的法规
指令 EC320/95	1983 年 12 月 19 日事故预防条例第五十条第三款
指令 EC24/98	工人保护立法
指令 EC2004/37	工人保护立法
国家职业暴露限值	国家工伤保险机构出版的职业暴露限值名单
指令 EEC/668/89	2010 年 5 月 19 日的产品安全条例
指令 EC/98/2008	1990 年 12 月 10 日关于废物技术条例和 2005 年 6 月 22 日废物转移技术条例
法规（EC）第 2037/2000 号	减少化学品风险条例附件 1.4
法规（EC）第 850/2004 号	减少化学品风险条例附件 1.1，1.9 和 1.16
法规（EC）第 689/2008 号	2004 年 11 月 10 日事前知情同意条例
指令 EC/82/96	1991 年 2 月 27 日关于防止重大事故条例
化学品注册、评估、许可和限制条例第十三条	第三十四条第二点
化学品注册、评估、许可和限制条例第三十一条	第五十三条
化学品注册、评估、许可和限制条例第五十九条	附件七
欧盟物质和混合物的分类、标签和包装法规第二十四条	第四十三条

附件六

（第七十六条）

第1组和第2组中的物质和制剂

1. 依照 CLP 法规制定的物质和制剂标签

1.1　第1组

a 与结合	☠	（H300）[261]：吞咽致命 或 H310：与皮肤接触致命 或 H330：吸入致命，或上述危险说明的组合
b	💥	依据减少化学品风险条例附件1.10制定的物质和制剂标签
c 与结合	⚠	H340：可能导致遗传性缺陷 或 H350：可能（如吸入）会致癌 或 H360：可能损害生育能力或胎儿

1.2　第2组

a 与结合	☠	H301：吞咽有毒 或 H311：与皮肤接触有毒 或 H331：吸入有毒 或上述危险说明组合
b 与结合	⚠	H370：对器官造成损害 或 H372：长期或反复接触会对器官造成伤害
c 与结合	⚠	H314：造成严重皮肤灼伤和眼损伤

续表

	容量超过1公斤的容器标示如下：	
d	与结合	H410：对水生生物毒性极大并具有长期持续影响
e	与结合	H250：如果暴露在空气中会自燃 H260：遇水生成可能自燃的易燃气体 H261：遇水生成易燃气体
f		EUH006：与空气或未与空气接触均有爆炸性 EUH019：可能产生爆炸性过氧化物 EUH029：与水接触释放出有毒气体 EUH031：与酸接触释放出有毒气体 EUH032：与酸接触释放剧毒气体

2. 未依照CLP法规使用的物质和制剂标签

2.1 第1组

a	与结合	R28：吞咽毒性极高 R27：与皮肤接触毒性极高 R26：吸入毒性极高 上述安全术语的组合
b		
	按照附件1.10 ORRChem使用的物质和制剂标签如下：	
c	与结合	R46：可能造成遗传性伤害 R45：可能致癌 R49：吸入可能致癌 R60：可能损害生育能力 R61：可能伤害未出生的孩子

2.2 第2组

a	[骷髅图标] 与结合	R25：吞咽有毒 R24：与皮肤接触有毒 R23：吸入有毒 上述安全术语的组合
b	[骷髅图标] 与结合	R39：产生严重的，不可逆影响的危险 R48：长期接触而严重损害健康的危险
c	[腐蚀图标] 与结合	R35：导致严重灼伤 R34：导致灼伤
	容量超过1公斤的容器标示如下内容：	
d	[环境危害图标] 与结合	R50/53：对水生生物有极高毒性，可能对水生环境造成长期的不良影响
e	[火焰图标] 与结合	R17：在空气中自燃 R15：遇水释放极度易燃的气体
f		R6：与空气或未与空气接触均具爆炸性 R19：可能生成爆炸性过氧化物 R29：与水接触释放出有毒气体 R31：与酸接触释放出有毒气体 R32：与酸接触释放剧毒气体

附件七

（第八十三条 b 第一款和第九十七条 a）

高关注物质列表（候选列表）

该列表最后修订日期为 2012 年 8 月 2 日，包含了 84 种物质。

物质名称	物质的附加信息	EC号	CAS号	原因
1,2,3——三氯丙烷		202-486-1	96-18-4	致癌物质并具有生殖毒性
邻苯二甲酸二C6-8支链烷基酯		276-158-1	71888-89-6	具有生殖毒性
邻苯二酸-二（C7,C9,C11）烷基酯		271-084-6	68515-42-4	具有生殖毒性
三甘醇二甲醚		203-977-3	112-49-2	具有生殖毒性
1,2-二氯乙烷		203-458-1	107-06-2	具有致癌性
乙二醇二甲醚		203-794-9	110-71-4	具有生殖毒性
异氰尿酸三缩水甘油酯		219-514-3	2451-62-9	具有诱变性
异氰尿酸B-三缩水甘油酯		423-400-0	59653-74-6	具有诱变性
甲基		212-828-1	872-50-4	具有生殖毒性
二邻氯二苯胺甲烷		202-918-9	101-14-4	具有诱变性
2,4-二硝基甲苯		204-450-0	121-14-2	具有诱变性
乙二醇单乙醚		203-804-1	110-80-5	具有生殖毒性
乙酸乙氧乙酯		203-839-2	111-15-9	具有生殖毒性
邻氨基苯甲醚		201-963-1	90-04-0	具有诱变性
甲氧基乙醇		203-713-7	109-86-4	具有生殖毒性
4,4二氨基二苯基甲烷		202-974-4	101-77-9	具有诱变性
二［（二甲氨基）苯基］-4-甲氨基苯甲醇	含有0.1%的米氏酮或米氏碱	209-218-2	561-41-1	具有诱变性
4,4′-四甲基二氨二苯酮		202-027-5	290-94-8	具有诱变性
对特辛基苯酚		205-426-2	140-66-9	可能对环境造成严重影响
结晶紫	含有0.1%的米氏酮或米氏碱	208-953-6	548-62-9	具有诱变性
碱性蓝26	含有0.1%的米氏酮或米氏碱	19-943-6	2580-56-5	具有诱变性

续表

物质名称	物质的附加信息	EC号	CAS号	原因
从三氧化二铬及其低聚物产生的酸		231-801-5 236-881-5	7738-94-5 13530-68-2	具有致癌性
二甲苯麝香		201-329-4	81-15-2	强持久性、高生物累积性和有毒性物质
丙烯酰胺		201-173-7	79-06-1	具有致癌性和诱变性
短链氯化石蜡		287-476-5	85535-84-8	聚对苯二甲酸丁二酯和强持久性、高生物累积性和有毒性物质
硅酸铝耐火陶瓷纤维	2008年12月16日欧洲议会和委员会颁布的关于物质和混合物分类、标签及包装的（EC）法规附件6第三部分表格3.2中650-017-00-8号所指的纤维，并满足以下浓度范围：a. Al_2O_3 和 SiO_2 满足以下浓度范围：Al_2O_3：43.5-47% w/w，SiO_2：49.5-53.5% w/w，或者 Al_2O_3：45.5-50.5% w/w，and SiO_2：48.5-54% w/w，b. 纤维的长度加权几何平均直径小于两个标准几何误差或小于6微米	—	从索引号650-017-00-8中提取	具有致癌性
重铬酸铵		232-143-1	7789-09-5	具有致癌性、诱变性和生殖毒性
蒽		204-371-1	120-12-7	聚对苯二甲酸丁二酯

续表

物质名称	物质的附加信息	EC号	CAS号	原因
蒽油		292-602-7	90640-80-5	致癌性、聚对苯二甲酸丁二酯和强持久性、高生物累积性和有毒性物质
蒽油，蒽糊		292-603-2	90640-81-6	致癌性、诱变性、聚对苯二甲酸丁二酯和强持久性、高生物累积性和有毒性物质
蒽油，蒽糊，蒽馏分离液		295-275-9	91995-15-2	致癌性、诱变性、聚对苯二甲酸丁二酯和强持久性、高生物累积性和有毒性物质
蒽油，蒽糊，轻油		295-278-5	91995-17-4	致癌性、诱变性、聚对苯二甲酸丁二酯和强持久性、高生物累积性和有毒性物质
蒽油，低含蒽量		292-604-8	90640-82-7	致癌性、诱变性、聚对苯二甲酸丁二酯和强持久性、高生物累积性和有毒性物质
砷酸		231-901-9	7778-39-4	具有致癌性
邻苯二甲酸酯		201-622-7	85-68-7	具有生殖毒性
塑化剂		204-211-0	117-81-7	具有生殖毒性
二乙二醇二甲醚		03-924-4	111-96-6	具有生殖毒性
邻苯二甲酸二甲氧乙酯		204-212-6	117-82-8	具有生殖毒性
三丁基氧化锡		200-268-0	56-35-9	聚对苯二甲酸丁二酯
硼酸		233-139-2/ 234-343-4	10043-35-3/ 11113-50-1	具有生殖毒性

续表

物质名称	物质的附加信息	EC 号	CAS 号	原 因
砷酸钙		231-904-5	7778-44-1	具有致癌性
三氧化铬		215-607-8	1333-82-0	具有致癌性和诱变性
二氯化钴		231-589-4	7646-79-9	具有致癌性和生殖毒性
碳酸钴		208-169-4	513-79-1	具有致癌性和生殖毒性
醋酸钴		200-755-8	71-48-7	具有致癌性和生殖毒性
乙酸钴		233-402-1	10141-05-6	具有致癌性和生殖毒性
钴		233-334-2	10124-43-3	具有致癌性和生殖毒性
五氧化二砷		215-116-9	1303-28-2	具有致癌性
三氧化二砷		215-481-4	1327-53-3	具有致癌性
三氧化二硼		215-125-8	1303-86-2	具有生殖毒性
邻苯二甲酸二丁酯		201-557-4	84-74-2	具有生殖毒性
铬酸盐		246-356-2	24613-89-6	具有致癌性
邻苯二甲酸二异丁酯		201-553-2	84-69-5	具有生殖毒性
四硼酸钠，无水		215-540-4	1303-96-4/ 1330-43-4/ 12179-04-3	具有生殖毒性
甲醛与苯胺的低聚反应产物		500-036-1	25214-70-4	具有致癌性
甲酰胺		200-842-0	75-12-7	具有生殖毒性
六溴环十二烷及其非对映异构体		247-148-4 221-695-9	25637-99-4 3194-55-6 (134237-50-6) (134237-51-7) (134237-52-8)	聚对苯二甲酸丁二酯
肼		206-114-9	302-01-2/ 7803-57-8	具有致癌性

续表

物质名称	物质的附加信息	EC号	CAS号	原因
钼铬酸铅红		231-846-0	7758-97-6	具有致癌性和生殖毒性
钼铬酸铅红（CI颜料红104）		235-759-9	12656-85-8	具有致癌性和生殖毒性
迭氮化铅		236-542-1	13424-46-9	具有生殖毒性
苦味酸铅		229-335-2	6477-64-1	具有生殖毒性
酸式砷酸铅		232-064-2	7784-40-9	具有致癌性和生殖毒性
收敛酸铅		239-290-0	15245-44-0	具有生殖毒性
铬酸铅黄（CI颜料黄34）		215-693-7	1344-37-2	具有致癌性和生殖毒性
甲基磺酸铅		401-750-5	17570-76-2	具有生殖毒性
N,N,N',N'-四甲基-4,4'-二氨基二苯甲烷		202-959-2	101-61-1	具有致癌性
N,N-二乙酰胺		204-826-4	127-19-5	具有生殖毒性
锌黄		256-418-0	49663-84-5	具有致癌性
酚酞		201-004-7	77-09-8	具有致癌性
高温煤沥青		266-028-2	65996-93-2	致癌性、聚对苯二甲酸丁二酯和强持久性、高生物累积性和有毒性物质
铬酸钾		232-140-5	7789-00-6	具有致癌性和诱变性
重铬酸钾		231-906-6	7778-50-9	具有致癌性、诱变性和生殖毒性
氢氧化铬酸锌钾		234-329-8	11103-86-9	具有致癌性
铬酸钠		231-889-5	7775-11-3	具有致癌性、诱变性和生殖毒性
重铬酸钠		234-190-3	7789-12-0/10588-01-9	具有致癌性、诱变性和生殖毒性
铬酸锶		232-142-6	7789-06-2	具有致癌性

续表

物质名称	物质的附加信息	EC 号	CAS 号	原因
水合硼酸钠		235-541-3	12267-73-1	具有生殖毒性
三氯丙烷		201-167-4	79-01-6	具有致癌性
三乙基砷酸酯		427-700-2	15606-95-8	具有致癌性
砷酸铅		222-979-5	3687-31-8	具有致癌性和生殖毒性
磷酸三(2-氯乙基)酯		204-118-5	115-96-8	具有生殖毒性
氧化锆硅酸铝，耐火陶瓷纤维	2008年12月16日欧洲议会和委员会颁布的关于物质和混合物分类、标签及包装的(EC)法规附件6第三部分表格3.2中650-017-00-8号所指的纤维，并满足以下浓度范围：a. Al_2O_3，SiO_2 和 ZrO_2 满足以下浓度范围：Al_2O_3：35-36% w/w，SiO_2：47.5-50% w/w 和 ZrO_2：15-17% w/w，b. 纤维的长度加权几何平均直径小于两个标准几何误差或小于6微米	—	从索引号650-017-00-8中提取	具有致癌性
溶剂蓝4	含有0.1%的米氏酮或米氏碱	229-851-8	6786-83-0	具有致癌性

联邦非人类基因技术法

2003 年 3 月 21 日制定

（修订截止于 2013 年 11 月 1 日）

根据联邦宪法第七十四条第一款、第一百一十八条第二款字母 a 和第一百二十条第二款及 1992 年 6 月 5 日生物多样性公约和 2000 年 1 月 29 日卡塔赫纳协定书的实施情况，国民议会和联邦议会的联席会议，经审阅了联邦委员会 2000 年 3 月 1 日的公告及 2001 年 4 月 30 日国家科学、教育和文化委员会的报告后，通过联邦非人类基因技术法。

第一章 总则

第一条 目的

一、本法旨在：

a. 保护人类、动物以及环境免受基因技术滥用的危害；

b. 保障人类、动物以及环境享受基因技术带来的利益。

二、本法将特别：

a. 保护人类，动物和环境的健康与安全；

b. 保护生物的多样性和保持土壤的肥力；

c. 保障生命的尊严；

d. 保障消费者自由选择权；

e. 防止产品欺诈；

f. 推动信息公开；

g. 重视基因技术科研工作对于人类、动物以及环境的重要性。

第二条 预防及污染者赔付原则

一、应预先采取预防措施防止转基因生物带来的危害；

二、任何违反该法规定的团体及个人将受到处罚。

第三条 适用范围

一、本法适用于转基因动物、植物和其他生物，以及他们的代谢产物和废物的处理。

二、对于转基因生物制品，仅适用于标识管理及信息获取（第十七条、第十八条）。

第四条 其他法律保留

其他联邦法律关于保护人类、动物以及环境免受转基因生物造成危害的规定，将被保留。

第五条 定义

一、生物体是指能够复制或转移遗传物质的细胞或非细胞生物实体。含有这类生物实体的混合物、物品及产品也被视为生物体。

二、转基因生物体是指遗传物质被通过杂交或自然重组的非自然方式改变的生物体。

三、危害是指转基因生物有对人类、动物以及环境造成的所有不良影响或损害。

四、管理是指与生物体有关的一切行为，特别是它们的生产、实验性推出、投入流通、进口、出口、协调、使用、储存、运输或处置。

五、投入流通是指在瑞士任何向第三方的生物体供应行为，特别是出售、交换、赠送、出租、提供试用以及进口行为；向封闭系统作业的供应与实验性流出并不属于投入流通。

六、设施是指建筑物、交通线路、其他固定设施以及陆地的改造。设备、机械、车辆、船舶和飞机也被视为设施。

第二章 转基因生物处置

第一节 总则

第六条 人类、动物、环境以及生物多样性的保护

一、转基因生物的处置必须保证转基因生物本身及其代谢产物与废弃物：

　　a. 不会对人类、动物及环境造成危害；

　　b. 不损害生物多样性及其可持续发展。

　　二、基于实验目的，转基因生物在以下条件下被允许流出：

　　a. 实验数据无法在封闭系统中获得；

　　b. 实验有助于转基因生物安全性研究；

　　c. 利用基因技术添加的基因不与人或兽医学中使用的抗生素相排斥；

　　d. 基于当前的科技水平，除转基因生物的流出和新特性的产生外，不得以其他方式违反第一款原则。

　　三、转基因生物合法投入流通，必须保证其不含与人或兽医学使用的抗生素相排斥的基因，以及在封闭系统和实地实验中表明其：

　　a. 不危害受保护的生物种群或生态系统中的重要生物；

　　b. 不导致任一物种意外灭绝；

　　c. 不严重或永久危害环境中的物质平衡；

　　d. 不严重或永久危害生态系统中任何重要功能，特别是土壤肥力；

　　e. 不以夸张的方式传播或宣传其品质；

　　f. 不以任何形式违反第一款原则。

　　四、危险与危害的评价，要从个体、整体与相互影响方面共同考虑；由转基因生物所引起的其他危险与危害也须予以考虑。

　　第七条　非转基因生物产品与选择自由的保护

　　转基因生物及其代谢产物与废弃物不得损害非转基因生物产品，不得限制消费者的选择自由。

　　第八条　生命尊严的尊重

　　一、通过基因技术对动植物遗传物质的改造不得侵犯其生命尊严。特别是有关改造损害了特定物种属性、功能或习惯，除被高于一切的正当利益承认外，将被视为侵犯其生命尊严。评估危害时，动物和植物之间的差异必须予以考虑。

　　二、生命尊严是否被尊重须结合个案，通过动植物所受危害的严重性与侵害正当利益的程度进行评估。正当利益主要指：

　　a. 人类和动物的健康；

　　b. 保障食品安全；

c. 对环境危害的减少；

d. 对环境情况的保护和改善；

e. 确保社会巨大的经济，社会和环境效益；

f. 增进认识。

三、联邦委员会可根据条件授予遗传物质的基因改造特别许可。

第九条　脊椎动物的基因改造

转基因脊椎动物只能以人或兽医学的研究、治疗或诊断为目的进行生产与投入流通。

第十条　封闭系统作业

一、任何组织或个人除实验性流出（第十一条）或投入流通（第十二条），不得将转基因生物特别是对人类、动物或环境有危害的转基因生物流出。

二、由联邦委员会对封闭系统作业进行通告或授权程序。

第十一条　实验性流出

一、未经联邦政府授权，任何组织或个人即使是基于实验目的，不能在环境中投入流通（第十二条），也不得擅自流出转基因生物。

二、由联邦委员会制定相关要求和程序。它特别规定：

a. 专家咨询；

b. 危害的鉴别、避免或排除所需的资金保证；

c. 向公众的信息公布。

第十二条　投入流通

一、转基因生物的投入流通必须经联邦授权批准。

二、由联邦委员会制定相关要求和程序并管理向公众的信息公布。

第十二条补充　反对程序

一、转基因生物合法用于环境的实验性流出以及投入流通的授权申请，将由授权机关在联邦官方公报公布，并提供30天的公众检视期。

二、任何当事人可依据1968年12月20日联邦法律行政程序，在检视期内对授权提出反对。未提出反对的当事人，不参与其后的法律程序。

第十三条　授权检视

一、已授权单位将会接受定期审查，以确定其是否可以继续申请。

二、被授权人一旦发现需重新评估的危险或危害，必须立即上报授权机关。

第十四条 特殊通告或授权要求与自我监督

一、联邦委员会可简化批准或驳回授权的条件,依据现有的科技和经验,违反第六至第九条原则的,可直接驳回。

二、对于非必须授权的转基因生物封闭系统作业或投入流通,该组织和个人必须自觉负责监控遵守第六至第九条原则。由联邦委员会制定自我监督形式、范围和监控的规定。

第二节 特殊规定

第十五条 告知接收者

一、任何人将生物投入流通都必须:

a. 告知接收者其符合第六至第九条的特性;

b. 告知接收者其不违反第六至第九条原则的正确使用方法。

二、接受者必须遵循生产者和供应者的说明。

三、向农林企业提供需要标识的转基因生物时,必须得到企业所有者的书面许可。

第十六条 产品生产流程分离

一、任何人在处理转基因生物时,必须注意避免与非转基因生物的意外混合。

二、由联邦委员会参考国际建议和对外贸易关系颁布关于产品生产流程分离以及污染防治措施的法规。

第十七条 标识管理

一、将转基因产品投入流通,为了接收人的利益,必须标识其特性,以保障第七条消费者的自由选择权以及防止产品欺诈。标志必须带有"转基因"字样,细节由联邦委员会决定。

二、若混合物、商品或产品所含转基因成分低于联邦委员会规定最小值,可以不加转基因标识。

三、若标志提供负责人可以证明产品在流通过程中都经过精心监测和记录,产品所含少量转基因生物可被视为无意添加。

四、由联邦委员会对于转基因食品与添加剂的标识做出严格规定。

五、由联邦委员会规定非转基因生物在投入流通时该如何标志。同时制定防止标识滥用的相关法规。

六、制定此法规细则，联邦委员须将国际建议与国际贸易关系纳入考虑范围。

第十八条 公共信息获取

一、任何人有权向执法机关申请了解对于本法、其他相关联邦法律或关于转基因生物及其制品的国际协定的执行状况。但知情权的行使不得侵犯隐私权与公共利益。

二、在咨询过当事人意见后，有关当局可将执行过程中收集的影响公共利益的信息以及调查监测结果予以公布。并根据联邦法律或国际协定，将信息公布于国际机构或组织。生产或商业机密将被保护。

第十九条 联邦委员会后续条例

一、针对转基因生物，转基因生物代谢产物及那些由于性质、用法或用量而有可能违反第六至第九条原则的废弃物，联邦委员会可以制定后续的监管条例。

二、特别是，联邦委员可以：

a. 规范他们的运输、进出口以及过境；

b. 禁止或限制特定转基因生物的使用，或为特定转基因生物的使用设立授权程序；

c. 规定抵制或禁止特定转基因生物的措施；

d. 规定防止生物多样性与可持续利用造成伤害的措施；

e. 规定对于某些生物的使用进行长期研究；

f. 进行与授权程序有关的公开咨询。

第三章 执行

第二十条 执法权

一、由联邦委员会颁布实施，联邦执行本法。

二、联邦委员会可根据本法委派各州未被其他联邦法律委派的强制任务，尤其关于物品与产品处置。

三、联邦委员会可以根据公法或司法，给予组织或个人强制任务。

四、有关当局为避免、鉴定与补救直接危险或危害时产生的费用由违法者承担。

第二十一条　执法协调

一、联邦当局执法时，不仅要根据转基因生物法律法规，更要遵守其他法律与国际条约。联邦当局在做出决定前，需征得其他联邦机构的同意及执行州的意见。

二、在处理转基因生物时，联邦委员会委任主管部门协调除了联邦通告和授权程序以外的州计划与授权程序。

第二十二条　瑞士生物安全专家委员会

一、联邦委员会为生物安全任命了由来自个各相关行业的专家组成的专家委员会。委员会须适当的代表转基因生物保护与使用的权利。

二、专家委员会为联邦委员会制定法规与执法时有关生物安全有关的问题，提供建议。咨询需经授权申请，专家委员会将申请建议在重要与合适的案件中，须采取专家意见与专家调查。

三、专家委员会在生物技术问题上可与其他的联邦或州委员会合作。

四、专家委员会须进行公众对话，并将其活动定期向联邦委员会报告。

第二十三条　非人类生物科技联邦道德委员会

一、非人类生物科技联邦道德委员会由联邦委员会任命。其成员包含非政府伦理学研究者以及其他学科领域用于伦理学科学或实践知识的个人。委员会中必须含有不同伦理学方法的代表。

二、该委员会从伦理的角度对生物科技的发展与应用进行调查和评估，同时从伦理角度对相关科学和社会问题发表声明。

三、委员会为以下情况提供建议：

a. 联邦委员会制定法律法规时；

b. 联邦或各州主管部门执法时。特别是主管部门发布的声明与授权申请、基础性或具有示范性的研究计划相关时，须查看文件，索取信息并进一步咨询专家。

四、在生物科技问题上，该委员会可与其他联邦、其他州的委员会合作。

五、该委员会负责生物科技伦理问题的公开对话，并向联邦委员会定期报告其工作。

第二十四条　信息的提供与保密的责任与义务

一、任何人都有义务提供执法当局所需信息，并在必要时配合完成调查。

二、联邦委员会需要将转基因生物的种类、数量与评估数据进行登记，并根据有关当局的要求将其记录、存储与提供。

三、由联邦开展转基因生物处理的调查。联邦委员会依据其他条例确定必须提供给联邦当局进行调查的关于转基因生物的数据。

四、拥有合法保密权的信息，如商业信息和生产秘方，将被视为机密。

第二十五条　费用

由联邦委员会审批联邦当局的执法费用，确定各州的经费标准，并有权减免费用。

第二十六条　研究、公开对话与促进教育

一、联邦会授权或支持研究和技术评估。

二、联邦须加强关于生物科技的应用、机遇与风险的公共知识与公共对话。

三、联邦须加强对本法执行者的基础或高级培训。

第四章　法律程序

第二十七条　上诉程序

上诉程序遵守联邦司法行政的一般规定。

第二十八条　通过机构上诉

一、设立十年以上的国家环保机构有权对获得投入流通授权的转基因生物在环境中合法使用提出反对。

二、机构上诉权由联邦委员指定。

第二十九条　通过权力机关上诉

一、联邦环境办公室有权利用联邦和州的法律对州政府应用本法及其实施条例做出的决定提出异议。

二、若各州与邻州所造成的危害存在争议，也同样有权上诉。

第五章 责任与义务

第三十条 原则

一、仅获得在封闭系统内处理转基因生物的授权组织或个人，未经许可将转基因生物实验性流出或投入流通，必须为所造成的损失或危害负责。

二、被授权人必须为授权投入流通的转基因生物由于遗传物改变对农林企业或该企业产品的消费者造成的损失或伤害负全责，如果该转基因生物：

a. 属于农林业投入中，或

b. 源于农林业投入。

三、根据第二款有关责任，向不当处理转基因生物或导致甚至加剧损失及危害的组织及个人的追诉权将被保留。

四、转基因生物由于遗传物质改变在经过其他许可的投入流通中造成的损失或伤害，若该转基因生物本身有缺陷，应该由被授权人负责。即使根据投入流通之时的知识与科技水平不能发现的缺陷，被授权人也应当负责。

五、转基因生物若不能证明在可以预料的一切情况下是安全的，将被视为有缺陷；特别是：

a. 呈现给公众的方式；

b. 合理预计的用途；

c. 投入流通的时间。

六、只有当改良产品推出后，该转基因产品才不被视为有缺陷。

七、损失或危害是由于：

a. 转基因生物的新特性；

b. 转基因生物的再生产或变异；

c. 转基因生物的传播。

八、若被授权人能够证明损失或危害是由不可抗力、由受害方严重操作不当或第三方造成的，可免除责任。

九、瑞士义务法典第四十二至第四十七条与第四十九至第五十三条同样适用。

十、联邦、州以及市镇都有义务遵守第一至九款的内容。

第三十一条　对环境的破坏

一、处置转基因生物的组织或个人，必须负责赔偿修复被破坏的环境，或以同等价值的物质替换他们的而采取必要以及适当的措施所产生的费用。

二、如果被破坏或损坏的环境不属于私人所有，或负责人并未采取适当措施，损害将被视为社会责任。

第三十二条　限制

一、受害方须在发现损失或危害起三年后，并且以下时间点三十年内提出索赔：

a. 导致损失或危害在公司发生、发展或结束之时；

b. 转基因生物投入流通之时。

二、追诉权依然受第一款的限制。三年期限从赔偿被付清与责任人确定之时开始。

第三十三条　证据的简化

一、由申索人提供证据证明行为与损害间的因果关系。

二、若证据不能确实提供或不能由索赔人提供，法院将作合理的相对可能性的衡量。法院也可以直接确定事实。

第三十四条　担保

联邦委员会将保护受害方：

a. 要求被通告或授权人以购买保险或其他方式为他们提供责任担保；

b. 设置担保的范围和期限，有关当局根据具体情况确定；

c. 要求提供责任担保者向执法机关报告担保的起始、暂停或终止；

d. 要求在收到通知后 60 天内不得延缓或终止担保。

第六章　刑事条款

第三十五条

一、任何组织或人故意：

a. 在处理转基因生物时违反第六至第九条原则；

b. 处理转基因生物或致病生物时未采取一切必要的遏制措施，或未经通知或授权私自在封闭系统中进行工作（第十条）；

c. 未经许可将为实验目的将转基因生物流出或投入流通（第十一条第一款和第十二条第一款）；

d. 没有适当的通知或指示接收人，就将转基因生物投入流通（第十五条第一款）；

e. 未按照指示处置转基因生物（第十五条第二款）；

f. 违反关于产品流通隔离与防止污染措施的规定（第十六条）；

g. 未经标识说明将转基因生物投入流通（第十七条第一款）；

h. 违反转基因生物制品标识规定（第十七条第四款）；

i. 将转基因生物投入流通，并将其标记为"非转基因"（第十七条第五款）；

j. 违反了转基因生物处置的特别规定（第十九条）。

一经定罪，判处三年以下监禁或罚款。

二、已废除。

三、若违法行为是由于过失造成，处以每日不超过 180 罚款单位的罚款。

第七章　最后条款

第三十六条　现行立法修订

现行立法的修订被添加于附件中。

第三十七条　抗生素抗性基因使用的过渡期

与人类和兽医学所使用抗生素相排斥的基因被允许使用，直到 2008 年 12 月 31 日。

第三十七条补充　将转基因生物投入流通的过渡期

无授权用于农业、园林或林业的转基因植物和植物的转基因种子和其他植物繁殖材料以及转基因动物被许可投入流通直至 2017 年 12 月 31 日。由联邦委员会发布这一时期所需要执行的条款。

第三十八条　公投与生效

一、本法受选择性公投的约束。

二、联邦委员会决定本法的生效日期。

生效日期：2004 年 1 月 1 日。

挥发性有机物税收优惠条例

1997 年 11 月 12 日制定

（修订截止于 2012 年 1 月 1 日）

根据 1983 年 10 月 7 日联邦环境保护法第三十五条 a 和第三十五条 c，联邦委员会颁布挥发性有机物税收优惠条例。

第一章 总则

第一条 定义

基于本条例的目的，挥发性有机化合物是指在 20℃时蒸汽压至少 0.1 毫巴，或在沸点 240℃时蒸汽压最高 1013.25 毫巴的有机化合物。

第二条 征税对象

以下应承担纳税责任：

a. 在物质肯定列表（附件一）上的挥发性有机化合物；

b. 根据字母 a 的规定在产品肯定列表（附件二）的含有挥发性有机化合物的产品。

第三条 关税法的适用

关税法适用于类似税款的征收与退还，且程序涉及进出口。

第二章 执行

第四条 执行机关

一、除了对税收分配的规定，关税总局应当执行本条例。

一、[bis]除了联邦本身要缴纳的税款，条例的执行需要得到各州的帮助。特别是各州应审查挥发性有机物平衡表（第十条）。

二、联邦环境办公室应执行对税收分配的规定。它将评估税收对空气质量的影响并定期公布结果。关税总局应向联邦办公室提供必要文件，特别是挥发性有机物平衡表。

补充：执法机关应将总收入（总收益）的 1.5% 作为执法支出的补偿。

三、在征询联邦财政部后，联邦环境、交通、能源和通信部门需发布给予协助本条例执行的各州补偿金的法规。

第五条 挥发性有机物税收优惠专家委员会

一、联邦立法委员会应设立一个专家委员会，其成员包括联邦、各州及其他有关方面。

二、专家委员会应向联邦或州关于挥发性有机物税收优惠，特别是对第九条附件的修正与执行情况提出建议。

第六条 审计

一、执法机关可以不经事先通知开展审计工作，特别是对于需要支付税款的组织及个人，以及需要准备挥发性有机物平衡表的或提出偿还请求的组织和个人。

二、必须按要求向执法机关提交本条例实施所需所有信息和文件。

第三章 税率

第七条

税率为每千克挥发性有机物 3 瑞士法郎。

第四章 税收及挥发性有机物平衡表的免除

第八条 数量可忽略不计情形下的税收减免

一、挥发性有机化合物在以下情况下可免税：

a. 产品的挥发性有机化合物含量不足 3%（重量上）；

b. 在瑞士制造的产品不在产品肯定列表上。

二、对于满足第一款字母 a 的产品的进口，可免税。

三、对于满足第一款字母 a、b 的产品在瑞士生产，含有挥发性有机化合物的部分可免税。

第九条 减少排放量可免税

一、在以下条件下，2012 年 12 月 31 日之前应用于固定设备的挥发性有机化合物依据 1985 年 12 月 16 日大气污染防治条例第二条第一款与附件一第三十二点可免税：

a. 在产率不变的情况下，采取措施，使年挥发性有机物排放量减少至少 50%，并且排放量低于大气污染防治条例第三条、第四条规定的预防性排放限值；

b. 空气净化设备需在良好的技术条件下使用，并满足以下条件方可运行：

1. 回收设备：93%；
2. 其他空气净化设备：95%；

一、^{bis}若在遵守第一款字母 b 的规定下，空气净化设备由于特殊事件未能完成运营指标，则空气净化设备停机时间以外的挥发性有机化合物排放可免税；

一、^{ter}若在遵守第一款字母 b 的规定下，由于空气净化设备的更换未能完成运营指标，则空气净化设备停机时间以外的挥发性有机化合物排放在以下情况下可免税：

a. 州权力机关提前通知空气净化设备停运计划；

b. 更换工作在公司节假日或生产量低的时候进行。

二、若按照大气污染防治条例第六条要求对挥发性有机化合物进行收集或排放，则可以免税。

第十条　挥发性有机物平衡表

一、任何依据环境保护法第三十五条 a 第三款字母 c 或第四款的规定获得免税权利或依授权获得挥发性有机物暂时性免税权利的组织和个人，必须进行记账并制定挥发性有机物平衡表。

二、挥发性有机物平衡表应包括：

a. 引进、存货、排放；
b. 产品中包含的数量；
c. 回收的数量；
d. 公司内部或外部消耗的数量，转化的数量；
e. 剩余的排放量。

三、关税总局有权获得更多的信息。

四、挥发性有机物平衡表必须按照官方形式制作。关税总局也可接受其他形式的呈报。

五、如果准备挥发性有机物平衡表需要花费不成比例的高价，关税总局可批准第一款、第二款的例外情况。

第五章　瑞士境内的税款征收

第十一条　登记

产生挥发性有机物的企业必须向关税总局报告，并登记。

第十二条　税款征收的开始

税款征收是在：

a. 在瑞士领土上产生的挥发性有机物从制造商排放或应用时开始计算；

b. 依据第二十二条第二款需要交付税款的挥发性有机物从受益人应用它们或将它们转移给第三方时开始计算。

第十三条　纳税申报

一、将挥发性有机物投放市场或自己使用的制造商，以及提供挥发性有机物大规模买卖和拥有挥发性有机物暂时免税权的组织和个人必须在税款征收开始第15天向关税总局提交纳税申报。

二、依据第二十二条第二款需要交纳税款的组织与个人，必须在其财政年底6个月之内向州政府提交纳税申报。

三、申报须包含投放市场或使用的挥发性有机物的种类和数量的详细信息。必须按照官方形式制作。关税总局也可接受其他方式的呈报。

四、该申报可作为确定税金的基础。有关当局将保留审查的权利。

五、任何组织或个人未能全部按时完成纳税申报的，须缴纳到期利息税。

第十四条　税额计算

税额的计算以税款征收时所需的挥发性有机物的数量为依据。

第十五条　纳税评估及付款期限

一、关税总局应按规则评估税额。

二、允许付款期限为30天。

三、若逾期付款需缴纳利息。

第十六条　附随纳税要求

若关税总局非故意无法评估税额，或评估的金额过低或过高，需在裁定公告发出一年内提出要求缴纳应付的金额。

第十七条　税款征收期限

一、税款征收自其开始的那年年底起，十年后失效。

二、以下情况，规定的期限将被中断：

a. 若纳税人承认该税款征收；

b. 由于官方行为或纳税人的要求。

三、在每个中断后，规定期限将会继续开始计算。

四、任何情况下，税款征收自其开始的那年年底起，十五年后失效。

第六章　税款退还

第十八条　退还请求

一、只要权利人证明其使用挥发性有机物的方式属于免税，税款即可退还。

二、权利人必须将所有必要证明文件自退款申请提出后五年内予以保存。

三、低于 3000 法郎的退款将不会被支付。上述规定不适用于最少 300 法郎的挥发性有机物出口。

三、[bis]两个或两个以上权利人可以组成一个团体，提交一份联合退款请求。退还款项将交给团体指定的代表。

四、权利人必须提供已交付税款的证明。

五、退款请求将在一个财政年度后处理，涉及出口的请求除外。

第十九条　退款权的丧失

一、若在财政年底 6 个月之内未提出申请，将丧失退款权利，涉及出口的申请除外。

二、在任何情况下，退款权自退款理由产生两年后到期。

第二十条　退款申请

一、退款申请必须依照官方形式制作，并提交给：

a. 州政府机构；

b. 关税总局，在挥发性有机物出口时。

二、在挥发性有机物出口的情况下，申请必须包含：

a. 超过十二个月期限的挥发性有机物出口数量，作为出口申报文件；

b. 产品报告、包含原包装的样品或其他计算挥发性有机物出口数量所需文件；

c. 关税总局要求的计算退款所需的进一步信息。

第七章 挥发性有机物暂时性免税权的获得
（正式委托程序）

第二十一条 授权

一、关税总局可授权他人挥发性有机物暂时免税权，只要他们：

a. 采取措施，每年至少使 50 吨挥发性有机物免于释放到环境中；

b. 每年至少出口 50 吨挥发性有机物。

一、[a] 也可将此免税权授予主要使用以下物质的组织和个人：

a. 苯乙烯，证明每年至少使用 1 吨该物质；

b. 本条例附件一中列出的其他物质，如果他们能证明每年至少使用 1 吨此种物质，并且使用该物质的过程中产生的化学变化平均使不超过 2% 的该物质被释放到环境中。

二、大规模买卖挥发性有机物并证明挥发性有机物的平均库存不小于 50 吨的企业和个人也可被授予此免税权。

三、正式的保证与证明必须提交关税总局。

第二十二条 账目

一、根据第二十一条的授权持有者必须在财政年后六个月之内向州政府机构提交挥发性有机物平衡表。

二、对于挥发性有机物的使用未获得免税权的，将在之后交付税款。

三、已废除。

四、关于取得挥发性有机物暂时免税权的手续文件必须在挥发性有机物平衡表提交后保存五年。

第二十二条 a 关税申报修正

依照 2005 年 3 月 18 日关税法第三十四条第三款，任何需要申报关税的企业和个人申请新的关税评估，必须证明在原来申报关税时，已获得挥发性有机物暂时免税授权。

第二十二条 b　挥发性有机物结算表提交不全

一、如果挥发性有机物结算表不完整或未按时提交，依据第二十一条的授权将从下一个财政年度开始延缓三年。

二、由关税总局批准一个提交完整挥发性有机物结算表的宽限期。

三、依照第二十二条第二款，在宽限期内提交结算表的基础上，需缴纳逾期税款。利息的收取依据第二十二条第一款从提交截止日开始。

四、依照第二款，如果重新提交截止日到达并未重新提交，关税总局将按照自由裁量同时考虑往年的支出税款来进行应缴税款评估。

第八章　税收收入分配

第二十三条

一、保险公司应当在联邦办公室的指示与监督下将税收收入分配给社会公众。

二、分配应该基于经过一年累计的税收年收入，在下一年度进行分配。

三、税收年度收入为 12 月 31 日前包括利息的收入。

四、保险公司须：

a. 根据 1994 年 3 月 18 日颁布的健康保险联邦条例 29（HIA）提供必要的健康保险；

b. 根据 1992 年 6 月 19 日颁布的军事保险联邦条例 30（MIA）提供军事保险基金。

五、在分配年度，应将年收入等分给以下对象：

a. 依据联邦健康保险条例或联邦军事保险条例第二条第一款、第二款，需要受到保护的人；

b. 瑞士的定居或常住居民。

六、保险公司应该在分配年度，将年收入分配给缴纳了应缴保费的组织或个人。对于投保时间不足一个分配年度的组织或个人，有权扣除与投保时间成比例的分配结果。

七、年收入应于每个分配年度的 6 月 30 日按比例支付给保险公司。支付给每个投保人的收入份额是根据在分配年度的 1 月 1 日履行第五款所载条件的人数计算。支付金额与分派的金额之间的差额，用于支付下一年份额。

第二十三条 a　组织

一、各保险公司应在分配年度的 3 月 20 日上报联邦公共健康办公室。

a. 于分配年度 1 月 1 日符合第二十三条第五款所记载的条件的人数；

b. 上一年实际分配的总额。

二、保险公司应在分配年度须告知被保险人新分配金额。

第二十三条 b　保险公司的赔偿

对保险人依照 2007 年 6 月 8 日二氧化碳条例第二十五条 b 进行赔偿。

第九章　最后条款

第二十四条　过渡性条款

挥发性有机化合物的制造商必须在本条例生效后三个月内，向关税总局做出报告。

第二十五条　税收优惠的生效与执行

一、本条例于 1998 年 1 月 1 日生效。

二、税收优惠将在 2000 年 1 月 1 日首次执行。

附件一
（第二条字母 a）

物质肯定列表（须纳税挥发性有机物）

关税表序号 36	物质/物质组	CAS 号
2914.1100	丙酮	67-64-1
2707.5090	芳族烃混合物（包括溶剂油）*	各种不同
2707.1090 + 2902.2090	苯	71-43-2
ex2909.1999	双（2-乙氧基乙基）醚（二乙二醇二乙醚，二乙基二甘醇）	112-36-7
ex2909.1999	双（2-甲氧基乙基）醚（二乙二醇二甲醚，二甲基二甘醇）	111-96-6
2711，1390 + ex	正丁烷	106-97-8
2901.1019		
2905.1300	丁烷一醇（正丁醇）	71-36-3
ex2905.1490	丁烷二醇（仲丁醇）	78-92-2
ex2909.4390	2-正丁氧基乙醇（乙二醇单丁基醚，丁基乙二醇）	111-76-2

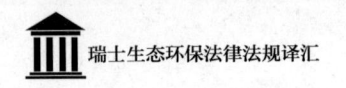

续表

关税表序号 36	物质/物质组	CAS 号
ex2909.4390	2-（2-正丁氧基乙氧基）乙醇（二甘醇单丁醚，丁基二甘醇）	112-34-5
ex2915.3980	2-正丁氧基乙酯（乙二醇单丁基醚乙酸酯，丁基乙二醇醋酸盐）	112-07-2
ex2909.4999	丁氧基丙醇（异构体混合物）	各种不同
ex2909.4999	1-丁氧基-2-醇（丙二醇单丁醚）	5131-66-8
ex2909.4999	1-叔丁-丙二醇-2-醇	57018-52-7
2915.3300	乙酸正丁酯	123-86-4
ex2932.2000	4-丁内酯（四氢-2-呋喃酮）	96-48-0
2902.7090	异丙苯（异丙苯）	98-82-8
2902.1190	环己	110-82-7
ex2914.2200	环己酮	108-94-1
ex2902.9099 + ex 3805.9000	对甲基异丙基苯	99-87-6
2903.1200	二氯甲烷（甲叉二氯）	75-09-2
ex2909.1999	1,2-二乙氧基乙烷（乙二醇二乙醚，二甘醇）	629-14-1
2909.1100	乙醚	60-29-7
ex2909.1999	二异丙醚（2-异丙醚）	108-20-3
ex2909.1999	1,2-二甲氧基乙烷（乙二醇二甲醚，二甲基乙二醇）	110-71-4
ex2909.1999	二甲醚	115-10-6
ex2932.9980	1,4-二恶烷（二氧化钛）	123-91-1
ex2909.1999	二正丙醚（丙醚）	111-43-3
2915.2100	醋酸	64-19-7
2915.2400	醋酸酐 乙醇，除了蒸馏液体以外不可饮用或消耗（酒类法第31条）	108-24-7 64-17-5
ex2909.4480	2-乙氧基乙醇（乙二醇单乙基醚，乙基乙二醇）	110-80-5
ex2909.4999	1-乙氧基丙烷-2-醇（丙二醇单甲醚）	1569-02-4
2915.3100	乙酸乙酯	141-78-6

续表

关税表序号36	物质/物质组	CAS号
2902.6090	乙苯	100-41-4
ex2915.1300	甲酸乙酯	109-94-4
2912.1100	甲醛（福尔马林）	50-00-0
ex2901.1099	庚烷	142-82-5
ex2901.1099	正己烷	110-54-3
2915.3980	醋酸异丁酯	110-19-0
ex2915.3980	乙酸异丙酯	108-21-4
2710.1299	轻质油和制剂*	各种不同
ex2902.1999	d-柠檬烯［(R)-对-薄荷-1,8-二烯］	5989-27-5
ex2902.1999	dl-苎烯［(RS)-对-薄荷-1,8-二烯］	138-86-3
ex2902.1999	L-柠檬烯［(S)-对-薄荷-1,8-二烯］	5989-54-8
2905.1190	甲醇	67-56-1
ex2915.3990	1-甲氧基-2-丙基乙酸酯（丙二醇单甲醚乙酸酯）	108-65-6
ex2909.4480	2-甲氧基乙醇（乙二醇单甲基醚，乙二醇甲基）	109-86-4
ex2915.3980	2-甲氧基乙酸乙酯（甲基乙二醇）	110-49-6
ex2909.4999	1-甲氧基丙-2-醇（丙二醇单甲醚）	107-98-2
ex2915.3980	乙酸甲酯	79-20-9
ex2901.1099	2-甲基丁烷（异戊烷）	78-78-4
ex2902.1999	甲基环己烷	108-87-2
2914.1200	甲基乙基酮（2-丁酮，甲乙酮）	78-93-3
ex2915.1300	甲酸甲酯	107-31-3
ex2901.1099	2-甲基戊烷（异己烷）	107-83-5
2914.1300	4-甲基戊烷-2-酮（甲基异丁基酮，甲基异丁酮）	108-10-1
2711.1390+ex 2901.1019	2-甲基丙烷（异丁烷）	75-28-5
ex2905.1490	2-甲基丙烷-1-醇（异丁醇）	78-83-1

续表

关税表序号 36	物质/物质组	CAS 号
ex2933.7900	n-甲基-2-吡咯烷酮（1-甲基-2-吡咯烷酮）	872-50-4
ex2901.1099	正戊烷	109-66-0
ex2905.1980	戊-1-醇（正戊醇）	71-41-0
ex2905.1980	戊-2-醇（仲戊醇）	6032-29-7
ex2905.1980	戊醇（混合异构体）	各种不同
2710.1291	石油醚和石油溶剂（主要是非芳族烃的混合物）	各种不同
2710.1991	石油（主要是非芳族烃的混合物）*	各种不同
2711.1290 + ex 2711.2990	丙烷	74-98-6
ex2905.1290	丙-1-醇	71-23-8
ex29051290	丙-2-醇（异丙基醇，异丙醇）	67-63-0
ex2915.3980	醋酸正丙酯	109-60-4
2902.5000	苯乙烯	100-42-5
2903.2300	四氯乙烯（全氯乙烯，PER）	127-18-4
2932.1100	四氢呋喃（氧杂环戊烷）	109-99-9
2707.2090 + 2902.3090	甲苯	108-88-3
2903.2200	三氯甲烷	79-01-6
ex2902.9099	三甲（1,2,3-、1,2,4-和1,3,5-三甲基苯）	526-73-8 95-63-6 108-67-8
2710.1292	白酒（主要是非芳族烃的混合物）	各种不同
2902.4190	邻二甲苯	95-47-6
2902.4290	间二甲苯	108-38-3
2902.4390	对二甲苯	106-42-3
2707.3090 + 2902.4490	二甲苯（异构体混合物）	各种不同

附件二

（第二条字母 b）

产品肯定列表（须纳税挥发性有机物）

关税表序号 39	产品/产品组
ex2207	乙醇含量在 80%（体积）以上的未变性乙醇；任何浓度的变性乙醇或酒精；不用于消耗
1000	——乙醇浓度在 80%（体积）或以上的未变性乙醇
2000	——乙醇和酒精，未变性，任何浓度
ex2208	——任何浓度的变性乙醇或酒精，乙醇浓度在 80%（体积）以下的未变性乙醇；酒精，烈酒与其他酒精饮料；不用于消耗 ——其他
9010	——酒精浓度小于百分之 80%（体积）的未变性酒精
ex2209 0000	醋或乙酸中提取的醋的代替品；不用于消费
2710	从沥青矿物中提取的石油与燃油，而不是原油；在重量上包含 70% 或以上的从沥青矿物中提取的石油与燃油的配制品，而不是包含柴油或费油： ——其他用途
1994	——在 300℃下蒸馏了至少 20% 的混合矿物油蒸馏液
1999	——其他蒸馏液和物质 从沥青矿物中提取的石油与燃油，而不是原油；在重量上包含 70% 或以上的从沥青矿物中提取的石油与燃油的配制品，而不是包含柴油或费油：
2090	——其他用途：
2711	石油气及其他烃类气体： ——液化的： ——其他
1990	——其他
2715 0000	来源于天然沥青、石油沥青矿物焦油或矿物焦油沥青的混合物。（如沥青混合、沥青削减）醇或酒精；不用于消耗
3210	蔬菜鞣酸榨取物；鞣酸及其盐、醚、酯和其他衍生物
1000	——坚木萃取物
2000	——含羞草萃取物
9000	——其他
3202	有机合成鞣料；有机鞣料；制革准备，不管是否包含自然物质；酶酶制剂
1000	——有机合成鞣料
9000	——其他

续表

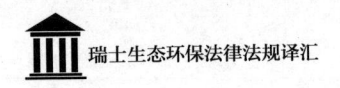

关税表编号	产品/产品组
3203	以动物或植物为原料的染料（包括染料提取物，不包含骨炭），不管是否化学均匀；本章附注3中注明的制剂，以有机合成染料为基础
0010	——1b部分所列产品
0090	——其他
3204	有机合成染料，不管是否化学均匀；本章附注3中注明的制剂，以有机合成染料为基础；作为荧光增白或照明的有机合成产品，不管是否化学均匀
1101	——以本章附注3为基础的有机合成染料和制剂 ——基于这些染料的分散性染料和制剂 ——酸性染料，不管是否预先镀金属膜和以此为基础的制剂；腐蚀性染料和以此为基础的制剂
1210	——1b部分所列产品
1290	——其他 ——碱性染料和以为基础的制剂
1310	——1b部分所列产品
1390	——其他
1400	——直接染料和以此为基础的制剂
1500	——还原染料（包括可在该州作为色素应用的）和以其为主的制品
1600	——活性染料和以其为主的制剂
1700	——色素和以其为主的制剂 ——其他，包括至少从3204.11至3204.19号两个子类的混合染料
1910	——1b部分所列产品
1990	——其他
2000	——在荧光增白剂中使用的有机化合物 ——其他
9010	——1b部分所列产品
9090	——其他
3205 0000	色淀和按照本章附注3以色淀为主的制剂
3206	其他染料；本章注释三说明的制剂，除了3203，3204，3205序号开头的；发光体中应用的无机化合物，无论化学上是否界定 ——以二氧化钛为主的颜料和制剂
1100	干重计算中含有80%或更多二氧化钛
1900	——其他

续表

关税表编号	产品/产品组
2000	——以络合物为主的颜料和制剂 ——其他染料和制剂
4100	——天青石做成的蓝色颜料和以此为主的制剂
4200	——立德粉和基于硫化锌的其他颜料和制剂
4900	——其他
5000	——作为发光体使用的无机化合物
3207	精制的色素、遮光剂、染料,玻璃化的珐琅和釉料,釉底料(泥釉),光瓷釉以及在搪瓷及玻璃工业中使用的一种类似制品,玻璃熔块及其他形式的玻璃如粉,粒状或片状玻璃
1000	——精制的色素、遮光剂、染料及类似制品
2000	——玻璃化搪瓷等釉料,釉底料(泥釉)及类似制品
3000	——液态光瓷釉及类似制品
4000	——玻璃熔块及其他形式的玻璃如粉,粒状或片状玻璃
3208	色漆和清漆以合成聚合物或改性天然聚合物,分散或溶于非水介质;如本章附注四所述的溶液剂
1000	——基于聚酯制品
9000	其他
3209	以合成聚合物或分散或溶解在水性介质中的改性天然聚合物为主的油漆和清漆
1000	——基于丙烯酸或乙烯基聚合物的制品
2000	——基于丙烯酸或乙烯基聚合物的制品
9000	——其他
3210 0000	其他油漆及清漆;用于完成皮革的一种水性颜料
3211 0000	精制的催干剂
3212	颜料(包括金属粉末和薄片),分散于非水介质中呈液状或膏状,在用于制造油漆的一种;烫印箔,染料和其他用于形式或包装的零售销售的染色物质
1000	烫印箔
9000	其他
3213	艺术家、学生和广告美工用的颜料、调色料、文娱颜料及类似品,以片状、管装、罐装、瓶装、盘装或类似形状或包装
1000	——套装颜色

续表

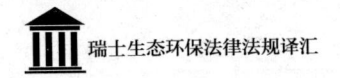

关税表编号	产品/产品组
9000	——其他
3214	安装玻璃用油灰,接合用之油灰及其他类似胶粘剂;画家的颜料,用于砌筑工作的一种非耐热涂面制剂
1000	——玻璃匠用之油灰,接合用之油灰及其他类似胶粘剂;画家的颜料
9000	——其他
3215	印刷油墨,书写或绘图墨水或油墨等,不论是否固体或浓缩 ——印刷油墨
1100	——黑色
1900	——其他
9000	——其他
3310	精油(无萜或含萜),包括浸膏及ABSO,琵琶,香膏,提取的油树脂,在脂肪集中的精油,在固定油,蜡或类似物,通过冷吸法或浸渍所得的;精油色谱分析萜烯副产品,水馏液及精油的水溶液 ——其他
9090	——其他
3302	有味物质的混合物或基于一种或多种这些物质的混合物(包括酒精溶液),在工业上做原料。基于有味物质的其他制剂中,用于饮料的制造
9000	——其他
3303 0000	香水及花露水
3304	美妆或护肤制剂(不含药品,包括防晒乳或鞣剂;指甲化妆品)
1000	——唇妆制品
2000	——眼部化妆品
3000	——指甲化妆品 ——其他
9100	——粉末,不论是否压紧
9900	——其他
3305	美发产品
1000	——洗发水
2000	——烫发、拉直制品
3000	——染发制品
9000	——其他
3306	口腔及牙齿清洁剂,包括牙科定型粉末和药膏;用来清洁牙齿的纱线(牙线),在各别零售包装

续表

关税表编号	产品/产品组
1000	——牙粉
2000	——用于清洁牙齿的纱（牙线） ——其他
9010	——牙科定型膏
9090	——其他
3307	剃须前、剃须中或须后制剂，个人除臭剂，沐浴用制剂，脱毛剂和其他香料，化妆盥洗品，不未列名；室内除臭剂，不论是否芳香或有消毒性质
1000	——剃须前、剃须中或须后制剂
2000	——个人除臭剂和止汗剂
3000	——香浴盐及其他沐浴用制剂 ——制剂香或客房除臭剂，包括用于宗教仪式之芳香制品
4100	——"神香"等通过燃烧的芳香制品
4900	——其他 ——其他
9010	——隐形眼镜或义眼
9090	——其他
ex3401	皂：有机表面活性剂和用作肥皂的制剂，不论是条还是块，片状或是什么形状，不论是否含有脂肪酸盐；有机表面活性产品及制品清洗皮肤，液状或膏状并包装零售，不论是否含有肥皂；纸、絮胎、毡呢及无纺织物，用肥皂或清洁剂浸渍、涂层或包覆。 ——有机表面活性剂和用作肥皂的制剂，不论是条还是块，片状或是什么形状纸、絮胎、毡呢及无纺织物，用肥皂或清洁浸渍、涂层或包覆。
1100	——厕所使用，包括药产品。 ——其他
1990	——其他（如普通肥皂）
3000	——有机表面活性产品及制品洗皮肤，液体或霜；零售，不论是否含脂肪酸盐
ex3402	有机表面活性剂（肥皂除外）；有机表面活性剂的表面活性剂和洗涤剂（包括助洗剂）及清洁剂，不论是否含有脂肪酸盐，但不包括税目3401号；与除了受关税列号3402.2000/9000影响的纺织品清洁剂 ——有机表面活性剂，不论是否供零售用 ——阴离子

221

续表

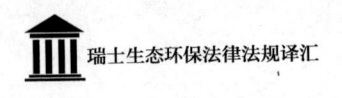

关税表编号	产品/产品组
1110	——磺基油酸
1190	——其他 ——阳离子
1210	——1b 部分的产品
1290	——其他 ——非离子
1310	——1b 部分的产品
1390	——其他
1990	——其他
2000	——供零售产品
9000	——其他
3403	润滑剂（包括切削油制剂，螺栓或螺母松开剂，防锈或防腐蚀制剂及脱模剂制品，以润滑油为主要材料）及用于皮革、毛皮或其他材料的油或油脂处理材料的一种，但不包括含有从沥青材料获得的矿物油或油为基本原料且重量在 70% 或以上的制剂 ——从含沥青材料获得石油或油类
1100	——改良纺织材料，皮革，毛皮或其他材料的制剂
1900	——其他 ——其他
9100	——改良纺织材料，皮革，毛皮或其他材料的制剂
9900	——其他
3405	鞋类、家具、地板、车身、玻璃或金属的抛光油，去污膏或粉及类似制品（不论是否是纸、毡、无纺布、泡沫塑料或海绵橡胶的形式或以这些原料浸渍、涂布或包覆），但不包括税号 3404 的蜡
1000	——鞋类、皮革的抛光剂、膏剂或类似制剂
2000	——保养木质家具、地板或其他木艺的磨光剂、膏和类似制剂
3000	——车身抛光剂及类似制品，但不包括金属抛光等
4000	——去污膏或粉及其他去污剂
9000	——其他
3506	调制胶及其他调制黏合剂，不未列名；适用作胶或黏合剂的产品，供零售用的胶或黏合剂，不超过净重 1 千克
1000	——适于作胶或胶粘剂，供零售销售的产品，不超过 1 公斤净重 ——其他 ——以橡胶或塑料（包括人造树脂）为主的黏合剂

续表

关税表编号	产品/产品组
9110	——溶于有机溶剂
9120	——溶于水
9190	——其他 ——其他
9910	——用于动物饲料
9990	——其他
3707	摄影用化学制剂（油漆、胶水、黏合剂及类似制剂除外）；供照相用混合产品，定量包装或零售包装，可立即使用的形式销售
1000	——感光乳剂
9000	——其他
3805	通过蒸馏或其他方法从针叶木制得到的胶，木或硫酸盐松节油，双戊烯原油和其他萜烯油；亚硫酸盐松节油及其他粗制对异丙基苯甲烷；以松油醇为主要成分的松油
1000	——胶，木或硫酸盐松节油
9000	——其他
3808	杀虫剂、杀鼠剂、杀菌剂、除草剂、抗萌剂及植物生长调节剂，消毒剂及类似产品，已定型或零售包装或制成制剂及成品（例如，硫处理的绷带、灯芯、烛台和捕蝇板）
5010	——硫或铜化合物
5090	——其他 ——其他 ——杀虫剂
9110	——硫或铜化合物
9190	——其他 ——杀菌剂
9210	——与硫或铜化合物
9290	——其他
9310	——除草剂、抗萌剂及植物生长调节剂与硫或铜化合物
9390	——其他 ——消毒剂
9410	——1b 部分所列产品
9490	——其他

续表

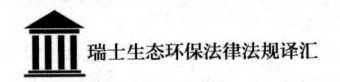

关税表编号	产品/产品组
9900	——其他
3809	在纺织、造纸、制革及类似工业用来加速染色和定型的整理剂、染料剂（例如，修整剂及媒染剂），未列名包括 ——淀粉质为主的产品
1010	——动物饲料
1090	——其他
9100	——用于纺织或类似工艺
9200	——用于造纸或类似工业
9300	——用于皮革或类似产业
3810	金属表面酸洗剂；用于焊接、纤焊或焊接、钎焊、焊粉或焊膏由金属及其他材料组成；用作芯或涂层焊接棒和电极
1000	——酸洗金属表面焊接，焊粉或焊膏由金属及其他材料
9000	——其他
3814	复合溶剂及稀释剂，不列名包括；低涂料和去漆剂
0090	——其他
3815	——反应引发剂，反应促进剂，催化剂，不列名包括 ——负载型催化剂
1100	用镍或镍的化合物作为活性物质
1100	——用贵金属或贵金属化合物作为活性物质
1900	——其他
9000	——其他
3817	混合烷基苯及混合烷基萘，但税目号 2707 或 2902 的不包括
0090	——其他
3820 0000	防冻制剂及配制除冰
3824	铸模及铸芯黏合剂；化工产品与化学或相关行业的制剂（包括由天然产品混合物），未列名包括
1010	——黏合剂黏合铸模及铸芯 ——动物饲料
1090	——其他
3000	——未结块的金属碳化物混合在一起，或与金属黏合剂混合物
4000	——配制添加剂用于水泥，砂浆或混凝土
5000	——非耐火的灰泥及混凝土

续表

关税表编号	产品/产品组
6000	——山梨醇比，子目号 2905.44 的除外 ——含有甲烷、乙烷、丙烷卤化衍生物混合物
7100	——含有氯化氟碳化合物，包括部分卤代氟氯甲烷，perfluori 经过 NAT 烃类或部分氟化烃
7200	——含溴氯，溴三氯甲烷甲烷或二溴
7300	——含部分卤代溴氟烃
7400	——含部分卤化的氯氟烃，包括全氟烃或部分氟化烃，但不含有氟氯碳化合物
7500	——含四氯化碳
7600	——含 1，1，1－三氯乙烷（甲基氯仿）
7700	——有溴甲烷（甲基溴）或溴氯甲烷
7800	——含全氟烃或部分氟化的烃，但不含有氟氯化碳或部分卤代碳氟化合物氯氟烃
7900	——其他 ——混合物和含有制剂环氧乙烷（环氧乙烷）、多溴联苯、多氯化联苯、多氯三联苯或三（2，3－二溴丙基）磷酸酯
8100	——含环氧乙烷（环氧乙烷）
8200	——含多氯联苯、多氯三联苯或多溴联苯
8300	——含三（2，3－二溴丙基）磷酸酯 ——其他 ——用于药品、食物材料
9098	——其他
3825	化学或相关工业的副产品，未列明包括；城市垃圾、污泥，在本章附注 6 规定的其他废物［含挥发性有机化合物特殊废物除外（有专针对特殊废物的补充文件）］
1000	——城市垃圾
2000	——污泥
3000	——医疗废物 ——废有机溶剂
4100	——卤代
4900	——其他
5000	——化学或相关行业的其他废物 ——金属酸洗液、液压油、刹车油和防冻液的液体废物

续表

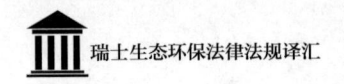

关税表编号	产品/产品组
6100	——主要含有有机成分的
6900	——其他
9010	——动物饲料
9090	——其他
3826	生物柴油及其混合物,不含或按重量计从沥青矿物提取石油或油类含量低于70%
0090	——其他
3901	——乙烯聚合物,初级形状
1000	——比重小于0.94的聚乙烯
2000	——比重0.94或更大的聚乙烯
3000	——乙烯醋酸乙烯酯共聚物 ——其他
9010	——1b部分所列商品
9090	——其他
3902	主要是丙烯等烯烃聚合物
1000	——聚丙烯
2000	——聚异丁烯
3000	——丙烯共聚物 ——其他
9010	——1b部分的商品
9090	——其他
3903	苯乙烯,初级形状的聚合物 ——聚苯乙烯
1100	——膨胀
1900	——其他
2000	——苯乙烯-丙烯腈共聚物
3000	——丙烯腈-丁二烯-苯乙烯共聚物
9000	——其他
3904	氯乙烯或其他卤化烯烃,初级形式的聚合物
1000	——聚(氯乙烯),不与任何其他物质混合的 ——其他聚(氯乙烯)

续表

关税表编号	产品/产品组
2100	——非塑的
2200	——塑化的
3000	——氯乙烯－乙酸乙烯酯共聚物
4000	——其他氯乙烯共聚物
5000	——偏二氯乙烯聚合物－氟聚合物
6100	——聚四氟乙烯
6900	——其他
9000	——其他
3905	——乙酸乙烯酯聚合物或其他乙烯酯聚合物，初级形状；初级形状的其他乙烯基聚合物 ——聚（乙酸乙烯酯）
1200	——在水溶液中
1900	——其他 ——乙酸乙烯酯共聚物
2100	——在水分散液中
2900	——其他
3000	——聚（乙烯醇），不论是否含有未水解的乙酸酯基团 ——其他
9100	——共聚物 ——其他
9910	——1b 部分所列产品
9990	——其他
3906	丙烯酸聚合物初级形状
1000	——聚（甲基丙烯酸甲酯） ——其他
9010	——1b 部分所列产品
9090	——其他
3907	聚缩醛，其他聚醚及环氧树脂，初级形状的聚碳酸酯，醇酸树脂，烯丙基聚酯和其他聚酯，初级形状 ——聚缩醛
1010	——1b 部分所列商品
1090	——其他 ——其他聚醚

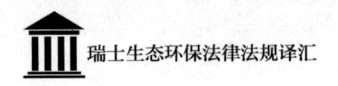

续表

关税表编号	产品/产品组
2010	——1b 部分所列商品
2090	——其他 ——环氧树脂
3010 3090	——1b 部分所列商品 ——其他
4000	——聚碳酸酯
5000	——醇酸树脂
6000	——聚（对苯二甲酸乙二醇酯）
7000	——聚乳酸 ——其他聚酯
9100	——不饱和的 ——其他
9910	——1b 部分所列产品 ——其他
3908	聚酰胺，初级形状的
1000	——聚酰胺-6，-11，-12，-6，6，-6，9，-6，10 或-6，12
9000	——其他
3909	氨基树脂，酚醛树脂和聚氨酯，初级形状的 ——脲醛树脂，硫脲树脂
1010 1090	——1b 部分所列产品 ——其他
2000	——三聚氰胺树脂
3000	——其他氨基树脂-酚醛树脂
4010	——1b 部分所列商品
4090	——其他
5000	——聚氨酯
3910 0000	初级形态的有机硅
3911	初级形态的石油树脂，苯并呋喃-茚树脂，萜烯，多硫化物，聚砜及本章附注 3 规定的其他产品，未列明及包括。
1010	——石油树脂，香豆酮，茚或香豆素，茚树脂和萜分散或溶于非水介质
1090	——其他

续表

关税表编号	产品/产品组
9010	——1b 部分所列商品
9090	——其他
3912	初级形状的纤维素及其化学衍生物，其他未列明即包括 ——醋酸纤维素
1100	——未塑化的
1200	——塑化的
2000	——硝酸纤维素（包括胶棉） ——纤维素醚 ——羧甲基纤维素及其盐
3110	——1b 部分所列商品
3190	——其他 ——其他
3910	——1b 部分所列商品
3990	——其他 ——其他
9010	——1b 部分所列商品
9090	——其他
3913	初级形态的天然聚合物（例如藻酸）及改性天然聚合物（例如，硬化蛋白，天然橡胶的化学衍生物）其他未列名的也包括
1000	——藻酸，其盐和酯 ——其他
9010	——在 1b 部分中所列的产品
9090	——其他
3914	初级形态下基于税号 3901—3913 聚合物的离子交换剂
0010	——1b 部分所列产品
0090	——其他

饮料容器条例

2000 年 7 月 5 日制定

（修订截止于 2008 年 1 月 1 日）

根据 1983 年 10 月 7 日联邦环境保护法第三十条 a 字母 b、第三十条 b 第二款、第三十条 d、第三十二条 a^{bis}、第三十九条第一款和第四十六条第二款，以及 1995 年 10 月 6 日联邦贸易技术障碍法的实施情况，联邦委员会颁布饮料容器条例。

第一章 总则

第一条 适用范围

一、本条例适用规范：

a. 瑞士境内使用的饮料容器供应和回收；

b. 为处理玻璃材质的饮料容器提供资助。

二、本条例适用于所有饮料容器，但牛奶或牛奶制品的容器除外。

第二条 定义

一、可回收灌装容器是指可用于反复灌装的容器。

二、不可回收灌装容器是指不能用于反复灌装的容器。

三、饮料容器的循环使用是指利用使用过的容器制造新的容器或其他。

第二章 饮料容器的要求

第三条 成分

销售者、生产者和进口商只有在收集、处理和循环利用时才能给容器提供包装，不应造成显著的额外消耗或明显的技术困难。

第四条　标签

为消费者提供饮料的销售者、生产者和进口商应当：

a. 对可回收灌装的容器进行标注，餐饮业除外；

b. 对有沉淀的饮料标明其沉淀量；

c. 在不可回收灌装 PVC 容器上标明在瑞士境内负责回收该容器的公司名称和地址。

第三章　供应和回收饮料容器

第五条　可回收灌装容器的强制处理

一、用可回收灌装容器为消费者供应饮料的零售商、生产厂家和进口商应当收取保有容器的费用，他们应当回收所有产品的可回收灌装容器，并向退换容器者付费。

二、以下情况可以免除上列义务：

a. 餐厅的经营者保证对回收灌装容器进行收集；

b. 零售商、生产厂家和进口商送货上门时收取了一笔相当于保留容器费用的不可退还的费用。

三、保留任何饮料容器的费用不得低于 0.30 法郎。

第六条　不可回收灌装 PVC 容器的强制保留

一、用不可回收灌装 PVC 容器为消费者提供饮料的零售商、生产厂家和进口商，应当收取保留容器的费用。

二、他们应当回收他们所储存的所有产品的不可回收灌装 PVC 容器，自费向退还者支付费用，将容器回收循环使用。

三、对任何不可回收灌装饮料容器的保留费用不得低于 0.30 法郎。

第七条　回收不可回收灌装聚酯和金属容器的附属义务

一、用不可回收灌装聚酯或金属容器给消费者提供饮料的销售者、生产厂家和进口商，以及那些不能保证处置通过财政资助提供给私有组织的所有容器的人，应当：

a. 在所有营业时间内回收所有销售点的不可回收灌装容器；

b. 自费将不可回收灌装容器用于循环使用；

c. 在销售点的显著位置标明他们接受退还这些类型的不可回收灌装

容器。

二、第八条中的联邦环境、运输、能源和通讯部的特别措施中保留对这些规定有约束作用。

第八条　循环利用水平不足时的措施

一、对于玻璃、聚酯和铝制成的饮料容器的循环利用水平应达到至少75%以上。包装材料的循环使用率指的是在瑞士境内，一个日历年度中该包装材料制成的可回收容器与不可回收容器的比例。

二、如果没有达到目标，联邦环境、运输、能源和通讯部可以要求零售商、生产厂家和进口商：

a. 对相关材料的不可回收灌装容器收取最低限度的保留费用；

b. 接受退还容器并偿付保留费用；

c. 自费将回收的容器用于循环使用。

三、联邦环境、运输、能源和通讯部可以限制这些容器的强制保留，此为尚未实现的循环使用目标的主要原因。如果能够以其他方式保证容器的循环使用，联邦环境、运输、能源和通讯部也可以豁免强制保留。

四、如果生产厂家和进口商每年供应超过100吨可循环使用的包装材料（而非玻璃、聚酯、铝或PVC）制成的不可回收容器，联邦环境、运输、能源和通讯部也可以为该材料规定一个最低限度的循环利用水平和符合第二款的措施。

第四章　玻璃饮料容器的预先支付处置费

第九条　支付费用的义务

一、向瑞士境内供应空玻璃瓶的生产厂家和进口这些容器的进口商，应当向联邦环境办公室指定机构支付相应的处置费用。

二、支付费用的义务也适用于进口灌装玻璃饮料容器的进口商。

三、以下情况不用支付费用：

a. 生产厂家和进口商供应或进口饮料容器容量小于0.09升；

b. 生产厂家和进口商每半年供应或进口的饮料容器少于1000个。

第十条　费用水平

一、每一个饮料容器的费用不得低于0.01法郎且不得高于0.10法郎。

二、在征询相关利益方的意见后，联邦环境、运输、能源和通讯部将根据第十二条中的行为的预期成本确定费率。

三、收费组织应当以合适的方式告知消费者费率。

第十一条 报告义务和支付日期

一、费用的支付者应当在每一个日历半年末之后30日内，告知收费组织在这一期间内他们供应的或进口的饮料容器的数量。数字应当按照收费组织和收费水平的要求分别注明。

二、在一个日历半年期间供应或进口的容器的费用将在该期间结束后60日内支付。在延迟支付的情况下，应当支付逾期利息；如果提前支付，收费组织可以许可贷款利息。

三、如果收费组织将收取费用的权利转交给联邦海关总署，则收费、支付日期和利息支付由海关法律法规规定。

第十二条 收费的使用

收费组织应当将收费用于以下活动：

a. 废旧玻璃的收集和运输；

b. 完好玻璃容器的清洗；

c. 为容器生产厂家和其他产品清洗和准备碎玻璃；

d. 提高玻璃饮料容器再利用和循环使用的信息；不高于年度收费的10%用于信息活动；

e. 退费（第十四条）；

f. 符合联邦环境办公室职权的活动。

第十三条 对第三方支付

一、任何人因实施第十二条所规定的行为而向收费组织请求偿付，其应当向收费组织递交申请，并在次年3月31日前提供相关证明的文书材料。收费组织可以决定申请书所应当包含的信息。

二、收费组织向任何第三方支付以上费用时，应当确定他们以节约和专业的方式实施以上行为。出于这一目的，收费组织可以进行询问。

三、收费组织可以根据可获取的资金确定对本法第十二条所规定行为的支付。收费组织在决定支付时，将考虑所使用玻璃的数量和质量以及这些行为对环境的影响。

第十四条 退还费用

一、如果出口商已经为出口的饮料容器支付过费用，出口商可以提交证明文书材料申请退还费用。

二、如果申请退还的费用少于 25 瑞士法郎，则不予退费。

三、每一个日历年度中都可以申请退费，但是应当在次年的 3 月 31 日之前提出。

第十五条　组织

一、联邦环境办公室可以授权一个适格的私有组织行使征税、行政管理和使用费用的权利。收费组织不能与饮料容器的生产、进口、出口、供应或处置有任何利益关联。

二、联邦环境办公室可以和收费组织签订最长达 5 年期的合同。合同将确定：收费组织可以使用多少比例的费用用于它自身的活动；提前解除合同的条件和结果。

三、收费组织将指定一个独立的第三方来审计它的财务。它应当为第三方提供所有必要的信息并允许其查阅档案。

四、收费组织可以和联邦海关总署就征收进口税费达成协议。联邦海关总署可以向收费组织提供有关海关申报的数据和进出口饮料容器的信息。

五、对于有义务向第三方支付费用的主体的商业秘密，收费组织应当予以保密。

第十六条　收费组织的监管

一、联邦环境办公室对收费组织进行监管，它可以对收费组织发布指令，特别是关于费用的使用发布指令。

二、收费组织应当为联邦环境办公室提供所有必要的信息，并允许其查阅档案。

三、收费组织应当在每年的 3 月 31 日前向联邦环境办公室就其上一年的活动提交报告。这一报告应当包含以下内容：

a. 年度的财务情况；

b. 审计报告；

c. 被通知收费而且因其收费水平而被列入清单的饮料容器的数量；

d. 分别阐述使用费用的目的、数量。

四、联邦环境办公室将发布报告，但不得披露属于商业秘密、生产秘密的信息，或者能够推导出商业秘密和生产秘密的信息。

第十七条　程序

一、收费组织以发布决定的方式对申请退费（第十四条）和向第三方支付（第十三条）做出决定。

第五章　通知的要求

第十八条　生产和进口

饮料的生产者和进口商应当在每年的 2 月底之前按下列要求向联邦环境办公室提供相关信息：

a. 上一年在瑞士境内所生产或进口的饮料数量，区分为可回收灌装和不可回收灌装容器，包装材料和饮料种类；

b. 上一年度用于生产的饮料或进口用于国内消费可循环使用的不可回收灌装容器的重量，且根据包装材料和饮料的种类被列入清单。

第十九条　退还和循环使用

一、负有义务收回不可回收灌装容器（第六条第一款、第七条第一款和第八条第二款）的零售商、生产厂家和进口商应当在每年的 2 月底之前向联邦环境办公室报告，其在上一年度所收回的容器的重量。应当根据包装的材料分项报告。

二、任何从事回收饮料容器业务，为了循环使用而进口或出口饮料容器的组织成个人，应当在每年的 2 月底之前，向联邦环境办公室通报上一年每一种包装材料的重量、循环使用的方法。

第二十条　对私有机构的报告

一、负有报告义务的主体也可以在每年的 2 月底之前向私有报告机构提供相关信息。他们应当保证这些报告机构应当在每年的 4 月底之前编撰这些信息并提交给联邦环境办公室。

二、联邦环境办公室有权检查所有个别的通知。

第六章　附则

第二十一条　实施

除非专门规定由联邦机关实施外，本条例由各州负责实施。

第二十二条　废止和修订

1990 年 8 月 22 日饮料容器条例已废除。

第二十三条 生效

一、本条例于 2001 年 1 月 1 日生效。

二、联邦环境、运输、能源和通信部决定本法第九条到第十四条、第十六条和第十七条的生效时间,与玻璃饮料容器预付处置费收费水平条例的实施相一致。

动物福利法

2005 年 12 月 16 日制定

（修订截止于 2011 年 1 月 1 日）

根据联邦宪法第八十条第一款、第二款，第一百二十条第二款，国民议会和联邦议会的联席会议，经审阅了联邦委员会 2002 年 12 月 9 日提交的报告后，通过动物福利法。

第一章 总则

第一条 目的

本法旨在保护动物的尊严和福利。

第二条 范围

一、本法适用于脊椎动物。联邦委员会确定本法所称具体脊椎动物种类和范围。在确定该范围时应当以科学关于无脊椎动物的知识为指导。

二、下列法律依然保留有效：1986 年狩猎法、1966 年 7 月 1 日联邦自然与文化遗产保护法、1991 年 6 月 21 日联邦捕鱼法、2002 年 12 月 13 日联邦职业培训法、1966 年 6 月 1 日动物流行病法。

第三条 定义

本法中的相关概念定义如下：

a. 尊严：当涉及动物的问题时必须考虑的动物的内在价值。任何施加于动物的压力，如果不具有更高利益的合法化原因，则构成了对动物尊严的忽视。如果对动物强加以痛苦、折磨和损害，如果让动物承受焦虑和羞辱，如果对动物的外表或能力施加重大的干扰，或者如果动物被过分工具化，均可视为构成对动物的压力；

b. 福利：下列情形视为符合动物福利：

①对动物合理管理和饲养，让动物的机体功能和行为免受妨害，避免对动物施加超出其适应性的过度需求；

②合适的物种培育行为，不超出动物的生物适应性得到保障的限度；

③动物处于医学上的健康状态；

④避免痛苦、折磨、损害和焦虑；

c. 动物实验：任何旨在实现下列目的而使用活体动物的行为：

①验证科学假设；

②观察特定方法对于动物的效果；

③验证某种物质；

④获得或检验细胞、器官或体液，除非是与农业生产、对动物的诊断和治疗措施，或为了确定动物种群的健康状况相关联的行为；

⑤获得或复制有机体；

⑥教学或培训。

第四条　原则

一、任何人在涉及动物的问题时，都应当尽可能地考虑动物的需要，并且在预期目标的范围内尽可能地保证动物的福利。

二、任何人都不得对动物强加以痛苦、折磨和损害，也不得以任何无正当理由的方式引起动物的焦虑或漠视其尊严。禁止任何对动物的不当对待、忽视和不必要的过度劳役。

三、联邦委员会禁止任何其他有损动物尊严的行为。

第五条　培训和信息

一、联邦政府将提高与动物有关的人员的培训和继续教育。

二、保证与动物福利有关的信息将向社会公开。

第二章　对待动物

第一节　动物的管理

第六条　总则

一、任何饲养或照看动物的人都应当以适当的方式予以喂养和照顾，为动物提供健康所必需的活动和行动自由，提供必要的居所。

二、在征询多方面利益集团之后，联邦委员会将颁布法规，确立最低限度的标准，确保动物的饲养符合科学思想、艺术和技术发展的水平。禁止任何形式的违背动物福利基本原则的动物饲养管理行为。

三、联邦委员会将明确对动物管理者和动物训练者的培训和继续教育要求。

第七条 报告和许可要求

一、联邦委员会将明确对于特定类型的动物管理和饲养行为必须履行报告和许可义务。

二、批量生产的农场动物居所系统和安装，在进入市场时应当取得联邦许可。相关系统和设备应当符合适于特定物种的管理要求，方可颁发许可证。联邦委员会规定具体的审批程序，确定该程序所适用的农场动物范围。

三、商业性的和私人饲养野生动物，如可能对管理和照护有特定挑战的，应当取得许可证。

第八条 投资保护

符合本法要求的提供给农场动物的建筑、建筑物和装置的使用年限至少应当与动物的一般寿命长度相当。

第九条 动物看管人

联邦委员会有权确定在特定地域范围和农业产业内应当启用动物看管人。

第二节 动物育种和转基因

第十条 动物育种和繁殖

一、使用自然方法或人工方法进行育种和繁殖，不应当给动物及其后代带来任何源于育种目的或与之相关的痛苦、损害或行为错乱，应当遵守关于动物实验的规定。

二、联邦委员会颁布关于动物育种和繁殖的法规，并确定关于评估育种目的和繁殖方法的可靠性的标准，并将动物的尊严作为考量因素。联邦委员会有权禁止任何具有体质和行为异常特点的动物育种、繁殖和饲养行为。

第十一条　转基因动物的许可要求

一、任何人从事转基因动物的养殖、育种、饲养、管理或贸易的，均要求取得州政府的许可。任何人为了研究、治疗或诊断的目的从事转基因动物的养殖、育种、饲养或贸易的，要求其根据本法第十九条第一款取得州政府的许可。在其他情形下，许可程序要遵守关于动物实验的法规以及2003年3月21日颁布基因工程法。

二、在征询多方面利益集团之后，非人类基因技术联邦伦理委员会、瑞士生物安全专家委员会、瑞士动物实验委员会、联邦委员会将确定关于权衡动物限制的条件，以对抗对转基因动物的养殖、育种、饲养、使用和交易进行研究的利益。

三、联邦委员会将颁布法规，规范研究机构从事本条第一款第二句中所指的活动，并对相关的基础设施、人员、监管和文书进行规范。

四、联邦委员会有权豁免许可要求或简化许可程序，特别是当其认为对动物的养殖、育种方法不会造成动物的痛苦、损害或行为错乱，以及动物的尊严已经得到了关注。

第十二条　报告义务

一、如果对转基因动物的养殖或育种导致了动物遭受痛苦、折磨、损害或行为错乱，或动物的尊严被侵害，应当将此情况报告州政府当局。

二、州政府当局将这些报告提交给州动物实验委员会，并将决定是否继续许可进行育种的申请。

三、联邦委员会规定关于报告的具体要求。

第三节　动物贸易

第十三条　审批制度

对动物的商业贸易以及因广告目的对活体动物的利用应当取得许可证。

第十四条　国际贸易

一、出于动物福利和物种保护的目的，联邦委员会有权对动物或动物产品的进口、运输和出口附加条件，限制或禁止。为了保障对犹太人群和伊斯兰人群的充足食品供应，前述规定不适用于犹太肉类食品和清真肉类食品。这些相关社群、法人单位或合伙组织依然保留进口和获得上述食品的授权。

二、禁止进口狗和猫的皮毛以及用其皮毛制成的产品。

第四节 动物运输

第十五条

一、运输动物应当采取保护性措施，不能有不必要的停滞。从装载地起算的运输时间不能超过6小时。联邦委员会可以对豁免颁布规定。

二、在征询了多方面利益集团之后，联邦委员会将对专业从事动物运输人员的培训和继续教育颁布规定。

第五节 对动物的外科手术

第十六条

有痛苦的外科治疗只能由专家指导下用全身麻醉或局部麻醉的方式进行。联邦委员会有权确定其他例外情形。联邦委员会有权确定专家的资质。本条应当符合本法关于动物实验的相关规定。

第六节 动物实验

第十七条 最低限度

如果动物实验会导致动物的痛苦或损害，引起动物的焦虑，损害动物的福利，或损害动物的尊严，应当最大程度限制和减少此类实验。

第十八条 许可义务

一、任何要实施动物实验的人都应当从有权的州政府当局取得许可。

二、本法第十一条第一款最后一句规定的活动，等同于许可程序范围之内的动物实验。

三、州政府将关于本法第十七条规定的动物实验的许可申请转交给州动物实验委员会。

四、许可应当在限定的期间内做出。许可应当符合相关的条件和要求。

五、从事动物实验的研究机构和实验室，以及实验动物的居所设施应当开展对动物种群数量的调查。

第十九条 条件

一、对于从事动物实验的研究机构和实验室，联邦委员会将对其相关人员的培训和继续教育设定具体的要求条件，也包括对实验用动物的居所、培育和管理设定具体要求。

二、联邦委员会对如何评价本法第十七条中必要性确定具体的标准。

三、联邦委员会有权确定某些实验目的是不能容许的。

四、如果动物实验中，在获取预期知识的同时，导致了不相称的痛苦、折磨和伤害，或引起动物不相称的焦虑，则这种动物实验就是不能容许的。

第二十条 实验的开展

一、只有当实验给动物造成的痛苦、折磨和伤害是为了实验目的而不可避免的时，才是可以被允许的。

二、只有在实验目的无法在进化级别较低的物种中实现，以及没有合适的替代性方法可用的情况下，才能在较高进化级别的动物中开展动物实验。

三、联邦委员会将对开展实验的具体条件和要求做出进一步的规定。

第七节 屠宰动物

第二十一条

一、在宰杀哺乳动物之前，应当在开始放血之前将其击昏。

二、联邦委员会也可以规定某些其他动物在被宰杀之前应当先将其击昏。

三、联邦委员会有权确定哪些击昏的方式可以被采用。

四、在征询了多个行业组织之后，联邦委员会对屠宰场所工作人员的培训和继续教育做出具体规定。

第三章 研究

第二十二条

一、联邦政府开展和支持关于动物福利的科学研究。

二、在与大学和产业界的合作中，对于可以替代动物实验，减少动物利用，或减少给动物造成的压力的方法，联邦政府将大力推动这些方法的发展、认证和使用。联邦政府特别推动旨在消除本法第十六条所称的那些外科手术中的痛苦、折磨和焦虑的研究项目。

第四章 行政和公权部门

第二十三条 禁止饲养动物

一、政府部门有权禁止下列人员在特定期限或非特定期限内拥有、培育、买卖动物：

a. 为反复地或严重地违反本法及其细则规定的人；

b. 因为其他原因没有能力管理和养殖动物的人。

二、一个州政府颁发的上述禁令在全瑞士境内通用。

三、联邦政府有关部门应对已经发出的禁令制作清单。

四、州政府有关部门怀疑某些迁移进入其州境内的人可能触犯了本法的动物管理规定时，可以对清单进行检索。

第二十四条 监管干预

一、如果相关管理部门发现动物被疏于照顾，或处于不完全合适的条件下时，应当立即予以干预。管理部门可以采取预防措施将动物没收；将其安置在合适场所，由动物的所有人来支付费用。如果必要，管理部门应当出售动物或者对其实施安乐死。在采取上述行动时，管理部门要求警察部门的协作。

二、上述交易所得款项在扣除程序所需的成本费用后归动物的所有人。

三、如果发现了本法规定的故意的、应当予以处罚的行为，负责实施动物福利法律法规的管理部门应当对此行为进行报告。

第二十五条 公权部门

一、有职责的联邦政府部门有权根据州法律和联邦法律针对州政府做出的有关动物实验的决定提出正式的起诉。

二、州政府部门应当将其决定立即理解告知有关的政府部门。

第五章 刑事犯罪

第二十六条 虐待动物

一、任何人有下列行为之一的，将被判处监禁或罚金刑：

a. 虐待或遗弃动物，或让动物不必要地过度劳作，或以任何其他方式损害动物的尊严；

b. 故意地用导致动物遭受折磨的方式杀死动物；

c. 组织与动物的或动物之间的打斗，可能导致动物被折磨或被杀死。

d. 在实验过程中对动物施加痛苦、折磨、伤害，或导致其焦虑，为了实验目的不可避免的除外。

c. 出于处置动物的目的，将动物抛弃或遗弃在居所或农场。

二、如果行为人因为过失而实施上述行为，将依法对其处以拘留或最高 20000 法郎的罚金。

第二十七条　国际贸易中的违法行为

一、任何人违反了 1973 年 3 月 3 日濒危野生动植物种国际贸易公约，进口、出口、运输进出瑞士，或拥有该公约附件一、二、三所列明的动物或动物制品的，将依法对其处以一定期限的监禁或罚金。如果违法者因为过失实施以上行为，将依法对其处以一定期限拘留或最高 20000 法郎的罚金。

二、任何人违反了国际贸易中的相关规定（第十四条）的，将依法对其处以一定期限监禁或最高 20000 法郎的罚金。预备实施、协助实施或教唆上述违法行为也构成违法行为。如果是因为过失实施了违法行为的，将依法对违法者处以一定期限的拘留或最高 20000 法郎的罚金。

第二十八条　其他违法行为

一、任何人故意实施下列行为的，将处以一定期限的监禁或罚金，除非应当适用本法第二十六条的规定：

a. 无视关于动物管理的规定；

b. 违反了关于培育或养殖动物的规定；

c. 违反了关于养殖、培育、饲养、买卖或利用转基因动物的规定；

d. 违反了运输动物的规定；

e. 违反了对动物实施外科手术或开展动物实验的规定；

f. 违反了屠宰动物的规定；

g. 对动物实施了本法或相关条例禁止的其他行为。

二、意图、协助或教唆实施违法行为也构成违法行为。如果违法者因为过失实施违法行为的，将依法对其处以一定期限拘留或最高 20000 法郎的罚金。

三、任何人以任何方式故意或过失地违反本法规定、本法的施行、对行为人通知其有关本法的强制性内容的个别决定的,将依法对其处以罚金。

第二十九条 诉讼时效

对于违法行为的追诉时效是 5 年,对违法行为的处罚时效是 4 年。

第三十条 法人实体和合伙组织

适用于 1974 年 3 月 22 日联邦行政刑法第六条。

第三十一条 追诉

一、对违法行为的追诉和审判属于州相关部门的职权。

二、有职权的联邦部门负责调查和审判本法第二十七条所列违法行为。如果同时存在违反了 2005 年 3 月 18 日海关法的行为,联邦海关总署负责开展对违法行为的调查和处罚。

三、如果某种行为构成了上一款所述违法行为,同时违反 2005 年 3 月 18 日海关法、1992 年 10 月 9 日食品法、1966 年 7 月 1 日动物健康法、1986 年 6 月 20 日狩猎法或 1991 年 6 月 21 日联邦捕鱼法而应当被联邦当局追诉的,将依法从重处罚;处罚力度也会适当加大。

第六章 附则

第一节 实施

第三十二条 联邦政府和州政府的施行

一、联邦委员会有权颁布实施细则,有权授权其他联邦机构颁布技术性的实施规定。

二、各州有责任实现本法的施行,除非法律另有规定。各州可以根据本州情况施行本法。

三、联邦委员会有权确定如何对动物所有者进行检查,如何监管动物实验。对动物饲养管理的检查和相关的数据收集,应当与农业、动物健康和食品方面的立法所规定的检查相协调一致。

四、联邦委员会对执法机构的培训和继续教育作出规定。

五、本法在海关部门的执行,本法第七条第二款所述范围内的授权程序，以及对动物和动物制品的国际贸易监管，由联邦政府负责。

第三十三条　州技术办公室

各州应当设立技术办公室，由各州兽医办公室管理，其目的在于保证本法以及基于本法制定的规定能够得以施行。

第三十四条　州动物实验委员会

一、各州授权一个动物实验专家委员会，该委员会独立于各许可管理部门，系代表动物福利的组织。两个及两个以上的州可以设立一个联合委员会。

二、该委员会负责审查申请并向许可管理部门提交建议。在对实验用动物的管理和实验的开展进行检查时，可向该委员会进行咨询。各州也可以赋予该委员会更多权利。

第三十五条　联邦动物实验委员会

一、联邦委员会设立一个动物实验专家委员会，为联邦有关部门提供顾问服务，也为各州所提出的重大问题和争议案件提供服务。

二、联邦动物实验委员会在非人类领域与联邦生物技术伦理委员会合作。

第三十六条　动物实验统计

联邦有关部门每年对瑞士境内的所有动物实验发布统计报告，为公众提供关于动物实验和动物转基因方面的信息。

第三十七条　一致目标

联邦委员会可以与各州为了实现本法部分条款的目的而达成一致意见和协议。

第三十八条　组织和公司的共同决策

一、联邦政府和各州可以就本法的实施咨询相关组织和公司，也可以建立符合实现本法目的的组织。

二、联邦政府和各州监管这些组织和公司的共同决策。赋予这些组织和公司的职责与权力应当符合相关管理部门的职权表述。它们应当向相关管理部门提供其业务管理和财务审计的具体信息。联邦和各州政府的议会控制不受本规定的影响。

三、联邦委员会和各州可以授权相关组织和公司在业务活动中收取费用。

第三十九条　使用权

受命执行本法律的公权部门有权利进入和使用相关的场所、设备、交通工具，获得和使用相关的文献和动物。在此种情况下，他们具有相当于司法警察的地位。

第四十条　联邦政府的监管

经济事务部代表联邦政府对各州执行本法的情况进行监管。

第四十一条　费用

一、除非另有规定，实施本法不收取费用。

二、可以授权各州征收以下方面的税费：

a. 许可和官方决定；

b. 因投诉而开展的调查；

c. 超出正常办公职能而支出了费用的特别服务。

三、联邦委员会对各州的收费设定限制。

第四十二条　地方法规

一、如果为了本法的施行需要各州制定补充规定的，各州有义务起草相关法规。

二、各州将制定补充规定的情况报备经济事务部。

第二节　现行法律的废除和过渡规定

第四十三条　现行法律的废除

1978年3月9日动物保护法已经废除。

第四十四条　关于本法第十六条的过渡规定

自2009年1月1日期，禁止对未昏晕状态下的猪仔实施阉割手术。如果在此时间后没有其他可替代的方法，联邦委员会可以推迟实施此禁令，最长不超过两年。

第四十五条　关于法律救济的过渡性规定

在2005年6月17日行政法正式施行之前，作为对联邦司法管理总则规定的补充，法律救济的规定如下：经济事务部的上诉委员会负责处理因不服联邦兽医办公室的决定而提起的诉请。

第三节 公投和生效

第四十六条

一、本法受选择性公投的约束。

二、在全民众倡议提出的"支持现代动物保护"法案被撤回或驳回之前,本法不会发布于《联邦公报》上。

三、联邦委员会决定本法的生效日期。

生效日期:2008年9月1日。

瑞士生态环保法律法规译汇

下篇

环境保护法律法规

联邦环境保护法

1983 年 10 月 7 日

（修订截止于 2013 年 11 月 1 日）

根据联邦宪法第七十四条第一款，国民议会和联邦议会的联席会议，经审阅了联邦委员会 1979 年 10 月 31 日的公告后，通过联邦环境保护法。

第一部分　原则和总则

第一章　原则

第一条　目的

一、该法旨在保护不利条件下受到影响和干扰的人类、动物、植物、生物群落、栖息地，维持可持续生存的自然资源，尤其是生物多样性和土壤肥力。

二、必须在限制性影响发展成不利影响和干扰之前采取措施。

第二条　污染者付费原则

任何人都要遵守污染者承担治理费用的法律规定。

第三条　遵守其他法律、法规的相关规定原则

一、严格遵守其他法律相关规定。

二、立法涵盖了放射性物质和电离辐射范畴，目的是预防辐射和原子能造成的危害。

第四条　实施其他环境保护相关规定

一、基于其他联邦立法制定的关于大气污染、噪声、振动、辐射的法规必须遵循限制排放（第十一条）、环境限制值（第十三至第十五条）、预警值（第十九条）和规划值（第二十三至第二十五条）等原则。

二、基于其他联邦立法制度处理环境有害物质和有机体的法规，必须遵从控制环境有害物质（第二十六至第二十八条）和有机体（第二十九条 a 至第二十九条 h）的原则。

第五条 国防豁免原则

若出于国防需要，联邦委员会有权通过法律手段调整该法案。

第六条 告知与建议原则

一、主管部门为公众提供环境保护和环境污染水平的客观信息。

二、环保部门（第四十二条）应给予官方和个人建议。

三、环保部门提出减少环境污染的措施。

第二章 总则

第七条 定义

一、"影响"即由于项目的建设运营、有机体处理不当或浪费以及不合理利用土地引起的大气污染、噪声、振动、水污染或水干扰、土壤污染、有机物遗传性或生物多样性改变的现象。

二、大气污染、噪声、振动、辐射等从设备排放出来时被视为排放物，环境污染视其影响大小而定。

三、"大气污染"指由于烟雾、煤烟、灰尘、气体、喷雾、蒸汽、异味、废热等引起空气自身成分改变的现象。

四、次声波和超声波属于噪声。

四^{bis}、"土壤污染"是指土壤的物理、化学、生物成分改变。土壤是指可以生长植物的土地表层。

五、"物质"是指天然的或人造的化学元素及其化合物。原材料（混合物、化合物、溶剂）和包含这些物质的用品也被认为是物质。

五^{bis}、"有机体"是指任何具有能够复制或转移遗传物质能力的生物实体。含有这种实体的混合物也称为有机体。

五^{ter}、"转基因生物"是指通过人为干预繁育或自然重组的方式改变生物体遗传基因。

五^{quater}、"病原生物体"是能够引发疾病的生物体。

六、"废弃物"是由它的持有者丢弃或者出于公众利益考虑丢弃的任何材料。

六、^{bis}"废物处理"包括在填埋池里对废弃物进行回收、沉积,废弃物收集、运输、存储、处理等环节的初级阶段也在这里进行。"处理"即改变废弃物的物理、化学、生物成分。

六、^{ter}"处理"是指任何与物质、有机体、废弃物相关的行为,尤其是它们在生产、进出口、流通过程中放置、使用、存储、运输和废弃过程中的行为。

七、"设施"是建筑、交通路线、其他固定以及非固定设施的总称。电器、机器、车辆、船舶和飞机也被视为设施的一部分。

第八条　影响评价

影响评价可以通过个人、集体或者根据实际情况进行自由组合等方式进行。

第九条

已废除。

第十条　灾害预防

一、任何正在经营或者计划经营那些可能对人类以及其生存环境造成严重威胁的设施时,必须采取必要的手段对公众及环境进行保护。必须要确保合理选址、设置安全距离、采取相关技术手段、安装监控及布设预警系统。

二、由各州规定防灾职责并指定报告机构。

三、设施运营者有义务及时向报告机构反映一切可能发生灾害重大事件。

四、如果没有其他保护公众及自然环境方法,联邦政府可以通过法规禁止某些生产方法并且保证某些产品存货。

第三章　环境影响评价

第十条a　环境影响评价

一、在对设施进行规划、建设或改造之前,执法部门必须对可能产生的环境影响进行评估。

二、环境影响评价适用于可能对环境产生重大污染的项目。影响评价通过制定具体措施确保项目规划或选址符合环境保护的规定。

三、由联邦委员会指定的设施类型也要进行环境影响评估；规定阈值并对超过阈值的项目进行评估。联邦委员会也可以根据需要对项目类型和阈值定期检验和调整。

第十条 b　环境影响评价报告

一、对项目进行规划、建设和改造的负责人要向相关主管部门提交环境影响评价报告。这是环境影响评价的基础。

二、报告中包含该项目规划应符合环境保护法规定，遵循环保部门制定的指导方针等内容，具体内容如下：

a. 现状调查；

b. 规划，包括提出环境保护措施、预防减灾措施；

c. 其他可预见环境影响问题。

三、在编写评估报告之前，进行前期调查。如果调查表明项目建设会对环境产生影响并且需要采取环境保护措施，那么前期调查的结果可作为环境影响评价报告。

四、主管部门有权向相关方索取项目资料，要求他们做更细致的说明，也可以进行专家评审。但在此之前，主管部门应允许他们阐述自己的观点。

第十条 c　报告评定

一、环保部门对前期调查、环境影响评价报告及提出的对策有决定权。由联邦委员会制定报告评定期限。

二、当内容涉及炼油厂、铝冶炼厂、热电站或大型冷却塔时，主管部门必须向联邦办公室进行咨询之后再进行评定。联邦委员会的职责可以延伸、覆盖到其他领域。

第十条 d　公众评定

一、在不涉及需要保密的公共或私人利益情况下，任何人均可以查阅报告和环境影响评价的结果。

二、任何情况下都必须保护贸易和商业机密。

第二部分 污染防治

第一章 大气污染、噪声、振动和辐射

第一节 排放

第十一条 原则

一、采取措施限制大气污染、噪声、振动和辐射来源（限制排放）。

二、不考虑现有的环境污染，在经济允许的情况下，限制排放措施要与技术和操作条件一致。

三、考虑到现有环境污染程度，如果排放量超出当前水平，主管部门应更加严格地限制排放。

第十二条 排放物限制

一、规定受限制的排放物：

a. 最大排放值；

b. 规定建筑物和设备排放值；

c. 规定交通或运营设备排放值。

二、如果没有给出相关条例，可以通过联邦环境保护法的条例或法规限定排放值。

第二节 环境污染水平

第十三条 环境限值

一、联邦委员会规定：环境限值用来评估对环境产生不利影响或干扰的程度。

二、同时，也要考虑到污染程度对特殊敏感人群，如儿童、病人、老人、孕妇的影响。

第十四条 空气污染限值

必须要根据当前的科学知识和经验设定空气污染限值，使空气污染低于这一水平：

a. 不危害人类、动物、植物、生物群落及其栖息地；

b. 不严重影响人类福祉；

c. 不破坏建筑物；

d. 不损害土壤肥力、植被、水域。

第十五条 噪声和振动的环境限值

噪声和振动限值必须要根据当前的科学知识和经验设定，使环境噪声低于一定水平，从而不严重影响人类福祉。

第三节 改进措施

第十六条 改进义务

一、没有遵循环境保护法或其他联邦法律中关于环境保护规定的设施必须改进。

二、联邦委员会颁布设施的相关规定，其中包括措施的范围、时限和程序。

三、在主要改善工作进行之前，主管部门必须要求设施管理者递交改进提案。

四、在紧急情况下，作为预防措施，主管部门责令其对设施进行整改，并有权下令关停设施。

第十七条 个人特权

一、若第十六条第二款中提到的改进措施无法正常实施，主管部门可授予其特权。

二、必须使空气污染限值、振动限值、环境噪声预警值控制在限定范围之内。

第十八条 设施结构改建或扩建

一、改建或扩建能够同时满足设施功能的完善。

二、出现第十七条中享有或取消特权的情况。

第四节 关于防止噪声和振动的补充规定

第十九条 预警值

为了评估在实施改进措施（第十六条第二款、第二十条）时可能出现的紧急情况，联邦委员会设定一个环境噪声等级预警值，该值可能会高于环境限值（第十五条）。

第二十条　现有建筑的隔音方式

一、在道路、机场、铁路设施、其他公共或特许固定设施附近的一些建筑，若在采取措施之后，仍然不能将噪声等级降低到预警值之下，则业主想要长期在这种环境居住，就必须装隔音窗或采取其他措施以降低噪声干扰。

二、业主需要承担安装隔音设施的成本，若他们能够证明这些建筑在规划时就存在以下问题，将做另行处理。这些问题包括：

a. 规划时噪声已经超过环境限值；

b. 或者项目方案已经被公开。

第二十一条　新建建筑的隔音方式

一、任何长期用作居住的新建建筑，都必须采取适当的隔音措施以免受内外噪音和振动的影响。

二、由联邦委员会根据相关条例确定最低保护需求。

第二十二条　噪声影响区域的营建许可

一、根据第二款，只要不超过环境限值，可为以长期居住目的的新建建筑颁发营建许可。

二、若超出环境限值，只要合理安排房间并且采取必要的隔音措施，则可以为以长期居住为目的的建筑颁发营建许可。

第二十三条　规划值

联邦委员会对规划中的新建筑区和新建固定设施噪音防护制定最大规划值。这些规划值低于环境限值。

第二十四条　建筑区标准

一、对住宅或长期居住的其他场所的新建筑区进行规划。通过规划、设计，这些区域的环境噪声等级不能超出规划值，或者通过规划、设计等措施可以预测规划值。重新规划的建筑区不在新建筑区定义范围内。

二、对规划值超出现有住宅或居住场所范围，但尚未开发的建筑区，必须通过规划、设计等措施预测其规划值，否则就要对新建筑区使用方式重新分配，以减少其对噪声的敏感度。

第二十五条　固定设施建设

一、只要单个设施的噪声排放程度低于周边地区的规划值，就可以构建新的固定设施；规划部门需要对噪声等级进行预测。

二、若某项目属于公众利益，又与空间规划相关，若需按一定比例增大规划值，则可授权特批。但参考第三款，这种情况不能超过环境限值。

三、若在修建道路、机场、铁路设施以及其他公共设施或固定设施过程中，不能预测环境限值，则必须安装隔音窗或采取其他有效措施以降低噪声对建筑的影响，其中产生的费用由业主承担。

第二章　环境有害物质

第二十六条　自律

一、若对物质的循环使用、处理得当，这些物质及其产物、废弃物就不会危害环境或间接危害人类。

二、为此，制造商和进口商应严格自律。

三、联邦委员会应就制造商和进口商自律行为制定相关政策。

第二十七条　使用者知情权范围

一、销售者必须做到以下几点：

a. 告知使用者这些物质的环境属性；

b. 向使用者提供指导，若物质使用得当，就不会对环境和人类产生危害。

二、联邦委员会应该就使用者需要了解有关物质的性质、内容、范围等作出相关规定。

第二十八条　环境安全处理要求

一、必须以物质及其产物、废弃物无害于环境或不间接危害人类的方式处理物质。

二、必须遵循制造商和进口商的指导。

第二十九条　联邦委员会条例

一、由于物质的属性、使用方法、使用数量等可能危害环境或间接危害人类，联邦委员会有权就这些问题制定相关条例。

二、条例中要特别提到：

a. 为实现某些目的而将物质投放于环境，如使用除草剂、杀虫剂、防腐剂、化肥、生长素、道路用盐和燃料推进剂等；

b. 某些物质及其产物可以在环境中累积，如含氯有机化合物和重金属。

第三章 有机体处理

第二十九条 a　原则

一、有机体及其代谢产物、废弃物处理应遵循以下原则：

a. 不能危害环境和人类；

b. 不能影响生物多样性和可持续利用。

二、对转基因生物的处理必须依照 2003 年 3 月 21 日基因技术法的规定。

三、遵循其他法律法规中关于保护人类健康免受有机体危害的规定。

第二十九条 b　可控范围内使用病原生物体

一、处理病原生物体的人，不能出于试验或使用目的将其置于周围环境，特别是当有机体给环境和人类带来风险时，必须采取一切所需的控制措施。

二、处理病原生物体必须获得联邦委员会的书面通知或授权责任书。

三、对于某些病原生物体，联邦委员会应该提供简单的通知、授权或豁免权。但是根据当前的科学知识和经验水平，若违反第二十九条 a 中的原则，则不能得到授权或豁免权。

第二十九条 c　实验条例

一、任何以实验为目的，释放未曾使用的病原生物体的行为，均需要得到联邦授权。

二、由联邦委员会决定病原生物体的需求量和相关程序。特别规定以下情况：

a. 向专家进行询问；

b. 向任何可能发现、避免或消除不利影响的措施提供资金保障；

c. 向公众提供信息。

三、对于某些病原生物体，联邦委员会需要提供简单的授权或豁免权。但是根据当前的科学知识和经验水平，若违反第二十九条 a 中的原则，则不能得到授权或豁免权。

第二十九条 d　有机体的循环使用

一、若违反了第二十九条 a 中的原则，即使对有机体的处理符合相关规定，也不能进行循环使用。

二、制造商和进口商为符合法律要求必须自律。联邦委员会针对自律的性质、程度和监管制定相关条例。

三、只有得到联邦政府的授权，才能将病原生物体投放至生产流程中。

四、联邦委员会决定需求量及相关程序，并管理公开信息。对于某些病原生物体，联邦委员会需要提供简单的授权或豁免权。但是根据当前的科学知识和经验水平，若违反第二十九条 a 中的原则，则不能得到授权或豁免权。

第二十九条 d^{bis}　异议程序

一、参照第二十九条 c 第一款、第二十九条 d 第三款和第二十九条 f 第二款字母 b 中的要求，签发机关将授权申请公布在《联邦公报》并接受为期 30 天的公众审查。

二、在公众审查期间，任何参与管理审查的人都可以参照 1968 年 12 月 20 日联邦行政诉讼法向签发机关提出异议。没有异议的人不得参与进一步审查。

第二十九条 e　告知使用者

一、根据第二十九条 a 中的原则，有机体循环使用必须做到以下几点：

a. 应告知使用者有机体的属性；

b. 向使用者提供指导、操作规定。

二、必须听从制造商和进口商的指导。

第二十九条 f　完善联邦委员会条例

一、若违反第二十九条 a 中规定的原则，则联邦委员会将根据有机体及其代谢物、废弃物的属性、使用形式或使用数量对它们的处理作进一步规定。

二、尤其需要注意的是：

a. 管理运输、进出口及过境的有机体；

b. 对某些有机体进行授权、限制或禁止处理；

c. 制定措施预防某些有机体带来危害；

d. 制定措施保护生物多样性及其可持续利用；

e. 需要对某些有机体的处理进行长期研究；

f. 针对许可程序召开听证会。

第二十九条 g　咨询会

瑞士生物安全专家委员会和联邦道德委员会（2003年3月21日基因技术法第二十二条和第二十三条）建议联邦委员会针对有机体制定法规。

第二十九条 h　许可文件

任何人都有从执法部门获取信息的权利。这项权利已经在环境保护法、其他联邦法律和国际法律协议关于处理转基因生物的特殊规定中得到认可。这项许可权不适用于危害个人和公众利益的情况。

第四章　废弃物

第一节　减少废弃物产生、合理处理废弃物

第三十条　原则

一、尽可能避免产品浪费。

二、尽可能回收利用废弃物。

三、必须以合理合法的环保方式对废弃物进行处理。

第三十条 a　联邦委员会禁止内容

a. 禁止在市场上出售一次性的、短期使用的产品，如果其使用效益不足以弥补其对环境带来的损害；

b. 禁止使用处理难度大或者处理之后会对环境产生危害的物质；

c. 要求制造商避免产生环境不兼容的废料。

第三十条 b　回收

一、联邦委员会允许对废弃物的回收利用或分类处理。

二、联邦委员会需要将可回收利用或分类处理的产品投入流通，这就要求：

a. 允许产品用完后回收；

b. 收取较低的押金并在产品回收后退还。

三、联邦委员会可以安排建立定金赔偿基金，并且特别要求：

a. 将存款用于产品流通的商家需要将剩余的存款投入赔偿基金；

b. 盈余用来弥补资金的亏损以及鼓励支付返回的产品。

第三十条 c　对策

一、废弃物必须在垃圾填埋场进行沉积处理，以保证含有较少不溶于

水的有机碳。

二、废弃物只能在垃圾焚烧厂里进行焚烧，天然林、农田和园林废弃物除外，因为这些废弃物不会造成环境污染超标。

三、联邦委员会有权对特定类型废弃物的处理问题作进一步规定。

第三十条 d 回收利用

联邦委员会应该做到以下几点：

a. 在经济条件允许且与其他制造及处置新产品的方式相比，其环境损害较小的情况下，可以对其进行回收利用；

b. 严格限制原料和产品的使用，目的在于观察这样做是否会促进那些由回收的废弃物制成的相同产品（减少原料使用或成本）的销售。

第三十条 e 填埋工作

一、废弃物只能存放在垃圾填埋场。

二、任何人想要建立或经营垃圾填埋场都需要得到相关部门授权；除非他能够证明建立垃圾填埋场是非常有必要的，否则很难得到批准，因为相关部门了解可能会在此区域存放的废弃物的类型。

第三十条 f 特殊废弃物的处理

一、特殊废弃物的环境兼容处理需要特定的措施，联邦委员会就特殊废弃物处理问题做了相关规定，对这类废弃物的进出口及过境进行管理，并特别关注跨国合作的利益以及在处理设施对环境造成的影响上，瑞士和国外存在差异。委员会也有权针对参与特殊废弃物处理的瑞士公司制定条例。

二、需要注意以下几点：

a. 必须对特殊废弃物进行标记。同样，在瑞士境内进、出口及过境的废弃物也须标记；

b. 得到批准的公司有资格将特殊废弃物转移到瑞士；

c. 将特殊废弃物出口，必须得到联邦办公室的批准；

d. 只有得到主管部门批准的公司才有资格进口特殊废弃物。

三、若能够保证对特殊废弃物进行环境兼容处理，将会得到这些特权。

四、已废除。

第三十条 g　其他类型废弃物处理

一、参照第三十条 f 中第一、二款，若不能对其他类型废弃物进行无害化处理，联邦委员会将对此制定相应法规。

二、已废除。

第三十条 h　废弃物处理设施

一、联邦委员会针对废弃物处理设施制定相关技术和管理条例。

二、由主管部门对处理设施设定使用期限。

第二节　废弃物管理和处置义务

第三十一条　废弃物管理

一、行政机关制订废弃物管理计划。尤其是要根据当地实际需求，选择合适的地点建立废物处理设施。

二、将废弃物管理计划告知联邦。

第三十一条 a　合作

一、各州就废弃物管理和处理问题进行合作，能够避免处理设施过度建设。

二、若各州不同意合作，则其必须向联邦委员会递交一份解决方案。联邦委员会进行调解，若调解失败，则联邦委员会可能会下令各州：

a. 确定废弃物转移地点，即供处理、回收或沉积的垃圾填埋场；

b. 确定废弃物处理设施建造地点；

c. 必要时，使废弃物处理设施适合其他州，以降低成本。

第三十一条 b　城市垃圾处理

一、各州处理的城市垃圾主要来源于公共道路维修、公共污水处理以及生活垃圾。根据联邦法规规定的第三十一条 c 废弃物处理职责，废弃物必须由其所有者进行回收或者有第三方回收。

二、各州决定城市垃圾存放场所并确保废物处理设施有效运转。

三、废弃物所有者必须将废弃物交给垃圾管理机构或者政府指定的垃圾堆放点。

第三十一条 c　其他废弃物处理

一、任何其他形式的废弃物都必须由其产生者进行处理，或者是通过第三方处理。

二、必要时，政府可以通过适当的方式帮助所有者对废弃物进行处理，尤其是确定垃圾处理地点。

三、联邦委员会对垃圾处理点的选择起决定作用。

第三节 处理费用

第三十二条 原则

一、除非联邦委员会规定以其他某种方式承担垃圾处理费用，否则垃圾所有者必须承担垃圾处理费用。

二、若不确定废弃物持有者，或持有者无能力履行义务（第一款中提到的无能力承担处理费用），则由政府承担处理费用。

第三十二条 a 城市垃圾处理费用

一、政府有责任通过向垃圾制造者收费，以确保城市垃圾处理。政府收费要特别考虑以下几点因素：

a. 转移垃圾的种类和数量；

b. 垃圾处理设施建设、运营和维修的费用；

c. 处理设施的折旧费；

d. 利息；

e. 为适应法律条件和优化操作对设施进行维护、改进和更换所需的计划投资。

二、若增加对垃圾所有者收费危害到对城市垃圾处理环境的可持续性，则可以根据需要进行集资。

三、废物处理设施的运营商必须有充足的资金储备。

四、费用计算的原则必须适用于公众。

第三十二条 a^{bis} 预付费

一、联邦委员会要求制造商和进口商向由联邦政府指定、监管的私人组织交纳预付费，因为是他们将产品投放到市场，并在使用后产生大量废弃物，因而必须对这些废弃物进行特殊处理或回收。这些费用用来支付给处理垃圾的个人或市政机关。

二、联邦委员会根据废弃物处理费用，设定了最低和最高收费。该标准参照了联邦环境、交通、能源和通讯部制定收费标准。

三、联邦委员会规定了费用的收集和使用方式。这可能需要销售商通过一种适当的方式告知消费者收费标准。

第三十二条 b　垃圾填埋场的财务担保

一、任何经营者或想要经营垃圾填埋场的人,都必须通过收集储备金、交纳保险或其他方式保证设施正常运营、维护和修复。

二、若经营者的担保人是他本人,则他必须每年告知主管部门担保金额。

三、若第三方作为担保人,则他必须告知主管部门担保开始、暂停及终止的时间。联邦委员会可以规定在收到通知之后60天才能暂停或终止担保。

四、联邦委员会可以针对保证书制定相关规定,特别注意以下几点:

a. 确定其使用范围及持续时间,或由执法部门根据个案决议;

b. 当垃圾填埋场到期关停后,其所占用的土地归政府所有,并且制定相关的补偿规定。

第三十二条 b^{bis}　污染区开挖融资方法

一、根据第三十二条c的补救规定,若土地所有者将材料从污染区移走,他不需要对污染区进行处理。若存在以下几种情况,他可以向污染责任人和这个地区以前的业主索赔,索赔金额是对材料进行调查和处理所产生的额外费用的三分之二。这几种情况包括:

a. 负责人没有对土地污染支付任何赔偿或者以前的业主并没有因为污染降低土地出售价格;

b. 被移走的材料是建造或改造建筑物所必需的;

c. 或者是所有者在1972年7月1日至1997年7月1日期间获得了土地所有权。

二、所有权声明可能保留在当地的民事法庭。

三、第一点中提到的声明会被保留至2021年11月1日。

第四节　污染区修复

第三十二条 c　修复义务

一、若受污染的垃圾填埋场和污染区产生不利影响或者产生某种危害可能会扩大,则政府要确保这些危害能够得到补救。联邦委员会可以针对补救需要、目的和补救工作紧迫性制定法规。

二、政府对污染区进行登记注册，并且对公众开放。

三、以下几种情况下，经营者们可以自己或要求第三方针对污染区的污染情况进行调查、监测和治理，这包括：

a. 预防不利影响的需要；

b. 责任人无法给出即将采取的措施；

c. 在接到提醒并且时间允许的情况下，责任人未采取行动。

第三十二条 d　费用责任制

一、污染区负责人应该承担调查、监督和修复措施的费用。

二、若责任人多于两个，应该根据其承担的责任分担这些费用。由于管理不当产生污染，由主要责任人承担。若责任人在不知情的情况下，作为经营者，则其不承担任何费用。

三、无法确认责任人或责任人无能力支付时，公共机关要分担部分费用。

四、若有需要或者主管部门正在执行以上措施时，主管部门应就花费分配问题作出规定。

五、若经过调查，登记的污染区或者将被列入污染区的场所没有受到污染，则公共机关应当承担这次调查费用。

第三十二条 d^{bis}　费用担保

一、对可能产生危害的污染区进行调查、监督和治理产生的费用可能会由主管部门承担一部分，因此应当要求责任人提供适当的抵押担保，用来弥补其可能分担的费用。

二、抵押担保的费用由污染范围、性质、强度决定。若污染情况得到改善，担保的费用可以适当调整。

第三十二条 e　费用支付方式

一、向联邦政府支付费用。

a. 联邦委员会可以要求经营者根据垃圾场中的废弃物向联邦政府支付费用；

b. 也可以要求出口商对垃圾场中废弃物或出口废弃物向联邦政府支付费用。

二、参考垃圾填埋场的预期成本和不同类型，联邦委员会决定收费利率。这个利率相当于一个垃圾场中沉积废弃物平均成本的20%。

三、这些费用用来：

a. 污染区登记的条款，使经营者有机会在 2007 年 11 月 1 日之前表明他们对登记注册内容的观点；

b. 自 1996 年 2 月 1 日以来，经调查、监督和整治的污染区不再存放废弃物，这些地区可能是：

①无法确定责任人或者责任人无能力支付费用；

②或者污染区存放的垃圾中城市垃圾占很大比例；

c. 出于非商业目的，对填埋场中污染区的调查、监督和整治：

①2012 年 12 月 31 日以后，地下水保护区，没有继续存放废弃物；

②或者 2020 年 12 月 31 日以后，没有在其他地点存放废弃物；

d. 调查地点没有受到污染（第三十二条 d 第五款）。

四、要获取该款项，必须保证采取的措施具有环境兼容性、符合成本效益并且与现有工艺水平相当。付费标准如下：

a. 参照第三款字母 a 中的付费标准，每个场所固定支付 500 法郎；

b. 参照第三款字母 c 中的付费标准，就 300 米的填埋场而言，每个单元固定支付 8000 法郎；

c. 至于其他地点，需支付成本的 40%。

五、联邦委员会就收费、支付程序和可支付成本作出相关规定。

六、根据各州的法律制定条款，规定各州对污染区进行调查、监督和整治中的经费支出。

第五章 土壤污染

第三十三条 防治土壤污染的措施

一、由于土壤肥力长期存在，因此根据 1991 年 1 月 24 日联邦水资源保护法关于灾害管理、大气污染控制、环境危害物质和生物、废弃物和税收激励的相关措施，有必要将预防土壤化学和生物污染措施写入实施条例。

二、只有在土壤肥力不持续下降的情况下，联邦委员会可以针对诸如防治土壤侵蚀或压实等物理影响提出规定或建议。这里的土壤受到物理影响，不适用于建筑用地。

第三十四条　加强防治土壤污染

一、若某些地区的土壤肥力不能得到长期保证，则在与联邦协商后，政府必须对污水渗透、限制排放、使用物质和有机体、污染土壤等现象采取更加严格的措施。

二、若土壤污染危害到人类、动物或植物，政府必须限制土壤使用需求。

三、若土壤用于园艺、农业和林业，则这个区域的土壤就不可能以一种恰当的方式发育，这必然会对人类、动植物产生危害。因此政府必须制定措施减少土壤污染，并尽可能使用无害耕种方式。

第三十五条　土壤污染的参考值和修复值

一、联邦委员会为评估土壤污染设定参考值和土壤修复值。

二、参考值表明污染程度。就现有的技术经验而言，参考值表示土壤肥力将在长期时间内得不到保障。

三、土壤修复值表明污染可修复程度。就现有的技术经验而言，土壤修复值表示某些使用方式必然会对人类、动物或植物产生危害。

第六章　税收激励

第三十五条 a　挥发性有机物

一、制造或进口挥发性有机物，或将该类化合物使用或引入生产流程必须向联邦委员会缴纳税费。

二、进口含有此类化合物的色漆和清漆也应交纳税费。若此类化合物在相当大程度上对环境造成污染，或在产品制造成本中占有较大比例，瑞士联邦委员会有权进口其他混合物。

三、以下三种情况存在的挥发性有机物可以免除税收：

a. 用作电动机或热燃料；

b. 运输或出口；

c. 其使用和处理方式并不污染环境。

四、联邦委员会可在一定程度上授予额外成本免税政策，以鼓励使用的挥发性有机物和处理的排放物大幅低于法定范围。

五、对环境无害的挥发性有机物，联邦委员会可免除税收。

六、考虑到自实施之日起通货膨胀的附加费，将挥发性有机化合物的税率上限规定为 5 法郎/公斤。

七、参照空气质量指标设置税率政策时，联邦委员会要特别考虑：

a. 挥发性有机化合物对环境造成的污染；

b. 此类化合物代表对环境的危害；

c. 可限制此类化合物影响的实施成本；

d. 此类物质以及对环境污染较小的替代品的价格。

八、联邦委员会应按阶段制定税收政策，并预先设置每个阶段的时间表和等级。

九、来自税收的收益，包括利息，以及扣除成本之后的收入由公民共享。由联邦委员会调节分配过程，指导各州、市政机关及个人的收益分配。

第三十五条 b　特级轻燃油的含硫量

一、在瑞士进口、制造或萃取含硫量大于 0.1%（质量百分比）的特级轻燃油必须向联邦委员会缴纳税费。

二、对运输或出口含硫量大于 0.1%（质量百分比）的特级轻燃油免税。

三、考虑到自实施之日起通货膨胀的附加费，将含硫量大于 0.1%（质量百分比）的特级轻燃油税率上限定为 20 法郎/吨。

四、联邦委员会参照空气质量指标制定税率政策，要特别考虑：

a. 二氧化硫对环境造成的污染；

b. 制造含硫量为 0.1% 特级轻燃油的额外成本；

c. 国民经济供应的需求。

五、来自税收的收益，包括利息，以及扣除成本之后的收入由公民共享。由联邦委员会调节分配过程，指导各州、市政机关或个人的收益分配。

第三十五条 b^{bis}　汽油和柴油含硫量

一、在瑞士进口、制造或萃取含硫量大于 0.001%（质量百分比）的汽油和柴油必须向联邦委员会缴纳税费。

二、对运输或出口含硫量大于 0.001%（质量百分比）的汽油和柴油免税。

三、考虑到自实施之日起通货膨胀的附加费，将汽油和柴油税率上限定为 5 分/升。

四、联邦委员会有权规定汽油和柴油税率。

五、参照大气质量指标设置税率政策时,联邦委员会要特别考虑:

a. 大气污染物对环境造成的污染;

b. 气候保护的需求;

c. 制造和销售含硫量为 0.001%(质量百分比)汽油和柴油的额外成本;

d. 国民经济供应的需求。

六、来自税收的收益,包括利息,以及扣除成本之后的收入由公民共享。由联邦委员会调节分配过程,并指导各州、公营机构或个人的利益分配。

第三十五条 c 纳税义务和程序

一、以下人员有纳税义务:

a. 在瑞士,制造商和生产商需按照 1925 年 10 月 1 日关税法的规定对进口挥发性有机物交纳税费;

b. 制造商和生产商需按照 1996 年 6 月 21 日矿物油税法对进口特级轻燃油、汽油和柴油交纳税费。

二、截至税收完成之日,若不满足免税条件,则应向联邦缴税。由此造成的其他花费,联邦委员会可根据规定举证要求,拒绝退款。

三、由联邦委员会规定挥发性有机化合物的税收和退款过程。至于进出口程序,则遵循海关法案相关规定。

四、^{bis}进出口以及制造或提取特级轻燃油,其征税、退税程序参照联邦矿物油税法规定。

五、制造或生产有机物必须缴纳税费。

第三部分 执法、激励措施和程序

第一章 执法

第一节 各州执法

第三十六条 各州执法权力

根据第四十一条,实施该法是各州的职责。

第三十七条 执行规定

各州执行防灾规定（第十条）、环境影响评价（第十条 a）、改进措施（第十六至第十八条）、隔音建筑物（第二十条和第二十一条）以及废弃物（第三十至第三十二条，第三十二条 a^{bis} 至第三十二条 e），须经联邦批准生效。

第二节 联邦委员会执法

第三十八条 监督和协调

一、联邦委员会监督该法实施。

二、联邦委员会负责协调各州及其自身机构的执法措施。

三、联邦委员会确定考查、测量和计算方法。

第三十九条 实施规定和国际法协议

一、由联邦委员会颁布实施规定。

一、^{bis}实施过程中，按照国际统一的技术法规和适用标准，并且：

a. 授权联邦办公室负责申报下属部门对本条例和标准的修订；

b. 以特定方式出版规则和标准。

二、下述事宜，应结合国际协议完成：

a. 技术法规；

a.^{bis}对环境有害的物质（第二十六至第二十九条）；

b. 避免废弃物的产生及处置；

c. 通过建立国际委员会寻求边境地区的合作；

d. 进行数据收集和调查；

e. 进行研究和培训。

三、已废除。

第四十条 投入市场的成套生产设备

一、联邦委员会根据产生的环境污染物，通过合格评定、标识、注册或授权等方式，将成套生产设备投放到市场。

二、联邦委员会可识别国外的测试、合格评估、标识、注册和许可。

第四十一条 联邦执法权力

一、联邦执行第十二条第一款字母 e：热和发动机燃料规定；第二十六款：自动调节；第二十七款：信息接受者；第二十九款：物质管理规定；第二十九款 a 至第二十九款 h：对环境有害的生物；第三十条 b 第三款：存款赔偿基金；第三十条 f 和第三十条 g：进出口废弃物；第三十一条 a 第二款和第三十一条 c 第三款：联邦废物处理措施；第三十二条 a^{bis}：预付费处置费；第三十二条 e 第一至第四款：融资整治责任；第三十五条 a 至第三十五条 c：税收激励措施；第三十九条：实施规定和国际法协定；第四十条：投入市场的系列生产设施；以及第四十六条第三款：物质和生物信息。联邦委员会要求各州履行某些职责。

二、联邦政府在实施另一联邦法案或国际协议的同时，也要保证环境保护法的执行。决议之前必须先征询各州意见。联邦办公室和其他联邦机构按照 1997 年 3 月 21 日政府与行政组织法第六十二条 a 和第六十二条 b 的规定共同执行相关工作。

三、由相关联邦机构监督执行第二款规定不适用的责任。

四、联邦执法部门必须考虑各州的环保措施。

第二节 a　与私营部门合作

第四十一条 a

一、职责范围内，联邦和各州可以按照本法与私营机构合作。

二、可通过设置分级目标和期限，促进部门协同共进。

三、在执行规定之前，必须对私营部门的措施进行审查。若需要，可以将部门协议作为全部或部分实施规定。

第三节　专项执法规定

第四十二条　环保机构

一、各州应设立专门机构或指定现有的公共机构处理环境问题。

二、联邦办公室是联邦的专门机构。

第四十三条　执法职责代理

执法机关可将执法职责，尤其是监控权，委托于公共机构或私营实体。

第四十三条 a　生态标识和环境管理

一、联邦委员会可制定关于：

a. 环境标识体系（即"生态标识"）；

b. 以及评估和改善环境保护机构的规定（即环境管理和审计）。

二、联邦委员会必须考虑国际法和国际公认的技术标准。

第四十四条　环境污染调查

一、联邦和各州进行环境污染调查，并审查环境保护法中相关措施的有效性。

二、由联邦委员会负责协调联邦和各州的数据收集和整理工作。

三、根据基因技术、食品、保健产品、化工、农业、传染病和流行性疾病等立法法规，联邦委员会决定废弃物和有机体的信息收集，并将信息提供给联邦办公室。

第四十四条 a　大气污染行动计划

一、若预测到大气污染会引发不良影响或干扰，主管部门必须拟订措施计划，这有助于及时减少或消除不良影响（即行动计划）。

二、由各州委托执法部门实现行动计划约束力。执法部门必须严格区分当令即施的法律措施与框架待议的法律措施。

三、若由联邦委员会负责行动计划实施，各州必须为联邦委员会制定必要的处理程序。

第四十五条　定期检查

联邦委员会要求对燃油炉设备、垃圾处理设施和工程机械做定期检查。

第四十六条　提供信息的义务

一、公民有义务向当局提供执行该法所需的信息，并在必要时接受查询。

二、联邦委员会或各州有权要求记录空气污染、噪音和振动、废弃物及其处理，以及物质和有机体的种类、总量及估价，以便为当局储存和处理提供所需数据。

三、对环境构成威胁或直接投入生产流程的物料或有机体，联邦委员会有权要求提供其信息。

第四十七条　信息和商业机密

一、系列生产设备的一致性评估测试结果必须根据要求公开并定期进行公布。

二、根据第四十六条，若公众有兴趣了解，在咨询当事人后主管部门有权公布设备检查和信息搜集的结果。检查的结果根据要求必须公示，除非违背公众利益；同时，在任何情况下都必须保证贸易和商业机密。

三、负责执行本法的工作人员、专家、委员及技术人员受官方保密约束。

四、只有在国际协议、国际组织决议或联邦法案规定下，实施该法案所获取的机密信息才可向国外政府和国际组织公布。由联邦委员会规定其职责和程序。

第四十八条　费用

一、根据本法收取许可证、检查和特殊服务费用。

二、该利率由一级联邦委员会以及各州法律主管部门制定。

第二章　激励措施

第四十九条　培训和研究

一、联邦委员会有权根据本法进行职责人员的基本和高级培训。

二、联邦委员会可委任或支持研究和技术评估。

三、可促进设施和流程的改善，从而减少公共污染。财政援助通常不会大于成本的50%。作为发展商业化开发的结果，必须按比例退还收入。联邦委员会应将改良措施及报告的结果每五年一次向联邦大会提交，以便进行总体评估。

第五十条　公路沿线环境保护措施补助

一、作为从矿物油税和国家高速公路收费净收入一部分，联邦委员会根据1985年3月22日联邦指定用途矿物油税法的规定，资助公路沿线的环境保护措施以及主干线的道路升级，对于主干线的费用补贴，该税费是全球矿物油税的一部分。此外，在各州计划协议的基础上，联邦还将赞助路网中其他道路减少噪音和隔音措施升级的成本费用，该项资助金额视措施成效而定。

二、对于联邦援助下主干线及其他道路环境保护措施升级成本费的使用情况，各州应向联邦委员会进行汇报工作。

第五十一条　控制及监督设施

若有两个或两个以上的州使用控制及监督设施，联邦委员会将提供实施本法测量、控制及检测设备的建设和设置费用。

第五十二条　废弃物处置设施

一、若不能以其他途径获取融资，联邦委员会可以为废弃物处置设施建设提供信用担保，尤其是废弃物来源为两个或两个以上州的负责人。

二、联邦议会批准信贷的最高金额取决于其近几年的贷款信用。

第五十三条　环境保护的国际合作

一、联邦委员会可给予以下赞助捐款：

a. 国际环境保护领域的国际组织或项目；

b. 有关环境的国际协议的实施；

c. 国际环境协议的秘书处永久设立于瑞士；

d. 在国际环境协议中支持发展中国家和转型国家。

二、根据第一款字母 d 的规定，任何情况下，作为信贷体系，捐款授权为两年或两年以上。

三、联邦委员会根据本法案对授权资金的有效使用进行监督，其后向联邦议会进行汇报工作。

第三章　程序

第一节　上诉

第五十四条

已废除。

上诉程序由联邦司法的通用条文规定。

第二节　组织对设施裁决的上诉权

第五十五条　组织享有上诉权

一、根据第十条 a 环境因素评估的要求，各州或联邦的环保组织有权对设施规划、建设及修正裁决提出上诉，须符合下列要求：

a. 该组织在瑞士本国范围内活动；

b. 追求非盈利目标；任何商业活动都必须有助于实现非盈利目标。

二、上诉权适用于此类机构，即只针对有效期至少十年的条款所规定的依法上诉对象。

三、由联邦委员会指定有上诉权的组织。

四、由该组织最高执行部门负责提出上诉。

五、组织可授权其州内或州外的附属机构的法律独立性，以便根据当地实际情况提出反对意见以及视情况提出上诉。

第五十五条 a　裁决通知

一、根据第五十五条第一款，执法部门通过书面通知、联邦官方公报发表物或市区机关刊物的形式，通知组织其裁决结果。

二、若联邦或各州的法律提出异议程序，应用程序也必须按照第一款公布。

第五十五条 b　申诉权丧失

一、若在裁决中改变态度，但没有寻求法律追索权，此类组织只能作为一方参加后续诉讼。对于强行收购，1930年6月20日联邦强制购买法同样适用本条例。

二、若该组织没有参与联邦或各州法律的异议程序，则视为放弃上诉。

三、若某组织没有对判决的土地利用规划提出申诉，或者此申诉被充分的法律效力所驳回，则在随后的程序中，该组织则不能提出同样的诉讼。

四、第二款和第三款同样适用于各州法律中针对土地利用规划提出异议和上诉的规定。

第五十五条 c　申请者和组织之间的协议

一、若申请人与组织签订有关公共法律事务的协议，这些协议则视为应用流程，并与执政部门联系。执政部门应考虑其裁决或决议结果。若1968年12月20日联邦行政诉讼法第四十九条的规定存在缺陷，则执政部门不必考虑其产生的结果。

二、若出于以下目的，申请人和组织之间关于财务或其他利益达成的协议将无效：

a. 由公法义务实施，特别是规定征收机关；

b. 非公共法律规定的或与该项目无关的措施；

c. 申请豁免法律诉讼或其他诉讼的赔偿金。

三、根据第二款，若组织违反法律或要求保护非法利益，执法机关对其上诉不予考虑。

第五十五条 d　早期开始建设工作

工程实施之后的诉讼程序结果不能对建设工作产生任何影响。

第五十五条 e　程序费用

若某申请人或组织败诉，则应当由它支付上诉费。

第三节　环保组织对有机体使用授权的上诉权利

第五十五条 f

一、环保组织有权提出上诉，反对授权任何将病原有机体在流通环境中的合法使用，这类组织必须符合以下要求：

a. 在瑞士国家领土上活动；

b. 在提交诉讼之前至少成立十年。

二、由联邦委员会指定有上诉权的组织。

三、应用第五十五条 a 和第五十五条 b 第一款及第二款。

第四节　公共机关就强制收购问题申请安全、补救措施成本

第五十六条　政府主管部门的上诉

一、联邦办公室有权根据联邦和各州法律提出上诉反对州政府在本法及其实施办法基础上做出的裁决。

二、在与邻近州发生领土争端的问题上，各州同样有该项权利。

三、已废除。

第五十七条　公共部门的上诉

收到裁决后，公共部门享有联邦和各州律法上的上诉权，反对各州和联邦政府根据本法及其实施办法的裁决，并享有撤销和修正裁决的合法权益。

第五十八条　强制购买

一、凡为施行本条例所需，联邦和各州有强制购买或将其转让给第三方的权利。

二、各州须表明强制购买法案适用于其规定实施，规定：

a. 由各州政府决定仍然存在争议的反对意见；

b. 若通过强制购买可以明确这些影响，则裁审处可授权简化程序。

三、强制购买的联邦立法适用于多个州境内的项目。这种情况下，由

联邦环境、交通、能源以及通信部门决定强制购买项目。

第五十九条　安全和补救措施成本

主管部门为防止当前的环境污染制定措施或补救方案的费用计入环境污染负责人名下。

第四部分　义务

第五十九条 a　一般规定

一、建造或安装对环境有特殊威胁设备的经营者，有义务对这种威胁发生时所带来的损失或毁坏负责。对于致病有机体处理时引起的损失或毁坏的情况，适用第五十九条 a^{bis}。

二、作为一项规定，以下场所和设施视为特殊环境：

a. 在使用物质、有机体以及产生的废弃物的基础上，联邦委员会可以执行第十条中的规定；

b. 用于废物处置的物质；

c. 污染水的液体处理物质；

d. 联邦委员会对其专门出台许可要求或其他特殊规定以保护环境的物质。

三、若任何人能够证明对受害方或第三方造成的损失或伤害，是由不可抗力或重大过失引起的，则可减轻其责任。

四、实施义务法典第四十二至第四十七条以及第四十九至第五十三条。

五、第三条适用于其他联邦法案的责任规定。

六、联邦、各州和市镇也可以按照第一至五款追究法律责任。

第五十九条 a^{bis}　病原生物体

一、处理病原生物体控制系统中的授权人或负责人，未经许可因实验目的或将其投放到生产流程中，对病原生物体引起的损失全权负责。

二、若病原生物体属于农业或林业所使用的辅助剂或由其制成，经许可投入使用，由授权人专门负责承担由农业、林业或客户产品使用病原生物体所需设备而引起的损失。

三、根据第二款的责任制度，因不当操作或其他方式引起或加重损失者，有其追索权。

四、经许可进入生产流程的其他病原体引起的损失，若该有机体存在缺陷，由授权人承担责任；根据科学技术准则，同时一并承担生产流程中未检测出缺陷引起的损失。

五、若不能保证在任何情况下都能达到预期的安全级别，说明这样的病原生物体存在缺陷。下列情况应格外重视：

a. 其呈现给公众的方式；

b. 适当地按照预期使用；

c. 将其投入到生产环节中时。

六、包含病原生物体的产品不会因其是之后投入生产流程的改良产品而不存在缺陷。

七、损失或损害必须是由病原生物体所导致。

八、赔偿人有证明因果关系的责任。若证据不确定，或当事人不能有效地提供当前需要的证据，则法院可根据概率对案件进行权衡。法院还可以为了案件事实建立相关职权。

九、要求授权或提交报告人必须偿付重设已遭到破坏或毁灭的环境要素，或找到替代等价物代替所需且合适的措施的花费。若被破坏或毁灭的环境要素不属于产权人，或当前情况下权利人没有采取所需措施，在需要的情况下，损害赔偿请求权则属于政府机关。

十、任何人证明因不可抗力或重大过失而造成对受害方或第三方的损失，免除其责任。

十一、实施义务法典第四十二至第四十七条和第四十九至第五十三条。

十二、联邦、各州和市镇也可按照第一至第十一款追究法律责任。

第五十九条 b　担保

作为对受害者的保护：

a. 联邦委员会要求某些机构或设施的运营商，以及授权或报告申请人处理病原生物体时，通过保险或其他方式为其潜在风险提供担保；

b. 由联邦委员会决定该担保的程度及持续时间，或其职权委托给政府决定个案的裁决；

c. 联邦委员会要求担保人告知主管部门担保开始、暂停及终止时间；

d. 联邦委员会规定收到通知的 60 天以内担保不得暂停或终止；

e. 联邦委员会规定，当垃圾处理场关停后，其占用的土地归州所有，并制定相关的补偿章则。

第五十九条 c　规定

一、损害赔偿请求权按照义务法典第六十条规定。

二、赔偿请求权规定，由于操作病原生物体引起的损失，伤者三年后获得责任人对损失认可；在该场所或设施引起损失的事件发生三十年后宣告结束；病原生物体投入生产流程后也宣告结束。

第五十九条 d　追索权规定

追索权根据第五十九条 c 规定。三年期限从连带责任人认同并完全支付赔偿算起。

第五部分　刑法规定

第六十条　轻罪

一、故意实施以下行为：

a. 违背安全预防措施的规定，未能遵守禁止的生产方法或非法持有存货；

b. 其明确或必须承担将物质投放到生产流程中可能对环境造成的危害，或以特定方式使用间接危害他人安全的行为（第二十六条）；

c. 未告知接受者物质的环境相关属性（第二十七条第一款字母 a）或需提供必要的操作说明而未进行说明（第二十七条第一款字母 b），而蓄意将该物质投入生产流程；

d. 故意以与使用说明相反的方式处理物质，致使其衍生物或废弃物对环境造成危害或间接危害他人健康（第二十八条）；

e. 蓄意侵犯有关物质或有机体管理的条例（第二十九条、第二十九条 b 第二款、第二十九条 f、第三十条 a 字母 b 和第三十四条第一款）；

f. 以第二十九条 a 第一款规定的侵害方式处理有机体；

g. 处理病原生物体时未采取任何必要控制措施（第二十九条 b 第一款）；

h. 未经授权，释放试验致病有机体或将其在生产流程中使用（第二十九条 c 第一款和第二十九条 d 第三款和第四款）；

i. 其明确或必须承担将有机体投放到生产流程中，以特殊方式进行生产而违反第二十九条 a 第一款规定的行为（第二十九条 d 第一款）；

j. 未能向接受者提供必要信息及说明而将有机体投入生产流程中（第二十九条 e 第一款）；

k. 故意以与使用说明相反的方式处理有机体（第二十九条 e 第二款）；

l. 已废除；

m. 未经授权建造或经营垃圾填埋场（第三十条 e 第二款）；

n. 未能为转移特殊废弃物进行标记（第三十条 f 第二款字母 a）或将其转移至无相关授权许可的企业（第三十条 f 第二款字母 b）；

o. 未经授权接收、进口或出口特殊废弃物（第三十条 f 第二款字母 c 和 d）；

p. 违反与特殊废弃物运移相关的条例（第三十条 f 第一款）；

q. 违反废弃物处理规定判处三年以内监禁或罚款（第三十条 a 字母 b）。

二、若属于过失行为，则判处罚款小于 180 个日罚款单位的罚金刑。

第六十一条 违例事项

一、以下行为属违例事项：

a. 未能遵守本法规定的排放量限制（第十二条和第三十条第一款）；

b. 未能遵守补救指令（第十六条和第三十二条 c 第一款）；

c. 未能遵守官方规定的隔音措施要求（第十九条至第二十五条）；

d. 蓄意提供虚假或不完整信息及说明（第二十七条）；

e. 在无相关信息和说明的情况下处理物质，而导致物质及其衍生物或废弃物对环境产生危害，或间接危害他人健康（第二十八条）；

f. 在室外非法燃烧废弃物（第三十条 c 第二款）；

g. 在经批准的垃圾填埋场外堆放废物（第三十条 e 第一款）；

h. 蓄意破坏与废弃物相关的报告职责（第三十条 f 第四款，第三十条 g 第二款，第三十二条 b 第二款、第三款）；

i. 蓄意侵犯与废物相关的条例（第三十条 a 字母 a 和字母 c，第三十条 b，第三十条 c 第三款，第三十条 d，第三十条 h 第一款，第三十二条 a^{bis}，第三十二条 b 第四款，第三十二条 e 第一至四款）；

k. 违反特殊其他形式废弃物的运移规定（第三十条 g 第一款）；

l. 未能保证垃圾填埋场的关闭成本、善后及补救工作的信贷资金（第三十二条 b 第一款）；

　　m. 侵犯土地属性及使用条例（第三十三条第二款，第三十四条第一款和第二款），或破坏土地排污措施的规定（第三十四条第三款）；

　　n. 侵犯市场销售系列生产设备条例（第四十条）；

　　o. 拒绝向主管部门提供信息或提供错误信息（第四十六条）；

　　p. 侵犯责任担保规定条例（第五十九条 b）可处20000法郎以内罚金。

　　二、若为过失行为可处罚金。

　　三、预谋及同谋也属犯罪行为。

第六十一条　违反税收激励的行为

　　一、根据第三十五条 a、第三十五条 b 和第三十五条 b^{bis}，故意或过失逃税、阻碍征税，或获取其自身或其他人的非法有利税率（免税或退税），可被处所逃、所阻或非法获得税金不大于其5倍的罚款。若纳税额无法准确量化，则须加以估算。

　　二、任何企图获取非法有利税率的个人或他人即构成犯罪。

　　三、由海关总署根据海关法案相应程序规定的第一款、第二款起诉并审判工作失职的官员。

　　四、在同一时间构成的犯罪行为，由海关总署按照第一款或第二款内容进行判决；违反海关立法或矿物油税法构成犯罪的，按较严重罪行处罚，并且可以适量加刑。

第六十二条　行政刑法的适用

　　一、违反本法的违法行为适用1974年3月22日联邦行政刑法第六条和第七条。

　　二、对于税收激励的违规行为，同样适用1974年3月22日联邦行政刑法的相关条例。

第六部分　最终条款

第六十三条

　　已废除。

第六十四条　联邦法规适用性

　　若其他联邦法案中制定的有关环保条例与本法相抵或不符，则必须根据联邦委员会制订计划调整或补充其法案。

第六十五条　各州的环境法律条例

一、在联邦委员会执行其权利制定相关条例之前，各州须在咨询联邦环境、交通、能源及通信等部门后，根据本法案自行制定章则。

二、各州不得规定新的环境限制值、报警级别或规划值；也不得为系列生产设施或物质/有机体处理制定新的符合性评估法规。在联邦委员会法规生效之前，本法适用于各州。

第六十六条　联邦立法修正案

第六十七条　公投及生效日期

一、本法受选择性公投的约束。

二、联邦委员会决定本法的生效日期。

生效日期：1985年1月1日。

大气污染防治条例

1985 年 12 月 16 日制定

（修订截止于 2010 年 7 月 15 日）

根据 1983 年 10 月 7 日联邦环境保护法第十二条、第十三条、第十六条和第三十九条，联邦委员会颁布大气污染防治条例。

第一章 总则

第一条 目的和范围

一、本条例旨在保护人类、动物、植物及其生物群落、栖息地和土地免受大气污染之损害及不利。

二、本条例适用于：

a. 对导致大气污染的设备排放的预防性限制，定义详见保护法第七条；

a.^{bis} 开放性的垃圾焚化；

b. 对热燃料和发动机燃料的要求；

c. 允许的最大环境大气污染水平（环境限制值）；

d. 超量环境大气污染水平发生时的程序。

第二条 定义

一、固定设施是指：

a. 建筑物及其他固定构筑物；

b. 对地形的改造；

c. 设备和机器；

d. 收集汽车尾气并将其作为废气排放于环境中的大气流通系统。

二、交通工具是指机动车、航空器、轮船和铁路。

三、交通基础设施是指道路、飞机场、铁路铁轨和其他交通工具等向环境排放废气，且未经收集的设施。

四、新设施也包括经改进、扩建或维修，且符合下列情况之一的设施：

a. 产生的预期排放较之前更高或不同；或者

b. 产生的成本达到新设施成本的一半以上。

五、当环境大气污染水平超过附录七中的一项或多项环境限制值时，环境大气污染水平超限。若对某污染物无明确的排放标准时，存在下列情况之一的，应当认定为其环境大气污染水平超限：

a. 使人类、动物、植物及其生物群落和栖息地处于危险状态；

b. 有调查显示其对污染主要成分的形成有重要影响；

c. 对建筑物存在损害；

d. 对土地肥力、植被或水体存在损害。

六、出售是指，设备或机器在瑞士的分配或使用过程中的首次移转或处理。与出售同等的是，在以前不存在出售的情况下，首次将设备或机器在某一组织中的授权。

第二章　排放

第一节　新固定设施的排放限值

第三条　根据附录一至四的排放预防性限制

一、新固定设施的设置和操作方式应当符合附录一中关于排放限制的要求。

二、下列设施适用附加要求或不同要求：

a. 附录二列明的设施：应当符合其中所列的要求；

b. 燃烧设施：应当符合附录三所列要求；

c. 对第十九条 a 中规定的建筑机械及颗粒过滤系统、第二十条规定的燃烧设施和第二十条 b 中规定的机械装置：应当符合附录四中所列要求。

第四条　政府部门规定的排放预防性限制

一、本条例未对排放限制做出规定，或者明确特定限制不适用于该排放的，政府部门应当预防性地对该排放作出限制，但限制应当以技术和操作可行性及经济可接受性为限。

二、下列情况下，排放限制措施具有技术和操作可行性：

a. 其已经在瑞士或国外具有可比性的设施上成功测试；或

b. 其被成功运用于实验中，并且从技术的角度能被运用于其他设施。

三、对排放限制的经济可接受性的评估应当以相关行业的平均、经济健全企业作为基准。如一特定部门中包含了广泛不同的类别，则评估应当以相关类别中的平均企业作为基准。

第五条　政府部门规定的更严格排放限制

一、若单个计划设施有可能造成超限的环境大气污染水平，即使该设施满足排放预防性限制的要求，政府部门仍应当对该设施作出附加或更高排放限制的要求。

二、排放限制要求应当被补充或提高至不再引起超限环境大气污染水平的程度。

第六条　排放的收集与排除

一、对排放的收集应当尽可能地完全并靠近排放源，对排放的移除方式应当以足以阻止超限环境大气污染水平为限。

二、排放通常应当通过烟囱或废气导管的方式在高于房顶的高度上排放。

三、附录六适用于烟囱。如要求的烟囱高度 H 不能实现，或如参数 H_0 超过 100 米，政府部门应当提高附录一至三中规定的排放限制要求，以此作为替代方案。

第二节　现存固定设备的排放限制

第七条　预防性排放限制

关于新设固定设施预防性排放限制的规定（第三、四、六条）适用于现存固定设施。

第八条　强制性改造

一、政府部门应当确保不符合本条例规定的现存设施进行改造。

二、政府部门应当发布必要的裁定，并按照第十条进行改造的时间限制做出明确规定。在有必要的情况下，政府部门应当限制或关停处于改造阶段的设施。

三、设施所有人在预定的改造期内将设施关停的，无需进行设施改造。

第九条　更严格排放限制

一、如查明某单个的现存设施导致超限环境大气污染水平，即使其已符合预防性排放限制要求，政府部门也应当对该设施作出附加或更严格排放限制要求。

二、排放限制要求应当以超限环境大气污染水平不再存在为标准。

三、附加或更严格排放限制要求应当以改造裁定的方式作出，该裁定应当包含符合第十条第二款规定的时间限期。在有必要的情况下，政府部门应当对处于改造期的设施作出运行限制或关停命令。

四、如超限环境大气污染是由一个以上的设施引起的，则还应当适用第三十一至第三十四条规定的程序。

第十条　改造时限

一、标准改造时限为五年。

二、存在下列情况之一的，应当适用不少于 30 日的较短时限：

a. 改造无需重大投入的；

b. 排放超过预防性排放限制值三倍的；

c. 该设施自身造成的环境大气污染超限。

三、在下列情况下适用最长为十年的较长时限：

a. 排放少于预防性排放限制值的 1.5 倍，或不符合关于废气损耗的规定，并且

b. 不属于第二款字母 a 或字母 c 规定的情形。

四、上述规定不影响根据第三十二条作出的较短改造时限令。

第十一条　宽免

一、如根据第八条和第十条进行的改造不成比例，特别不具有技术和操作可行性或者经济可接受性的，政府部门经请求应当对设施所有人作出宽免。

二、作为宽免，政府部门可以首先给予较长时限。如较长时限不充

分，政府部门则应当做出较轻排放限制规定。

第三节 固定设施管理

第十二条 排放申报

一、设施造成大气污染的，其运行者或者意图建造者应当向政府部门提供下列信息：

a. 排放种类及水平；

b. 排放的地点、高度及时间；

c. 排放评估所需要的其他排放情况。

二、排放申报可以以实测或以物料衡量为依据。

第十三条 排放的监测与检查

一、政府部门应当根据排放限制要求进行监测。排放测量或检查应当由政府部门自行作出，或以其名义做出。

二、在可能的情况下，首次监测或检查应当在新设施或经改造设施试运转后的三个月内做出，最迟不得超过十二个月。

三、对燃烧设施的监测或检查通常应当每两年重复进行一次，对其他设施监测或检查通常应当每三年重复进行一次。本条不影响附录二和附录三中相反规定的适用。

四、设施可能造成重大排放的，政府部门应当作出命令，对排放或对其他能够达致排放管理的操作参数进行持续性监测和记录。

第十四条 监测程序

一、监测必须涵盖所有与评估有关的操作条件。在必要的情况下，政府部门应当明确监测的种类和程度，以及将涵盖的操作条件。

二、排放监测应当按照公认的度量学规则进行。联邦环境办公室应当推荐适合的测量方法。监测系统和监测稳定性的技术要求详见2006年2月15日监测仪器条例。

三、检查设施的所有人应当按照政府部门的指导安排具有可适性的监测装置，并确保其可行性。

四、监测报告应当包含监测值和计算值、所使用的测量方法及测量该设施时的操作条件。

第十五条 排放评估

一、监测值应当按照附录一第二条第三款规定的参考值进行修正。

二、除附录一至四另有规定外，按照第一款计算得出的值在评估中应当表述为每小时平均值。在合理情况下，政府部门可以规定其他适当的平均周期。

三、在监测的批准和管理中，如根据第二款确定的平均值均不超过限制值，则视其符合排放管理要求。

四、在持续性监测中，如在一个日历年中符合下列情况的，则视其符合排放限制值：

a. 无日均值超过排放限制值；

b. 97%的小时平均值不超过限制值的1.2倍；

c. 无小时平均值超过限制值的2倍。

五、政府部门在对启动和关停期间的排放进行评估时应当考虑其具体情况。

第十六条 旁路线及故障

一、旁路线仅能在获得政府部门批准的情况下，用于保护废气清洁系统。

二、如旁路线的使用或故障可能导致重大排放，则政府部门应当对将要采取的措施作出规定。

第四节 交通工具及交通基础设施的排放

第十七条 交通工具排放的预防性限制

根据道路交通、航空、船舶和铁路方面的立法，预防性措施应当用于控制交通工具的排放，但该措施应当以技术和操作可行性以及经济可接受性为限。

第十八条 交通基础设施排放的预防性限制

在交通基础设施中，政府部门应当对交通基础设施中与交通有关的排放，规定预防性排放限值措施，但该措施以技术和操作可行性及经济可接受性为限。

第十九条 交通超限环境大气污染水平的控制方法

如交通工具或交通基础设施已经或将要造成超限环境大气污染水平，

则应当适用第三十一至第三十四条规定的程序。

第四节 a 对建筑机械及颗粒过滤系统的要求

第十九条 a 要求

一、在建筑地点使用的装有内置氧化压缩点火引擎,且能量输出率高于 18 千瓦的设备及机械(建筑机械),应当符合附录四第三条规定的要求。

二、新设建筑机械只有在经证明符合附录四第三条第二款和第三款的规定时,方可出售。

三、建筑机械仅在安装了符合附录四第三条第二款和第三款要求的颗粒过滤系统后,方可使用。

第十九条 b 一致性证明

一、一致性证明包括:

a. 一致性评估机构颁发的证明,证明该种建筑机械或颗粒过滤系统符合附录四第三条规定的要求(即一致性证明),该评估机构应当符合 1995 年 10 月 6 日联邦贸易技术壁垒法第十八条的规定;

b. 制造商或进口商做出的关于该待售的建筑机械或颗粒过滤系统符合检验类型的声明(一致性声明),具体包括:

①该制造商或进口商名称及地址;

②建筑机械、引擎及颗粒过滤系统的类型名称;

③建筑机械、引擎及颗粒减少系统的生产年份及序列点;

④一致性评估机构的名称、地址及一致性证明编点;

⑤为该制造商或进口商签署一致性声明人的姓名及其作用;

⑥该建筑机器上标记的准确位置;

c. 附录四第三条第三款列明的标记。

二、一致性评估机构应当向联邦环境办公室提交一致性证明以及其他相关测试报告。联邦环境办公室应当公布符合规定的颗粒过滤系统类型的名单。

三、制造商或进口商应当在建筑机械或颗粒过滤系统出售后十年内保留一致性声明。

第五节 燃烧设施的出售

第二十条 出售条件

一、下列燃烧设施经证明其一致性满足附录四中的要求后方可以出售（第二十条 a）：

a. 额定热输入不超过 350 千瓦的用于超轻质燃油或燃气的鼓风式氧化器；

b. 字母 a 规定的鼓风式氧化器锅炉，且其热载体为水，并安全温度限制器的关停温度不超过 110 摄氏度；

c. 字母 b 规定的锅炉，且该锅炉系用于鼓风式氧化器的（部件）；

d. 装有大气气体燃烧器的锅炉或环流加热器，该气体氧化器的额定热输入不超过 350 千瓦，热载体为水，并且安全温度限制器的关停温度不超过 110 摄氏度的；

e. 字母 d 中规定的锅炉或环流加热器，且其上装有气化型"超轻"燃油锅炉；

f. 装有超过 30 升水且额定热输入不超过 350 千瓦的直接燃气储存加热器（锅炉）；

g. 额定热输入为 35～350 千瓦的燃气瞬时热水器；

h. 使用附录五第二条第三款规定的燃料的燃烧设施，且该设施的额定热输入不超过 350 千瓦的，例如：锅炉、空间加热器、炊具、储存加热器、嵌入装置以及明火；下列手工业者制造的燃烧设施不需符合一致性证明要求：

①使用经认可的计算方法建成的设施，尤其是经瑞士炉具装配及安装协会（VHP）认可的评估厨具计算项目，或

②通过使用除尘系统，使其在通常操作条件下产生的燃气颗粒沉降已降低 60% 以上的。

二、已废除。

三、对无一致性声明的设施，各州可以对其进行实际测试，但该测试只能用于有限数量的设施，且时间不得超过两年。超过该期限仍未取得与其类型相适的一致性声明的设施不得继续使用。

第二十条 a　一致性证明

一、燃烧设施的一致性证明包含：

a. 一致性评估机构颁发的证明，证明该种设施符合附录四第三款要求（即一致性证明），且该评估机构应当符合1995年10月6日贸易技术壁垒法第十八条的规定；

b. 制造商或进口商做出的关于该待售的建筑机械或颗粒过滤系统符合检验类型的声明（一致性声明），具体包括：

①该制造商或进口商的名称及地址；

②对该燃烧设施的描述；

③附录四中适用的规定；

④一致性评估机构的名称、地址及一致性证明编点；

⑤为该制造商或进口商签署一致性声明人的姓名及其作用。

c. 附录四第三条第三款列明的标记。

二、制造商或进口商应当在该燃烧设施出售后十年内保留一致性声明。

第五节 a　机械的出售

第二十条 b　出售的条件

装置有火花点火引擎及其他设备，且引擎的能量输出不超过19千瓦的（机械），仅有在其引擎经证明符合附录四第四条列明的要求条件下方可出售。

第二十条 c　一致性证明

一、一致性证明包含：

a. 欧盟议会和理事会于1997年12月16日发布的关于各成员国与置于非道路机械上内置引擎立法近似的指南附录四中所列明的文件；

b. 第97/68/EC点指南附录一第三条列明的引擎标记。

二、一致性也可以通过一致性评估机构签发的证明加以证明。该机构应当符合1995年10月6日贸易技术壁垒法第十八条的规定，证明需能够表明该种设施符合附录四第三条的要求（即一致性证明）。在这种情况下，引擎必须印有引擎制造商的商标及商号，以及一致性评估机构的名称。

第六节 热燃料

第二十一条 要求

热燃料应当符合附录五所列明的要求。

第二十二条 声明

进口热燃料或将其用于商业销售者,必须就该热燃料的质量对顾客或消费者作出声明。在进口时,进口商还须就其质量对海关部门作出声明。

第二十三条

已废除。

第七节 汽车燃料

第二十四条 要求

汽车燃料应当符合附录五所列明的要求。

第二十五条 声明

汽车燃料的进口商或将其用于商业销售者,必须就该燃料的质量对顾客或消费者作出声明。在进口时,进口商还须就其质量对海关部门作出声明。

第二十六条 无铅汽油设施

一、无铅汽油设施,如储存和运输罐、油槽车和汽油泵,必须清晰标明为"无铅"。

二、如无铅汽油设施曾被用于含铅汽油,设施所有人必须在使用前将其彻底清洁,或以其他方式确保该设施不含超量铅残留。

第八节 垃圾焚化

第二十六条 a 设施内焚化

垃圾只能在附录二第七条列明的设施内进行焚化或热分解;附录二第一条第一款列明的垃圾焚化除外。

第二十六条 b 设施外焚化

一、天然森林、田野和花园垃圾在足够干燥并确保最低烟雾形成的情况下,可以在设施外焚化。

二、在天然森林、田野和花园垃圾不足够干燥,但存在更高利益,且焚化不会导致超限环境大气污染水平时，政府部门可以在个别情况下允许上述垃圾在设施外焚化。

三、在超限环境大气污染水平可能产生的情况下，政府部门可以在特定区域或时间内限制或禁止天然森林、田野和花园垃圾在设施外的焚化。

第三章　环境大气污染水平

第一节　确定和评估

第二十七条　环境大气污染水平的确定

一、各州应当对其区域内的大气污染状况和趋势进行监测；特别是应当确定环境大气污染水平。

二、以此为目的，各州应当进行调查、监测并建立扩散模型。联邦环境办公室应当推荐适当的方法。

第二十八条　环境大气污染预报

一、固定设施或交通基础设施可能成为重大排放源的，在其建造或改建前，政府部门可以要求所有人提供环境大气污染预报。

二、预报必须包含可能造成的环境大气污染水平的类型、程度、频率和地点。

三、预报应当包含有关排放类型和水平的详情，以及扩散条件和所使用的计算方法。

第二十九条　关于单个设施的监测

政府部门可以要求重大排放源设施的所有人在有关区域进行监测，以监测环境大气污染水平。

第三十条　环境大气污染水平评估

政府部门应当对该经监测的环境大气污染水平是否超限进行评估（第二条第五款）。

第二节　环境大气污染水平评估

第三十一条　行动计划的准备

一、在不考虑预防性排放限制的情况下，如下列设施已导致或可能导致超限环境大气污染水平的，政府部门应当根据保护法第四十四条 a 制订行动计划：

a. 单件交通基础设施项目；

b. 若干固定设施。

第三十二条　行动计划的内容

一、行动计划应当表明：

a. 导致超限环境大气污染水平的排放源；

b. 单一排放源在污染总量中的作用；

c. 降低或消除超限环境大气污染水平的措施；

d. 各项措施的作用；

e. 与各项措施相关的已建立的或尚未建立的法律框架；

f. 制定和实施措施的时间限制；

g. 措施的执行部门。

二、第一款字母 c 规定的措施是指：

a. 对固定设施：更短的改造期限，或对排放限制的附加或更严格限制；

b. 对交通基础设施：结构性、操作性的交通管理或交通限制措施。

第三十三条　行动计划的实施

一、行动计划中包含的措施通常应当于 5 年内实施。

二、政府部门应当优先就造成污染总量超过 10% 的设施制定措施。

三、各州应当定期审查措施的有效性，并在必要的情况下修订行动计划。各州应当相应地向公众进行告知。

第三十四条　各州的申请

一、如州行动计划中的措施涉及联邦职责，该州应当向联邦议会提交计划和相关申请。

二、如该行动计划涉及另一州的合作，政府部门应当向该另一州提交计划和相关申请。在必要的情况下，联邦议会对上述各州的行动计划进行协调。

第四章　最后条款

第一节　实施

第三十五条　由州实施

根据第三十六条规定，各州有义务实施本条例。

第三十六条 由联邦实施

一、联邦应当实施下列条款：

a. 对建筑机械、颗粒过滤系统、燃烧设施和机械的市场监督（第三十七条）；

b. 对热燃料和汽车燃料进口的管理（第三十八条）。

二、当适用其他联邦法令、国际条约或与本条例所涉事项相关的决议时，联邦政府部门也应当实施本条例。联邦环境办公室和各州的合作适用保护法第四十一条第二款和第四款的规定；上述规定应当符合相关保密法律规定。

三、联邦环境、交通、能源和通信部可以制定执行或补充规定，尤其包括以下方面：

a. 测试、检测和计算方法；

b. 型式标准；

c. 烟囱。

四、联邦负责对瑞士整体的大气污染状况和趋势的调查（第三十九条）。

第三十七条 对建筑机械、其颗粒过滤系统、氧化和机械的市场监督

一、联邦环境办公室应当依法对建筑机器及其颗粒过滤系统、燃烧设施和机械的出售进行监管。尤其包括：

a. 一致性声明中所含信息是否正确；

b. 印有批准标识的机械的引擎是否与型式标准引擎或型式标准引擎类别相符。

二、联邦环境办公室可以将管理任务委托给公共机构和私人专业组织。

三、如受控设施不符合要求，联邦环境办公室应当制定必要措施。情况严重的，联邦环境办公室可以禁止其进一步的出售或者营销，或要求对已经销售的设施进行改造。

第三十八条 热燃料和发动机燃料

一、海关部门应当对进口的或由国内精炼厂提供的热燃料和发动机燃料进行取样。海关部门应当将样品提交给由联邦环境办公室指定的实验室或自行进行分析。

二、海关部门或实验室应当向联邦环境办公室报告测试结果。

三、如果联邦环境办公室确认某一进口商多次进口不符合质量要求的热燃料或发动机燃料，联邦环境办公室应当向海关部门或州检察部门发出相应通知。

第三十九条　大气污染调查

一、对瑞士境内整体大气污染状况和趋势的调查应当由联邦环境办公室进行。

二、位于迪本多夫的瑞士联邦材料测试和研究院应当代表联邦环境办公室操作国家大气污染监测网。

第三十九条 a　地质信息

联邦环境办公室应当根据本条例，为 2008 年 5 月 21 日地质信息条例附录一所确定的联邦主管官厅列明最低地质数据模型和官方地质数据代表模型。

第二节　对现行立法的修订和废除

第四十条

已废除。

第四十一条　对现行立法的废除

废除 1984 年 12 月 10 日氧化大气污染控制条例。

第三节　过渡规定

第四十二条

一、需要建设许可或规划许可的设施为新设施，本条例实施前已经获得有效建设许可或规划许可的设施除外。

二、自本条例实施后两年内，政府部门应当根据第八条和第九条规定，为设施签发改造令，如不能为全部设施签发改造令的，则至少为最紧急情况的设施签发改造令。

第四节　生效

第四十三条

本条例于 1986 年 3 月 1 日生效。

1991 年 11 月 20 日修订案附则

1997 年 12 月 15 日修订案附则

1999 年 8 月 25 日修订案附则

2003 年 4 月 30 日修订案附则

一、需要建设许可或规划许可，但在本修订案实施前尚未取得相关许可的设施必须符合新规定。

二、虽然第十条已做规定，但对在 2003 年 7 月 1 日以后符合强制改造条件，而已经符合已有立法中关于预防性排放限制的设施，政府部门仍应当给予其五年至十年的改造时限。本条不影响第十条第二款字母 a 和 c 的实施。

2004 年 6 月 23 日修订案附则

一、虽然第十条已做规定，但是政府部门仍应当为在 2004 年 6 月 23 日以后符合强制性改造条件，但是已经符合现行立法中关于预防性排放限制规定的设施，规定六年至十年的改造时限。本条不影响第十条第二款字母 a 和 c 的实施。

二、第二十条中规定的设施，如根据已有条例规定已获得型式标准的，可以继续出售。

三、符合本条例附录五已有规定的汽油和柴油，其仍有经许可的仓储、强制库存和战时储备的，可以在 2008 年 12 月 31 日前销售。

2007 年 7 月 4 日修订案附则

一、虽然第十条已做规定，但对根据 2007 年 7 月 4 日修订案的规定属于强制改造情况，而符合已有规定关于预防性排放限制要求的设施，政府部门仍应当给予其五年至十年的改造时限。对燃木设施，应当给予十年的改造时限；本条不影响第十条第二款字母 a 和 c 的适用。

二、第二十条第一款字母 h 规定的燃烧设施如无一致性证明的，可于 2007 年 12 月 31 日前销售。

三、无一致性证明的燃木设施如果符合附录四中规定的条件，可以在 2009 年 12 月 31 日前销售。特别是上述燃木设施获得 2003 年 12 月 31 日以后瑞士林业能源协会颁发的质量标识的，应当认定其符合条件。

2008年9月19日修订案的过渡性条款

一、附录四第三条列明的要求适用于下列净功率达37千瓦或以上的建筑机械：

a. 对2000至2008年间制造的建筑机械：根据联邦环境办公室2002年9月1日建筑工地大气污染控制指导，该机械位于监测水平A类建筑工地的，自2010年5月1日起适用；

b. 在2000年以前制造的建筑机械：自2015年5月1日起适用。

二、附录四第三条列明的要求适用于净功率为18～37千瓦，并于2010年或以后制造的建筑机械。

三、截至本修订案实施时，颗粒过滤系统已被列入《联邦环境办公室/SUVA过滤器列表》中的，应当视其符合附录四第三条第二款的要求。

四、符合附录五已有要求的"超轻"燃油，其经批准的仓储、强制储备和军用储备的可以在2011年12月31日前出售。

与2010年6月18日修订案有关的过渡性条款

附录四第四条中规定的要求自2011年1月1日起适用于机械。

附录一

（第三条第一款）

总体预防性排放限制

一、范围

（一）本附录中的条文适用于固定设施的排放预防性限制。

（二）本附录中的条文不影响下列设施附加或其他规定的适用：

a. 附录二规定的特定设施；

b. 附录三规定的燃烧设施；

c. 附录四规定的燃烧设施的型式标准。

二、定义

（一）排出气体

排出气体是指设施所排放的废气、烟道气或其他大气污染物。

（二）排放

排放在下列术语中使用：

a. 沉积：与排放气体体积量相关的物质的排放量［例如：每立方米中所含毫克数（毫克/立方米）］；

b. 流量：每单位时间内排放物质量［例如：每小时克数（克/小时）］；

c. 排放因素：物质排放量与生产或加工成果量比率［例如：每吨中的公斤数（千克/吨）］；

d. 排放率：污染物质排放量占该物质在设施所使用的燃料或原料中所含量比率［%（米/米）］；

e. 烟气数：排出气体导致过滤器变黑程度。用于测量每单位巴卡拉克烟数的灰度等级分别为0级至9级。

（三）排放沉积的参考值

1. 限制值以沉积表示，氧含量作为参照值。其均系基于在标准条件下（0℃，1013巴卡拉克）减去水分含量（即干燥条件下）的排出气体量。

2. 表示为排放沉积物的限值系基于排放气体数量确定，对该排放气体的稀释以技术上和操作上不可避免为限。

3. 如果按体积计算的含氧量被作为附录二至四中所列设施的参考值，则受监测的排放沉积物应当依照该参考值进行修正。

（四）额定热输入

额定热输入是指在单位时间内向设施供应的热量。额定热输入通过该设施的燃料消耗量与该燃料的低热值相乘而得。

三、总则

（一）排放限制

1. 下列排放限制要求适用于：

a. 灰尘：适用第四条；

b. 主要为尘状的无机物质：适用第五条；

c. 气态或蒸汽形态的无机物质：适用第六条；

d. 气态、蒸汽形态或者微粒状的有机物质：适用第七条；

e. 致癌物质：适用第八条。

2. 未列入第五至八条的物质属于对环境无可比效果物。对其应当特别从降解性、生物沉积型、毒性、分解效果、转变产物和气味强度进行考虑。

（二）根据设施尺寸的排放限制

1. 如排放源超过一种，且其排放限制值由设施尺寸决定（如容量或流量），政府部门应当判定将多个排放源应当被视为组成了一个单一设施的方法。

2. 各排放源间距很小，且存在有下列情况之一的，则一般将其视为一个单一设施：

a. 排放的污染物基本上相同或相近的；

b. 可以使用同一种技术以降低其排放的。

3. 在确定设施尺寸时，设施中用于故障应急的备用部分不计入尺寸。

4. 存在下列情况之一的，排放限制值取决于某特定流量：

a. 每周达到或超过该特定流量的时间在五小时或五小时以上；

b. 在更短的时间内，达到或超过该流量的两倍的。

四、灰尘

（一）灰尘总量的限制值

灰尘流量为 0.20 公斤/小时的，灰尘排放总量不得超过 20 毫克/立方米。

（二）灰尘成分的暴露限制

第五条、第七条和第八条所列明的要求适用于灰尘单一成分的暴露限制。

（三）与处理、储存、转运和运输相关的措施

1. 在材料的运输、破碎、整理或者填充等过程中产生的灰尘，可能在商业或工业设备中产生重大灰尘排放的，含有灰尘的废气必须经收集并置入灰尘去除系统中。

2. 在开放环境中，对材料进行储存或者转运，必须采取相应措施以防止重大灰尘排放。

3. 在运输途中产生灰尘的，必须使用可以防止重大灰尘排放的交通设备。

4. 工厂道路交通可能导致重大灰尘排放的，必须确保该道路无尘。

五、主要为尘状的无机物质

（一）限制值

1. 下表中所列物质的排放沉降不得超过以下值：

a. 第 1 类物质

流量为 1 克/小时或以上　0.2 毫克/立方米

b. 第 2 类物质

流量为 5 克/小时或以上　1 毫克/立方米

c. 第 3 类物质

流量为 25 克/小时或以上　5 毫克/立方米

2. 限制值适用于排放物质的总量，包括该排放气体中的气态及蒸汽形态成分。

3. 如果该排放气体含有多种属于同一类型的物质，限制值适用于这些物质的总和。

（二）以灰尘为主要形态的无机物质表

物　质	符　点	类　型
锑[1]及其化合物	Sb	3
砷[1]及其化合物，三氢砷化除外	As	2
铬[1]及其化合物	Cr	3
钴[1]及其化合物	Co	2
铜及其化合物	Cu	3
氰化物[2]	CN	3
氟化物[2]尘状	F	3
铅及其化合物	Pb	2
锰及其化合物	Mn	3
汞及其化合物	Hg	1
镍[1]及其化合物	Ni	2
钯及其化合物	Pd	3
铂及其化合物	Pt	3
铑及其化合物	Rh	3
硅尘细晶形态	SiO_2	3
硒及其化合物	Se	2
碲及其化合物	Te	2
铊及其化合物	Tl	1
锡及其化合物	Sn	3
钒及其化合物	V	3

[1] 如未在第 8 点中列为致癌化合物。

[2] 易溶条件下。

六、气态或蒸气形态的无机物质

(一) 限制值

1. 下表所列物质的排放沉降物均不得超过以下值：

a. 第 1 类物质

流量为 10 克/小时或以上的 1 毫克/立方米

b. 第 2 类物质

流量为 50 克/小时或以上的 5 毫克/立方米

c. 第 3 类物质

流量为 300 克/小时或以上的 30 毫克/立方米

d. 第 4 类物质

流量为 2500 克/小时或以上的 250 毫克/立方米

(二) 气态或蒸汽形态的无机物质表

物　质	类型
铵和氨化合物，表示为氨	3
三氢砷化	1
溴及其气态或蒸汽形态化合物，表示为溴化氢	2
氯	2
氯化合物、蒸汽形态或气态氯化合物，以氯化氢表示氯化氰和光气除外	3
氯化氰	1
氟及其蒸气形态和气态化合物，也称氟化氢	2
氰化氢	2
磷化氢	1
硫化氢	2
氮氧化物（一氧化氮和二氧化氮），以二氧化氮表示	4
光气	1
硫氧化物（二氧化硫和三氧化硫），以二氧化硫表示	4

七、气态、蒸汽形态或微粒状的有机物质

(一) 限制值

1. 下表中所列物质的排放沉降物不得超过以下值：

a. 第 1 类物质

流量为 0.1 千克/小时或以上的 20 毫克/立方米

b. 第 2 类物质

流量为 2.0 千克/小时或以上的　100 毫克/立方米

c. 第 3 类物质

流量为 3.0 千克/小时或以上的　150 毫克/立方米

2. 尽管第一款已做规定，第四条第一款中关于灰尘限制的规定仍适用于第 2 类和第 3 类微粒状的有机物质。

3. 如果排出气体含有多种属于同一类型的物质，该限制值适用于这些物质总和。

4. 如果排出气体含有多种属于不同类型的物质，除适用第一款和第二款的规定外，物质总流量为 3.0 千克/小时或以上的，该物质不得超过 150 毫克/立方米的限制值。

5. 有足够依据证明该物质为致癌物质，但未列入下表第 1 类的，对其控制适用第一款字母 a 的规定。

6. 属于 2005 年 5 月 18 日降低化学风险条例附录 1.4 规定的销蚀臭氧层物质，但未在下表中列明的物质，对其控制适用第一款字母 a。本款不影响第八条的适用。

（二）气态、蒸汽形态或微粒状有机物表

物　质	分子式	类型
乙醛	C_2H_4O	1
乙酸	$C_2H_4O_2$	2
乙酸丁酯（参见醋酸丁酯）		
乙酸乙酯（参见醋酸乙酯）		
乙酸甲酯（参见醋酸甲酯）		
乙酸乙烯（参见醋酸乙烯）		
丙酮	C_3H_6O	3
丙烯醛（参见 2-丙烯醛）		
丙烯酸	$C_3H_4O_2$	1
丙烯酸乙酯（参见丙烯酸乙酯）		
丙烯酸甲酯（参见丙烯酸酯）		
烷类，甲烷除外		3

续表

物　质	分子式	类型
烯属烃，11，3－丁二烯，丁二烯、乙烯除外		3
烷基醇		3
烷基铅化合物		1
苯胺	C_6H_7N	1
苯甲酸甲酯（参见苯甲酸甲酯）		
联二苯	$C_{12}H_{10}$	1
二（异辛酯）邻苯二甲酸酯［参见邻苯二甲酸二（2－乙基己基）酯］		
溴化甲烷	CH_3Br	1
丁酮	C_4H_8O	3
2－丁氧基乙醇	$C_6H_{14}O_2$	2
醋酸丁酯	$C_6H_{12}O_2$	3
丁基乙二醇（参见2－丁氧基乙醇）		
丁醛	C_4H_8O	2
二硫化碳	CS_2	2
四氯化碳（参见四氯甲烷）		
全卤化的具有不超过3个C原子的氟氯化碳、氯氟烃		1
氯乙醛	C_2H_3ClO	1
氯苯	C_6H_5Cl	2
氯醋酸	$C_2H_3ClO_2$	1
氯乙烷	C_2H_5Cl	1
氯甲烷	CH_3Cl	1
氯仿（参见三氯甲烷）		
2－氯丁二烯（参见2－氢氯酸－1、3－丁二烯）		
2－氯丙烷	C_3H_7Cl	2
甲酚	C_7H_8O	1
枯烯（参见异丙基苯）		
环己酮	$C_6H_{10}O$	1
双丙酮醇（参见4－羟基－4－甲基－2－戊酮）		
二丁醚	$C_8H_{18}O$	3
1，2－二氯苯	$C_6H_4Cl_2$	1
1，1－二氯乙烷	$C_2H_4Cl_2$	2
1，1－二氯乙烯	$C_2H_2Cl_2$	1

续表

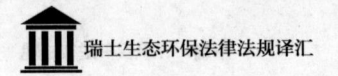

物　质	分子式	类型
1，2-二氯乙烯	$C_2H_2Cl_2$	3
二氯甲烷	CH_2Cl_2	1
二氯苯酚	$C_6H_4Cl_2O$	1
二氯醇胺（参见2，2'-二羟基二乙胺）		
二乙胺	$C_4H_{11}N$	1
乙醚	$C_4H_{10}O$	3
邻苯二甲酸二（2-乙基己基）酯	$C_{24}H_{38}O_4$	2
二异丙醚	$C_6H_{14}O$	3
二异丁基甲酮（参见2，6-二甲基-庚酮）		
二甲胺	C_2H_7N	1
二甲醚	C_2H_6O	3
N，N-二甲基甲酰胺	C_3H_7NO	2
2，6-二甲基-4-庚酮	$C_9H_{18}O$	2
酞酸二辛酯［参见邻苯二甲酸二（2-乙基己基）酯］		
1，4-二氧六环	$C_4H_8O_2$	1
联苯（参见联二苯）		
乙醇（参见烷基醇）		
乙烯	C_2H_4	1
乙醚（参见二乙醚）		
2-乙氧基乙醇/乙二醇单乙醚	$C_4H_{10}O_2$	2
乙酸乙酯	$C_4H_8O_2$	3
丙烯酸乙酯	$C_5H_8O_2$	1
氨基乙烷	C_2H_7N	1
乙苯	C_8H_{10}	2
氯乙烷（参见氯乙烷）		
乙二醇	$C_2H_6O_2$	3
乙二醇一丁醚（参见2-丁氧基乙醇）		
乙二醇乙醚（参见2-乙氧基乙醇）		
乙二醇单甲醚（参见2-甲氧基乙醇）		
乙基二醇（参见2-乙氧基乙醇）		
甲基乙基甲酮（参见2-丁酮）		
甲醛	CH_2O	1

续表

物　　质	分子式	类型
甲酸	CH_2O_2	1
甲酸二甲基酰胺（参见 N，N – 二甲基甲酰胺）		
蚁酸甲酯（参见甲酸甲酯）		
2 – 呋喃甲醛	$C_5H_4O_2$	1
糠醛（参见 2 – 呋喃甲醛）		
呋喃甲醇	$C_5H_6O_2$	2
乙二醇（参见乙烯乙二醇）		
全卤化且具有不超过 3 个碳原子的卤盐和溴氟碳化合物		1
部分卤化且具有不超过 3 个碳原子的氢溴氟烃和含溴氟烃		1
部分卤化且具有不超过 3 个碳原子的氢氯氟烃和氟氯烃化合物		1
4 – 羟基 – 4 – 甲基 – 2 – 戊酮	$C_6H_{12}O_2$	3
2，2' – 二羟基二乙胺	$C_4H_{11}NO_2$	2
α – 甲基苯乙烯	C_9H_{10}	2
异丙基苯	C_9H_{12}	2
顺丁烯二酸酐	$C_4H_2O_3$	1
硫醇（参见硫醇）		
甲基丙烯酸甲酯（参见 异丁烯酸甲酯）		
甲醇（参见烷基醇）		
2 – 甲氧乙醇	$C_3H_8O_2$	2
乙酸甲酯	$C_3H_6O_2$	2
丙烯酸酯	$C_4H_6O_2$	1
甲胺	CH_5N	1
苯甲酸甲酯	$C_8H_8O_2$	3
氯甲烷（参见甲基氯）		
甲基氯仿（参见 1，1，1，– 三氯乙烷）		
甲基环己酮	$C_7H_{12}O$	2
亚甲基氯（参见二氯甲烷）		
甲基乙基酮（参见 2 – 丁酮）		
甲酸甲酯	$C_2H_4O_2$	2
乙二醇（参见 2 – 甲氧乙醇）		
甲基异丁基甲酮（参见 4 – 甲基 – 2 – 戊酮）		
异丁烯酸甲酯	$C_5H_8O_2$	2

307

续表

物　质	分子式	类型
4-甲基-2-戊酮	$C_6H_{12}O$	3
4-甲基-间苯二异氰酸酯	$C_9H_6N_2O_2$	1
N-甲基吡咯烷酮	C_5H_9NO	3
萘	$C_{10}H_8$	1
硝基苯	$C_6H_5NO_2$	1
硝基甲酚	$C_7H_7NO_3$	1
硝基苯酚	$C_6H_5NO_3$	1
硝基甲苯，2-硝基甲苯除外	$C_7H_7NO_2$	1
碳氢化合物（参见烯属烃）		3
石蜡族烃（参见烷属烃）		3
全氯乙烯（参见四氯乙烯）		
苯酚	C_6H_6O	1
邻苯二甲酸二辛酯［参见邻苯二甲酸二（2-乙基己基）酯］		
蒎烯	$C_{10}H_{16}$	3
2-丙烯醛	C_3H_4O	1
丙醛	C_3H_6O	2
丙酸	$C_3H_6O_2$	2
吡啶	C_5H_5N	1
苯乙烯	C_8H_8	2
1,1,2,2-四氯乙烷	$C_2H_2Cl_4$	1
四氯乙烯	C_2Cl_4	1
四氯化碳	CCl_4	1
四氢呋喃	C_4H_8O	2
硫醇		1
硫醚		1
甲苯	C_7H_8	2
甲苯二异氰酸酯（参见4-甲基-间苯二异氰酸酯）		
甲代亚苯基-2,4-二异氰酸酯（参见4-甲基-间苯二异氰酸酯）		

续表

物　质	分子式	类型
1，1，1-三氯乙烷	$C_2H_3Cl_3$	1
1，1，2-三氯乙烷	$C_2H_3Cl_3$	1
三氯乙烯	C_2HCl_3	1
三氯甲烷	$CHCl_3$	1
三氯苯酚	$C_6H_3OCl_3$	1
三乙胺	$C_6H_{15}N$	1
三甲基苯	C_9H_{12}	2
醋酸乙烯酯	$C_4H_6O_2$	1
可呼吸的木屑（山毛榉和橡树木屑除外）		1
二甲苯酚，2，4-二甲苯酚除外	$C_8H_{10}O$	1
2，4-二甲苯酚除外	$C_8H_{10}O$	2
二甲苯	C_8H_{10}	2

八、致癌物质

（一）定义

致癌物质是指在瑞士事故保险基金会（SUVA）公布的在工作场所接触限值清单中被列为具有致癌性（C）的物质。

（二）排放限制

1. 不考虑致癌物质接触风险，致癌物质排放的限制应当以技术和操作可行及经济可接受性为限。

2. 对下表所列致癌物质，其排放沉降应当以下列限值为限。

a. 第 1 类物质

流量为 0.5 克/小时及以上的　　　　0.1 毫克/立方米

b. 第 2 类物质

流量为 5 克/小时及以上的　　　　1 毫克/立方米

c. 第 3 类物质

流量为 25 克/小时及以上的　　　　5 毫克/立方米

3. 如排出的气体含有多种属于同一类别的物质，则第二款中关于限值的要求适用于这些物质的总和。

(三) 致癌物质表

物　质	分子式	类别
氰乙烯	C_3H_3N	3
三氧化锑（可呼吸形式），也称 Sb	Sb	2
三氧化二砷及五氧化二砷，亚砷酸及其盐类，砷算及其盐类（可呼吸形式）	As	2
石棉（温石棉、青石棉、铁石棉、直闪石、阳起石、透闪石）细尘形式		1
山毛榉木屑，可呼吸		3
苯	C_6H_6	3
苯并 [a] 芘	$C_{20}H_{12}$	1
铍及其可呼吸化合物，符点位 Be	Be	1
溴化甲烷	C_2H_7Br	3
1，3－丁二烯	C_4H_6	3
镉及其化合物氯化镉、氧化镉、硫酸镉、硫化镉及其他具有生物效应的化合物（可呼吸形式）符点为 Cd	Cd	1
2－氯代－1，3－丁二烯	C_4H_5Cl	3
1－氯代－2，3－环氧丙烷	C_3H_5ClO	3
α－氯甲苯	C_7H_7Cl	3
α－氯甲苯；-氯甲苯混合物，		
α，α－二氯甲苯，α，α，α－三氯甲苯以及氯化苄		3
铬（Ⅵ）化合物（可呼吸形式）作为铬酸钙、		
铬（Ⅲ）铬酸盐、铬酸锶及铬酸锌，符点为 Cr	Cr	2
钴（可呼吸尘、气溶性钴金属和不可溶性钴盐形式），符点为 Co，Co	2	
二苯并（a，h）蒽	$C_{22}H_{14}$	1
1，2－二溴乙烷	$C_2H_4Br_2$	3
1，4－二氯苯	$C_6H_4Cl_2$	3
3，3'－二氯联苯胺	$C_{12}H_{10}N_2Cl_2$	2
1，2－二氯乙烷	$C_2H_4Cl_2$	3
柴油机炭黑颗粒		3
硫酸二乙酯	$C_4H_{10}O_4S$	2
硫酸二甲酯	$C_2H_6O_4S$	2
表氯醇（参见 1－氯代－2，3－环氧丙烷）		
1，2－环氧丙烷	C_3H_6O	3

续表

物　质	分子式	类别
乙烯亚胺	C_2H_5N	2
环氧乙烷	C_2H_4O	3
联氨	H_4N_2	3
2-萘胺	$C_{10}H_9N$	1
镍（以可呼吸尘或镍金属气溶剂、镍硫化物和硫化矿、氧化镍和碳酸镍、四羰基镍形式）符点为Ni	Ni	2
2-硝基甲苯	$C_7H_7NO_2$	3
橡树木屑，可呼吸		3
o-甲苯胺	C_7H_9N	3
氯乙烯	C_2H_3Cl	3
N-乙烯基-2-吡咯烷酮	C_6H_9NO	3

附录二

（第三条第二款字母a）

对特定设施的附加或其他排放限制要求

目录

一、非金属矿产品

（一）水泥和石灰窑炉

（二）使用黏土烧制陶瓷设施

（三）玻璃制造设施

二、化学类

（一）硫酸制造设施

（二）使用克劳斯法设施

（三）氯制造设施

（四）1，2-二氯乙烷及氯乙烯制造设施

（五）……

（六）植物保护制品的制造和包装

（七）炭黑制造设施

（八）使用加热方法制造碳和人工石墨的设施

三、矿物油产业

（一）精炼厂

（二）大型储存罐设施

（三）汽油转运设施

四、金属

（一）铸造厂

（二）化铁炉

（三）铝冶炼厂

（四）精炼有色金属设施

（五）镀锌设施

（六）铅酸电池制造设施

（七）加热炉和热处理炉群

五、农业和食品

（一）养殖业

（二）烟熏设施

（三）熬油设施和粪便干燥设施

（四）青饲料干燥设施

（五）……

（六）咖啡和可可豆烘焙设施

六、涂覆和印刷

（一）使用有机物质的涂覆和印刷设施

七、垃圾

（一）市政垃圾和特殊垃圾焚化设施

（二）废弃木材、纸张及类似垃圾的焚化设施

（三）因纸浆制造产生亚硝酸盐废液的焚化设施

（四）生物垃圾和农业制品的焚烧设施

八、其他设施

（一）制品在处理过程中直接与炉烟气接触的设施

（二）固定内置燃烧引擎

（三）燃气轮机

（四）颗粒板制造设施

（五）干洗（衣物）

（六）火葬场

（七）表面处理设施

（八）建筑工地

一、非金属矿产品

（一）水泥和石灰窑炉

1. 燃料和垃圾

（1）第八条第一款的规定不适用于水泥窑。

（2）垃圾类型、数量和组成符合规定的，垃圾可以当在石灰窑中使用或处理。联邦环境办公室应当制定相关指导规则。

2. 氮氧化物

对表示为二氧化氮的氮氧化物（一氧化氮和二氧化氮）排放的限制应当以技术和操作可行性及经济可接受性为限，但其排放应当至少低于800毫克/立方米。

3. 硫氧化物

表示为二氧化硫的硫氧化物排放不得超过500毫克/立方米。

（二）使用黏土烧制陶瓷设施

1. 参照值

排放限制值以18%的排放气体氧含量（体积比）为基准。

2. 氟化合物

（1）附录一第五点和第六点关于氟化合物排放限制的要求不适用。

（2）氟化合物以氟化氢表示，其排放不得超过250克/小时。

3. 氮氧化物

氮氧化物（一氧化氮和二氧化氮）以二氧化氮表示，对其排放的限制应当以技术和操作可行性及经济可接受性为限，但是，对流量为2000克/小时或以上的排放，其排放限制应当至少为150毫克/立方米。

4. 有机物质

（1）附录一第七条关于排放限制的要求不适用。

（2）气态和蒸汽形态有机物质应当以碳总量表示，其排放不得超过100毫克/立方米。

5. 与第八条第一款相关的规定

第八条第一款的规定应当予以适用。

（三）玻璃制造设施

1. 范围

本点规定适用于年产超过 2 吨的玻璃制造设施。

2. 参照值

排放限制值以下列烟道氧气含量作为基准：

a. 火焰加热玻璃熔窑：8%（体积比）

b. 火焰加热坩埚窑：13%（体积比）

3. 氮氧化物

（1）附录一第六条中关于氮氧化物排放限制的要求不适用。

（2）氮氧化物（一氧化氮和二氧化氮）以二氧化氮表示，对其排放的限制应当以技术和操作可行性及经济可接受性为限，但是不得超过下列限制值：

a. 瓶罐玻璃：制造每吨玻璃制品的排放不得超过 2.5 千克；

b. 其他玻璃：制造每吨玻璃制品的排放不得超过 6.5 千克。

4. 灰尘

（1）附录一第四条第一款关于灰尘总排放限制的规定不适用。

（2）制造每吨玻璃制品的灰尘排放总量不得超过 0.4 千克。

5. 硫氧化物

原料所排放的硫氧化物以二氧化硫表示，其排放不得超过 500 毫克/立方米。

6. 与第八条第一款相关的规定

第八条第一款的规定应当予以适用。

二、化学类

（一）硫酸制造设施

1. 范围

本点规定适用于二氧化硫、三氧化硫、硫酸和发烟硫酸的制造设施。

2. 二氧化硫

（1）附录一第六条中关于二氧化硫排放限制的要求不适用。

（2）制造每吨纯度为 100% 的硫酸所排放的二氧化硫不得超过 2.6 千克。

3. 三氧化硫

常量气体条件下，三氧化硫的排放量不得超过60毫克/立方米，其他情况下不得超过120毫克/立方米。

（二）使用克劳斯法设施

1. 硫

硫排放率不得超过下列限制值：

设施产量	排放率限制值% （m/m）
低于20吨/日	3.0
20-50吨/日	2.0
高于50吨/日	0.5

2. 硫化氢

（1）排放气体应当进行二次燃烧。

（2）硫化氢的排放不得超过10毫克/立方米。

3. 氯制造设施

（1）氯

①氯排放不得超过3毫克/立方米。

②完全液化氯的制造设施氯排放不得超过6毫克/立方米。

（2）汞

通过混汞法进行碱金属氯化物电解的，每一吨设置产量所排放的汞年均值不得超过1.5克。

4. 二氯乙烷及氯乙烯制造设施

（1）排放气体应当经过排放气体净化。

（2）附录一中关于1,2-二氯乙烷及氯乙烯排放限制的规定适用，且该适用不考虑其中关于流量的规定。

5. ……

6. 植物保护制品的制造和包装

（1）植物保护制品的制造者和包装者应当向州环境保护机构履行告知义务。

（2）政府部门应当根据第四条对排放灰尘总量的预防性排放限制做出规定。附录一第四条第一款的规定不适用。

7. 炭黑制造设施

微粒排放总量不得超过 20 毫克/立方米。

8. 使用加热方法制造碳和人工石墨的设施

（1）有机物质

①有机物质的排放以碳总量表示，其不得超过第二条第八款第二点至第二条第八款第四点规定的排放限值要求。

②附录一第七条中关于排放限制的要求不适用。

（2）混合和模制

使用高温加工沥青、焦油或其他不稳定黏合剂或者增塑剂的混合和模制设施，其排放气体中的有机物质排放量不得超过 100 毫克/立方米。

（3）焚化

①单一室形炉、复合室形炉和隧道炉排放气体中的有机物质排放量不得超过 50 毫克/立方米。

②用于制造石墨电极、碳电极和碳砖的环形炉排放气体中气态有机物质的排放量不得超过 200 毫克/立方米。

（4）浸渍

使用焦油基浸渍剂的浸渍设施排放气体中有机物质的排放不得超过 50 毫克/立方米。

（5）与第八条第一款相关的规定

第八条第一款的规定附加适用于制品直接与烟膛气接触的设施。

三、矿物油产业

（一）精炼厂

1. 定义和范围

本点规定适用于矿物油和矿物油制品的蒸馏或精炼设施及碳氢化合物制造设施。

2. 精炼炉

（1）参照值

①排放限制值以氧含量为 3% 的烟道气为基准。

②精炼炉排放限制要求由该精炼厂的额定热输入总量确定。

（2）硫氧化物

硫氧化物以二氧化硫表示，其排放沉降不得超过下列标准。

a. 额定热输入不超过300兆瓦的：350毫克/立方米

b. 额定热输入超过300兆瓦的：100毫克/立方米

（3）氮氧化物

氮氧化物（一氧化氮和二氧化氮）以二氧化氮表示，其排放不得超过300毫克/立方米。

3. 储存

（1）对原油或在20℃条件下气压超过13毫巴的精炼制品，应当使用浮顶罐、装有内置浮动盖的固定顶罐、与精炼厂输气管道相连固定顶罐或同等措施进行储存。浮顶罐应当进行有效密封。

（2）在下列情况下，固定顶罐中应当装置强制通风设施，且产生的气体应当被置入气体收集器或二次氧化系统：

a. 在储存条件下，可能排放出附录一第七条第1类物质或附录一第八条物质的液体；

b. 预期排放量超过附录一规定的流量。

4. 其他排放源

（1）任何释放的有机气体或蒸汽均应当使用气体收集系统收集。上述气体应当用于再利用，供给气体净化或二次氧化系统，或完全氧化。本条适用于：

a. 减压或排污系统；

b. 制炼厂；

c. 催化剂再生；

d. 检视和清洁活动；

e. 启动和关停流程；

f. 在20℃条件下气压超过13毫巴的原材料、半成品和成品的运输。

（2）紧急系统和火焰释放系统无需与气体收集系统相连。

5. 硫化氢

（1）产生于脱硫装置和其他来源的气体同时具备下列条件的，应当经进一步处理：

a. 硫化氢含量体积：0.4%以上；

b. 硫化氢流量：2吨/日以上。

（2）未经进一步处理的气体中的硫化氢排放不得超过10毫克/立

方米。

6. 工艺用水和压载水

（1）工艺用水或多余的压载水必须经脱气后方可排放至开放系统中。

（2）产生的排出气体应当通过洗涤或氧化的方式净化。

（二）大型储罐设施

1. 定义和范围

本点规定适用于储量超过 500 立方米/罐，且所储存的制品在 20℃条件下气压超过 1 毫巴的大型储存罐设施。

2. 存储

储存过程中应当使用装有内置悬浮盖的固定罐顶储存罐、配置有效密封的浮动灌顶储存罐或其他同等措施，以减少排放量。

3. 汽油转运设施

（1）道路油罐车、拖罐车或类似的存有机动车或航空燃油的运输容器必须使用底部加载或其他等效的措施，以减少排放量。

（2）附录一第七条和第八条关于排放限制的要求不适用于加油站。

（3）加油站应当按照下列规定进行配置和运作：

a. 在加油站置换过程中产生的有机气体和蒸汽应当经收集并回收至运输容器中（蒸气回收）；在正常操作条件下的蒸汽回收过程中，蒸汽回收系统和连接设备不得存在向大气排放的间隙。

b. 在装置有标准化燃料罐填充管的车辆填充的过程中，有机物质的排放不得超过置换气体中有机物质含量的 10%；如经官方检测机构测量，并且蒸汽回收系统已经恰当安装和操作，则视为符合本条规定。

（4）第三款字母 b 的规定不适用于小容量分配装置被用于填充的情形。

四、金属

（一）铸造厂

1. 胺类

型芯制造过程中产生的胺排放不得超过 5 毫克/立方米。

2. 与第八条第一款相关规定

第八条第一款规定附加适用于制品直接接触炉烟气的设施。

（二）化铁炉

1. 灰尘

（1）附件一第四条第一款中关于灰尘总量排放限制的规定不适用。

（2）每吨熔融铁所排放的灰尘总量不得超过以下限制值：

具有下列融化率的设施	限制值（克/吨）
低于 4 吨/小时的	150
4－8 吨/小时的	120
高于 4－8 吨/小时的	90

2. 一氧化碳

装置回热式热交换器的热风锅炉所排放气体中一氧化碳的含量不得超过 1000 毫克/立方米。

3. 与第八条第一款相关规定

第八条第一款规定应当予适用。

（三）铝冶炼厂

1. 氟化合物

（1）附录一第五条和第六条关于氟化合物排放限制的规定不适用。

（2）氟化合物以氟化氢表示，每生产 1 吨铝，氟化合物的排放总量不得超过 700 克。

（3）气态氟化合物以氟化氢表示，每生产 1 吨铝，气态氟化合物的排放总量不得超过 250 克。

2. 排放评估

为与排放限制值比较，用于监测的排放量应当为一个月操作周期的平均值。

（四）精炼有色金属设施

1. 有机物质

（1）附录一第七条中关于排放限制的规定不适用。

（2）有机物质以碳总量表示，其排放不得超过 50 毫克/立方米。

2. 与第八条第一款相关的规定

第八十一点的规定附加适用于产品直接与炉烟气接触的情形。

（五）镀锌设施

1. 灰尘

灰尘的排放总量不得超过 10 毫克/立方米。

2. 对热浸镀锌设施的附加规定

（1）排放限制值系以每小时每平方米锌浴面积 3000 立方米的排出气体体积为基准确定。

（2）锌浴所产生的至少 80% 的排放应当通过围护、兜帽、边缘提取系统或类似的措施吸收。

（3）排放应当仅在浸渍过程中测量。单次浸渍期始终分别是镀锌的材料首次和最后与镀锌浴接触时。

（六）铅酸电池制造设施

1. 铅

（1）设施废气应当被收集或置入除尘系统中。

（2）铅排放量不得超过 1 毫克/立方米。

2. 硫酸蒸汽

（1）板块形成过程中所产生的硫酸蒸汽应当被收集或置入废气净化系统中。

（2）硫酸以 H_2SO_4 表示，其排放量不得超过 1 毫克/立方米。

3. 与第八十一点相关的规定

第八十一点规定附加适用于所处理的制品直接接触炉烟气的情形。

（七）加热炉和热处理炉群

1. 范围

本点规定适用于额定热输入 100 千瓦的，且以附录五第四条字母 a 至 c 中规定的气体作为燃料的加热炉和热处理炉群。

2. 参照值

排放限制值系以氧含量为 5%（体积比）的烟气为基准确定。

3. 氮氧化物

氮氧化物以二氧化氮表示，其排放不得超过下图所示的限制值。

4. 措施

在任何情况下，对排放的测量应当在负载量不少于额定负载量的 80% 和最高运行温度下进行。

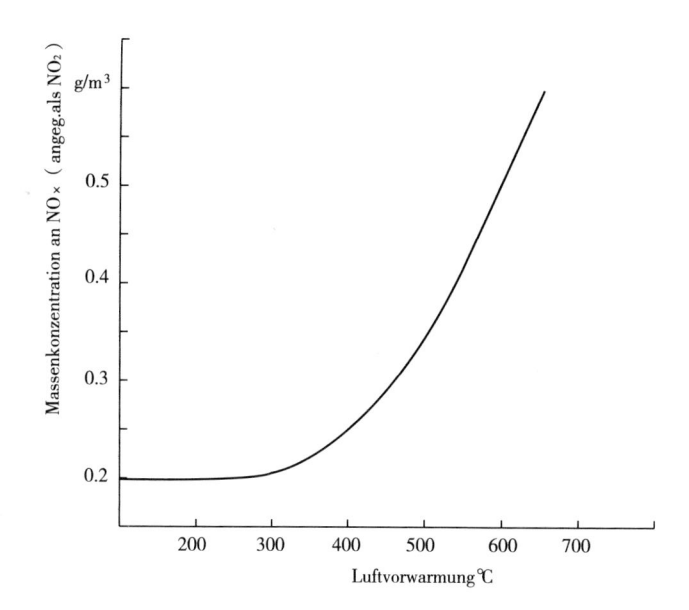

5. 与第八条第一款相关的规定

第八条第一款的规定应当适用。

五、农业和食品

（一）养殖业

1. 范围

本点规定适用于传统养殖业和集约养殖业的相关设施。

2. 最小距离

设施的安装应当符合经认可的养殖业规则中距离居民区最小距离的规定。特别是瑞士联邦农场管理和农业工程研究站作出的建议。

3. 通风系统

通风系统必须符合经认可的通风工程规则。特别是瑞士畜舍通风标准的建议。

（二）烟熏设施

1. 范围

本点规定适用于制作熏肉、熏肠和熏鱼的设施。

2. 烟熏制品

第八条第一款规定不予适用。

3. 有机物质

（1）附件一第七条关于排放限制的规定不适用。

（2）有机物质的排放应当以碳排放总量表示。碳排放总量不得超过下列限制值：

a. 热烟熏

流量为50克/小时或以上的：50毫克/立方米

b. 冷烟熏

流量为50克/小时至300克/小时的：120毫克/立方米

c. 冷烟熏

流量超过300克/小时的：50毫克/立方米

（三）熬油设施和粪便干燥设施

1. 定义和范围

本点规定适用于：

a. 熬油设施；

b. 收集和储存动物尸体、部分动物尸体或动物器官，以用于使用或处理的熬油设施；

c. 动物脂肪融化设施；

d. 动物胶、血红蛋白和动物饲料制造设施；

e. 粪便干燥设施。

2. 结构要求和操作要求

（1）可能产生气味的处理设施和储存设施应当被安置于封闭的房间内。

（2）有强烈气味的废气应当予以收集并置入废气净化系统中。

（3）原材料和半成品应当储存于密封容器内。

3. 与第八条第一款相关的规定

第八条第一款规定附加适用于制品在处理过程中直接与炉烟气接触的情形。

（四）青饲料干燥设施

1. 范围

本点规定适用于以干燥草、玉米植株及类似的青饲料、榨渣、马铃薯和甜菜芯片的设施。

2. 灰尘

对灰尘排放的限制以技术和操作可行性及经济可接受性为限,但限制至少应当达到 150 毫克/立方米。

3. 与第八条第一款相关的规定

第八条第一款规定附加适用于制品在处理过程中直接与炉烟气接触的情形。

(五)……

(六) 咖啡和可可豆烘焙设施

1. 有机物质

(1) 附录一第七条关于排放限制的规定不适用。

(2) 气态和蒸汽形态的有机物质的排放应当表示为碳排放总量。每小时可烘焙 100 公斤以上原材料的设施,其排放不得超过以下限制值:

a. 烘焙能力不超过 750 公斤/小时的设施:150 毫克/立方米。

b. 烘焙能力为 750 公斤/小时以上的设施:50 毫克/立方米。

2. 与第八条第一款相关的规定

第八条第一款规定附加适用于制品在处理过程中直接与炉烟气接触的情形。

六、涂覆和印刷

(一) 使用有机物质的涂覆和印刷设施

1. 范围

(1) 本点规定适用于:

a. 使用油漆、清漆或塑料涂覆和印刷的设施。

b. 浸渍设施。

(2) 本点规定也适用于应用和闪蒸区,及其附属的干燥和烘干设施。

2. 灰尘

灰尘的总排放不得超过下列限制值:

a. 喷漆:5 毫克/立方米

b. 粉末涂料:15 毫克/立方米

3. 溶剂排放

(1) 附录一中第七条第一款的规定不适用于附录一第七条第二款第二类和第三类有机物质的气态和蒸汽形态的排放。

（2）上述排放应当表示为碳排放总量，在流量为 3 公斤/小时或以上的情形下，其总排放量不得超过 150 毫克/立方米。

（3）油漆中除水以外仅含有不超过 15％的乙醇作为溶剂的，在流量为 3 公斤/小时或以上的情形下，乙醇的排放量不得超过 300 毫克/立方米。

4. 干燥及烘干设施的废气

（1）附录一中第七条中的规定不适用于干燥或烘干温度超过 120℃的干燥或烘干设施。

（2）气态或蒸汽形态的有机物质排放应当被表示为碳排放总量，在流量超过 250 克/小时情形下，其不得超过下列限制值：

a. 卷筒纸胶印印刷设施：20 毫克/立方米

b. 其他设施：50 毫克/立方米

5. 与第八条第一款相关的规定

第八条第一款规定附加适用于制品在处理过程中直接与炉烟气接触的情形。

七、垃圾

（一）市政垃圾及特殊垃圾焚化设施

1. 范围和定义

（1）本点规定适用于市政垃圾和特殊垃圾的焚烧及热分解设施。不适用于木材、纸张及类似垃圾（第七条第二款）、因纸浆生产产生的亚硫酸盐废液（第七条第三款）的焚烧设施或水泥窑（第十条第一款）。

（2）市政垃圾是指家庭废物和其他具有相似成分的废物。尤其包括：

a. 花园垃圾；

b. 市场垃圾；

c. 道路清扫物；

d. 办公室垃圾、餐饮业的包装和食物残渣；

e. 预处理的市政垃圾；

f. 动物尸体和废肉；

g. 城市污水处理厂所排放的污泥；

h. 附录五第四款第二点第二款定义的垃圾；

I. 附录五第三条第二款字母 b 定义的垃圾。

（3）特殊垃圾是指依据2005年6月22日垃圾动议条例第二条之规定所列明的垃圾。

2. 与附录一的相关的规定

（1）附录一第七条中关于排放限制的规定不适用。

（2）在附录一规定的排放限制适用的情况下，其关于流量的规定也不应当适用。

3. 排放的参照值及评估

（1）限制值以下列烟气氧含量为基准确定：

a. 液体垃圾焚烧厂：3%（体积比）

b. 气体垃圾或气液混合垃圾焚烧厂：3%（体积比）

c. 固体垃圾、固液混合垃圾或固气混合垃圾焚烧厂：11%（体积比）

（2）为排放评估所取值应当为数小时运行周期的平均值。

4. 排放限制值

（1）排放不得超过下列限制值：

a. 灰尘：10毫克/立方米；

b. 铅和锌及其化合物，表示为金属，总计：1毫克/立方米；

c. 汞和镉及其化合物，表示为金属，任一种：0.1毫克/立方米；

d. 硫氧化物，表示为二氧化硫：50毫克/立方米；

e. 氮氧化物（一氧化氮和二氧化氮），表示为二氧化氮，流量为2.5公斤/小时或以上：80毫克/立方米；

f. 气态无机氯化合物，表示为氯化氢：20毫克/立方米；

g. 气态无机氟化合物，表示为氟化氢：2毫克/立方米；

h. 氨和铵化合物，表示为氨：5毫克/立方米；

i. 气态有机物质，表示为碳总量：20毫克/立方米；

k. 一氧化碳：50毫克/立方米；

l. 二恶英和呋喃，表示为毒物总量，根据EN 1948-1：0.1纳克/立方米。

（2）第一款字母h虽有规定，但是对原气体中氮氧化物（一氧化氮和二氧化氮）含量达1000毫克/立方米或以上的设施，政府部门可以对其氨和铵化合物的排放做出较为宽松的限制值规定，氮氧化物以二氧化氮表示。

5. ……

6. 监测

（1）对下列信息应当进行持续测量和记录：

a. 氧化区周边和烟囱中烟气的温度；

b. 烟气离开氧化区时的氧含量；

c. 烟气的一氧化碳含量。

（2）烟气净化系统的运行应当通过测量排放参数或适当的操作参数进行监测，适当的操作参数包括烟气温度、压力降低和烟气洗涤器的水流量。

7. 存储

有强烈气味的垃圾和排放危险性蒸汽的垃圾应当储存在密闭的仓、空间或储存罐设施中。废气应当提取并净化。

8. 关于小型设施中垃圾焚烧的禁令

（1）市政和特殊垃圾不得在额定热输入低于 350 千瓦的设施中进行焚烧。

（2）本条禁令不适用于医院特殊垃圾的处理，这些医院的特殊垃圾具有特殊成分，因而不能作为市政垃圾处理。

9. 特别危险垃圾的焚烧

（1）当排放对环境可能存在特别严重威胁时，设施所有人应当对少量垃圾进行预先测试，以确定将会产生的排放，并且应当在垃圾焚化以前向政府部门通报测试结果。

（2）排放具有高毒性和持久性的，即为对环境具有特定危险，例如多卤代芳烃等。

（二）废弃木材、纸张和类似垃圾的焚化设施

1. 范围

（1）本点规定适用于用以焚烧或热分解由以下类型物质构成垃圾的设施，或将下列垃圾与附录五中规定的木材燃料共同焚烧或热分解的设施：

a. 附录五第三条第一款第二点字母 a 中规定的废弃木材；

b. 纸张和纸板；

c. 在焚烧时，所排放物质与字母 a 和字母 b 所列垃圾所排放物类似的

其他垃圾。

（2）如果上述垃圾与第七条第一款规定的垃圾共同焚烧的，适用第七条第一款的规定。

（3）本点规定不适用于水泥窑（第十条第一款）。

2. 参照值

排放限制值以11%的烟气氧含量为基准确定。

3. 灰尘

灰尘的排放不得超过下列限制值：

a. 额定热输入不高于10兆瓦的设施：20毫克/立方米；

b. 额定热输入高于10兆瓦的设施：10毫克/立方米。

4. 铅和锌

铅和锌的排放合计不得超过5毫克/立方米。

5. 有机物质

（1）附录一第七条中关于排放限制的要求不适用。

（2）气态有机物质以碳总量表示，其排放不得超过50毫克/立方米。

6. 一氧化碳和氮氧化物

（1）一氧化碳的排放不得超过250毫克/立方米。

（2）氮氧化物以二氧化氮表示，额定热输入超过10兆瓦的设施，其二氧化氮排放不得超过150毫克/立方米。

7. 燃烧控制

设施应当配备自动氧化控制系统以用于操作。

8. 关于在小型设施中垃圾焚化的禁令

第七条第二款第一点规定的垃圾不得在额定热输入低于350千瓦的设施中焚烧。

（三）因纸浆制造产生亚硫酸盐废液的焚化设施

1. 硫氧化物

（1）附录一第六条关于硫氧化合物排放限制的规定不适用。

（2）硫氧化物以二氧化硫表示，每焚烧一吨废液所产生的二氧化硫排放不得超过4.0千克。

2. 排放评估

作为与排放限制值的比较，对排放的监测应当以24小时的运行周期的平均值为准。

（四）生物垃圾和农业制品的焚烧设施

1. 范围

（1）本点规定适用于固体生物垃圾和农业制品的焚烧，或其与附录五规定的木材燃料的共同焚烧。农场肥料和其他有强烈气味的垃圾和制品不得在上述设施中焚烧或热处理。

（2）如上述垃圾和制品与第七条第一款第一点或第七条第一款第二点中规定的垃圾共同焚烧，则第七条第一款或第七条第二款的规定适用。

（3）如果上述垃圾和制品与附录五规定的其他燃料共同焚烧，则附录三第八条第二款关于混合限制值的规定适用。

（4）本点规定不适用于水泥窑（第十条第一款）。

2. 排放限制值

排放不得超过以下限制值：

		额定热输入		
		不超过1兆瓦	高于1兆瓦，不超过10兆瓦	10兆瓦以上
－参照值：限制值基准烟气含量	%（体积比）	13	11	11
－固体总量：	毫克/立方米	20	20	10
－一氧化碳	毫克/立方米	500	250	150
－氮氧化物，表示为二氧化氮	毫克/立方米	250	250	150

＊：流量为2500克/小时或以上

3. 关于小型设施焚烧的禁令

第七条第四款第一点规定的固体生物垃圾和农业制品不得在额定热输入低于70千瓦的设施中焚烧。

八、其他设施

（一）制品在处理过程中直接与炉烟气接触的设施

1. 应当仅使用附录五中规定的燃料。

2. 附录一第六条的规定不适用于因燃料产生的硫氧化物排放。如使用煤、"中度"燃油或"重"燃油，对硫氧化物排放的限制标准应当不高于使用硫含量为1.0%的燃料所产生的不衰退排放量。硫氧化物的排放以二氧化硫表示。

3. 附录一第六条的规定适用于经处理材料的硫氧化物排放。

（二）固定内置燃烧引擎

1. 参照值

排放限制值以氧含量为5%（体积比）的废气为基准。

2. 热燃料和汽车燃料

固定内置燃烧引擎仅能使用附录五规定的热燃料和汽车燃料进行操作。

3. 固体

微粒排放不得超过50毫克/立方米。

4. 氮氧化物和一氧化碳

（1）额定热输入超过100千瓦的固定内置燃烧引擎的排放不得超过下列限制值：

a. 一氧化碳：650毫克/立方米

b. 氮氧化物（一氧化氮及二氧化氮），以二氧化氮表示：

①使用附录五第四条第一款字母d和e规定的气态燃料，且上述燃料在至少80%的年运行时间内均予使用的：400毫克/立方米

②使用其他燃料的：250毫克/立方米

（2）对每年运行时间不超过50小时的应急发电机所装置的内置燃烧引擎，政府部门应当根据第四条列明预防性排放限制要求；第一款和附录一不适用。

5. 试验台

政府部门应当根据第四条对内置燃烧引擎的试验台做出预防性排放限制要求；附录一和附录二第八条第二款第一点至第八条第二款第四点规定不适用。

（三）燃气轮机

1. 参照值

排放限制值以在额定容量条件下操作，且含氧量为15%的废气为基准确定。

2. 燃料

燃气轮机应当仅使用附录五规定的燃料运行。

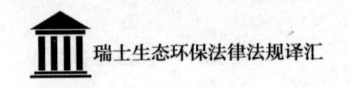

3. 烟气数量

煤烟的排放不得超过下列烟气数量（附录一第二条第二款）：

a. 额定热输入不超过 20 兆瓦的：烟气数量 4；

b. 额定热输入超过 20 兆瓦的：烟气数量 2。

4. 一氧化碳

一氧化碳的排放不得超过下列限制值：

a. 额定热输入不超过 40 兆瓦的：240 毫克/立方米；

b. 额定热输入超过 40 兆瓦的：120 毫克/立方米。

5. 硫氧化物

硫氧化物以二氧化硫表示，在流量为 2.5 公斤/小时或以上的情况下，其排放不得超过 120 毫克/立方米。

6. 氮氧化物

氮氧化物（一氧化氮和二氧化氮）以二氧化氮表示，其排放不得超过下列限制值：

a. 额定热输入不超过 40 兆瓦的：

①使用附录五第四条第一款字母 d 和 e 规定的气态燃料，且上述燃料至少用于 80% 的年运行时间时：150 毫克/立方米；

②使用其他燃料时：120 毫克/立方米。

b. 额定热输入超过 40 兆瓦的：

①使用附录五第四条第一款列明的气态燃料时：50 毫克/立方米；

②使用其他燃料时：120 毫克/立方米。

7. 试验台和应急发电机

（1）政府部门应当根据第四条对燃气轮机的试验台列明预防性排放限制要求；附录一和附录二第八条第三款第一至第六点规定不适用；

（2）当应急发电机每年使用时间不超过 50 小时的，政府部门应当根据第四条对该应急发电机的燃气轮机列明预防性排放限制要求；附录一和附录二第八条第三款第三点、第四点和第六点规定不适用。

（四）颗粒板制造设施

1. 范围

本点规定适用于使用干式工艺制造颗粒板的设施。

2. 灰尘

灰尘的排放不得超过下列限制值：

a. 切片烘干机废气中：50 毫克/立方米

b. 磨床废气中：10 毫克/立方米

3. 有机物质

（1）附录一第七条的排放限值要求不适用。

（2）在 150℃ 条件下测量的气态或蒸汽形态的有机物质排放应当表示为碳排放总量。

（3）对上述排放的限制应当以技术上、操作上的可行性和经济上的可接受性为限，但是使用每吨木材（完全干燥）的排放限制至少为 350 克。

4. 与第八条第一款相关规定

第八条第一款的规定附加适用于制品在处理过程中直接接触炉烟气的设施。

（五）干洗（衣物）

1. 本点规定适用于使用卤代烃的干洗设施。

2. 干洗机器的加料门上应当安装连锁系统，以确保其仅在机内大气中气态或蒸汽形态的有机物质浓度降至 2 克/立方米情况下才能开启。

3. 第二款规定的连锁系统浓度应当在机内加料门附近持续监测。

4. 干洗物在移出机器前的温度不得超过 35℃。

5. 从机器中提取的废气应当通过活性炭过滤器或同等措施净化。

6. 机内大气必须排出，以确保操作区保持负压。

（六）火葬场

1. 有机物质

（1）附录一第七条列明的排放限值要求不适用。

（2）气态或蒸汽形态有机物质以碳总量表示，其排放不得超过 20 毫克/立方米。

2. 一氧化碳

一氧化碳的排放不得超过 50 毫克/立方米。

（七）表面处理设施

1. 本点规定适用于金属、玻璃、陶瓷、塑料、橡胶或其他材料物品和制品的表面处理设施，该处理在 1013 毫巴气压和低于 150℃ 条件下，且使用卤代有机物质。

2. 表面处理设施应当按照以下规定设置和操作：

a. 物品和制品应当在密闭膛内处理，以提取废气为目的设置的开口除外；

b. 应当使用连锁系统，以确保物品和制品在移出区域中的卤代有机物浓度降至 1 克/立方米或以下时方可取出；

c. 提取的废气需在分离器中净化。在此过程中，附录一第七条第二款中列明的卤代有机物流量不得超过 100 克/小时，附录一第八条第三款列明的卤代烃排放不得超过 25 克/小时。附录一第七条和第八条中所列明的排放限制要求不适用；

d. 如果卤代有机物被置入或从设施中移出，则其排放必须通过蒸汽恢复系统或同等措施予以降低。

3. 如果因处理的物品和制品体积问题，该设施无法符合第二款字母 a 和 b 列明的要求，应当将其排放降至技术上和操作上可行和经济上可接受的水平，应当使用的方式包括封装、密封、从废气中移出，气闸提取。

（八）建筑工地

1. 对建筑工地排放的限制应当以技术上和操作上的可行性和经济上的可接受性为限，尤其是通过限制所使用的机器和设施的排放，以及采用适当的操作程序的方式进行限制。建筑工地的类型、大小、位置以及建设工程的周期均应当考虑。联邦环境办公室应当制定相应的指南。

2. 附录一列明的排放限制值不适用于建设机器和建筑工地。

附录三

（第三条第二款字母 b）

适用于燃烧设施的附加或其他排放限制要求

一、范围

（一）本附录规定适用于下列用途的燃烧设施：

a. 空间加热；

b. 工艺用热制造；

c. 温水或热水制造；

d. 蒸汽制造。

(二) 本附录规定不适用于制品在处理过程中直接接触炉烟气的氧化。

二、总则

(一) 燃料

第一条列明的燃烧设施仅能使用附录五中列明的燃料。

(二) 氧化的管理

第十三条第三款规定的定期测量要求不适用于下列燃烧设施：

a. 在一个日历年内运行时间低于 100 小时的燃烧设施。

b. 额定热输入低于 12 千瓦，且仅用于单个房间加热的燃烧设施。

c. ……

d. ……

e. 额定热输入低于 70 千瓦的燃煤设施。

f. 额定热输入低于 70 千瓦，且其仅使用附录五第三条第一款字母 a 或 b 列明的纯粹的、未经处理的木材燃木设施。

(三) 排放的监测和评估

1. 对单个设施，其排放应当在稳态条件下和与评估相关的负载范围内进行监测。一般而言，其至少应当包括该设施在标准运行条件下运行的最高和最低负载点。

2. 对装置有煤烟吹除或类似清洁设施的设施，灰尘的排放应当以半小时为周期监测和评估。监测必须包括清洁阶段。

三、关于多个设施组成的燃烧设施的特殊规定

(一) 如多个单独设施组成一个单个运行单元，则对每一个单独设施排放的限制根据整个运行单元（额定热输入总量）的额定热输入（附录一第二十四条）确定。

(二) 额定热输入总量为组成运行单元的所有单个设施额定热输入量的总和。

(三) 第一款和第二款不适用于下列情况：

a. 单个设施的额定热输入不高于 1 兆瓦，且组成该运行单元的一个或多个其他单个设施使用相同的燃料；

b. 单个设施的额定热输入不高于 10 兆瓦，且没有其他组成该运行单元的单个设施使用相同的燃料。

四、燃油设施

（一）使用"超轻"燃油的燃烧设施

1. 排放限制值

（1）使用"超轻"燃油的燃烧设施的排放不得超过下列限制值：

使用"超轻"燃油的燃烧设施	
- 参照值：	
气态污染物的限制值以氧含量为3%（体积比）的烟气为基准确定	
使用"超轻"燃油的燃烧设施	
- 烟气数量	
a. 装置鼓风式燃烧器的设施	1
b. 装置气化类型燃烧器的设施	2
- 一氧化碳	
a. 装置鼓风式燃烧器的设施	80 毫克/立方米
b. 装置风扇的气化类型燃烧器的设施	150 毫克/立方米
- 氮氧化物，表示为二氧化氮	
a. 第20条列明的设施	120 毫克/立方米
b. 额定热输入超过350千瓦的设施	
- 热媒温度不超过110摄氏度	120 毫克/立方米
- 热媒温度超过110摄氏度	150 毫克/立方米
- 氨和铵化合物，表示为氨[1]	30 毫克/立方米

注释：仅适用于装置有脱氨系统的燃烧设施。

（2）硫氧化物的排放根据附录五第十条第一款列明的最高含硫量限制确定。附录一第六条关于硫氧化物排放限制的要求不适用。

2. 关于氮氧化物排放的附加规定

（1）对热媒温度在高于150摄氏度的燃烧设施，如第四条第一款第一点规定的150毫克/立方米的氮氧化物的规定不具有技术和操作可行性，或不具经济可接受性，政府部门可以做出较宽松的限制值规定。但是，氮氧化物的排放不得超过250毫克/立方米，氮氧化物以二氧化氮表示。

（2）氮氧化物的排放标准以含有140毫克/千克的有机氮含量的燃料为基准。如含氮量高于该标准，则燃料中的含氮量每升高1毫克，氮氧化物的排放可以增加0.2毫克/立方米；如含氮量低于该标准，则燃料中的含氮量每降低1毫克，氮氧化物的排放必须降低0.2毫克/立方米。氮氧化物以二氧化氮表示。

（3）尽管第二款已做规定，联邦环境办公室仍然可以根据第二十条第一款的规定,为进行首次监测的设施进行简化评估程序规定,也可以对额定热输入不超过1兆瓦的设施的周期管理作出简化规定。

3. 不完全燃烧油成分

(1) 使用"超轻"燃油的燃烧设施的烟气不得含有任何不完全氧化油成分。

(2) 如果周期性管理证实燃气符合第四条第一款第一点关于一氧化碳限制值的要求,则一般认定该燃油不含不完全氧化成分。如排放为有气味的气体,政府部门可以使用溶剂进行附加油测试。

4. 能量要求

(1) 锅炉中燃气的损耗不得超过下列限制值:

a. 装置有单级操作的鼓风氧化器和蒸汽型氧化器 7%;

b. 装置有两级操作的鼓风氧化器:

①在第一级操作中:6%

②在第二级操作中:8%

(2) 安全温度限制器的关停温度超过110摄氏度的锅炉,在第一款的要求不具技术和操作的可行性及经济的可接受性的情况下,政府部门可以为其做出较为宽松的限制值规定。

(二)"中度"和"重"燃油氧化

1. 排放限制值

(1) 使用"中度"和"重"燃油氧化的排放不得超过下列限制值:

		额定热输入		
		超过5兆瓦不超过50兆瓦	超过50兆瓦不超过100兆瓦	超过100兆瓦
"中度"或"重"燃油 -参照值: 限制值系基于燃气中氧含量比例确定 -固体总量:	%(体积比)	3	3	3
以质量计,硫含量不超过1%的燃油	毫克/立方米	80	10	10
其他燃油	毫克/立方米	50	10	10
-一氧化碳	毫克/立方米	170	170	170
-硫氧化合物,表示为二氧化硫	毫克/立方米	1700	1700	400
-氮氧化物,表示为二氧化氮	毫克/立方米	150	150	150
-氨和铵化合物,表示为氨	毫克/立方米	30	30	30

（2）在使用的燃油的硫含量不超过1%时（以质量计），硫氧化物为1700毫克/立方米的，视其符合排放限制值。

2."中度"和"重"燃油的使用

"中度"和"重"燃油不得用于对上述燃油的额定热输入低于5兆瓦的设施或操作单元。

五、燃煤或燃木材设施

（一）燃煤设施

1. 排放限制值

（1）使用煤、煤砖或焦炭的燃烧设施的排放不得超过以下限制值：

		额定热输入					
		不超过 70千瓦	70千瓦以上 500千瓦以下	500千瓦以下 1兆瓦以下	1兆瓦以上 10兆瓦以下	10兆瓦以上 100兆瓦以下	100兆瓦以上
煤、煤砖、焦炭							
－参照值：							
限制值系基于燃气中氧含量比例确定	%（体积比）	7	7	7	7	7	7
－固体总量	毫克/立方米						
－自2007年9月1日起	毫克/立方米	150	150	50	10	10	
－自2008年1月1日起	毫克/立方米	—	150	150	50	10	10
－自2012年1月1日起	毫克/立方米		50	20	20	10	10
－一氧化碳	毫克/立方米	4000	1000	1000	150	150	150
－硫氧化物，表示为二氧化硫：							
－流化床设施	毫克/立方米	—	—	—	350	350	350
－其他烧煤设施	毫克/立方米	—	—	—	1300	1300	400

续表

		额定热输入					
		不超过70千瓦	70千瓦以上500千瓦以下	500千瓦以下1兆瓦以下	1兆瓦以上10兆瓦以下	10兆瓦以上100兆瓦以下	100兆瓦以上
-其他设施	毫克/立方米	—	—	—	1000	1000	400
-氮氧化物							
表示为二氧化氮	毫克/立方米	—	—	—	500	200	200
-氨和铵化合物,表示为氨	毫克/立方米	30	30	30	30	30	30

注释:

表格中的短横"-"表明附录三和附录一中均未列明限制值。

1. 本条排放限制只适用于装置有脱氮系统的氧化。

（2）政府部门应当根据第四条为主要灰尘状的无机物质和氯气、氟化合物做出预防性排放限制要求；附录一第五条和附录一第六条中关于氯气和氟化合物的排放要求不适用。

2. 测量和管理

对额定热输入不超过70千瓦的氧化，如已经证明该设施系根据制造商的燃料和操作规程操作，则该设施一般应当视为符合一氧化碳排放限制值要求。如果可能产生超量烟气或有气味污染，则政府部门可以对一氧化碳测量做出附加规定。

3. 煤的使用

额定热输入低于1兆瓦的氧化仅能使用煤、煤砖或硫含量不超过1%（质量比）的焦炭。

（二）燃木设施

1. 设施和燃料种类

（1）仅有符合附录五第三条第一款关于燃料类型、质量和湿度的规定，且适合该设施中的氧化的木材燃料方能在烧木材设施中使用。

（2）此外，对额定热输入不超过40千瓦且有明火的手工添煤的氧化，仅能使用附录五第三条第一款中规定的碎木、柴或锥形木。

2. 排放限制值

（1）使用附录五第三条第一款规定的木材燃料的氧化，其排放不得超过以下限制值。

		额定热输入				
		不超过70千瓦	70千瓦以上500千瓦以下	500千瓦以上1兆瓦以下	1兆瓦以上10兆瓦以下	10兆瓦以上
木材燃料						
－参照值：						
限制值系根据烟气所含氧气量为基准确定	%（体积比）	13	13	13	11	11
－固体（硬粒）总量：						
－自2007年9月1日起	毫克/立方米	—	150	150	20	10
－自2008年1月1日起	毫克/立方米	—	150	150	20	10
－自2012年1月1日起	毫克/立方米	—	50[1]	20	20	10
－一氧化碳（CO）						
－附录五第三条第一款字母a和b规定的木材燃料						
－自2007年9月1日起	毫克/立方米	4000[2]	1000	500	250	150
－自2012年1月1日起	毫克/立方米	4000[2]	500	500	250	150
－附录五第三条第一款字母c规定的木材燃料						
－自2007年9月1日起	毫克/立方米	1000	1000	500	250	150
－自2012年1月1日起	毫克/立方米	1000	500	500	250	150
－氮氧化物，表示为二氧化氮	毫克/立方米					150
－气态有机物质，表示为碳总量	毫克/立方米	—	—	—	—	50
－氨和铵化合物，表示为氨	毫克/立方米	—	—	—	30	30

注释：

表格中短横"－"表示附录三和附录一均未对限制做出规定。

1. 额定热输入不超过120千瓦的手工添加锅炉，使用附录五第三条字母a规定的，其排放的固体限制值为：100毫克/立方米。
2. 不适用于中央加热炉具。
3. 参见附录一第六条关于氮氧化物的限制值的规定。
4. 本条规定的排放限制值仅适用于装置有脱氮系统的氧化。

（2）上述规定不影响第五条第二款第三点关于新设手工添加设施的特殊要求。

（3）政府部门应当根据第四条的规定，对氯化合物和气态、蒸汽形态以及微尘状的有机物质做出预防性排放限制规定；附录一第六条关于氯化合物排放限制要求以及附录一第七条关于有机物质排放限制要求不适用。

3. 对手工添加设施的特殊要求

在额定热输出率30%条件下，不符合第五条第二款第二点规定的排放限制值的手工添加设施，应当装置加热蓄电池，该蓄电池至少能够储存在额定热输出率条件下每消耗一燃料装载量所产生热能的一半。

4. 测量和管理

（1）额定热输入不超过70千瓦的氧化，如果证实其已经进行适当操作，且仅使用附录五第三条第一款字母a和b规定的未经处理的木材作为燃料，则一般认定该设施符合一氧化碳排放限制值的要求。如证实存在或有可能产生烟气排放或气味污染，政府部门可以做出排放测量或其他调查要求。

（2）评估应当以半小时周期内的排放均值为确定标准。联邦环境办公室应当推荐适合的测量和评估方法。

六、燃气设施

（一）排放限制值

使用气态燃料氧化的排放不得超过以下限制值：

使用气体燃料的燃烧设施	
－参照值：	
限制值的确定系以烟气的氧含量为基准	3%（体积比）
——一氧化碳	
a. 对第二十条第一款字母a至d所列设施	100毫克/立方米
b. 对额定热输入超过350千瓦的氧化	100毫克/立方米
——氮氧化物，表示为二氧化氮	
a. 对第二十条第一款字母a至d所列的设施	
——额定热输入不超过12千瓦的大气气体燃烧器	120毫克/立方米
——其他设施	80毫克/立方米
b. 额定热输入超过350千瓦的氧化	
——热媒温度不超过110摄氏度	80毫克/立方米
——热媒温度超过110摄氏度	110毫克/立方米
——氨和铵化合物，表示为氨	30毫克/立方米

注释：本条规定的排放限制要求仅适用于装置有脱氨系统的燃烧设施

（二）关于氮氧化物排放的附加规定

1. 热媒温度高于 150 摄氏度，且第六条第一款关于氮氧化物 110 毫克/立方米排放限制值不具有技术和操作可行性及经济可接受性的燃烧设施，政府部门可以对其做出较为宽松的限制值规定。但是氮氧化物的排放不得超过 200 毫克/立方米，氮氧化物以二氧化氮表示。

2. 尽管第六条第一款已作出规定，附录三第四条第一款第一点关于氮氧化物的规定适用于使用附录五第四十一点字母 b、d、e 规定的气体燃料的燃气设施。

3. 附录一第六条和附录三第六条第一款规定的排放限制值不适用于第二十条第一款字母 f 和 g 所列的设施；不应当根据第四条规定预防性排放管理措施。

（三）能量要求

1. 锅炉中的燃气损耗不得超过下列限制值：

a. 对装置有单级操作系统的鼓风氧化器和大气气体氧化器 7%；

b. 对装有二级操作系统的鼓风氧化器：

①在第一级操作中 6%

②在第二级操作中 8%

2. 锅炉安全温度限制器的关停温度高于 110 摄氏度，且第一款的适用不具技术或操作可行性及经济可接受性的，政府部门可以就限制值做出较为宽松的规定。

七、使用附录五第十条第三款规定的液体燃料的氧化

（一）第四条第一款的规定适用于附录五第十条第三款规定的液体燃料的氧化。

（二）附录五第十条第三款所列明的燃料不得用于额定热输入低于 350 千瓦的设施。

八、多种或混合燃料氧化

（一）多种燃料氧化

如果单一设施选择性地适用不同种类的燃料，其排放限制要求根据具体情况下燃料使用要求确定。

（二）混合燃料氧化

1. 如果在单一设施中同时使用多种燃料，则其排放浓度不得超过混合

限制值。

2. 混合限制值根据下列公式计算：

$$G_m = G_1 \times \frac{E_1}{E_{tot}} + G_2 \times \frac{E_2}{E_{tot}} \cdot \frac{(21-B_1)}{(21-B_2)} + \cdots + G_n \times \frac{E_n}{E_{tot}} \cdot \frac{(21-B_1)}{(21-B_n)}$$

其中：

Gm = 基于 B1 氧含量确定的混合限制值

G1、G2……Gn = 各种燃料的排放限制值

E1、E2……En = 单一燃料每小时所供应当能量

Etot = E1 + E2 + ……En

B1、B2……Bn = 参照值（作为第 1、第 2 及第 n 种燃料排放限制值确定基准的氧含量）

3. 计算相关硫排放率，应当将第二款规定的方法做相应调整。

附录四

（第三条第二款字母 c）

对氧化、建筑机械、颗粒过滤系统和机械的要求

一、范围

本附录的规定适用于第二十条第一款列明的氧化、建筑机械、第十九条 a 规定的颗粒过滤系统和第二十条 b 列明的机械。

二、对氧化的要求

（一）大气污染控制要求

1. 燃油和燃气设施

燃油和燃气设施必须符合关于大气污染控制的相关欧洲标准以及下表所列明的排放限制值。

设施类型	相关欧洲标准	关于氮氧化物和一氧化碳的有关排放类别或排放限制值
用于"超轻"燃油的鼓风氧化器（第二十条第一款字母 a）	EN267	氮氧化物第 3 类，一氧化碳第 3 类
燃气自动鼓风氧化器（第二十条第一款字母 a）	EN676	氮氧化物第 3 类，一氧化碳 100 毫克/千瓦时

续表

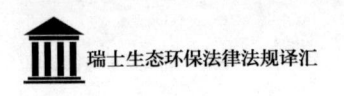

设施类型	相关欧洲标准	关于氮氧化物（NOx）和一氧化碳（CO）的有关排放类别或排放限制值
装置有用于"超轻"燃油的鼓风氧化器的锅炉（第二十条第一款字母c）	EN303 和 EN304	氮氧化物第3类，一氧化碳第3类
装置有鼓风氧化器的燃气锅炉（第二十条第一款字母c）	EN303 和 EN304	氮氧化物第3类，一氧化碳100毫克/千瓦时
装置有自动气体氧化器的循环加热器和燃气锅炉（第二十条第一款字母d）	EN297、EN483、EN615、EN656、EN677	氮氧化物第5类，一氧化碳100毫克/千瓦时
装置有蒸汽类"超轻"燃油氧化器的锅炉和循环加热器（第二十条第一款第e项）	EN1、EN303、EN304	额定热输入不超过30千瓦：根据EN1，氮氧化物为第一类，一氧化碳150毫克/千瓦时
		额定热输入超过30千瓦：根据EN1，氮氧化物为第一类，一氧化碳60毫克/千瓦时
直接燃气存储热水器（锅炉）（第二十条第一款字母f）	EN89	氮氧化物第五类
燃气即时热水器（第二十条第一款字母g）	EN26	

2. 燃煤及燃木设施

燃煤和燃木设施必须符合相关欧盟标准关于大气污染防治的要求标准，以及下表规定的排放限制值要求。

设施类型	相关欧盟标准	对一氧化碳和固体（灰尘）（排放限制值）[a]的特殊要求	
		自2008年1月1日起	自2011年1月1日起
手工添加的燃木和燃煤锅炉	EN303-5 或 EN12809	一氧化碳：800毫克/立方米 灰尘：60毫克/立方米	一氧化碳：800毫克/立方米 灰尘：50毫克/立方米
自动添加的使用木片和煤的锅炉	EN 303-5 或者 EN 12809	一氧化碳：400毫克/立方米 灰尘：90毫克/立方米	一氧化碳：400毫克/立方米 灰尘：60毫克/立方米
自动添加的使用木屑颗粒的锅炉	EN 303-5 或者 EN 12809	一氧化碳：300毫克/立方米 灰尘：60毫克/立方米	一氧化碳：300毫克/立方米 灰尘：40毫克/立方米

续表

设施类型	相关欧盟标准	对一氧化碳和固体（灰尘）(排放限制值)[a]的特殊要求	
使用固体燃料的室内取暖器	EN 13240	一氧化碳：1500 毫克/立方米 灰尘：100 毫克/立方米	一氧化碳：1500 毫克/立方米 灰尘：75 毫克/立方米
使用木屑颗粒的室内取暖器	EN 14785	一氧化碳：500 毫克/立方米 灰尘：50 毫克/立方米	一氧化碳：500 毫克/立方米 灰尘：40 毫克/立方米
使用固体燃料的居民用炊具	EN 12815	一氧化碳：3000 毫克/立方米 灰尘：110 毫克/立方米	一氧化碳：3000 毫克/立方米 灰尘：90 毫克/立方米
使用固体燃料的中央加热炊具	EN 12815	一氧化碳：3000 毫克/立方米 灰尘：150 毫克/立方米	一氧化碳：3000 毫克/立方米 灰尘：120 毫克/立方米
使用固体燃料的嵌入式设备和明火	EN 13229	一氧化碳：1500 毫克/立方米 灰尘：100 毫克/立方米	一氧化碳：1500 毫克/立方米 灰尘：75 毫克/立方米

[a] 参考氧含量：
– 燃木设施 13%（体积比）
– 燃煤设施 13%（体积比）

（二）能量要求

燃油或燃气锅炉必须至少具备下列燃烧系统效率：

a. 装置有二级操作系统的鼓风燃烧器：

①在第一级操作中 94%；

②在第二级操作中 92%；

b. 其他锅炉 93%。

（三）标记

1. 制造商应当在每一个燃烧设施上粘贴可见、持久和清晰易读的数据牌/标签，标签上应当包含相关欧盟标准规定的信息，但应当至少包含下列信息：

a. 该设施制造商的名称或商标；

b. 商点、型式认定或型点；

c. 该设备根据第二十一条应当经测试的，标明该测试所依据的欧盟标准序点；

d. 额定热输入、额定热功率/空间热功率或相应的输出范围，以瓦或千瓦为单位。

2. 燃气设施的数据金属牌/标签还必须标明相关欧盟标准规定的氮氧化物类型。

3. 燃木和燃煤设施的数据牌/标签还必须以毫克/立方米为单位，标明一氧化碳和灰尘的排放值，该排放值应当根据第二条第二款第二点规定测量，并以相应的烟气氧含量为基准。

三、对建筑机械和颗粒过滤系统的大气污染防治要求

（一）对建筑机械的要求

1. 建筑机械的排放必须符合指南97/68/EC关于非道路引擎机械规定，其规定以该机械生产当年的相关规定为准。

2. 此外，建筑机械的废气中半径超过23纳米的固体颗粒，以颗粒计数法统计，其排放量不得超过1×10^{12} 1/千瓦时。该排放以最佳可用技术为标准确定，特别是UN/ECE颗粒项目和NRTC测试周期。

3. 如果建筑机械在装置有符合第三条第二款规定的颗粒过滤系统的条件下运行，则一般认为其符合第二款所列明的规定。

（二）对颗粒过滤系统的要求

1. 建筑机械的颗粒过滤系统必须：

a. 在新设时和经过1000小时的典型应当用运行（疲劳测试）后，过滤97%的直径为20~300纳米的固体颗粒；

b. 在重建过程中过滤90%的固体颗粒；

c. 具有相应的电子控制单元，该单元能够记录可能影响系统功能的压力损耗，并发出警报，且能够在过滤器损坏的情况下关闭附加计量；

d. 在引擎自由加速阶段的不透明系数低于$0.15m^{-1}$；

e. 其设计确保过滤芯不可能反向安装；

f. 提供清洁和维护说明；

g. 废物处理系统的运行无需含铜添加剂或以铜为涂料的催化剂；

h. 在技术上和操作上可行，且经济上可接受的程度限制在操作过程中产生的再次排放。

2. 测量方法和测试程序应当基于最佳可行技术，尤其是应当符合SNR277205。

（三）标记

1. 制造商或进口商应当在每一建筑机械和颗粒过滤系统上粘贴可见、

持久和清晰易读的数据牌/标签，数据牌/标签上应当包含下列信息：

a. 制造商或进口商的名称；

b. 序列点；

c. 型式标准；

d. 在有评估要求的情况下，一致性评估机构的名称。

2. 建筑机械的数据牌/标签还应当包含下列信息：

a. 建筑机械的生产年份；

b. 引擎输出，以千瓦为单位；

c. 颗粒降低系统的型式标准。

3. 如果出售的建筑机械改建后装置了颗粒过滤系统，则该系统的安装人应当在建筑机械上粘贴数据牌/标签，数据牌/标签上应当包含第一款和第二款列明的信息。

4. 对机械的大气污染防治要求

（1）机械的引擎必须符合欧盟议会和理事会于1997年12月16日发布的关于各成员国与置于非道路机械上内置引擎中颗粒及气体污染物立法近似的指南97/68/EC附录四中所列明的关于火花点火引擎的规定。

（2）附录一中关于排放限制要求的规定不适用。

附录五

（第二十一条和第二十四条）

对热燃料和汽车燃料的要求

一、燃油和其他液体燃料

（一）燃油中的硫含量

1. "超轻"燃油中的硫含量不得超过0.10%。

2. "中度"和"重"燃油中的硫含量不得超过2.28%。

（二）对燃油的附加要求

1. 含有卤素或重金属化合物（铁化合物除外）的添加剂不得添加至燃油中。

2. 此外，包括镁化合物等影响燃油设施管理中烟气数量测量的添加物不得加入"超轻"燃油。

3. 废油不得加入燃油。

（三）其他液体燃料

1. 定义

其他液体燃料是指能够像"超轻"燃油一样能被氧化，且符合第一条第三款第二点规定要求的液体有机化合物。

2. 要求

（1）在氧化过程中，其他液体燃料不得造成高于"超轻"燃油在同等条件下产生的排放或其他污染物排放。

（2）燃料中的污染物含量不得超过下列限制值：

单位：毫克/公斤

灰烬	50
氯气	50
钡	5
铅	5
镍	5
钒	10
锌	5
磷	5
多氯芳烃（例如PCB）	1

3. 与附录二第七条第一款相关的规定

不符合第一条第三款第二点规定的其他液体有机化合物应当被视为特殊垃圾。

二、煤、煤砖和焦炭

煤、煤砖和焦炭中的硫含量不得超过3.0%。

三、木材燃料

（一）定义

1. 木材燃料是指：

a. 未经处理的木材碎片，包括附着的树皮，尤其是碎火木、木砖、柴和锥形木；

b. 未经处理的木材，非木材碎片，尤其是木屑颗粒、木片、刨花、锯屑、磨机尘和树皮；

c. 木材加工行业、木制品贸易或装修产生的木质剩余物、建筑工地产生的废渣、包括栈板包装产生的废木材、使用过的木制家具，或其与第一款规定的木材燃料的混合物。

d. 其他木质材料，包括：

①经木材防腐剂加压处理的或经含卤化有机化合物的涂料处理的废料或废木材；

②经五氯苯酚等木材防腐剂集中处理的废料或废木材；

③与第一款列明的木质燃料混合或与字母 a 列明的废料混合的垃圾。

2. 对木砖和木屑颗粒的要求

在使用未经处理的木材制造木砖和木屑颗粒的过程中，所使用的天然润滑剂排放不得高于未经处理的木材排放或产生其他污染物。

四、气态燃料

（一）定义

1. 气态燃料是指：

a. 被置入公共配气管网的天然气、石油气或煤气；

b. 丙烷和/或丁烷组成的液化气；

c. 氢气；

d. 与天然气、石油气或煤气相似的气体，例如农业产生的沼气或污水处理气体；

e. 填埋的废物气体，但其无机和有机氯及氟化合物的总量不超过 50 毫克/立方米，无机和有机氯及氟化合物以氯化氢和氟化氢表示。

2. 燃烧必须符合附录二第七条第一款规定的其他气体均应当被视为废气。本规定也特别适用于不符合第一款字母 e 要求的填埋废物气体。

（二）要求

第四条第一款字母 a 和 b 规定的气体中的硫含量不得超过 190 毫克/公斤。

五、汽油

（一）汽油仅有在满足下列要求的情况下方能进口或出售

性　质	单位	最高值[a]	最低值[a]	测量方法[b]
汽油				
－研究辛烷数		95.0[c]	—	EN ISO 5164
RON[c]				
－电动机辛烷数		85.0[c]	—	EN ISO 5163

续表

性　质	单位	最高值[a]	最低值[a]	测量方法[b]
MON[c]				
－蒸汽压力（DVPE）：				EN 13016-1
－六个夏季月	kPa	—	60.0[d]	
－蒸馏特性：				EN ISO 3405
－蒸发温度为100摄氏度	％（体积比）	46.0	—	
－蒸发温度为150摄氏度	％（体积比）	75.0	—	
－碳氢化合物类型的确定：				
－烯烃	％（体积比）	—	18.0	EN 15553、EN ISO 22854
－芳烃	％（体积比）	—	35.0	EN 15553、EN ISO 22854
－苯	％（体积比）	—	1.00	EN12177、EN238、EN ISO 22854
－氧含量	％（m/m）	—	3.7	EN1601、EN13132、EN ISO 22854
－增氧剂含量：				EN1601、EN13132、EN ISO 22854
－甲醇	％（体积比）		3.0	
－乙醇	％（体积比）		10.0	
－异丙醇	％（体积比）		12.0	
－叔丁醇	％（体积比）		15.0	
－异丁醇	％（体积比）		15.0	
－醚（含5个或以上的碳原子）	％（体积比）		22.0	
－其他增氧剂[e]	％（体积比）		15.0	
－硫含量	毫克/公斤		10.0	EN ISO 20846、EN ISO 20884
－铅含量	毫克/升		5.0	EN 237

注释：

a 测量结果根据 EN ISO 4259《石油制品的确定和与测试方法相关的准确数据应当用》评估；

b 下列（共同）标准可以在测量中适用：

－EN：由欧盟标准化委员会（CEN）制定的标准

－ISO：由国际标准化组织（ISO）制定的标准

标准可以从下列地址获得：瑞士标准化协会（SNV），Bürglistrasse 29，CH-8400 Winterthur；电话：+41 52 224 54 54；www.snv.ch

c 尽管上表已做规定，但是普通汽油的 RON 值需至少达到 90，MON 值需至少达到 81；

d 适用于5月1日至9月30日间使用的汽油；

e 其他沸点不高于210摄氏度的一元醇类和醚类

一、^{bis} 在 2015 年 9 月 30 日以前，在六个夏季月内，加入生物乙醇的汽油可以与第 1 款规定的 60.0 千帕斯卡的最高蒸汽压力规定存在下列误差：

生物乙醇含量	%（体积比）	1.0	2.0	3.0	4.0	5.0	6.0	7.0	8.0	9.0	10.0
最高许可误差[a]	千帕斯卡	3.65	5.95	7.20	7.80	8.00	8.00	7.94	7.88	7.82	7.76

[a] 中间值通过取生物乙醇含量上值与下值间的线性差值取得。

（二）具有误差的汽油应当仅在其铅含量不超过 0.56 克/升，且其苯含量不超过 1%（体积比）时方可进口或出售。用于出售的具误差汽油应当染成蓝色。

六、柴油

柴油仅在符合下列要求时方能进口或者出售：

性　质	单位	最低值[a]	最高值[a]	检测方法[b]
柴油				
－十六烷值		51.0[c]	—	EN ISO 5165、EN15195
－15 摄氏度时的密度	公斤/立方米	—	845.0	EN ISO 3675、EN ISO 12185
－蒸馏特点：				
95%（体积比）恢复温度为	摄氏度	—	360	EN ISO 3450
－多环芳烃	%（质量比）	—	8.0	EN 12916
－硫含量	毫克/公斤	—	10.0	EN ISO 20846、EN ISO 20884

注释：

a 检测结果根据 EN ISO 4259《石油制品的确定和与测试方法相关的准确数据应当用》评估；

b 下列（共同）标准可以在检测中适用：

－EN：由欧盟标准化委员会（CEN）制定的标准

－ISO：由国际标准化组织（ISO）制定的标准

标准可以从下列地址获得：瑞士标准化协会（SNV），Bürglistrasse 29，CH－8400 Winterthur；电话：+41 52 224 54 54；www.snv.ch

c 尽管上表已做规定，但是冬季十六烷值质量需至少满足 SN EN 590 的要求。

附录六

（第六条第三款）

最小烟囱高度

一、范围

本附录规定适用于 Q/S 数值超过 5 的设施，其中：

Q = 每小时排放大气污染流量，以克为单位

S = 根据第九条规定计算得出的值

二、计算方法

（一）要求的物理烟囱高度根据第三条至第六条规定逐步计算得出。

（二）如果排放的大气污染物超过一种，物理烟囱高度的计算以 Q/S 数值最高的污染物为基础。

三、参数 H_0

（一）根据图表 1 确定 H_0

1. 参数 H_0 考虑单一设施所排放的大气污染物的短期效果。根据图表 1 确定。

2. 数值 Q 和 F 取决于该设施的排放条件。其满载值和最有助于大气污染的燃料/排放条件数值用于计算 H_0。

3. 数值 S 用于将由设施引起的最高短期环境大气污染水平限制至一个特定值（S 值）。第九条列明的 S 值用于计算 H_0。

（二）在单个案例中确定 H_0

1. 在下列情况下，参数 H_0 在单个案例中根据经认可的烟囱计算规则和烟气的分布确定：

a. Q/S 或者 F 值处于图表 1 范围以外；

b. 烟气温度低于 55 摄氏度。

2. 但是，在烟气温度低于 55 摄氏度时，参数 H_0 不得低于在 55 摄氏度条件下根据图表 1 所确定的值。

四、平坦、无障碍地形的最低高度

（一）平坦、无障碍地形条件下，烟囱高度为：

$$H_1 = f \times H_0$$

校正系数 f 考虑由于风道产生的长期效果。

（二）f 值介于 1.0 和 1.5 之间，按照下列规定确定：

在无盛行风向地点 f = 1.00；

在一般条件下 f = 1.25

在有显著风道的山谷中 f = 1.50

（三）按照该地点的条件，f 也可以取中间值

五、因建筑物和植被的高度提升

烟囱的提升高度 I_1 表示因其附近的评估对象（建筑物和植被）而导致的高度的增加。

$$I_1 = g \times I$$

其中：

I = 受该设施影响区域内最高的主要障碍物高度。I 值介于 0（无障碍物）和 30 米（例如森林）之间。

g = 校正系数，根据图表 2，g 值介于 0 到 1 之间。

六、烟囱的物理高度

烟囱的物理高度 H 按照下列公式计算：

$$H = H_1 + I_1$$

七、更加严格要求

在合理情况下，政府部门可以对烟囱做出更高要求等，例如：

a. 烟囱具有特定形状；

b. 该地点具有特别差的气象扩散条件；

c. 特定地形条件，例如狭窄的山谷、山腹或坳陷。

八、符点

H（米） = 物理烟囱高度

H_0（米） = 用于确定 H_1 的参数

H_1（米） = 在平坦、无障碍地形条件下的最低烟囱高度

I（米） = 主要障碍物的最高高度

I_1（米） = 因建筑物和植被提升的高度

f（-） = 对因风道产生的长期效果的校正系数

g（-） = 对建筑物和植被的校正系数

Q（克/小时） = 排放大气污染物的流量；氮氧化物（一氧化氮和二氧化氮）排放，以二氧化氮表示

Rn（立方米/小时） = 在标准条件下烟气的体积流量（0 摄氏度，1013 毫巴）

t（摄氏度） = 烟囱出烟口处的烟气温度

$\Delta t\ (℃) = t - 10℃$

$F\ (m4/s3) = Liftflux;\ F = 3.18 \times 10^{-6} \times Rn \times \Delta t$

S（微克/立方米） = S 值（比较第三条和第九条）

九、S 值

污染物	S（微克/立方米）
悬浮颗粒物*	50
盐酸氢氯，以 HCL 表示	100
氯	150
氟化氢和无机气态氟化合物，以 HF 表示	1
一氧化碳	8000
硫氧化物，表示为二氧化硫	100
硫化氢	5
氮氧化物，表示为二氧化氮	100
附录一第五点所列物质：	
- 第 1 类	0.5
- 第 2 类	2
- 第 3 类	5
附录一第七点所列物质：	
- 第 1 类	50
- 第 2 类	200
- 第 3 类	1000
附录一第八点所列物质：	
- 第 1 类	0.1
- 第 2 类	1
- 第 3 类	10

*：气动粒径低于 10 微克的细颗粒物。

图 1　烟囱参数 H_0 的确定

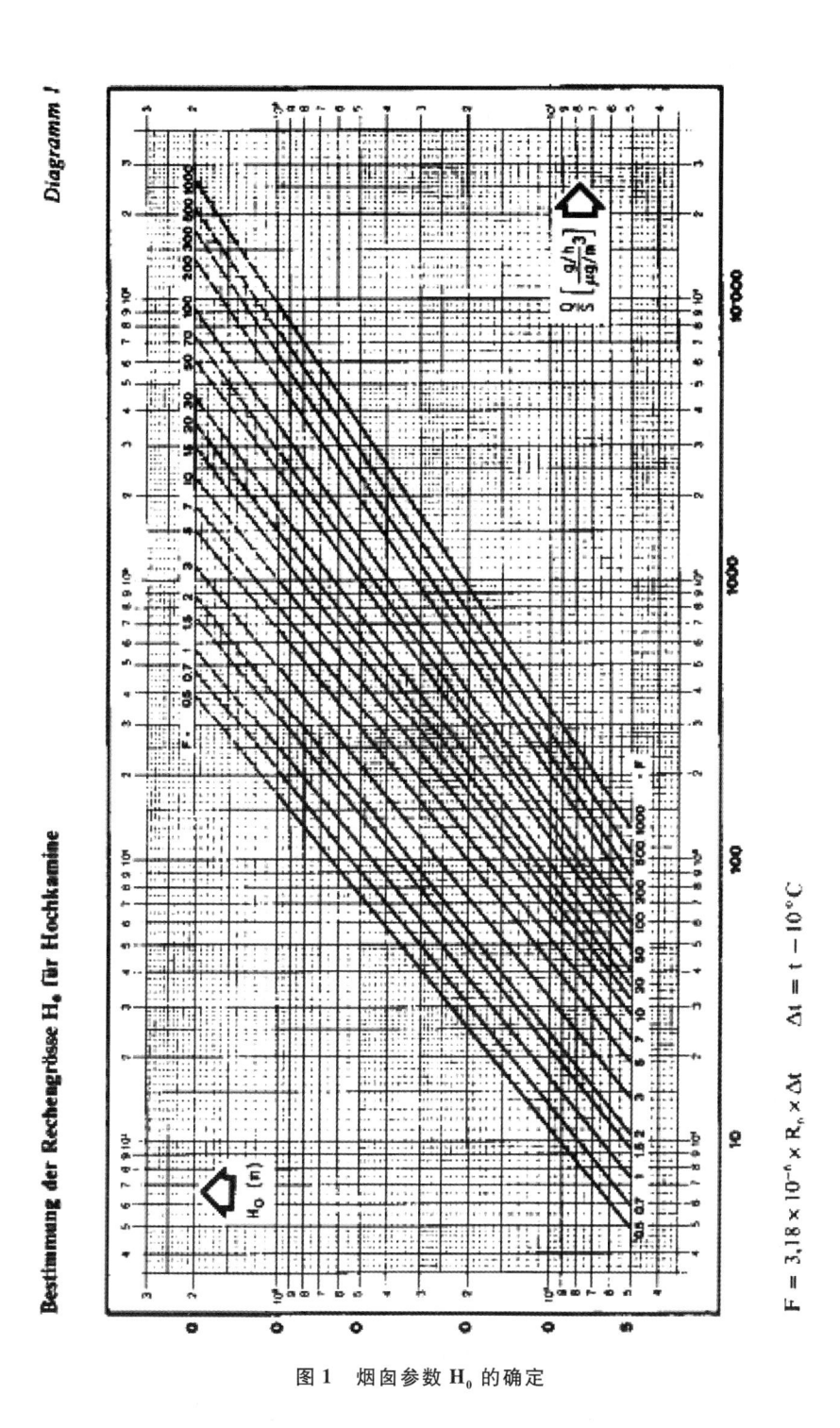

Determination of the correction factor for buildings and vegetation

Diagram 2

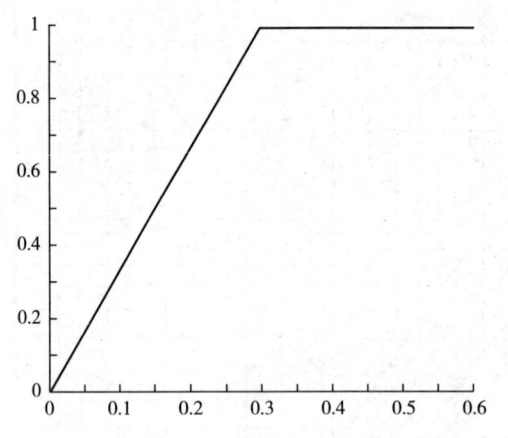

图表 2　建筑物和植被校正系数的确定

I = 主要障碍物最高点高度（第 5 条）
H_1 = 在平坦、无障碍地形条件下最低烟囱高度（第 4 条）

附录七
（第二条第五款）
对大气污染物的环境限制值

污染物	环境大气限制值	统计上的定义
二氧化硫	30 微克/立方米	年度均值（算术均数）
	100 微克/立方米	一年中 95% 的半小时均值 ≤ 100 微克/立方米
	100 微克/立方米	24 小时均值；一年中不得超过一次以上
二氧化氮	30 微克/立方米	年度均值（算术均数）
	100 微克/立方米	一年中 95% 的半小时均值 ≤ 100 微克/立方米
	80 微克/立方米	24 小时均值；一年中不得超过一次以上
一氧化碳	8 微克/立方米	24 小时均值；一年中不得超过一次以上
臭氧	100 微克/立方米	一个月中 98% 的半小时均值 ≤ 100 微克/立方米
	120 微克/立方米	一小时均值；一年中不得超过一次以上
悬浮颗粒	20 微克/立方米	年度均值（算术均数）
	50 微克/立方米	24 小时均值；一年中不得超过一次以上
PM10 中的铅	500 纳克/立方米	年度均值（算术均数）
PM10 中的镉	1.5 纳克/立方米	年度均值（算术均数）
灰尘沉积总量	200 毫克/（平方米×天）	年度均值（算术均数）

续表

污染物	环境大气限制值	统计上的定义
放射性坠尘中的铅	100微克/（平方米×天）	年度均值（算术均数）
放射性坠尘中的镉	2微克/（平方米×天）	年度均值（算术均数）
放射性坠尘中的锌	400微克/（平方米×天）	年度均值（算术均数）
放射性坠尘中的铊	2微克/（平方米×天）	年度均值（算术均数）

注释：

mg＝毫克：1mg＝0.001g

μg＝微克：1μg＝0.001mg

ng＝纳克：1ng＝0.001μg

"≤"点意为"小于或者等于"

＊：气动粒径低于10微克的细颗粒物。

联邦二氧化碳减排法

2011 年 12 月 23 日制定

（修订截止于 2013 年 1 月 1 日）

根据联邦宪法第七十四条和第八十九条，国民议会和联邦议会的联席会议，经审阅了联邦委员会 2009 年 8 月 26 日和 2010 年 1 月 20 日的公告后，通过联邦二氧化碳减排法。

第一章 总则

第一条 目标

一、本法旨在减少因使用化石燃料（热能用燃料和发动机用燃料）提供能源而排放的温室气体，尤其是二氧化碳气体。力求将全球升温控制在不超过 2 摄氏度的范围内。

二、联邦委员会明确对温室气体的界定。

第二条 定义

一、热能用燃料指用于生产热能、制造光能、为热工设备制造电能，或是热电厂运行所使用的化石燃料。

二、发动机用燃料指用于为内燃机提供能量所使用的化石燃料。

三、为减少温室气体，排放配额的可交易权由联邦政府或由已经获得联邦委员会许可其减排交易计划的各个州进行配置。

四、减排认证是在国际范围内获认可的可交易文件，该文件证明在国外的减排达标情况。

第三条 减排目标

一、到 2020 年，国内温室气体总排放量应比 1990 年减少 20%。联邦委员会将制定各行业相应的减排目标。

二、联邦委员会将遵照国际协定上调减排目标至40%。通过其他国家相关减排措施的实施，可最多使温室气体额外减排75%。

三、温室气体总排放量计算中的基数为瑞士温室气体排放量。国际航班的燃料排放并未计算在内。

四、各个经济部门的减排目标将由联邦委员会和有关各方协商制定。

五、2020年以后的减排目标应当在适当的时候，在与相关方面商议后，向联邦议会提交方案。

第四条 措施

一、达成减排目标应首先遵照本法案实施。

二、其他法律所规定的减少温室气体排放的措施同样适用于达成减排目标。尤其是涉及环境和能源、农业、林业和木材业、道路交通、矿物油税收等方面的措施，也包括自愿措施。

三、自愿措施包括由热能用和发动机用化石燃料的消费者所自愿承担的为控制二氧化碳排放所产生的费用。

四、联邦委员会将指派合适的机构来保障并执行相应的自愿措施。

第五条 国外减排情况计算

联邦委员会在依据本法计算碳排放时，将会适当考虑国外所达到的温室气体减排情况。

第六条 国外减排质量要求

一、联邦委员会明确规定了国外温室气体减排措施的质量要求，凡未达到要求均不能算做排放减少。

二、减排必须逐一符合以下标准：

a. 若未经瑞士方面资助则不能完成的减排不算在内；

b. 发展中国家的减排必须有助于该国的可持续发展，严禁对该国的经济和社会产生负面影响。

第七条 国内减排认证

一、由联邦委员会或相关职能部门发布文件认证瑞士国内自愿减排温室气体的情况。

二、该认证文件对所认证的排放配额或排放许可所达到的程度进行说明。

第八条　协调适应性办法

一、联邦政府应采取各种措施以避免因处置大气中温室气体浓度增加而产生的人身伤害和经济损失。

二、联邦政府有责任对实施这些办法所需要的基本知识进行研究。

第二章　减少二氧化碳技术措施

第一节　建筑物

第九条

一、各行政区确保用化石燃料取暖的建筑物二氧化碳减排达到目标要求；同时以现有技术条件为基础，为新修建筑和老旧建筑制定减排标准。

二、各行政区每年向联邦政府提交减排实施情况汇报。

第二节　乘用车

第十条　原则

一、到2015年底，首次被注册登记的乘用车的排放量须降到平均130克二氧化碳/千米。

二、2016年，联邦委员会将首次向联邦议会提交第一款中所述目标的完成情况，此后每三年提交一次。

三、联邦委员会应在适当的时候向联邦议会提交参考欧盟标准制定的2015年以后乘用车辆进一步二氧化碳减排计划。

第十一条　单个指标

一、联邦委员会应当为每一位进口商或制造商制定出计算单个指标的办法，从而得到瑞士进口及生产的乘用车辆的平均二氧化碳排放量。计算所涉及乘用车参照年内首次注册进口到瑞士及在瑞士生产的乘用车辆（乘用车队）。

二、在制定计算办法的过程中，联邦委员会应注意以下事项：

a. 进口到瑞士或在瑞士生产的乘用车辆的性能，如空载质量，油盘区域，或生态创新等；

b. 欧盟标准。

三、进口商和制造商同意共用排放量。在此情况下，乘用车队的单个指标按单个排放量来计算。

四、对每年进口或制造少于50辆乘用车的进口商或制造商，单个指标按第一款计算办法实行。

第十二条　单个指标计算和二氧化碳平均排放量

一、每年年末，瑞士联邦能源办公室将为每一个进口商和制造商的排放量进行计算：

a. 单个指标详见第十一条第一款；

b. 相关乘用车队二氧化碳平均排放情况。

二、联邦委员会将针对进口商或制造商的第一款所述方法计算的数据对无乘用车种类中限定的车辆指定排放数据。如果在规定日期之前数据仍没有提交，委员会将会把第一款字母b设定为统一的排放值。

三、在计算2013年和2014年的平均二氧化碳减排值时，应将以下最低二氧化碳减排百分比考虑在内：

a. 2013年：75%；

b. 2014年：80%

四、在计算第一款中字母b内容时，联邦委员会指出存在二氧化碳排放极少的乘用车的情况。

第十三条　超出单个指标的惩罚

一、如果同一进口商、制造商的乘用车队的排放量中平均二氧化碳排放超出了单个指标，该进口商、制造商必须按相应的年度向联邦政府为每一辆首次注册的乘用车辆支付以下金额的费用：

a. 2013年至2018年

①超出单个指标的第1克二氧化碳/千米：7.50瑞士法郎；

②超出单个指标的第2克二氧化碳/千米：22.50瑞士法郎；

③超出单个指标的第3克二氧化碳/千米：37.50瑞士法郎；

④超出单个指标的第4克及以上的每1克二氧化碳/千米：142.50瑞士法郎；

⑤自2019年1月1日起，超出单个指标的每1克二氧化碳/千米：142.50瑞士法郎。

二、对每年进口或制造少于50辆乘用车的进口商或制造商，第一款中所述金额适用于每一辆乘用车。在2013年到2014年中，该金额将乘以第十二条第三款中所述的百分比。

三、共用排放量的各成员之间互有连带责任。

四、另外，1996年6月21日矿物油税法第十条和第十一条类推适用。

五、如果惩罚是绑定在个人乘用车二氧化碳排放基础之上，联邦委员会将为乘用车提供销售文件，用以表示罚金应按照第一款和第二款缴纳。

第三章 碳汇

第十四条 建筑中使用的木材可作为一种碳汇用途。

第四章 排放交易和补偿

第一节 排放交易计划

第十五条 参与申请

一、各个经济部门中温室气体排放量较高或中等级别的企业将申请加入排放交易计划。

二、每年这些企业必须向联邦政府申请获得与该企业排放规模相符的排放配额或是减排认证，由联邦委员会参照相关国际规定决定给予减排许可指标。

三、由联邦委员会指定相关经济部门。在此过程中，应考虑以下内容：

a. 二氧化碳税收负担和相关经济部门的附加价值之间的关联；

b. 二氧化碳税收负担对相关经济部门国际竞争力的负面影响程度。

第十六条 参与义务

一、联邦委员会要求在特定行业类别中，温室气体排放高的企业加入排放交易计划。

二、每年这些企业必须向联邦政府申请获得与该企业排放规模相符的排放配额或是减排认证。

三、由联邦委员会决定所选企业的行业类别。

第十七条 二氧化碳税负的豁免

符合第十五条和第十六条要求的企业（ETS企业）将被退还二氧化碳

燃料税。

第十八条　决定排放配额的数量

一、至2020年，由联邦委员会提前决定每年可获取的排放配额。在决定的过程中，应考虑与第三条所述的减排计划相符合。

二、委员会每年会为新的排放交易计划参与者保留一定数量的排放配额。

第十九条　分配排放配额

一、排放配额按年度分配。

二、ETS企业正常运转所需温室气体排放量为免费分配。其他的排放配额以竞拍形式获得。

三、联邦委员会决定实施细节并在决定时考虑相关国际规定。

第二十条　报告

ETS企业每年须向联邦政府提交温室气体排放报告。

第二十一条　对未履行申请获得排放配额和减排认证企业的惩罚

一、ETS企业必须为排放配额之外，且未得到减排认证（如果已获得认证）的排放支付125瑞士法郎/吨二氧化碳当量（以二氧化碳为单位）的罚款。

二、遗漏的排放配额或减排认证必须在下一年向联邦政府申请获得。

第二节　化石燃料火力发电厂补偿

第二十二条　原则

一、化石燃料火力发电厂（火力发电厂）的建立和运行须向联邦政府做以下承诺：

a. 全额补偿所产生的二氧化碳排放；

b. 在现有技术水平下运行火力发电厂，必须保证达到联邦委员会提出的最低综合效能转换标准。

二、通过减排认证获得补偿的二氧化碳排放不超过50%。

三、联邦委员会将考虑在瑞士投资可再生能源作为补偿措施。

四、火力发电厂设施运用化石燃料生成电能或同时生成电能和热能。所用设施如下则属于第二类企业：

a. 主要作为生产电能而设计；

b. 主要设计用作生产热能并且具备超过100兆瓦特的总产量。

第二十三条　补偿合同

一、第二十二条所述的正式承诺及细则受联邦政府与火力发电厂经营者所签合同约束。

二、在火力发电厂授权过程中，该合同不能被修改。

第二十四条　未遵守承诺的违约罚金

一、任何人未能达到补偿义务将向联邦政府支付合同所规定的违约罚金。

二、违约罚金金额视对未提供补偿的估值而定。

第二十五条　二氧化碳征税的豁免

火力发电厂将被退还所缴纳的热能用燃料的二氧化碳税收。

第三节　发动机用燃料补偿

第二十六条　原则

一、任何人均需按照1996年6月21日矿物油税法规定，将其消费所消耗的发动机燃料，视为使用发动机用燃料作为能源而补偿部分的二氧化碳排放。

二、联邦委员会与相关部门商议在5%～40%之间设定补偿费率，费率按照对第三条减排目标的达成情况而定，并且由国内补偿措施程度决定。

三、发动机用燃料补偿的附加费用最多相当于为5生丁/升。

四、联邦委员会将免除自由循环所释放的较小量的发动机用燃料的补偿义务。

第二十七条　补偿义务

根据1996年6月21日矿物油税法规定纳税者均有补偿义务。他们应同意构建补偿总库。

第二十八条　未履行补偿惩罚

一、凡未履行补偿义务者须向联邦政府按160瑞士法郎/公吨支付未补偿部分的罚款。

二、凡漏报的减排认证须在下一年向联邦政府提交申请。

第五章 二氧化碳征税

第二十九条 对热能用燃料的二氧化碳征税

一、联邦政府对热能用燃料的产品、提取物及进口进行征税。

二、征税额度为每吨二氧化碳征收 36 瑞士法郎。当第三条中所规定的热能用燃料临时未达到目标，联邦委员会可以把征税最高调至 120 瑞士法郎。

第三十条 征税责任

下列情况有义务支付税费：

a. 煤炭税：依 2005 年 3 月 18 日海关法申报进口的个人、国内制造商及生产者；

b. 化石燃料税：依 1996 年 6 月 21 日矿物税法缴纳矿物税者。

第三十一条 二氧化碳征税的退税

一、一经申请，下列情况可进行退税：

a. 经证实已缴纳二氧化碳征税的热能燃料和发动机燃料并未用做生产能源；

b. 为热能燃料缴纳二氧化碳征税的公司，属于特定的经济部门，在 2020 年以前，依靠自身能力，为联邦政府承担了一定额度的温室气体减排任务并每年提交报告。

二、联邦委员会指定经济部门，并考虑以下情况：

a. 二氧化碳税收负担和相关经济部门的附加价值之间的关联；

b. 二氧化碳税收负担对相关经济部门国际竞争力的负面影响程度。

三、温室气体减排委托范围主要由以下条件决定：

a. 2008～2012 年间所允许的温室气体平均排放值；

b. 第三条所提出的减排目标。

四、联邦委员会决定由发放减排认证来决定各个公司将承担的正式减排任务量。

五、应公司要求，联邦政府将公司原有产能之外的产能提升所达到的减排考虑在内。

六、如果退税成本与所征税收金额相比不合理，联邦政府可决定不给予退税。

第三十二条　未达到委托要求的惩罚

一、第三十一条第一款字母 b 所指定企业未达到联邦政府委托要求的须按超出部分向政府支付 125 瑞士法郎/吨二氧化碳当量（以二氧化碳为单位）的罚款。

二、对超出委托部分排放的二氧化碳当量（以二氧化碳为单位），需在下一年度申请减排认证时向政府提交。

第三十三条　程序

一、矿物油税法的程序规定适用于二氧化碳税的征收和退税，不含第二款所述情况。

二、海关法的程序规定适用于煤炭的进出口。

第六章　税收的使用

第三十四条　建筑物二氧化碳减排

一、二氧化碳征税收入的三分之一，或每年不超过 3 亿瑞士法郎，用作减少建筑物二氧化碳排放的财政开支。受此限制，联邦政府为各个行政区在以下方面提供财政援助：

a. 现有供热房屋的热能改造；

b. 可再生能源的推广、被浪费热能的回收及提升建筑设施等费用不超过每年预留资金的三分之一。

二、联邦政府提供经济援助：

a. 第一款字母 a 中的制定措施：与各行政区达成项目协议以保障项目的和谐开展；

b. 第一款字母 b 中的制定措施：遵照 1998 年 6 月 26 日能源法第十五条中全球捐款框架实施。

三、财政援助级别由实施效果决定。

四、财政援助截止日期为 2019 年底。2015 年联邦委员会将向联邦议会提交财政援助实施效果汇报。

第三十五条　减少温室气体的技术提升

一、二氧化碳税收每年将最高向技术基金提供最高 25000000 瑞士法郎，为贷款提供资金担保。

二、技术基金由联邦环境、交通、能源和通信部管理。

三、技术基金的资金由联邦政府用于担保给予公司在开发和营销设备以及下列三个方面的贷款：

a. 减少温室气体排放；

b. 推广可再生能源；

c. 倡导节约使用自然资源。

四、贷款担保年限最长为10年。

第三十六条 公用和私用部分分配

一、二氧化碳征税税收中保留的部分将按比例对公众和商业社团进行再次分配，用作他们的日常开支。

二、给公众的部分对所有自然人均等分配。联邦委员会将规范分配的细节和流程。委员会将会聘请各行政区、公共团体以及个人来制订分配方案并给予相应的报酬。

三、给商业团体的部分将通过联邦老年和幸存者保险的补偿基金（1946年12月20日联邦老年人和幸存者保险法）按照雇员资格薪资比例分配给雇主。补偿办公室因此项工作获得相应的报酬。

第三十七条 收缴罚款用于基础设施基金

由第十三条罚款所得的税款将缴入基础设施基金。

第三十八条 税收计算

税款是按照利息收入中扣除实际成本以后的金额来计算。

第七章 实施和推广

第三十九条 实施

一、联邦委员会实施该法案并颁布实施条款。在此之前，应咨询各行政区以及相关利益集团。

二、因具体工作原因，联邦委员会将向各行政区或私人组织请求提供服务。

三、联邦委员会制订制裁程序。

四、联邦环境办公室对环境保护相关事件的评估负责。

第四十条 评估

一、联邦委员会周期性评估：

a. 此法案的实施效力；

b. 附加措施的必要性。

二、在此过程中，委员会应考虑相关因素，如：人口、经济及交通增长等。

三、评估以统计调查为基础。

四、委员会定期向联邦议会提交报告。

第四十一条　先期及后期培训

一、联邦政府，与各行政区配合，为本法案工作人员进行先期和后期培训。

二、各主管部门应告知公众环境保护预防措施，并建议公社、公司和消费者减少二氧化碳的排放。

第八章　犯罪预防

第四十二条　逃避二氧化碳征税

一、任何人故意为自己或其他人获得与征税有关的非法收益，尤其是通过逃避二氧化碳征税或通过非法途径获得豁免、分配或退税，将处以不超过非法所得三倍金额的罚款。

二、企图和串谋均视为违法行为。

三、任何人因疏忽而使自己或其他人获得与征税有关的非法收益，将处以不超过非法所得金额的罚款。

第四十三条　侵占二氧化碳征税所得

一、除违法行为被其他规定处罚更高金额的情况外，任何人无论其行为出于故意或疏忽，均将因以下行为被处以罚款：

a. 应征缴税款的个人未依法登记注册；

b. 未妥善持有、准备、留存或提交账目、收据、商业文件和其他要求凭据的，或者未按义务提供信息的；

c. 在对豁免、分配或退税等进行申请时，或作为法人实体应当有能力履行信息提供义务时，伪造数据、隐瞒重要事实、或提供伪造文件证据的；

d. 无法申报数据或相关对象，或错误申报的；

e 未缴纳清单或其他文件申报的金额及未足额缴纳所申报金额；

f. 干扰、妨碍或阻止正常检查的。

二、情节严重，或有进一步违法行为的，将被处以最高达 30000 瑞士法郎的罚款；若违法金额更大的，罚款将提至违法金额数量。

第四十四条　伪造乘用车信息

一、在第十二条要求计算中故意提供伪造信息者，将被处以不超过 30000 瑞士法郎的罚款。

二、如该行为属疏忽所致，罚金即为罚款。

第四十五条　联邦法－行政刑法之间的关系

一、对违法行为的起诉和裁定与 1974 年 2 月 22 日联邦行政刑法一致。

二、起诉和裁定机构为联邦海关总局

三、如果联邦海关总局起诉一个行为既触犯了本法第四十二条和第四十三条，又触犯了联邦税法，罚金按较严重情况处罚并作适当增加。

第九章　最终条款

第四十六条　废除现有法律

1999 年 10 月 8 日二氧化碳法已废除。

第四十七条　修正现有法律

修正案可查询 AS20126989。

第四十八条　递延未使用的排放配额和减排许可证

一、2008～2012 年间未使用的排放配额将无限制递延至 2013～2020 年。

二、2008～2012 年间未使用的减排许可证将有条件限制递延至 2013～2020 年。联邦委员会将给出详细规定。

第四十九条　关于二氧化碳税的征收和退税及征税收入分配的过渡条款

一、在本法生效之前，消费或自由循环排放的化石燃料，按照之前的法律征收和退税。

二、在本法生效之前，从二氧化碳征收来的税收按照之前的法律分配给公众或商业社团。

第五十条　投票和生效

一、本法受选择性公投的约束。

二、联邦委员会决定本法的生效日期。

生效日期：2013 年 1 月 1 日

二氧化碳减排条例

2012 年 11 月 30 日制定

（修订截止于 2013 年 6 月 1 日）

根据 2011 年 12 月 23 日联邦二氧化碳减排法，联邦委员会颁布二氧化碳减排条例。

第一章　总则

第一节　温室气体

第一条

一、该条例规定了以下温室气体排放的减少：

a. 二氧化碳

b. 甲烷

c. 一氧化二氮

d. 氢氟碳化物

e. 全氟化碳

f. 六氟化硫

g. 三氟化氮

二、温室气体对气候的变暖效应被转换成同等量的二氧化碳。该值列于附件一。

第二节　定义

第二条

在本条例中：

a. 客运车辆指按照 1995 年 6 月 19 日机动车技术要求条例第十一条第二款定义的乘用车，以下分类不属于客运车辆：

① 依据 2007/46/EG 指令的附件二到附件十一规定的装甲车辆；

② 经批准使用的残疾人车辆；

b. 公司是指在某一地点固定设备的经营者；

c. 额定热输入是指在单位时间内，一个固定设备最大可能量的热能源供应；

d. 总额定热输入是指一个公司固定设备的额定热输入总和，同时该设备被纳入减排贸易计划；

e. 总产出是指一个石化 - 火力发电厂输送的热能和电能额定输出总量；

f. 总效率是指一个石化 - 火力发电厂按照制造商的规定总产出与额定热输入之比。

第三节　部门中期目标

第三条

一、2015 年的中期目标如下：

a. 建筑行业：不超过 1990 年排放量的 78%；

b. 交通部门：不超过 1990 年排放量的 100%；

c. 工业部门：不超过 1990 年排放量的 93%。

二、如果在第一款中列出的行业没有实现中期目标，那么在听取了相关行政区和受影响各方的意见后，联邦环境、交通、能源和通信部将要求联邦委员会另行采取措施。

第四节　达到国外减排量的计算

第四条

一、是否到达本条款所规定的国外减排量只能由有授权的公司和个人计算

二、达到国外减排量计算标准如下：

a. 拥有 1992 年 5 月 9 日联合国气候变化框架公约减排证书；

b. 附件二没有将责任人列为排除在外的情况。

第五节　国内减排认证

第五条　国内减排项目对减排的认证

国内减排认证标准：

a. 附件三不排除他们；

b. 项目：

①经济上的可行性完全依赖于出售证明所得收益；

②至少满足本条所表述当前状态。

c. 减排量：

①是可验证和可量化；

②不是由 ETS 公司或有减排承诺的公司完成；

③项目开始实施日期不早于按照第七条的规定提交申请日之前三个月。

第六条　项目审定

一、有意申请减排项目认证的公司或个人必须自费通过联邦环境部联邦环境办公室批准的验证法人验证。

二、验证法人负责验证检查项目是否符合第五条的要求。

三、审查结果以验证报告的方式提交。

第七条　申请认证的相关问题

一、减排项目的认证申请必须提交联邦环境办公室。

二、申请必须包括验证报告及以下信息：

a. 项目简介，包括减排措施；

b. 应用的技术；

c. 预期成本和项目的利润；

d. 监测计划，其中的监测期的起始日期是确定的，且减排验证的方式应该被描述；

e. 项目融资。

三、联邦环境办公室有可能要求提供补充信息以便进行申请评估。

第八条　关于项目资格的认定

一、联邦环境办公室依据申请决定一个项目是否符合认证。

二、该决定自项目实施日起有效期为七年。如果项目申请人通过该项目复审，有效期可延长三年。第十一条依然保留。

第九条　监测报告

一、减排量审查要求申请人按照监测计划收集所需的全部数据并以监测报告的方式记录。

二、监测报告由申请人提交联邦环境办公室批准的核查者进行验证，费用自理。项目与监测报告审核不能由同一机构完成。

三、第一次监测报告必须在监测开始的当年年底之后六个月内提交联邦环境办公室。之后的监测报告必须至少每三年提交一次。

第十条　发行体系的认证

一、联邦环境办公室基于已审核的检测报告决定是否给予认证。

二、只对审核了的减排量给予认证。因按照1998年6月26日能源法第十五条字母b中获得财务资助或附加费而完全实现的减排将不被考虑在内。

第十一条　项目的重大修改

一、已经批准立项的项目，有重大修改必须向联邦环境办公室报告。

二、如果有必要，联邦环境办公室以责令重新审查。

第十二条　对有减排责任的公司的认证

一、根据申请，依据第六十六条设定排放目标的公司发放国内减排认证，如果：

a. 公司可以令人信服地证明在不考虑减排证书的情况下其能达到排放指标；

b. 以第六十七条的减排规定为比照，在相关年度，该公司的温室气体排放量减少了5%以上。

二、只对相关年度内排放的温室气体量和5%以上的减排量进行认证。

三、已经认证的减排是针对第一款中提及的公司排放的温室气体并且用于达到公司的温室气体排放量的目标。

第十三条　认证的管理和转让

一、联邦环境办公室管理数据库，发放电子认证进行管理。

二、转让认证都必须在联邦环境办公室登记。

三、由联邦环境办公室进行电子转让。

四、该数据库包括以下数据：

a. 申请人的姓名和联系信息，验证人，审核人和证书持有人；

b. 每个认证实现的减排量；

c. 项目的核心数据；

d. 认证的转让信息。

五、根据要求，认证持有人有权访问第四款中字母 a、b 和 d 中所描述的与认证连接的相关数据。对第四款字母 c 描述数据的访问出于保护制造工艺和商业秘密的考虑需要授权。

第十四条 信息出版

联邦环境办公室出于保护的制造业和商业秘密，发布：

a. 国内减排项目的说明；

b. 按照第六条第三款出具的验证报告；

c. 按照第九条第一款提交的监测报告；

d. 按照第九条第一款中有关监测报告的核查报告。

第六节 适应性措施的协调

第十五条

一、联邦环境办公室根据二氧化碳条例第八条第一款规定的具体措施进行协调。

二、因此它涉及各州的措施。

三、各州定期告知联邦环境办公室他们的相关措施。

第二章 减少建筑工程二氧化碳排放的技术措施

第十六条

一、各州定期向联邦环境办公室报告减少建筑工程二氧化碳排放的技术措施。

二、该报告必须包含以下信息：

a. 已经采取和计划采取的减少二氧化碳排放的措施及其成效；

b. 该州减少建筑工程排放二氧化碳的进展情况。

三、根据要求，各州向联邦环境办公室提供所有必要的相关报告的支撑文件。

第三章 减少乘用车二氧化碳排放量的技术措施

第一节 首次登记

第十七条

一、首次在瑞士登记乘用车被视为第一次登记时间；排除在报关前已在国外登记超过六个月的乘用车。

二、按照 2005 年 3 月 18 日海关法第三条第三款的规定在海关飞地和在列支敦士登的登记被视为在瑞士的登记。根据 2005 年 3 月 18 日海关法第三条第二款的规定，除列支敦士登外，在海关飞地的登记被视为国外登记。

三、进口商或制造商已符合第二十九条或三十条所的规定时，乘用车可视为首次登记。

四、如果第一款中规定的期限对那些在瑞士报关前已经在国外登记的乘用车的进口商和那些在瑞士报关前未在国外登记的乘用车的进口商有显著的不平等对待，发生误用，瑞士联邦能源局可：

a. 缩短或延长最后期限但时间不超过一年；

b. 定义需要涵盖的最小公里数。

第二节 进口商和制造商

第十八条 原则

减少乘用车二氧化碳排放的规定适用于任何首次在登记瑞士的乘用车制造商或进口商。

第十九条 基准年

在排放目标复核时间一致的日历年被视为基准年。

第二十条 大进口商

在基准年前一年首次登记最少达 50 辆乘用车的进口商被视为该基准年的大进口商。

第二十一条 大进口商的责任

一、在基准年前一年，进口商首次登记的乘用车不到 50 辆的可向瑞士联邦能源办公室（SFOE）申请在该基准年内暂时享受大进口商的待遇。

二、申请必须在第一辆乘用车首次登记之前提交。

三、如果在一个基准年结束时首次登记的乘用车少于50辆，该进口商必须作为小进口商对每辆乘用车单独进行原因说明。

第二十二条　小进口商

在基准年前一年，进口商首次登记的乘用车不到50辆的，且在该基准年内没有暂时享受大进口商待遇的，被视为该基准年的小进口商。

第二十三条　排放量

一、在基准年前一年的11月30日之前进口商和制造商可以向瑞士联邦能源办公室申请最长为期五年的排放量待遇。

二、享有排放量的大进口商的各项权利和义务。

三、它有一个指定的代表。

四、排放量的成员并非通过多数人投票或其他方式进行的均匀化控制的组织，成员间只能互相交流下列信息：

　　a. 平均决定性的二氧化碳排放量；

　　b. 决定性的二氧化碳排放目标；

　　c. 首次登记乘用车的总量；

　　d. 首次登记乘用车平均自重。

第三节　评估基础

第二十四条　决定性的二氧化碳排放量

一、批准型号乘用车进口商可以在基准年之后一年的1月31日之前向联邦道路办公室提交计算结果，决定二氧化碳排放量所需数据，包括每辆乘用车以下数据：

　　a. 车辆识别代号；

　　b. 二氧化碳排放量；

　　c. 车身自重；

　　d. 可能的生态技术创新；

　　e. 批准型号持有人的代码。

二、如果没有提交这些数据，适用机动车技术要求条例第九十七条关于型式标准信息的规定和1995年6月19日机动车型式标准条例。

三、为了控制数据，联邦道路办公室可以在任何时候按照第一款，要求进口商根据指令第 2007/46/EC189（符合性证书的，COC）提交适当数量的合格证书。

第二十五条　其他有关决定性 CO_2 排放量的决定

一、对于型号核准豁免（道路交通工具批准型号 10 第四条）的乘用车，需要确证二氧化碳排放量的证据：

a. 符合性证书；

b. 根据道路交通工具批准型号条款二中 m 和 n 进行的合格评定和合格核查；

c. 依据船舶交通管理法附件二中所列国家或国际法或者与瑞士规定等效的国家发放的许可证；

d. 道路交通工具批准型号附件二所列或者由联邦道路厅依据道路交通工具批准型号第十七条第二款认可的检测机构出具的检测报告。

二、对于没有根据第一款提供相关证据的乘用车，决定性的二氧化碳排放量将按照附件四的规定计算。

三、如果乘用车的二氧化碳排放量无法按照附件四中的公式计算，则按 300 克二氧化碳/公里（每公里排放 300 克二氧化碳）估算。

第二十六条　以天然气驱动的乘用车

完全或部分由天然气驱动的乘用车，瑞士联邦能源办公室依据混合气体符合条件的生物成分百分比降低决定性的二氧化碳排放量。

第二十七条　生态技术创新

一、只要符合法规的第十二条（EC）NO.443/2009 的规定，瑞士联邦能源办公室很重视通过技术创新实现的二氧化碳减排。

二、进口商必须以符合性证书的方式提供减排证据。

第二十八条　目标

一、无论是大进口商的批量乘用车还是小进口商或制造商的个人乘用车二氧化碳排放目标一律按照附件五的规定计算。无论是大型进口商、小型进口商或制造商的批量乘用车和个人乘用车的二氧化碳排放目标一律按照附件五的规定计算。

二、如果按照（EC）NO.443/2009 规定第十一条制造商享有豁免权，瑞士联邦能源办公室将对有关进口乘用车品牌减排目标的计算进行调整。瑞士联邦能源办公室将对于进口该品牌汽车的进口商的减排目标计算进行调整。

三、按照第二款规定调整后的减排目标不能与其他目标相抵触。

四、如果大进口商要根据第二款的规定对某品牌乘用车进行单独说明，那么它必须在相关基准年第一辆车首次登记前告知瑞士联邦能源办公室。对于每个乘用车品牌，这取决于首次登记的乘用车数量，它必须是一个单独的大进口商（第二十和第二十一条）或一个独立的小进口商（第二十二条）所描述的乘用车。

第四节 程序和报告

第二十九条 进口商的程序

一、大进口商必须完成每辆进口乘用车的检验报告（表13.20）并证明该车已经进口了。

二、小进口商必须完成检验报告（表13.20），并支付按照二氧化碳条例第十三条规定所欠的罚款。

三、关于计费和收费，瑞士联邦能源办公室负责大进口商，联邦道路厅负责小进口商。

第三十条 制造商的程序

一、瑞士乘用车制造商必须根据批准型号或者个别测试的结果按照第二十四条第一款的规定向联邦道路厅提交指定的数据。

二、瑞士联邦能源办公室根据首次登记的批准型号或者个别测试的乘用车数据计算可能的罚款。

三、首次登记前，制造商必须按照第二十九条第三款向主管稽征机关缴付所欠罚款。

第三十一条 大进口商的发票

一、根据首次登记的乘用车数量，决定的二氧化碳排放量和排放目标，在基准年结束后瑞士联邦能源办公室对每个大进口商进行核查，不论该进口商是否欠有罚款。

二、如果大进口商欠有罚款，瑞士联邦能源办公室计算数量后将准备一张最终发票。

第三十二条 大进口商付款截止日期

一、大进口商在收到最终发票后的30天内必须支付减去按照第三十三条所交预付款之后的罚款。

二、预付款的退款可能在同一期限内清偿。

第三十三条 预付款

一、在基准年被视为大进口商的任何公司或个人必须在4月30日，7月31日和10月31日截止日期前向联邦能源办公室缴纳在该季度首次登记乘用车的罚款。

二、瑞士联邦能源办公室依据联邦道路厅的数据开具预付款发票。

三、如果最终的发票有利于进口商的盈余，那么瑞士联邦能源办公室按违约利率退还盈余部分及利息。

第三十四条 违约利息

进口商或制造商在截止期前不支付发票或最终发票的，按年利率5%计算违约利息。

第三十五条 裁决

如果进口商或制造商对发票或最终发票有异议，由瑞士联邦能源办公室确定罚款。

第三十六条 保障措施

一、如果大进口商是在超过30天未支付预付款或最终付款，那么瑞士联邦能源办公室可以视它为小进口商直到它全数结清所欠款项。

二、如果瑞士联邦能源办公室认为罚款或利息存在风险，那么它可能会重新要求进口商提供现金保证金或银行担保。

第三十七条 报告

一、2016年及之后每三年一次，瑞士联邦能源局向负责的联邦委员会和国家议会代表团报告减排目标的达成情况和处罚的效果。

二、瑞士联邦能源办公室每年以适当形式向公众通报有关目标的实现情况，处罚和行政开支情况。

第五节 按照二氧化碳条例第十三条进行罚款

第三十八条 使用

依据二氧化碳法第十三条所得罚款收入按照2006年10月6日基础设施基金法第一条第二款规定用作金融事业。

第三十九条　程序

一、收益为征收年 12 月 31 日止的收入，包括利息减去实施成本。

二、收益被分配到征收年之后第二年的基建基金中。

第四章　减排贸易计划

第一节　参与

第四十条　必须参与的公司

一、如果公司从事附件六所列活动的任何一项就有义务参与减排贸易计划（ETS）。

二、新近从事附件六所列活动任何一项的公司要在活动开始后 3 个月内通知联邦环境办公室。

第四十一条　免于参与义务

一、如果减排贸易计划公司的温室气体排放量在过去三年均小于 25000 吨二氧化碳每年当量，该公司可在每年 6 月 1 日前申请从次年年初开始免除参与该计划所要履行的义务。

二、该公司必须按第五十一条的规定继续提交监测计划和按第五十一条的规定监测报告，除非它已按照二氧化碳法第三十一条第一款字母 b 承担了减少温室气体排放的义务。

三、如果该公司一年内的温室气体排放量超过 25000 吨二氧化碳当量，那么它必须再次参加次年的减排贸易计划。

第四十二条　参与申请

一、公司可申请参与该计划，如果：

a. 它是从事附件七所列的活动；

b. 因此有至少总额定 10 兆瓦的热输入。

二、新近符合第一款所列参与条件的公司，必须不迟于满足条件之日起 6 个月内提出申请。

三、申请必须包含以下信息：

a. 附件七所列的各项活动；

b. 已安装的产能和公司固定设备的额定热输入；

c. 前三年该公司的固定设备排放的温室气体量。

四、如果需要，联邦环境办公室可要求提供补充信息以便进行申请评估。

第四十三条　不予考虑的固定设备

一、决定一家公司是否符合第四十条第一款或第四十二条第一款规定的条件，计算允许何种程度的排放量，或减排证书必须每年上缴联邦政府，医院的固定设备不包括在内。

二、公司可要求以下固定设备不被考虑在内：

a. 专门用于研究、开发和测试设备及新产品和新工艺的设备；

b. 根据1990年12月10日废弃物处理技术条例第三条第二款规定，主要用于处理危险废弃物的设备。

三、因为固定设备所用热燃料不考虑在内，征收的二氧化碳税不予返还。

第四十四条　裁决

联邦环境办公室的规定中涉及参与欧洲电信标准的公司和固定设备不依照四十三条进行考虑。

第二节　排放配额与减排证书

第四十五条　排放配额的最大可用量

一、联邦环境办公室每年会依据附件八为所有ETS公司计算排放配额的最大可用量总量。

二、排放配额中会保留5%供给市场的新加入者和生产量显著增加的ETS公司。

第四十六条　免费分配排放配额

一、联邦环境办公室根据附件九中描述的同行业对比和适应因素，并结合欧盟法规每年计算出排放配额的总数，免费分配给ETS公司。

二、如果待免费分配的排放配额的总数超出了依照四十五条第二节中可用最大数量减去储量的数量，则联邦环境办公室会按比例降低分配给各家ETS公司的排放配额。

第四十七条　排放配额拍卖

一、联邦环境办公室会将未免费分配的排放配额定期向ETS公司进行拍卖。

二、如果怀疑主导厂商有竞争协议和其他不被允许的竞争行为，联邦环境办公室可以不接受竞价，取消拍卖。

三、如果联邦环境办公室以固定价格将排放配额授予需要少量排污许可的ETS公司，这个固定价格将根据第一节的竞拍结果决定。

四、联邦环境办公室可以委托私人组织进行拍卖。

第四十八条 减排证书

一、ETS公司可能交出的减排证书最大量通过如下方式计算出：

a. 对该ETS 2008~2012年已经列入考虑的固定设备：在此期间每年分配五倍于平均折让的11%；在此期间已计算在内的减排证书应予以扣除；

b. 对剩余的固定设备和温室气体排放：按2013~2020年温室气体排放的4.5%计，对在该ETS中2013~2020年间歇性列入考虑的固定设备，减排许可证的最大量将相应地针对这一时间段减少。

第四十九条 ETS公司的变更

一、每年免费分配的排污许可数量和ETS公司的减排证书自次年起新计算并生效，如果：

a. 至少一台固定设备的物理特性改变导致既定生产能力或额定热量输入发生了显著增加或减少；

b. 公司活动停止；

c. 该公司的固定设备核心部分的活动减少至少一半。

二、如果ETS公司因永久改变不再满足参与条件则参照第一条，可以于6月1日前申请至不再参与ETS，该申请于次年生效。

第三节 数据收集与监控

第五十条 数据收集

一、由联邦环境办公室或者经联邦环境办公室授权的实体收集数据来计算将要发布的排放配额的最大量，以及免费分配给各ETS公司的排放配额数量。

二、ETS公司应予以配合。如果违反了其配合的义务，免费分配的排放配额将被取消。

第五十一条 监控计划

一、强制参与 ETS 的公司应当在四十条第二款中说明的新活动通知最后期限三个月内提交监控计划给联邦环境办公室批准。

二、通过申请参与 ETS 的公司应当根据四十二条第二款的说明在提交申请最后期限三个月内提交监控计划给联邦环境办公室待批准。

三、监控计划必须详细说明公司如何保证：

a. 使用了标准化或者其他规定的生产或实验程序来测量或者计算温室气体排放；

b. 温室气体排放被完全、连续、精确地记录，带有技术可行性和可操作性，并具有经济可行性；

c. 温室气体排放的测量，计算和编制要可追溯并且透明。

四、如果不符合第三款的要求，或者因为符合第四十九条中说明的变化，ETS 公司都应当修改监控计划，并提交修改过的计划给联邦环境办公室批准。

第五十二条 监控报告

一、ETS 公司于次年 3 月 31 日前提交给联邦环境办公室的年度监控报告应包含：

a. 温室气体排放的进展信息；

b. 已安装生产能力和额定热输入发展的信息；

c. 热燃料的计算。

二、这些数据须加上前一年的统计比较数据以一览表的形式呈现。

三、如果监控需求，联邦环境办公室可以要求上报其他信息。

四、可以要求由独立第三方核实监控报告。

五、如果在最后期限前，ETS 公司提交了不完整的报告，或者未能提交报告，则由联邦环境办公室来估算该公司的温室气体排放。

第五十三条 ETS 公司报告变化的义务

任何 ETS 公司都应当即刻报告联邦环境办公室：

a. 可能影响免费排放许可证分配的变化；

b. 联系信息的变化。

第五十四条 行政区的责任

一、行政区核实 ETS 公司是达到第四十条第二款和第五十三条中的信息义务，并核实信息是否完整和可追溯的。

二、联邦环境办公室向行政区提供需要的信息。

三、如果行政区认为本条例中的要求没有被达到，应立即通知联邦环境办公室。

第四章 服从排放配额和减排证书的义务

第五十五条 义务

一、ETS 公司每年应当申请联邦环境办公室排放配额，如果允许，申请减排许可证。已列入考虑的固定设备排放的温室气体是起决定作用的因素。

二、ETS 公司须在每年 4 月 30 日前完成前一年制定的温室气体排放义务。

第五十六条 未能遵守义务

一、如果 ETS 公司在最后期限前未能遵守排放配额或者减排许可证，联邦环境办公室可根据联邦二氧化碳减排法第二十一条处以罚款。

二、罚款应自处罚日起 30 日内交清。如果超期，将会增加每年 5% 的拖欠利息。

三、如果 ETS 公司至次年 1 月 31 日仍未能遵守排放配额或减排许可证，则该公司当年的免费排放配额会被抵消。

第五章 国家排污权交易注册

第五十七条 原则

一、ETS 公司必须有在国家排污权交易处开有操作账户。

二、想进行排污配额和减排许可证的公司或者个人必须开有个人账户。

第五十八条 开设账户

一、符合五十七条的公司和个人必须向联邦环境办公室申请开设账户。

二、申请需包含：

a. 对公司：商业登记摘要和护照或复印件或其他经授权代表该公司的身份证明；

b. 对独立个人：身份证明；

c. 姓名，申请人的邮寄和电子通信地址；

d. 姓名，邮寄地址，电子邮件地址，手机号码，两位账户授权代表的身份证明；

e. 姓名，邮寄地址，电子邮件地址，手机号码，授权进行确认交易的个人的身份证明；

f. 申请人接受排污权交易登记的一般交易条件的说明。

三、对在没有商业注册保存的行政区进行注册的公司，应以其他形式的支持材料确认其存在和个人签名有权代表该公司。

四、联邦环境办公室可以要求第二、三条的信息进行合法化认证。

五、如果要求开设同样的账号，可以要求提交其他支持材料。

六、一旦费用交清，即可开设申请的账户。

第五十九条 服务地址

一、任何用于第五十七条第二款中个人账户的公司或个人必须在瑞士为如下人指定服务地址：

a. 对公司，有权代表公司的个人，或者对个人，账户持有者；

b. 账户的授权代表；

c. 交易确认人。

二、如果账户于 2012 年 1 月 1 日前开设，则第一款不适用。

第六十条 进入排污权交易登记

一、所有排放配额和减排证书必须在排污权交易登记处有记录。

二、如持有的排放配额和减排证书发生变化只有在排污权交易登记处记录后方生效。

第六十一条 转让

一、排放配额和减排证书可以自由交易。

二、经授权的账户代表和交易确认人有权在排污权交易登记处安全存取。

三、当订购排放配额和减排证书交易时，经授权的账户代表需提供以下细节：

a. 来源和目的账户；

b. 要交易的排污配额和减排证书的种类和数量；

四、当交易确认人同意交易，排污配额或减排证书即可转让。

五、转让按照标准化程序进行。

第六十二条　登记管理

一、联邦环境办公室信息化管理排污权交易登记处，并且记录全部转让。

二、要保证在任何时候，可以通过使用转让中发生的记录，复制所有与转让相关的数据。

三、除账户开放时提交的信息外，为了登记处的安全操作，可以在任何时候要求提供更多信息。

第六十三条　责任免除

联邦不承担由以下原因引起的损失责任：

a. 在排放配额和减排证书转让中发生的错误；

b. 排污权交易处的受限存取；

c. 第三方错误使用排污权交易处。

第六十四条　账户冻结和关闭

一、如果与排污权交易处法规相抵触，联邦环境办公室可以冻结用户存取行为或相关账户，直到遵守法规。

二、可以关闭没有任何排放配额和减排证书，或至少一年未使用的账户。

第六十五条　数据保护

一、排污权交易登记处含有以下数据：

a. 账号；

b. 姓名，账户持有者的联系方式，和第五十九条第一款的个人；

c. 每个账户的排放配额和减排证书；

d. 对 ETS 公司：排放数据。

二、联邦环境办公室在制造和交易安全保护下，可以以电子的形式发布第一款中所列数据。

第五章　承诺降低温室气体排放

第六十六条　先决条件

一、按照联邦二氧化碳减排法第三十一条第一款字母 b 的规定，公司应致力于减低其温室气体排放量（有减排承诺的公司）如果：

a. 参与了附件七中所列活动；

b. 每年排放出总量多余 100 吨当量二氧化碳的温室气体。

二、温室气体排放降低的程度由通过排放目标或测量目标来确定。

三、几家联合承诺减低温室气体排放的公司应被视为一家公司，并必须有指定代表。

第六十七条　排放目标

一、排放目标是指到 2020 年止，一家公司温室气体排放量的最大总量。

二、联邦环境办公室根据直线削减进程计算排放目标。

三、直线削减进程是根据联邦二氧化碳减排法第三十一条第三款计算，并且包括以下内容：

a. 根据该公司在之前两年温室气体排放量；

b. 根据该公司目前技术工艺水平；

c. 根据现有已实现的控制温室气体有效措施和它们的效果；

d. 根据剩余的减排潜力；

e. 根据可能的有效温室气体控制措施的经济效益；

f. 根据与 2012 年相比；

g. 在公司以外增加使用的发电的份额；

h. 根据集中供暖或者制冷产生的部分；

i. 根据二氧化碳征税可以节约的程度。

四、进行了 2008~2012 年减排承诺的公司愿意无缝对接到 2013 年的，可以申请简化减排进程。

五、简化的减排进程是根据该公司在 2010 年和 2011 年的温室气体排放量和联邦二氧化碳减排法第三条制定。在此范围内，如果公司已经超出了他们 2008~2012 年的承诺，实现了超额减排，在制定减排过程时会将此情况列入考虑，但排除超额减排是因使用废弃燃料达到的情况。

第六十八条　测量目标

一、一家每年通常排放量不超过 1500 吨当量二氧化碳的公司可以要求其减排程度由测量目标决定。

二、测量目标包括用测量方式测得的至 2020 年止该公司必须减少的温室气体排放总量。

三、测量目标根据联邦二氧化碳减排法第三十一条第三款和以下内容制定：

　　a. 根据该公司目前的技术工艺水平；
　　b. 根据剩余的减排潜力；
　　c. 根据可能的有效温室气体控制措施的经济效益；
　　d. 根据与 2012 年相比，在公司以外增加使用的发电的份额；
　　e. 根据集中供暖或者制冷产生的部分；
　　f. 根据二氧化碳征税可以节约的程度。

第六十九条　申请测定减排承诺

一、申请测定减排承诺的申请人必须在前一年 9 月 1 日前向联邦环境办公室提出申请。应要求，联邦环境办公室可以适当的延长申请最后日期。

二、申请必须包含以下信息：

　　a. 公司开展了的附件七中所列的活动；
　　b. 之前两年的温室气体排放和产品产量；
　　c. 公司希望达到的排放目标或测定目标。

三、如果要求测定减排承诺，联邦环境办公室可以要求取得其他信息，具体是：

　　a. 公司现有的技术工艺水平；
　　b. 已实现的有效温室气体控制措施和效果；
　　c. 可能的经济技术温室气体控制措施，以及对这些措施的效果成本的评估。

四、可以根据第五十一条要求公司提交监测计划。

第七十条　裁决

联邦环境办公室就减排承诺进行裁决。

第七十一条　公司自有生产设备外的产品改进

一、一家公司因自有生产设备外的产品改进而实现的排放减少可以要求列入考虑达到减排承诺，如果：

　　a. 与第五条的要求类似；并且
　　b. 直接与公司的活动相关。

二、该程序在第六至第十一条有描述。

第七十二条 监控报告

一、公司应每年5月31日前向联邦环境办公室提交次年的监控报告，并包含以下内容：

a. 温室气体排放连续性的信息；

b. 生产量的发展信息；

c. 热燃料的报告；

d. 已采用的有效温室气体控制措施的说明；

e. 减排进程或测量目标与论证和计划改善措施如有偏差的信息。

二、数据应结合前一年的比较数据以一览表的形式呈现。

三、如果要求监控，联邦环境办公室可以要求其他信息。

第七十三条 排放目标的修正

一、如果因为生产量或产品结构的重大和永久改变使公司的温室气体排放超出或达不到减排进程，联邦环境办公室可修改排放目标：

a. 每年至少10%，并连续3年；

b. 一年中至少30%。

二、可以自公司温室气体排放首次超出或达不到减排进程的当年年初起，追溯修改排放目标。

三、要考虑第六十七条第三款的标准。

第七十四条 测量目标的修改

一、如果因为生产量或产品结构改变，使公司的温室气体排放发生明显改变，联邦环境办公室可修改测量目标。

二、要考虑第六十八条第三款的标准。

第七十五条 计算减排证书

一、在下列范围中，没有达到其排放目标或测量目标，同时没有根据第十二条获得证明的公司，可以将减排证书列入考虑以满足其减排承诺：

a. 对在2008~2012年已经做出减排承诺的公司：此期间达到平均年设允许排放量8%的5倍，减去列入考虑但未用以达到该公司2008~2012年减排承诺的2008~2012年的减排证书；

b. 对其他公司和温室气体排放：2013~2020年温室气体排放的4.5%。

二、根据第一款将减排证书列入考虑的程度如下：

a. 对 2013~2020 年期间间歇做出减排承诺的公司：该时间段相应减少；

b. 对与 2012 年相比，产生了额外用电的公司：在附加减排业绩中增加 50% 的必要增加量；

c. 对排放目标或测量目标已经进行过修改的公司：根据修改减低或者增加。

第七十六条　未能达到减排承诺

一、如果公司未能达到自己的减排承诺，联邦环境办公室根据二氧化碳减排法第三十二条处以罚款。

二、自处罚登记日期 30 天为付款最后期限。如未及时付款，将收取每年 5% 的拖欠利息。

第七十七条　处罚抵押

如果公司有可能达不到自己的目标，联邦环境办公室可以要求预先收取处罚的抵押，直到风险解除。

第七十八条　公司报告变化的义务

公司应立即报告联邦环境办公室如下情况：

a. 可能影响其减排承诺的变化；

b. 联系信息的改变。

第七十九条　信息发布

联邦环境办公室可以在制造与商业安全保护下发布：

a. 有减排承诺的公司名称；

b. 排放目标和测量目标；

c. 每家公司的温室气体排放；

d. 根据七十一条的规定，为达到公司减排承诺而列入考虑的减排量；

e. 每家公司上交的减排证书的数量；

f. 根据一般三十八条一款字母 b 的规定，为达到公司减排承诺而列入考虑的信用数量；

g. 根据第十二条，发给每家公司证明书数量。

第六章　来自矿石火电厂的二氧化碳排放补偿

第八十条　主要使用热能的电厂

综合效率至少 80% 的发电厂被视为主要使用热能的发电厂。

第八十一条 综合效率

一、一座电厂的综合效率至少62%。

二、早期运营的发电厂的综合效率至少58.8%。

第八十二条 不视为发电厂的设备

该设备将不视为发电厂如果：

a. 总输出少于1兆瓦；

b. 建成时间少于2年或每年运营时间少于50小时；

c. 仅用于研究，开放和测试新产品和工序；

d. 根据第三条第一款或TVA，其主要功能是处理市政或有害废弃物。

第八十三条 允许的补偿方式

一、下列情况可用以满足补偿义务：

a. 由电厂运营者自行安装，内部使用的减排工程，并达到第五条的要求的；

b. 符合第五条的规定，使用可再生热能或电能生产国内产品设备的投资；

c. 现有化石燃料热源的替代物，能够产生热量并直接实现发电厂的解耦控制；

d. 提交国内减排量的证明书；

e. 提交减排证书。

二、符合第一款字母a至c的补偿措施可以根据其可验证的减排量纳入考虑。根据1998年6月26日能源法第十五条字母b，通过财政资助供给或附加费获得的减排量将不纳入考虑。

三、计算通过第一款字母b中所说的投资而实现的减排量时，因国内电力生产而平均上升的二氧化碳排放是主要的决定因素。

第八十四条 补偿合同

一、补偿合同由电厂运营者与联邦环境办公室编定。

二、具体包含：

a. 补偿措施的要求；

b. 电厂二氧化碳排放进展的报告说明；

c. 电厂运营者在国内与国外采用的补偿措施的报告说明；

d. 如果二氧化碳排放不能按合同得到补偿，电厂运营者须付的违约金的细节。

三、与电厂运营者的谈判由 SFOF 和联邦环境办公室共同组织。如果双方未能达成协议，电厂运营者可以要求联邦环境办公室根据联邦合同报价进行裁决。

第八十五条　行政区的任务

行政区应告知联邦环境办公室：

a. 本行政区各年度现有的电厂；

b. 随时报告收到的欲修建和运营电厂许可证的申请。

第七章　汽车燃料二氧化碳排放的补偿

第八十六条　补偿责任

一、个人或公司都应承担补偿责任，如果：

a. 根据附件十，释放了用于消费的汽车燃料；

b. 根据附件十，将化石气体通过燃烧目的转化为汽车可用的燃料气体。

二、根据 1996 年 6 月 21 日矿物油税法，来自汽车燃料的二氧化碳排放可以完全豁免矿物油税，不需要补偿。

第八十七条　因小批量豁免的补偿责任

一、第八十六条第一款中的责任不适用于之前三年中因消费释放的少量汽车燃料，且此种作为能源使用的燃料导致排放量少于每年每人 1000 吨二氧化碳。

二、补偿责任的豁免延长到以消费为目的，将汽车燃料作为能源使用，且二氧化碳排放量超过 1000 吨的那一年止。

第八十八条　补偿池

一、有补偿责任的个人可以于每年 11 月 30 日前向联邦环境办公室申请前一年度的补偿总池待遇。

二、补偿池享有补偿义务的个人的权利和义务。

三、有指定的代理人。

第八十九条　补偿率

一、在有关年度，因作为汽车燃料能源消费使用而产生的二氧化碳排放须补偿。补偿率如下：

a. 2014 年和 2015 年：2%；

b. 2016 年和 2017 年：5%；

c. 2018 年和 2019 年：8%；

d. 2020 年：10%。

二、用附件十中所列的排放因素来计算各种汽车燃料的二氧化碳排放。

第九十条 已获许的赔偿措施

一、可以履行的赔偿义务如下：

a. 如果他们遵循第五条的要求，国内的减排项目就会由补偿责任人自我实施；

b. 国内减排项目的移交认证。

二、根据第一款字母 a，可核查的排放量减少程度可以把补偿措施考虑在内。所获得的减排若是完全由财政或根据 1998 年 6 月 26 日能源法第十五条字母 b 产生的附加费所提供的援助不会被考虑在内。

第九十一条 履行赔偿义务

一、有赔偿义务的公司或个人每年必须履行由次年 6 月 1 日开始的义务。

二、为履行 2020 年的赔偿义务，只需考虑在 2020 年实现的排减量。

三、自我实施的减排项目必须通过符合第九条第二款要求的一份监测报告来证明。

四、为了履行赔偿义务，该公司或个人就每公吨二氧化碳的补偿费用提交详细和透明报告。对于自我实施的项目，项目开发费用和运营开支应分别记录在案。

第九十二条 未能履行赔偿义务

一、如果一个公司或义务赔偿的人并不是在截止时间之前，联邦环境办公室可授予适当的宽限期。如果有赔偿义务的公司或个人不能在截止时间之前予以赔偿，联邦环境办公室可根据二氧化碳法第二十八条的规定予以处罚。

二、付款期限为自该裁定起 30 天。如未及时付款，将收取每年 5% 的拖欠利息。

三、缺少减排证书的须在次年 6 月 1 日前移交。

第八章 二氧化碳排放税

第一节 总则

第九十三条 费用缴付

以下的生产，提炼和进口必须缴纳二氧化碳税：

a. 煤；

b. 符合1996年6月21日矿物油税法第一款第二条所列的其他热燃料。

第九十四条 征收利率

一、增加税如下：

a. 从2014年1月1日起：如果2012年热燃料所产生的二氧化碳排放量超过1990年的排放量的79%；每公吨二氧化碳增收60法郎；

b. 从2016年1月1日起：

1. 如果2014年热燃料所产生的二氧化碳排放量超过1990年的排放量的72%；每公吨二氧化碳增收72法郎。

2. 如果2014年热燃料所产生的二氧化碳排放量超过1990年的排放量的78%；每公吨二氧化碳增收84法郎。

c. 从2018年1月1日起：

1. 如果2016年热燃料所产生的二氧化碳排放量超过1990年的排放量的73%；每公吨二氧化碳增收96法郎。

2. 如果2016年热燃料所产生的二氧化碳排放量超过1990年的排放量的76%；每公吨二氧化碳增收120法郎。

二、依法征收二氧化碳税列在附件十一。

第九十五条 缴纳征税宣言

任何公司或个人交易热燃料，应依照本法第九十三条必须声明的适用率征收发票提交给买家。

第二节 二氧化碳征税的退款

第九十六条 退款索赔

一、下面的公司和个人可以申请二氧化碳征税的退款：

a. 豁免二氧化碳征税；

b. 已支付过非能源生产热燃料税款的（二氧化碳法第三十一条第一款字母 a）。

二、以下豁免二氧化碳征税：

a. 碳排放交易体系公司（二氧化碳法第十七条）；

b. 电厂运营商（二氧化碳法第二十五条）；

c. 承诺减排的公司（二氧化碳法第三十一条第一字母 b）。

第九十七条　豁免二氧化碳征税公司的退款申请

一、退款申请必须用规定的格式提交到瑞士联邦海关总署。

二、必须包括以下内容：

a. 二氧化碳征税支付的完整编译；

b. 二氧化碳征税的征收发票；

c. 已获得的热燃料的数量和类型；

d. 二氧化碳征税的适用率。

三、如果确定退款，联邦海关总署可能需要进一步的证据。

第九十八条　豁免二氧化碳征税公司的退款周期

一、退款申请可能涵盖 1 至 12 个月期间。

二、必须在 6 月 30 日前提交：

a. 前一年的二氧化碳征税支付；

b. 前一年结束的财政年度的二氧化碳征税支付。

三、如果在截止日期前没有提交申请，将丧失退款资格。

第九十九条　不用于生产能源燃料的退款

一、曾经为不用于生产能源燃料进行支付的任何人，想要申请退款必须证明没有被用来产生能源燃料的数量。为此，必须维护（消费控制）输入、输出和消费的热燃料以及库存的记录。

二、退款申请必须用规定的格式提交到瑞士联邦海关总署。

三、必须包括以下内容：

a. 非能源用途的使用类型；

b. 不用于生产能源燃料的数量和类型；

c. 二氧化碳征税的适用率。

四、如果确定退款，联邦海关总署可能需要进一步的证据。

第一百条 不用于生产能源燃料的退款周期

一、退款申请可能涵盖 1 至 12 个月期间。

二、必须在财政年度结束后的三个月内提交。

三、在申请提交前超过两年未使用热燃料的，有可能不再予以退款。

第一百零一条 文件保存

有关退款的所有文件都将保留五年，如果需要，将提交给联邦海关总署。

第一百零二条 最低数量和退还费用

退款金额不足 100 法郎的申请将不予以支付。每份申请收取其退款金额 5% 的费用，最少 50 法郎，最多不超过 1000 法郎。

第一百零三条 退款的推迟

如果公司或个人违反合作义务，依照本条例第九十六条，联邦海关总署可以和联邦环境办公室达成一致，推迟二氧化碳征税的退款。

第九章 二氧化碳征税的税收用途

第一节 为建筑的节能革新予以全球的财政捐款

第一百零四条 财政捐款的资格

一、按照二氧化碳法第三十四条第一款字母 a，为促进现有建筑的节能改造措施，特别是改善保温隔热的建筑外壳，联邦政府授予各州全球财政资助。

二、捐款也被给予没有化石燃料加热的建筑。到目前为止，无加热的建筑物是没有资格被援助的。如果这些州有适当的授权代表，联邦政府还可以授予其全球财政资助。

第一百零五条 来自各州的信息

如果这个州希望获得全球财政资助，它必须向联邦环境办公室提供相关的信息：

a. 在计划协定的持续期内采取措施后的二氧化碳预期减少量；

b. 计划的执行方案。

第一百零六条 项目协议

一、联邦环境办公室和瑞士联邦能源办公室应当基于第一百零五条所提供的信息就给予全球财政资助的问题与各州订立项目协议。

二、项目协议特别定义：

a. 计划目标；

b. 该州的性能；

c. 联邦政府的全球捐助；

d. 管理；

e. 交流。

三、计划协定的时长不超过五年。

四、联邦环境办公室，瑞士联邦能源办公室和各州就每个项目协议范围内全球财政资助使用的连贯性进行标准定义。

五、各州与联邦环境办公室和瑞士联邦能源办公室就每一个单独的措施统一定义缴费率进行协商。

第一百零七条　全球财政资助的数额

一、按照商定的计划目标确定全球财政资助的数额。

二、它被确定为每年可用总金额的百分比。

第一百零八条　支付

分批提供全球财政资助。

第一百零九条　实施成本

一、资金可用于促进现有建筑节能改造的措施，各州在执行项目协议期间可获得收到的全球财政资助费用最多不超过 6.5% 的偿还。必须提供执行费用的证明。

二、对于同一笔资金，联邦环境办公室每年在项目沟通上的补偿不超过 100 万法郎。

第一百一十条　报告与管理机制

一、该州向联邦环境办公室提交全球财政资助使用的年度报告。该报告包含以下信息：

a. 取得减排的总数和单个的测量；

b. 使用的总数单个的测量；

c. 执行的费用；

d. 已启动的投资。

二、联邦环境办公室会不定期检查：

a. 各项措施的执行情况；

b. 全球财政资助的使用情况。

三、各州根据相关要求向联邦环境办公室提供文档报告。

第一百一十一条　未使用金额的退款

该项目协议期满两年后，各州应将未使用的金额退还给联邦政府。

第一百一十二条　不足的表现

一、如果在项目协议的整个或部分持续期内该州出现以下两种情况，联邦环境办公室将扣留部分款项：

a. 没有遵守根据第一百一十条第一款的报告义务；

b. 恶意对执行造成重大破坏。

①项目协议到期时，如果事实证明该州表现一直不佳，联邦环境办公室将在适当定义的期限内要求其改进。

②如果仍未纠正不足之处，可根据1990年10月5日联邦财政援助和补贴法第二十八条，收回其金融援助和补贴。

第一百一十三条　合作

联邦政府和各州应紧密合作来实现该项目。

第二节　提高温室气体的减排技术

第一百一十四条　担保

一、根据二氧化碳法第三十五条第三款，联邦政府为设备和流程提供担保贷款：

a. 设备和流程出现市场机遇；

b. 借款人可以令人信服地证明其信誉；

c. 贷款人保证可以确定获得该笔贷款的利息。

二、依照1934年11月8日联邦银行和储蓄银行法或者其他合适的贷方可以给予贷款，此担保可以确保其获得全部或部分贷款，但不得超过300万法郎。

第一百一十五条　给予的保证

一、如果符合第一百一十四条的要求，一经申请，联邦环境办公室将给予借款人保证。

二、给予保证的申请必须包括：

a. 借款人的组织形态和金融结构的相关信息；

b. 项目的技术文件，包括设备，流程以及计划发展和销售的描述；

c. 项目经营模式的描述；

d. 符合第一百一十四条要求的设备和流程相关程度的信息。

三、在评估申请时，如有需要，联邦环境办公室可要求其补充其他资料。

第一百一十六条　通知义务和报告

一、已获得贷款担保的借款人在担保持续期内必须及时告知联邦环境办公室以下事宜：

a. 可能影响担保的任何改变；

b. 联系方式的变更。

二、必须就以下三点向联邦环境办公室提交一份年度报告：

a. 担保贷款的状态；

b. 金融结构；

c. 年度会计报表。

第一百一十七条　执行

联邦环境办公室可聘请私人机构执行。

第一百一十八条　资金

一、技术资金由预算提供。

二、联邦议会承诺给担保人提供资金。

三、保证金的总数不会超过 5 亿法郎。

第三节　向公众征收

第一百一十九条　向公众征收的部分

一、向公众征收的税款包括部分征收年预计的公众年度收入以及两年前实际数额和预计数额之间的差额。

二、预计的年收入等于截至 12 月 31 日的预期收入加上利息或者减掉负利息。

第一百二十条　分配

一、每个征收年，公共税收的部分分散到各承保人手上，由其代表或受联邦环境办公室的监督。预期收入和实际收入的区别两年后可在分配上得以平衡。

二、以下可视为承保人：

a. 1994 年 3 月 18 日联邦健康保险法规定的强制医疗保险的提供者；

b. 1992 年 6 月 19 日联邦军事保险法规定的军事保险的提供者。

三、承保人把向公众征收的部分平均分配给所有人，这些人在征收年度：

a. 要按照第二条第一款或第二款，履行保险义务；

b. 在瑞士拥有永久居住权。

四、在征收年度只是间歇性受保的人所承担的配额与其逗留的时长成正比。

五、在征收年里，承保人通过从保费中扣除配额得以结款。

第一百二十一条　支付给承保人

一、征收年的 6 月 30 日前，把向公众征收的份额按比例支付给承保人。

二、截至征收年的 1 月 1 日，每个承保人所承保的数量由符合第一百二十条要求的投保人数决定。

三、所支付数额和实际分配数额之间的差异在次年得以平衡。

第一百二十二条　组织

一、承保人应在征收年的 3 月 20 日前就以下事宜告知联邦公共卫生办公室：

a. 截至征收年 1 月 1 日符合第一百二十条第三款要求的投保人数；

b. 上年度实际分配的数额。

二、承保人在告知投保人征收年的新保费时应予以告知所分配的数额。

第一百二十三条　承保人赔偿金

为执行本条例以及 1997 年 11 月 12 日关于挥发性有机化合物激励税条例所产生的费用，截至征收年 1 月 1 日，符合第一百二十条第三款的每个受保人将赔偿承保人共 30 分。

第一百二十四条　向商界征收的部分

一、向商界征收的税款部分包括征收年预计的年度收入以及两年前实际数额和预计数额之间的差额。

二、预计的年收入等于截至 12 月 31 日的预期收入加上利息或者减掉负利息。

第一百二十五条　分配

一、依照联邦社会保险办公室经由保险信托基金赔偿办公室的指示，每个征收年，商界税收的部分分配到各雇主手上，由其代表或受联邦环境办公室的监督。预期收入和实际收入的区别两年后可在分配上得以平衡。

二、赔偿办公室应在征收当年 6 月 30 日前分配商界的税收部分。如果有正当理由，一经申请联邦环境办公室可适当地延长最后期限。

三、他们在征收年度的 2 年前以员工的合格工资为保险信托基金，成比例为商界派以税收份额。

四、赔偿办公室通过解决雇主在征收年度待收的资金或者付款给雇主的方式为商界分配征税份额。金额 50 法郎或以上无法解决的，将会得以支付。

第一百二十六条　组织

一、联邦环境办公室每年把分布系数告知赔偿办公室。

二、赔偿办公室每年就分配系数和支出金额告知具有索赔资格的雇主。

第一百二十七条　赔偿办公室的酬劳

一、联邦环境办公室与联邦社会保险办公室协商确定赔偿办公室的酬劳。

二、考虑到相关赔偿办公室要安排的雇主数量，酬劳建立在成本代码基础上。

第十章　基础和高级培训信息

第一百二十八条　完善基础和高级培训

一、依照 2002 年 12 月 13 日联邦专业和职业教育以及培训法第一条，联邦环境办公室在与各州以及专业组织的合作下应该对那些从事有关温室气体减排或处理大气中温室气体浓度增加后果的人推广基础和高级培训。

二、联邦环境办公室应在授权的财政资助范围内为公共和私人组织拨款，该组织为气候保护领域、应对温室气体浓度上升领域人员提供了基础和高级培训。

第一百二十九条　信息

联邦环境办公室要告知公众尤其是关于：

a. 气候改变的后果；

b. 在瑞士和国外温室气体减排的措施；

c. 处理大气中温室气体浓度增加后果的措施。

第十一章　执行

第一百三十条　执行机构

一、联邦环境办公室执行此条例。第二至六款仍然保留。

二、瑞士联邦能源办公室执行轿车二氧化碳减排的相关条款。联邦公路管理局给予支持。

三、瑞士联邦海关总署执行二氧化碳税收的相关条款。

四、联邦环境办公室与联邦能源办公室共同协议执行有关国内减排证明，对建筑节能改造的全球财政资助以及促进温室气体减排技术的条款。

五、联邦环境办公室与瑞士能源办公室协商执行关于促进基础和高级培训的条款。

六、瑞士联邦能源办公室和私立组织受瑞士联邦能源办公室或联邦环境办公室的委托在执行关于承诺温室气体减排的条款时予以支持。

第一百三十一条　温室气体盘查清册

一、联邦环境办公室维护温室气体盘查清册。

二、基于温室气体清单，将计算各项是否达到二氧化碳法第三条的减排目标。为此，直至2020年，在补偿协议的范围内都不会考虑矿物热电站的二氧化碳排放及已获得的减排量。

第一百三十二条　费用补偿

实施费用的补偿数额为所收到的二氧化碳税进款的2.2%。如果进款增加，瑞士联邦能源局会与瑞士联邦财政部协商，适当地减少百分比。

第一百三十三条　控制与告知义务

一、执行机构可以在任何时候实行控制，无需事先通知，特别是碳排放交易体系公司，承诺减排的公司，公司和个人必须缴纳二氧化碳税，并且由公司和个人申请二氧化碳税退款。

二、执行机构必须根据要求索取：

a. 拥有执行本条例所需的所有信息；

b. 具备执行本条例所需要的所有书籍、商业票据、电子数据和文件。

第一百三十四条　数据处理

一、在执行中如有需要，执行机构所关注的执行本条例所收集的数据将保持可用。特别是在传输：

a. 由联邦公路管理局递交给联邦环境办公室的有关计算和收集大型进口商罚金所需的数据（第三十一条）；

b. 由联邦公路管理局递交给联邦环境办公室以下有关的评定数据：

①申请认证的要求；

②削减承诺的测定要求；

③符合第九条，第五十二条和第七十二条的检测报告。

c. 由瑞士联邦海关总署递交给联邦环境办公室以下有关的评定数据：

①汽车燃料补偿义务的履行情况；

②符合第五十二条和第七十二条的检测报告。

d. 由联邦环境办公室递交给瑞士联邦海关总署关于二氧化碳税退款所需的数据。

依照1996年1月20日矿物油税条例第二条，瑞士联邦海关总署和瑞士液体燃料股权机构共同的计算机化的信息系统可用于执行有关汽车燃料二氧化碳排放补偿的规定。

第一百三十五条

在附件的修正问题上，瑞士联邦能源局应修改：

a. 附件二：符合二氧化碳法第六条第二款；

b. 附件三：符合技术和经济的发展；

c. 附件五第三条：上一年轿车首次注册的净重量的测定；

d. 附件七：其余的经济部门是否会受制于类似的框架条件；

e. 附件十一：与税率的增加一致（第九十四条第一款）。

第十二章　最后条款

第一节　废止和修改当前的立法

第一百三十六条　废除当前的立法

下列条例将被废止：

1. 2005年6月22日二氧化碳信用条例。
2. 2007年6月8日二氧化碳条例。
3. 2007年9月27日关于注册国家排放交易的DETEC条例。
4. 2010年11月24日二氧化碳补偿条例。
5. 2011年12月16日有关减少客车排放二氧化碳的条例。

第一百三十七条　当前立法的修改

修正案可咨询AS 2012 7005。

第二节　过渡条款

第一百三十八条　兑换未使用的排放津贴

一、在2008~2012年还未使用的排放津贴应该在2014年6月30日兑换。

　　a. 对于ETS公司：排放津贴条例与本条例一致；

　　b. 对于有减排承诺的公司：用学分来弥补其未成功实现排放目标或措施；

　　c. 剩余的公司和个人：出具国内二氧化碳排放减少的证明。

二、根据第一款字母b的规定，带有减排承诺的公司随时可以申请把他们的学分转换成证明。

第一百三十九条　延续未使用的减排证书

一、资产公司，有减排承诺和核电站运营商的公司可以使用联邦环境办公室，因为在这种条例下，他们既无法延续未使用的减排证书到2013~2020年期间，他们也不能履行义务。

二、只有符合第四条的要求的减排证书可以延续。

三、联邦环境办公室决定总额将以瑞士在国际上承诺的基础延续。

四、如果延续的话，ETS公司和有减排承诺的公司将被优先考虑。

五、2008~2012年期间还未被处理的减排证书，如果他们遵守本条例第四条的要求，为了达到与在2015年3月31日前与条例一致的承诺，他们可能会被放弃。

第一百四十条　国内减排项目的证明

一、在2013年1月1日之前，联邦环境办公室已经评估当前利用二氧化碳的项目是否适合的国内弥补项目。

二、在这项条例中，经过日前与第一款对应实现的和经过 FEON（瑞士联邦总署）认证的减排项目有资格申请 2014 年 12 月 31 日前的减排证明书。

第一百四十一条　计算客车排出的二氧化碳量

计算主要来自大规模排放，少于 50 克二氧化碳/公里的进口客车将被按以下方式计算：

a. 2013 年：3.5 倍；

b. 2014 年：2.5 倍。

第一百四十二条　参与 ETS

一、当本条例生效，参与附件六上列出活动的 ETS 公司必须在 2013 年 2 月 28 日前与联邦环境办公室一起登记，并且递交一个操作方案给联邦环境办公室，表示同意与 2013 年 5 月 31 日前的第五十一条保持一致。

二、当这个条款生效，参与附件七上列出活动的公司必须在 2013 年 6 月 1 日递交参加 ETS 的申请，并且在 2013 年 9 月 1 日前递交一个监控计划给联邦环境办公室，表示与第五十一条一致的同意。

三、不想参与 2013 年开始的减排方案的 ETS 公司必须在 2013 年 6 月 1 日前递交申请。

第一百四十三条　固定装置在 ETS 中不被考虑

除了那些在第四十三条第一款中提到的设备，固定设备的主要作用是按照第三款方式处置市内垃圾，在 2014 年 12 月 31 日前将不被考虑。

第一百四十四条　减少温室气体排放的承诺

承诺按照第六十六条减少温室气体排放的公司，想要申请退回二氧化碳的税款必须在 2013 年 1 月 1 日前递交决定减排承诺的申请表，在申请表中，需要提供关于 2010 年和 2011 年温室气体排放量。为了评定在 2008 年到 2012 年期间是否能达到承诺的排放量，先前的法律会被适用。

第一百四十五条　法律上批准的发电站

一、对于在 2011 年 1 月 1 日前已经获批的发电站，以下内容在 2020 年 12 月 31 日前增加：

a. 第八十条至第八十五条不适用；

b. 二氧化碳的征税不会被退回。

二、2007 年 3 月 23 日联邦燃气联合循环发电厂补偿法令规定的发电厂不适用第一款的规定。

第一百四十六条　二氧化碳税的退款

一、如果公司服从于2008年到2012年减排的承诺，并且已经报告联邦环境办公室其从2013年开始参与ETS的义务，或从2013年开始提交减少排放承诺的决定申请，FCA（瑞士联邦海关总署）可以请求暂时拿回二氧化碳税的退款。

二、如果一家公司不能履行参与ETS的要求或如果它决心减少排放承诺的申请被拒绝，那么它必须连本带利退还金额。

第三节　生效

第一百四十七条

本条例于2013年1月1日生效。

附件一

（第一条第二款）

温室气体对气候产生温室效应的影响

温室气体	化学式	以二氧化碳为单位的效应
二氧化碳	CO_2	1
甲烷	CH_4	25
一氧化二氮	N_2O	298
氢氟烃		
三氟甲烷	CHF_3	14800
二氟甲烷	CH_2F_2	675
一氟甲烷	CH_3F	92
十氟戊烷	$CF_3CHFCHFCF_2CF_3$	1640
五氟乙烷	C_2HF_5	3500
四氟乙烷	$C_2H_2F_4$（CHF_2CHF_2）	1100
1,1,1,2-四氟乙烷	$C_2H_2F_4$（CH_2FCF_3）	1430
三氟乙烷	$C_2H_3F_3$（CHF_2CH_2F）	353
1,1,1-三氟乙烷	$C_2H_3F_3$（CF_3CH_3）	4470
二氟乙烷	CH_2FCH_2F	53
1,1-二氟乙烷	$C_2H_4F_2$（CH_3CHF_2）	38

续表

温室气体	化学式	以二氧化碳为单位的效应
氟乙烷	CH_3CH_2F	12
七氟丙烷	C_3HF_7	3220
六氟丙烷	$CH_2FCF_2CF_3$	1340
1,1,1,2,3,3-六氟丙烷	CHF_2CHFCF_3	1370
1,1,1,3,3,3-六氟丙烷	$C_3H_2F_6$	9810
1,1,2,2,3-五氟丙烷	$C_3H_3F_5$	693
1,1,1,3,3-五氟丙烷	$CHF_2CH_2CF_3$	1030
五氟丁烷	$CH_3CF_2CH_2CF_3$	794
全氟碳化物		
四氟甲烷	CF_4	7390
六氟乙烷	C_2F_6	12200
八氟丙烷	C_3F_8	8830
十氟丁烷	C_4F_{10}	8860
八氟异丁烯	$c-C_4F_8$	10300
十二氟戊烷	C_5F_{12}	9160
十四氟己烷	C_6F_{14}	9300
十八氟十氢萘	$C_{10}F_{18}$	>7500
六氟化硫	SF_6	22800
三氟化氮	NF_3	17200

附件二

（第四条第二款字母 b）

国外实现的减排将不被计算在内

1. 下面的减排证书不被考虑：

   a. 在联合国列表的最不发达国家中未实行减排的证书；

   b. 利用生物或地理方法将二氧化碳封存来实现减排的证书；

   c. 通过使用生产能量超过 20 兆瓦装置的水力发电厂达到目标的减排证书；

   d. 通过可再生能源的使用或最终用户的能源效率改善未实行减排的证书；

   e. 已经使用过的减排证书。

2. 此外，以下减排证书也将不被考虑，如果：

a. 通过侵犯人权实现的减排；

b. 减排是在对社会和生态产生重大影响的条件下进行；

c. 他们的加入会违反瑞士外交和发展政策。

3. 第一项字母 a 不适用于：

a. 之前已经根据 1997 年 12 月 11 日京都议定书第十二条在 2013 年 1 月 1 日前注册过的减排证书；

b. 按照 1997 年 12 月 11 日京都议定书第六条施行的减排项目实现的减排证书。

附件三

（第五条字母 a）

没有证明的国内减排项目

如果一个国内减排项目已经通过以下途径实现减排，那么不再向其发放证明：

a. 核能源的使用；

b. 使用生物方法或将二氧化碳地质封存；免除封存在木制品中的生物二氧化碳；

c. 研发或信息和咨询；

d. 来自不符合 1996 年 6 月 21 日矿物油税法要求和相关实施条例的可再生资源的使用；

e. 从汽油或柴油汽车发动机燃料转换到天然气汽车，不包括的是整个车队的变化；

f. 在建筑物中热燃料从天然石油转换到天然气加热系统。

附件四

（第二十五条第二款）

计算主要来自第二十四条或第二十五条第一款列出的

缺失信息的客车排出的二氧化碳

1. 主要二氧化碳排放的计算

1.1 汽油发动机和手动齿轮 change38：

$CO_2 = 0.047m + 0.561p + 56,621$

1.2 汽油发动机和自动变速齿轮：

$CO_2 = 0.102m + 0.328p + 9,481$

1.3 汽油发动机和混合电力驱动：

$CO_2 = 0.116m - 57147$

1.4 柴油发动机和手动变速齿轮：

$CO_2 = 0.108m - 11371$

1.5 柴油发动机和自动变速齿轮：

$CO_2 = 0.116m - 6432$

排放的二氧化碳：大批量用克/千米计算

m：空车的重量符合第七条技术要求的VTS39公路车辆在运行条件下用公斤计算

p：千瓦的最大引擎功率

2. 大量二氧化碳质量

合并后的二氧化碳质量是四舍五入后最接近的整数如下：

a. 如果小数点后的数字是4或更少，那么数字后位舍去。

b. 如果小数点后的位数是5或更大，那么数字进一位。

附件五

（第二十八条第一款）

计算目标

1. 对于小规模的进口商和制造商的计算目标：

小规模的进口商和制造商的目标用如下方式计算，公式为每个单独的乘用车允许特定的排放：$130 + a \cdot (m - M_{t-2})$ g CO_2/km。

2. 大规模进口商的目标计算

对于大型进口商，目标计算使用按以下公式

每个大型进口商允许特定的排放：$130 + a \cdot (M_{i,t} - M_{t-2})$ g CO_2/km

a：0.0457（梯度的直线目标价值）

m：按照第七条VTS，对于公路车辆技术，要求在运行状态下的轿车重量用公斤计算

$M_{i,t}$：进口国的平均空车的重量登记第一次参考用公斤

M_{t-2}：乘用车的空车重量第一次在瑞士注册在倒数第二个试验年用公斤计算

3. 平均空车重量

平均空车如下：

2010年，1453公斤

2011年，1465公斤

2012年，1493公斤

附件六

（第四十条第一款）

公司有义务参与ETS

至少参加下列活动中一项的公司必须参与ETS：

1. 化石燃料或部分化石燃料燃烧总额定热输入超过20兆瓦。

2. 精炼的矿物油。

3. 可口可乐的生产。

4. 烘烤或烧结，包括托盘化运输，金属矿石，包括硫化矿石。

5. 生产生铁或钢（一级或二级融合）具备连续每小时铸造超过2.5吨的能力。

6. 黑色金属的生产或加工，燃烧单位总额定热输入超过20兆瓦的铁合金。

7. 原铝产量。

8. 二次燃烧单位总额定热输入超过20兆瓦铝的生产可被操作。

9. 有色金属的生产或加工，包括合金的生产，精炼、铸造铸件等，其中超过20兆瓦的燃烧单位总额定热输入（包括燃料作为降热材料）是可被操作的。

10. 利用水泥熟料回转窑的安装生产能力每天超过500吨，或用其他炉生产能力超过50吨/天。

11. 生产石灰或煅烧白云石、菱镁矿在回转窑或在其他炉的安装生产能力超过50吨/天。

12. 制造玻璃包括融化能力超过20吨/天的玻璃纤维。

13. 用火烧制造陶瓷产品，特别是屋面瓦、砖、耐火砖、瓦，带有安装生产能力超过 75 吨/天的装置。

14. 使用熔化能力超过 20 吨/天的玻璃、岩石或渣生产矿棉保温材料。

15. 石膏板或者其他石膏制品的燃烧单位总额定热输入超过 20 兆瓦可供操作。

16. 生产的纸浆材料来自于木材或其他纤维。

17. 纸或纸板的生产安装的生产能力超过 20 吨/天。

18. 炭黑的生产涉及碳化的有机物质，如油、焦油、饼干和蒸馏残渣，其燃烧热超过 20 兆瓦。

19. 硝酸的生产。

20. 己二酸的生产。

21. 乙二醛、乙醛酸的生产。

22. 氨的生产。

23. 有机化合物的生产通过裂解，改良部分或全部氧化或通过类似的过程，安装装置的生产能力每天超过 100 吨。

24. 生产氢气和合成气体通过改良或部分氧化安装一个每天超过 25 吨的生产装置。

25. 生产纯碱和碳酸氢钠。

附件七

（第四十二条第一款字母 a 和第六十六条第一款字母 a）
有资格加入 ETS 的活动或免除减排承诺

1. 温室栽培的植物。

2. 挖掘石头、土壤或其他采矿活动。

3. 生产食品或动物饲料产品。

4. 饮料生产。

5. 烟草制品生产。

6. 纺织品生产；洗衣设施。

7. 层压板、胶合板、木纤维和木基板以及小球生产。

8. 纸、纸板和纸产品制造。

9. 可口可乐和精炼石油产品制造。

10. 化学和医药产品的生产。

11. 塑料制品的制造。

12. 玻璃或陶瓷产品制造和岩石和土壤的处理过程（没有处理过的石头）。

13. 制造和加工的基本金属、热处理和涂料金属以及绘画的车体，除了在机械车间和锁匠商店里。

14. 中央供暖系统制造、金属锻造成型，制造线产品，链条和弹簧。

15. 发电机、变压器、家用电器和电子器件制造的电线和电缆。

16. 钟表的生产。

17. 数字 1~16 中描述的机器生产活动，例如泵、压缩机、汽车和摩托车。

18. 公共浴室的操作，人工溜冰场，度假酒店和蒸汽驱动的船只。

19. 在配送中心的仓储业务。

20. 加热或冷却能源的生产（如果适用加上电力生产），投入区域集中供热、制冷网络或传送到参与数字 1~19 列出的公司活动。

附件八
（第四十五条第一款）
计算可得到的最大数量的排放津贴

1. ETS 公司每年可得到的最大排放津贴总量计算如下：

$$Cap_i = [\Sigma \emptyset FZ + \Sigma \emptyset emissions] * [1 - (i - 2010) * 0.0174]$$

Cap_i　i 年的废气排放上限

$\Sigma \emptyset FZ$：在 2008 到 2012 年期间 ETS 已经计算过的每年给固定装置分配的津贴将在 2013 年开始再次被计算。

$\Sigma \emptyset emissions$：在 2009 年到 2011 年期间由固定装置产生的温室气体和温室排放将在 2013 年新开始被再次考虑。

2. 第一项中的数量将在 2015 年通过第一百四十三条中指定设施被重新计算。

附件九
（第四十六条第一款）
免费排放量的计算

1. 基准

1.1 各产品每年允许的免费排放标准如下表：

产　品	排放标准（每吨的排放量）
焦炭	0.286
铁精矿烧结	0.171
高炉生铁	1,328
阳极熔炼	0.324
铝	1,514
灰色水泥熟料	0.766
白色水泥熟料	0.987
石灰	0.954
白云石石灰	1,072
白云石烧结	1,449
浮法玻璃	0.453
透明玻璃瓶子或容器	0.382
彩色玻璃瓶子或容器	0.306
连续玻璃纤维产品	0.406
饰面砖	0.139
铺路砖	0.192
屋面瓦	0.144
干燥喷雾粉末	0.076
石膏	0.048
烧石膏	0.017
短纤维硫酸盐纸浆	0.12
长纤维硫酸盐纸浆	0.06
亚硫酸盐纸浆，热磨机械纸浆，机械纸浆	0.02
再回收纸浆	0.039
新闻纸	0.298

续表

产　品	排放标准（每吨的排放量）
非涂布铜版纸	0.318
涂布铜版纸	0.318
餐巾纸	0.334
测试纸板和瓦楞原纸	0.248
非涂布纸板	0.237
涂布纸板	0.273
硝酸	0.302
己二酸	2,790
氯乙烯单体（VCM）	0.204
苯酚/丙酮	0.266
悬浮聚氯乙烯（S-pvc）	0.085
乳液聚氯乙烯（E-pvc）	0.238
纯碱	0.843
炼油厂产品	0.0295
利用电弧法得到的碳钢	0.283
用电弧焊的方法得到的高合金钢	0.352
生铁	0.325
石纤维	0.682
石膏纸板	0.131
工业烟尘（炭黑）	1,954
氨	1,619
蒸汽裂解	0.702
芳烃	0.0295
苯乙烯	0.527
氢气	8,85
合成气	0.242
环氧乙烷与乙二醇	0.512

1.2 如果该类产品无排放标准，其免费排放量计算将根据其热值标准计算如下：

62.3 的排放量相当于 1TJ 产生的热值。

1.3 如果该类产品无排放标准且其热值无法计算，则采用热燃料标准计算如下：

56.1 的排放量相当于 1TJ 热燃料所产生的热值。

1.4 如果以上方法都不能计算出该类产品的排放基准，则其免费排放标准将以 2005～2008 年或 2009～2010 年的年平均排放量的 0.97 倍计算。

1.5 发电设备不能享有任何免费排放标准。

2. 可变系数

对于没有在 2010/2/EU 排放决定附件中列出的部门和分部门，其计算值将以 1 乘以以下相应的年份可变系数：

2.1　2013 年：0.8

2.2　2014 年：0.7286

2.3　2015 年：0.6571

2.4　2016 年：0.5857

2.5　2017 年：0.5143

2.6　2018 年：0.4429

2.7　2019 年：0.3714

2.8　2020 年：0.3

附件十

（第八十六条第一款和第八十九条第二款）

汽车二氧化碳排放量必需得到补偿

关税编号	描述	排放量 t CO_2/1000 千克	排放量 t CO_2/TJ	排放量 t CO_2/立方米
2710.1211	直馏重油 无煤油	3.14	73.90 热值水平（Hu）42.5 MJ/kg	2.34 浓度* 744 千克/立方米
ex 2710.1211	煤油	3.17	72.50 热值水平（Hu）43.7 MJ/kg	2.27 浓度* 715 千克/立方米

续表

关税编号	描述	排放量 t CO$_2$/1000 千克	排放量 t CO$_2$/TJ	排放量 t CO$_2$/立方米
2710.1911	石油类,包括航空汽油	3.15	73.20 热值水平(Hu)43.0MJ/kg	2.52 浓度* 800 千克/立方米
2710.1912	柴油	3.15	73.60 热值水平(Hu)42.8MJ/kg	2.63 浓度* 835 千克/立方米
2711.1110	液化天然气	2.56	55.0 热值水平(Hu)46.5MJ/kg	1.15 浓度** 451 千克/立方米
2711.2110	气态天然气	2.56	55.0 热值水平(Hu)46.5MJ/kg	0.002 浓度*** 0.793 千克/立方米
ex 2711	液化石油气(丁烷,丙烷)	3.01	65.50 热值水平(Hu)46.0MJ/kg	1.63 浓度* 540 千克/立方米

附件十一

(第九十四条第二款)

征收热燃料二氧化碳关税:每吨二氧化碳36法郎

关税编号	描　　述	税额(法郎)/1000 千克
2701.	煤炭;煤球,煤制成的类似固体燃料 ——黑煤,不论是否粉碎,但不能结块	
1100	——无烟煤	85.00
1200	——烟煤	85.00
1900	——其他煤	85.00
2000	——煤球,煤制成的类似固体燃料	85.00

续表

关税编号	描述	税额（法郎）/1000 千克
2702. 1000 2000	褐煤，不论是否结块，包括喷长焰煤 ——褐煤，不论是否结块，不包括喷长焰煤 ——块状褐煤	 81.50 81.50
2704.0000	焦炭，半焦煤，半褐煤，半泥煤，不论是否结块，甑炭	102.10
2710. 1291 1292 1299 1991 1992 1999 	石油或从沥青矿物提取的油类，除了原油；其余未列出的含油量或沥青矿物提取油量达70%以上的制剂，这些油都是制剂的主要成分；废油： ——石油或从沥青矿物提取的油类（除了原油），其余未列出的含油量或沥青矿物提取油量达70%以上的制剂，这些油都是制剂的主要成分，除了生物柴油和废油 ——轻质油及制剂 ——用作燃料 ——直馏重油 ——石油溶剂油 ——其他 ——其他 ——用作燃料 ——石油 ——热油 ——灯用煤油 ——介质，具有含硫量 ——其他馏出物及产品 ——汽油 ——其他 	/1000 升，15℃ 84.20 84.20 84.20 90.70 95.90 /1000 千克 114.20 /1000 升，15 °C 95.50 /1000 千克 114.20 /1000 升 15℃
2090	——石油或从沥青矿物提取的油类（除了原油），其余未列出的含油量或沥青矿物提取油量达70%以上的制剂，这些油都是制剂的主要成分，包括生物柴油，除了废油： ——其他用途（仅有化石部分）	94.10

续表

关税编号	描述	税额（法郎）/1000千克
2711.	石油气及其他烃类气	
	——液化	
	——天然气	
1190	——其他	41.50
	——丙烷	
1290	——其他	54.60
	——丁烷	
1390	——其他	63.10
	——乙烯，丙烯，丁烯及丁二烯	
1490	——其他	70.30
	——其他	
1990	——其他	70.30
		/1000千克
	——气态	
	——天然气	
2190	——其他	92.10
	——其他	
2990	——其他	104.20
2713.	石油焦，沥青和石油或从沥青矿物油的其他残基	
	——石油焦	
1100	——未煅烧	104.60
1200	——已煅烧	104.60
		/1000 L，15℃
3826.	生物柴油及其混合物，不含或含重量小于70%的石油润滑油或沥青矿物提取油	
0090	——其他（仅有化石部分）	94.10
	其他化石燃料产生的热能	84.20

污染场地修复条例

1998 年 8 月 26 日制定

（修订截止于 2012 年 8 月 1 日）

根据 1983 年 10 月 7 日联邦环境保护法第三十二条 c 第一款第二条和第三十九条第一款，联邦委员会颁布污染场地修复条例。

第一章　总则

第一条　目标和主题

一、如果污染场地造成了公害，或由此存在潜在危险，为此特制定本条例。

二、本条例约束污染处理的程序，如下：

a. 登记注册；

b. 监测和修复的评估预算；

c. 对目标和迫切修复的评估；

d. 对调查、监测和修复制定详细措施。

第二条　定义

一、污染场地是指限于某一区域内、受垃圾废物污染的场地，包括：

a. 废品处理场，即关闭的垃圾场或正在运行中的垃圾场，或者其他的垃圾填埋场。除了仅堆放未污染的挖掘材料、碎石废料的垃圾场以外；

b. 工业场地，即场地污染源自关闭的或运行中的设备，或工业运行中使用的对环境有害的物质；

c. 事故场地，即由异常事件造成，包括工业事故。

二、需要修复的场地是指对被污染的场地产生有害的影响，或造成了一定的麻烦，或存在一定危险的区域。

三、污染场地指的是需要修复的受污染场地。

第三条　建筑物和设施的建设和改造

如果因为建筑物和设施的建设和改造，仅在下列情况，污染场地的划分应该有所变动：

a. 建筑物和设施不需要修复，这项工程没有修复的必要；

b. 建筑物后来的修复没有受到严重阻碍，或者污染地在工程改良的范围内，同时被修复。

第四条　总体措施要求

法令下的调查，监测和修复措施必须与法律责任的法案和文件一致。

第二章　污染场地的注册

第五条　创建注册

一、主管部门应该通过评估现存的信息诸如地图、注册表和报告来确定污染场地。他们可以从场地所有人或第三方获得信息。

二、主管部门应该把提议的注册条款内容告知场地所有人，而且应该给他们阐明观点的机会。应场地所有人的要求，官方应该发布一条声明条例。

三、按照第一款和第二款，他们应该登记那些确定被污染的场地，或很有可能被污染的场地。在可能的情况下，登记条款应该包含以下信息：

a. 地点；

b. 送到场地的废物类型和数量；

c. 处理废物的时期，操作时期或事故时间；

d. 调查和采取的环保措施；

e. 已经确定造成的影响；

f. 濒临危险的环境区；

g. 特殊事件如垃圾焚烧、山体滑坡、洪灾、火灾或重大事故。

四、主管部门应该按照所登记的信息把污染区划为以下几类，特别是根据送到场地的废物的类型和数量：

a. 场地无有害影响，无公害产生；

b. 需要调查场地是否需要监测或修复。

五、主管部门应该准备一系列的优先权实施调查,这样做时,他们应重视运送到场地来的垃圾登记信息诸如类型数量,以及物质的释放污染可能性和对环境影响的重要性。

第六条 保持登记

一、主管部门应该对以下的登记条款增加信息:

a. 监测和修复的需要;

b. 目标和修复的迫切性;

c. 为了环保而采取的措施。

二、如有下列情况,应该删除登记中的站点条目:

a. 调查显示没有被环境有害物污染的场地;

b. 环境有害物已经被移除。

第三章 监管和修复的需要

第七条 基础调查

一、根据优先顺序,主管部门应该要求在需要调查场地的合理期限内,实施一个基础调查。这项调查一般包括历史调查和技术调查,以便对监测和修复进行评估(按第八条),以及环境风险测评(风险评估)。

二、历史调查应该查明污染地的可能原因,特别是:

a. 场地上发生事件、及时间和空间的发展;

b. 对危及环境的物质的处理程序。

三、基于历史调查及技术调查的方法和程度,对此项目标有一个特别执行,并提交给主管部门,并就此作出评价。

四、技术调查应该查明场地的类型和物质数量,污染释放的可能性以及对环境影响的程度。

第八条 监测和修复的评估需要

一、根据基本的监测,按照第九至第十二条,主管部门应该评估污染地是否需要监测或修复。这样做时,他们应该对其他污染地或第三方造成的影响给予应有的重视。

二、他们应该声明注册污染地是否:

a. 需要监测;

b. 需要修复(被污染的场地);

c. 既不需要监测也不需要修复。

第九条　地下水的保护

一、按照第一款，污染地应该被监测，保护地下水，如果：

a. 任何在附件一中规定的浓度值超过场地物质的洗出液的值；

b. 在保护区 Au 的地下水；如果源于紧邻下游场地的物质浓度值超过附件一中特别规定的浓度值的 10%；

c. 在地下水保护区 Au 范围之外的地下水：源于紧邻下游的场地的物质浓度值超过附件一中特别规定的浓度值的 40%。

如果对场地监测几年之后，经证实，考虑到污染物浓度的进化和场地特性，根据第二段，场地很有可能不再需要修复，不再需要监测。

二、污染场地被视为需要修复以保护地下水，如果：

a. 被检测发现公共利益地下水流域上方场地有潜在的水污染物；

b. 对于来源于水保护区的地下水，如果源于紧邻下游的场地的物质浓度值超过附件一中特别规定的浓度值的一半；

c. 对来源于保护区的地下水，如果源于紧邻下游的场地的物质浓度值超过附件一中特别规定的浓度值的一倍；

d. 按照第一款 a 中的监测需要，由于蓄水能力不足，或来自场地物质的降级，真正存在地下水污染的危险。

第十条　地表水的保护

一、按照第一款，污染场地需要监测以保护地表水：

a. 任何在附件一中特别规定的浓度值超过易于影响地表水的区域的物质洗出液；

b. 汇入地表水体的水源，附件一中特别规定的浓度值超过水源地物质；

如果对场地监测几年之后，经证实，考虑到污染物浓度的进化和场地特性，根据第二段，场地很有可能不再需要修复，不再需要监测。

按照第一款 a 中的监测需要，由于蓄水能力不足，或来自场地物质的降级，地下水存在污染的危险。

二、为保护地表水，污染场地有修复的需要，有下列情况之一的：

a. 来自污染场地的水源汇入地表水体，若此水源的物质浓度值超过附件一中特别规定的浓度值的十倍；

b. 按照第一款 a 中规定，需要监测的水源，由于蓄水能力不足，或来自污染场地物质的降级，地表水确实存在被污染的危险。

第十一条 防止空气污染

为了防止人受空气污染，如果间质性的空气超过附件二规定的浓度值，如果来自污染地的排放物扩散到人类活动频繁的地点，污染地被认为有修复的需要。

第十二条 受污染土壤的保护

一、如果土壤中的物质超过附件三规定的浓度值，那么这正在被污染的土壤或曾经受污的土壤就被认为是应该修复的受污染土壤。前述同样适用于已经受限制使用的土壤。

二、按照 1998 年 7 月 1 日土壤污染法，土壤污染地的影响在评估范围内，按照第一款，不管现在受污染土壤或曾经受污染的土壤都不需要修复。

第十三条 主管部门的行动

一、因为污染场地需要监测，主管部门应该要起草制定一个监测计划，并采取合理的措施追踪检查污染物的潜在危险。按照第九至第十二条，监测措施一直适用，直到场地不再需要监测为止。

二、因为场地需要修复，主管部门应该要求：

a. 在合理的时间内执行详细的调查；

b. 监测场地直至修复。

第四章 目标和修复的迫切性

第十四条 详细的调查

一、详细说明目标并评估修复的迫切性，应该得到以下详细信息并进行风险评估：

a. 污染地的类型、地点、数量和环境有害物质的浓度值；

b. 类型、承载力、存在的或可能存在的对环境的影响；

c. 有风险的自然环境地区的位置和重要性。

二、如果详细的调查结果与基本调查有实质性的偏离，按照第九至第十二条，主管部门应该重新评估场地是否需要修复。

第十五条　目标和修复的迫切性

一、修复的目标是消除影响，或消除隐患，按照第九至第十二条，达到修复要求的需要。

二、为保护地下水进行的修复，如果出现下列情况就偏离了制定的目标：

　　a. 通过这种方法，减轻整个环境影响；

　　b. 否则会产生不合比例的成本；

　　c. 来源于水保护区，或如果跟来源于水保护区地下水相连的地表水符合水保护法中规定的水质要求，开发地下水是有保证的。

三、为保护地表水进行的修复，如果出现下列情况就偏离了制定的目标：

　　a. 通过这种方法，减轻整个环境影响；

　　b. 否则会产生不合比例的成本；

　　c. 水源遵从水保护法规定的水质要求。

四、如果现在使用中的水质受损或濒临污染，修复就应该特别迫切。

五、主管部门应根据详细的调查评估目标和修复的迫切性。

第五章　修复

第十六条　修复措施

一、修复目标必须通过采取以下措施达到：

　　a. 消除环境危害物（净化）；

　　b. 或长期预防并监测环境危害物的扩散传播（防护）。

二、在土壤已经受到使用限制的情况下，也必须要实施这些措施。

第十七条　修复工程

主管部门要求，对于污染场地，应该根据修复的迫切性在合理的时限内准备开展修复工程。具体如下：

　　a. 修复措施包括监测和垃圾处理，及措施的有效性，结果评估和时间消耗；

　　b. 推行环境措施产生的影响；

　　c. 修复后环境的危险残留；

　　d. 污染场地的责任划分，在这种情况下，需要实施修复措施的人，要有一个成本分配的规则。

第十八条　重要措施的详细说明

一、主管部门将评估修复工程，特别关注以下情形：

a. 措施的环境影响；

b. 措施的长效性；

c. 修复前后污染地对环境带来的影响；

d. 若去污未完成，措施的监管程度，修复弥补不足的途径，推行措施的必要保证资金；

e. 根据第十五条第二、三段，对偏离修复目标的需求是否满足。

二、在评估的基础上，他们将执行特别法令：

a. 修复的最终目标；

b. 修复措施，结果评估和时间限制；

c. 进一步收费和环保条件。

第十九条　结果评价

实施修复措施的人必须告知实施修复措施的主管部门，还要证实修复目标已达到。主管部门在收到报告之后，出具一个专家评价结果。

第六章　有义务进行调查、监测和实施修复

第二十条

一、调查、监测和修复应该有污染地的所有人执行。

二、如果主管部门有理由认为场地污染是由第三方造成，主管部门可以要求他们执行初期调查，实施监测或进行详细的调查。

三、如果场地污染由第三方行为造成，主管部门在场地所有人同意的前提下，可以要求准备修复工程实施修复措施。

第七章　最后条款

第二十一条　强制执行

一、行政区将强制实施这项法案，除非它代表执行联盟。行政区将服从第五条第三款和第六款要求的信息，以及第十七条瑞士联邦环境署在每年日历年底要求的修复场地信息。

一、^{bis}瑞士联邦环境署将评估这些信息，并定期告知公众污染场地的修

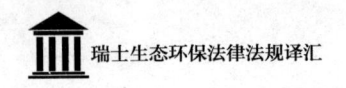

复进程。

二、如果联邦当局在国际法下应用与这个法令主题相关其他的联邦法案，协议或决议，他们也将强制执行这项法令。瑞士联邦环境署和行政区的合作受控于联邦环境保护法第四十一条第二款和第四款；保留保密的法定义务。当详细化修复措施时，如果联邦当局省掉颁布条令，他们将咨询行政区有关计划措施。

三、联邦当局将决定污染场地的分类步骤（第五条第四款），备好先后顺序单（第五条第五款），并且咨询瑞士联邦环境署后删除登记中的条目（第六条第二款）。

四、他们将定期告知行政区有关登记内容（第五和第六条），这些应该包括相关污染场地在他们自己登记区的参考。

第二十二条

2000年2月2日联邦行动协调和简化决策程序（如2000703）规定的第二部分第十六条没有废除。

第二十三条　相关合作

一、强制执行这项法令，主管部门应该和那些直接相关人合作。特别是，他们将检查这些提供的自愿措施符合私营部门的部门协定，是否适合这项法令的强制执行。

二、按照这项法令的要求，他们将致力于和直接相关的必要评估和措施达成一致。为此，他们将在第一时间咨询直接相关人和事。

三、如果执行要求的调查、监测和通过其他手段可以保证的修复措施，他们将免除颁布条令。

第二十四条　程序性法规的偏离

如果有以下情况，可以允许有程序偏离：

a. 有必要立即对环境采取保护措施；

b. 有监测的需要，或修复能够被评估，或可以根据现存的信息决定所要求采取的措施；

c. 通过楼房的建设、修改或安装，污染场地被改良；

d. 直接关系人的自发举措同条例中的特例有同等的效果。

第二十五条　指导方针

为实施这项法令准备指导方针时，联署将和行政区还有相关的工业组织合作。

第二十五条 a　地学信息

联邦办公室将按照这个法令，指定最小的地理数据模型和地质基本数据代表模型，联邦办公室特指此法令作为联邦一级的专家权威，在 2008 年 5 月 21 日地理信息法令的附件一。

第二十六条　当前立法的修正

第二十七条　过渡条款

2003 年 12 月 31 日之前，登记准备完毕。

第二十八条　法令开始执行

本条例于 1998 年 10 月 1 日生效。

附件一

（第九条、第十条）

利用浓度值来评估污染场地对地表和地下水源的影响

一、如果正在污染场地的潜在水污染物，表格中没有给出浓度值，主管部门将根据瑞士联邦环境署的内容和水保护法的条款指定一个案例值。

二、评估是以场地物质的洗出液为依据，在这一点上，下列要求适用于样本，洗出液的准备和他们的分析：

a. 样本数量和选样点应该有所选择，以能代表污染地；

b. 洗出液将根据测试列来准备。所用洗出液将是无氧去离子水。这通常通过定义速度列，必须向上流动。在分析之前，洗出液通常既不分离，也不在微型滤波器里过滤；

c. 仅就基于历史调查必定要出现在场地的那些物质，需要分析洗出液。在这种情况，只需对集合参数进行分析，个体物质的最低浓度价值将作为评估标准。

三、特别是对于异构污染场地（如废物处理场），如果从渗流的水可以获得样本，这些样本可被视为洗出液的对等物。

四、在评估挥发性物质的影响时，认为渗流的水相当于洗出液。如果不可能得到渗流的水的样本，将根据间隙空气浓度的测量来计算污染物浓度。

五、按照第二条，如果在其他信息的基础上，物质洗出液的浓度值能够被测定的话（即在浓度值以上或以下），洗出液测试可以免除，例如，场地材料的组成和来源，集合参数或生态毒理调查，或者可以从总含量计算。

六、联邦办公室将对抽样，洗出液的准备和分析，以及评估挥发性物质的影响颁布指令。

物　　质	浓度值
无机物质	
砷	0.05 毫克砷/升
铅	0.05 毫克铅/升
镉	0.005 毫克镉/升
铬（Ⅵ）	0.02 毫克铬/升
钴	2 毫克钴/升
铜	1.5 毫克铜/升
镍	0.7 毫克镍/升
汞	0.001 毫克汞/升
银	0.1 毫克银/升
锌	5 毫克锌/升
锡	20 毫克锡/升
氰化物（免费）	0.05 毫克氯乙酰苯/升
氟	1.5 毫克氟/升
亚硝酸盐	0.1 毫克二氧化氮/升
有机物质	
脂肪族碳氢化合物：	
- 总 [（C5 - C10）]	2 毫克/升
- 甲基叔丁基醚（MTBE）	0.2 毫克/升
胺	
- 苯胺	0.05 毫克/升
- 4 - 氯化苯胺	0.1 毫克/升
卤代烃化物	
- 1, 2 - 二溴乙烷（EDB）	0.05g/ L1 μ
- 1, 1 - 二氯乙烷*	3 毫克/升
- 1, 2 - 二氯乙烷（EDC）	0.003 毫克/升
- 1, 1 - 二氯乙烯的*	0.03 毫克/升

续表

物　质	浓度值
- 1, 2 - 二氯乙烯（顺式和反式）*	0.05 毫克/升
- 二氯甲烷（二氯甲烷，DCM）	0.02 毫克/升
- 1, 2 - 二氯丙烷*	0.005 毫克/升
- 四氯乙烷	0.001 毫克/升
- 四氯乙烯（PERC）	0.04 毫克/升
- 四氯化碳（CCl4）	0.002 毫克/升
- 1, 1, 1 - 三氯乙烷*	2 毫克/升
- 三氯乙烯（TCE）	0.07 毫克/升
- 三氯甲烷（氯仿）	0.04 毫克/升
- 氯乙烯*	0.1 微克/升
- 氯苯	0.7 毫克/升
- 1, 2 二氯苯	3 毫克/升
- 1, 3 - 二氯苯	3 毫克/升
- 1, 4 - 二氯苯	0.01 毫克/升
- 1, 2, 4 - 三氯苯	0.4 毫克/升
- 多氯联苯（PCBs）[1]	0.1 μg/升[1]
单环芳香烃（苯系物）	
- 苯*	0.01 毫克/升
- 甲苯	7 毫克/升
- 乙苯	3 毫克/升
- 二甲苯	10 毫克/升
硝基化合物	
- 2, 4 - 二硝基酚	0.05 毫克/升
- 二硝基甲苯	0.5 微克/升
- 硝基苯	0.01 毫克/升
- 4 - 硝基酚	2 毫克/升
酚类化合物	
- 2 - 氯苯酚	0.2 毫克/升
- 氯酚	0.1 毫克/升
- 2 - 甲基苯酚（邻甲酚）	2 毫克/升
- 3 - 甲基苯酚（间甲酚）	2 毫克/升
- 4 - 甲基苯酚（对甲酚）	0.2 毫克/升

续表

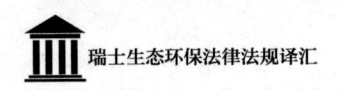

物　质	浓度值
- 五氯苯酚（PCP）	0.001 毫克/升
- Phenol（C6H6O）	10 毫克/升
- 苯酚（C6H6O）	10 毫克/升
多环芳烃（白）	
- 苊	2 毫克/升
- 蒽	10 毫克/升
- 苯并芘	0.5 微克/升
- 苯并［b］荧蒽	0.5 微克/升
- 苯并［K］荧蒽	0.005 毫克/升
- 苯并［a］芘	0.05 微克/升
- 屈	0.05 毫克/升
- 二苯并［a, h］蒽	0.05 微克/升
- 荧蒽	1 毫克/升
- 芴	1 毫克/升
- 茚并［1, 2, 3-cd］芘	0.5 微克/升²
- 萘	1 毫克/升
- 芘	1 毫克/升²

1 板的6种28，52，101，138，153和180的总和，乘以系数。

* 按第4款评估。

1 印刷电路板：6 同源 28，52，101 的总和，138，153 和 180 乘以因子 4.3 不得超过的浓度值。

2 这些浓度在洗出液中没有进行正常的检测。

* 要根据第4段进行评估。

附件二

（第十一条）

污染场地空气间隙浓度值评估

一、场地散发物的浓度值表中没有提供，比如气味或颗粒，按照1985年12月16日大气污染防治法，如果散发物导致空气浓度超标，有必要对污染场地进行修复。

二、抽样分析空气间隙，以下适用：

a. 在污染场地的多处有代表性的地方，用地面气体探测器取样，要保证没有外来空气进入样本。

b. 仅就那些按照历史调查预定在场地中出现的空气间隙的组成成分进行分析。如果分析限定于集合参数，个体物质的最低浓度值将作为评估标准。

三、如果通过其他手段，即，根据场地物质组成的精确信息，可以证明浓度值不超标，空气间隙样本的检测可以免除。

四、联邦当局将就采样和空气间隙分析程序发布指导方针。

物　　质	浓度值
无机物	
汞	0.005 毫升/立方米
二氧化碳	5000 毫升/立方米
硫化氢	10 毫升/立方米
有机物质	
汽油（不含芳香烃）	500 毫升/立方米
轻型汽油（芳族含量为体积 0～10%）	500 毫升/立方米
甲烷	10000 毫升/立方米
卤代烃	
－氯苯为	10 毫升/立方米
－1,1－二氯乙烷	100 毫升/立方米
－1,2－二氯乙烷（EDC）	5 毫升/立方米
－1,1－二氯乙烯	2ml 毫升/立方米
－1,2－二氯乙烯（顺式和反式）	200 毫升/立方米
－二氯甲烷	1001 毫升/立方米
－1,2－二氯苯	75 毫升/立方米
－1,1,2,2－四氯乙烷	1 毫升/立方米
－四氯乙烯（PERC）	50 毫升/立方米
－四氯甲烷（四氯化碳）	5 毫升/立方米
－1,1,1－三氯乙烷	200 毫升/立方米
－三氯乙烯（TCE）	50 毫升/立方米
－三氯甲烷	10 毫升/立方米
－氯乙烯	2 毫升/立方米
单环芳香族烃类（苯系物）	
－苯	1 毫升/立方米

续表

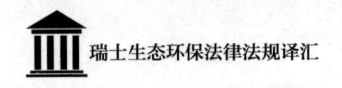

物　质	浓度值
－甲苯	50 毫升/立方米
－乙苯	100 毫升/立方米
－二甲苯	100 毫升/立方米
多环芳烃（PAK）	
－苯并［a］芘	0.0002 毫升/立方米
－萘	10 毫升/立方米

附件三

（第十二条第一款）
土壤修复浓度值评估

下面表格中的浓度值适用于土壤修复的评估所需。针对正在污染某一个区域的潜在污染物还没有提供浓度值的地方，主管机关应逐个经过瑞士联邦环境办公室的同意，并根据环境保护立法的规定指定一个数值。

1. 用于农业或园艺目的的场地

物　质	浓度值
无机物	
铅	2000 毫克铅/千克
镉	30 毫克镉/千克
铜	1000 毫克铜/千克
锌	2000 毫克锌/千克
有机物质	
多氯联苯（PCBs）	3 毫克/千克
多环芳香烃（PAHs）*	100 毫克/千克
苯并芘	10 毫克/千克

＊16EPA 多环芳烃：萘，苊烯，苊，芴，菲，蒽，荧蒽，芘，苯并［a］蒽，屈，苯并［a］芘，苯并［b］荧蒽，苯并［k］荧蒽，二苯并［一个中，h］蒽，苯并［g, H, I］芘，茚并［1, 2, 3 - C, D］芘

2. 在私人花园和份地的场所，儿童游乐场和其他能让孩子经常玩耍的设施

430

物　　质	浓度值
无机物	
锑	50 毫克锑/千克
砷	50 毫克砷/千克
铅	1000 毫克铅/千克
镉	20 毫克镉/千克
铬（VI）	100 毫克铬/千克
铜	1000 毫克铜/千克
镍	1000 毫克镍/千克
水银	5 毫克汞柱/千克
银	500 毫克银/千克
锌	2000 毫克锌/千克
无机物	
挥发性氯代烃*	1 毫克/千克
多氯联苯（PCBs）**	1 毫克/千克
脂族烃 C5－C10***	5 毫克/千克
脂肪烃 C11－C40	500/千克
单环芳香族烃类（BTEX）****	500 毫克/千克
苯	1 毫克/千克
多环芳香烃（PAHs）*****	100 毫克/千克
苯并芘	

* ∑7 挥发性氯代烃：二氯甲烷，三氯甲烷，四氯甲烷，顺式－1，2－二氯乙烯，1，1，1－三氯乙烷，三氯乙烯

（TCE），四氯乙烯（PERC）

** ∑6PCB 同类×4.3：no 28，52，101，138，153，180

*** ∑C5－至 C10 烃：正戊烷和正癸烷之间的 FID 色谱图的面积，乘以正己烷的响应因子，减去∑BTEX

**** ∑6BTEX：苯，甲苯，乙苯，邻二甲苯，间二甲苯，对二甲苯

***** ∑16EPA 多环芳烃：萘，苊烯，苊，芴，菲，蒽，荧蒽，芘，苯并蒽，屈，苯并[a]芘，

苯并[b]荧蒽，苯并[k]荧蒽，二苯并[a，h]蒽，苯并[g，H，I]苊，茚并[1，2，3－C，D]芘

污染场地修复收费条例

2008 年 9 月 26 日制定

（修订截止于 2012 年 1 月 1 日）

根据 1983 年 10 月 7 日联邦环境保护法第三十二条 e 第一款、第二款和第五款，并根据 1997 年 3 月 21 日政府和政府组织法第五十七条第二款，联邦委员会颁布污染场地修复收费条例。

第一章 主旨

第一条 本条例规定

a. 在瑞士需要征收垃圾填埋费，并且要对出口国外的进行处理的垃圾征收出口税；

b. 征收的费用收入用于支付以下事项：

①用于调查，监管和污染场地的修复；

②用于调查场地是否被污染。

第二章 收费

第二条 有义务支付费用

一、在瑞士，垃圾填埋场的所有者必须支付垃圾场的垃圾处理费。

二、任何人出口垃圾，以及在垃圾场作处理垃圾，必须支付费用。支付费用的义务也适用于在国外的垃圾场处理后的垃圾，按照出口垃圾回收或处理的规定办理。如果在垃圾场处理的垃圾少于垃圾出口总量的 15%，不用付费。

三、对于未受污染的挖掘材料，开采出来的材料以及挖掘出的弃土和岩石，如果有下列情况之一的处理或作出口处理，不必履行付费义务：

a. 只是填埋未受污染的挖掘材料、碎石和开挖出的弃土和岩石的垃圾填埋场；

b. 其他垃圾填埋场，如果未受污染的挖掘材料、碎石和开挖出的弃土岩石与其他垃圾是隔离的，不可能受其他污染物的污染。

第三条　收费额度

一、瑞士垃圾填埋场的废物处理收费额度：

a. 对惰性废物的填埋：每吨 3 瑞士法郎；

b. 对稳定残留物的填埋：每吨 17 瑞士法郎；

c. 对生物活性物的填埋：每吨 15 瑞士法郎。

二、对国外的垃圾处理收费额度：

a. 地下垃圾填埋：每吨 22 瑞士法郎；

b. 其他垃圾填埋：收费和瑞士境内的垃圾处理一样。

三、环境、运输、能源和通讯联合部会至少每五年复审一次收费额度。

第四条　主张收费的权力起源

在瑞士的垃圾填埋场处理或出口垃圾，收费是应得权益。

第五条　收费声明

一、需要付费者必须在每年 2 月 28 日之前向联邦环境办公室递交一份前一个日历年度交费声明。

二、声明必须包含决定应付费额度的所需信息。声明应以正式形式；联邦环境办公室可能允许其他形式。垃圾填埋场的所有者必须发送声明的行政区副本。

三、声明是确定合理收费的基础，官方保留对此进行评价的权利。

四、债务人支付费用必须保留相关文件声明至少十年。

五、在一份延迟或不完整的声明中，对每年支付的金额费用，拖欠利息为 3.5%。

第六条　允许支付的收费评估和时期

一、联邦环境办公室应当裁定费用数额。

二、必须在 30 天内付款。

三、如果逾期付款，按照 3.5% 计算年息。

第七条　额外索赔

如果联邦环境办公室的错误评估导致收取的金额太低，可以在裁决后的两年内索要其差额部分。

第八条　时效期

一、有权收取费用的期限为10年，自执行的第一个日历年末起。

二、索赔时效应当中断并重新计算：

a. 如果索赔对象承认索赔权；

b. 依据官方行为对索赔对象提起索赔权。

三、有权索赔费用的期限是15年，从开始执行收费权的日历年末算起。

第三章　补贴

第一节　补贴要求

第九条　原则

一、按照环境保护法第三十二条第三款和第四款规定，联邦委员会应当给各行政区支付补贴用于以下事项：

a. 调查、监测和修复受污染的场地；

b. 调查、监测和治理在射击场污染的场地；

c. 调查发现没有污染的场地。

二、如果污染场地具有明确界限的区域满足补贴要求，并且有采取进一步的措施的可能性，联邦委员会还应给它支付补贴。

第十条　对调查和监测的特殊补贴要求

一、关于调查和监测污染场地的措施，支付补贴只用于以下事项：

a. 措施在1997年7月1日之后实施；

b. 在2006年11月1日之前实施补贴申请措施，2010年12月31日前提交给瑞士联邦环境办公室。

二、如果不能确认造成污染场地的责任人，或责任人无力支付，在以下情况，补贴应当支付给调查和监测的人：

a. 如果许可的调查或监督成本超过25万法郎，或假设对分配成本提交了一个具有法律约束力的裁决；

b. 如果许可的调查或监督成本达 25 万法郎或更少，或假如能提供合理的分配成本的法律依据。

三、对调查的场地没有发现污染，补贴只支付给在 2006 年 11 月 1 日之后开始的调查。

第十一条　修复措施的特殊补贴要求

一、联邦委员会只有对以下情况支付修复补贴：

a. 1997 年 7 月 1 日后开始实行的措施；

b. 2006 年 11 月 1 日之前实行的补贴申请要在 2010 年 12 月 30 日前提交给瑞士联邦环境办公室。

二、如果不能确认造成污染场地的责任人，或责任人无力支付，在以下情况，补贴应当支付给调查和监测的人员：

a. 如果许可的调查或监督成本超过 25 万法郎，或假设对分配成本提交了一个具有法律约束力的裁决；

b. 如果许可的调查或监督成本达 25 万法郎或更少，或假如能提供合理的分配成本的法律依据。

第二节　应收费用

第十二条　在不需要修复场地的收费

一、在不需要修复场地，下列措施需收取调研费：

a. 建立一个没有被污染的场地，此场地已经注册登记，或者已经有注册登记的计划；

b. 一个场地的预备投资要求按照第七条 1998 年 8 月 26 日的污染场地条例。

二、在场地不需要补救的情况下，按照第十三条第一款方案，下列措施需收取监测费：

a. 计划监控措施；

b. 建设、运行、维护和拆除监控设备；

c. 取样和分析。

第十三条　需要修复场地的收费

如果场地需要修复时，下列措施需收取修复费：

a. 初步调查（污染场地修复条例第七条）、详细调查（污染场地修复条例第十四条）以及检测（污染场地修复条例第十三条第二款 b）与第十二条第二款一致；

  b. 修复项目的准备（污染场地修复条例第十七条）；

  c. 包括处置废物的净化（污染场地修复条例第十六条）；

  d. 建设、运行、维护、安装和拆除设备，以长期地预防和监测环境危险品的扩散（污染场地修复条例第十六条 b）；

  e. 证明取得了修复目标（污染场地修复条例第十九条第一款）。

第三节　过程

第十四条　与瑞士联邦环境办公室的磋商

一、行政厅在下命令进行调查，监测或补救措施之前，应当咨询联邦环境办公室。

二、按照第一款，如果第十六条第三款中的任何一个要求没有满足，不需要咨询瑞士联邦环境办公室。

第十五条　申请补贴

应当向瑞士联邦环境办公室提交补贴申请。这必须包含：

  a. 证明这些措施满足第九条和第十一条的要求；

  b. 项目的主要原则和要素；

  c. 官方的评估：这些措施是否环保，花费是否合理，是否有艺术感；

  d. 可能的措施成本和可能的收费；

  e. 对花费分配裁定；或如果不能认定责任人，或责任人无法支付，那么就花费的分配要有一个合理的法律裁定；这些裁定都要留有副本。

第十六条　确认和补贴支付

一、如果符合补贴要求，瑞士联邦环境办公室会确认在可利用资源的范围内支付补贴，并且指出可能的补贴数额。

二、规定下列情况支付补贴：

  a. 如果行政厅已对实际措施所需要的花费进行了审计并出具了审计报告；

  b. 从收费获得的收入可以满足资源所消耗的费用。

三、如果收费获得的收入可以满足资源所消耗的费用，瑞士联邦环境办公室支付补贴时应当优先考虑对环保所迫切要求的项目，或此项目，与成本相比可获得可持续的生态效益。被推迟的项目在接下来的几年里要给予优先权。

第四章 执行

第十七条 责任

一、瑞士联邦环境办公室应执行本条例和应提供每年的征收费用和补贴信息。

二、它可能代表收费声明的官方评估（第五条第三款），全部或部分适用于公共公司或私人实体。评估费应当从收费收入中支出。

三、行政厅应当支持瑞士联邦环境办公室对本条例的实施。特别指出，行政厅如发现有缴费义务的人提供了不完整或虚假信息，应及时通知瑞士联邦环境办公室。

第十八条

自2011年11月9日制定，2012年1月1日起生效的第一部分第七条第三款被废除。

第五章 最后条款

第十九条 废除和修改当前的立法

废除和修改当前的立法在附属条令里有约定。

第二十条 过渡性条款

一、这条法令适用于其实施之前的情况，但是还没有最后定论。

二、以下活动没有交费义务：

a. 2013年12月31日之前，在垃圾场填埋、出口没有被污染的挖掘材料、碎石和惰性垃圾；

b. 2009年12月31日之前，填埋垃圾的出口要按照出口垃圾的规定。

第二十一条 生效

本条例于2009年1月1日生效。

附件

（第十九条）

废除和修改当前立法

Ⅰ. 废除 2000 年 4 月 5 日污染场地修复收费条例。

Ⅱ. 以下法令按如下修改。

（修正案可以咨询 20084771）

污染物排放与废水中废物和污染物转移登记条例

2006年12月15日制定

（修订截止于2007年1月23日）

根据1983年10月7日联邦环境保护法第四十六条第二款，联邦委员会颁布污染物排放与废水中废物和污染物转移登记条例。

第一章 总则

第一条 应用的目的与范围

一、此条例是要确保公众对污染物排放与废水中废物和污染物转移登记信息的了解。

二、它适用于与附件一一致的设施装置。

第二条 定义

在此条例中：

a. PRTR 意思是污染物排放与转移登记（有关污染物排放与废水中废物和污染物转移登记）；

b. 与附件一一致的装置，也包括在一个设施中有两个或多个相同类型的装置，该装置超过单一装置的容量阈值，多个装置合并在一起超过了一种装置的容量阈值；

c. 设施是指一个或多个极其相似的装置合并为一个操作部件隶属于同一物主或操作者；

d. 物主或操作者是指设施的拥有人或实际操作人员；

e. 污染物是指附件一中的一种物质或几种物质集合体；

f. 排放是指将污染物有意或无意、直接或经污水系统却没有最终治理而排放到空气、水或土地中，尤其是泄露、辐射、排出、注入、处理或倾倒；

g. 转移是指超出设施界限的有意或无意移动；①水一定要循环或处理；②废水中的污染物一定要治理；

h. 废水是指由于工业、商业、农业或其他使用而变质的水；

i. 有害废物是指 2005 年 6 月 22 日废物转移条例第二条第二款字母 a 中的废弃物。

第二章 物主或操作者职责

第三条 保护职责

根据附件一，设施装置的物主或操作者必须确保公众在登记时了解装置信息，这些信息是全面的、是基于标准定义的、是可以理解的。

第四条 报告要求

一、根据附件一，设施装置的物主或操作者每年 7 月 1 日之前的一年里向联邦环境办公室递交有关第五条第一款的信息：

a. 设施排放到空气、水源和土地中的污染物的量超过附件二中临界值；

b. 设施转移超过 2 吨的有毒废物；

c. 设施转移超过 2000 吨的其他废物。

第五条 报告内容

一、报告必须包括：

a. 设施装置的名称、地址和地理坐标，参照附件一；

b. 物主或操作者的姓名和地址；

c. 设施在之前一年里排放到空气、水源和土地中的污染物总量；

d. 前一年设施排放的有毒废物的总量。根据附件二，必须使用字母 R 或 D 给予提示，R 和 D 分别表示废物可以循环利用和处理；对有毒废物的越界转移，必须提供废物循环或废物处理设施的名字和地址，以及循环或处理具体所在地；

e. 前一年里其他废物转移的总量。根据附件二，必须使用字母 R 或 D 给予提示，R 和 D 分别表示废物可以循环利用或处理；

f. 前一年里转移到废水中污染物的总量，包含它的数字（附件一第一栏）；

g. 字母 c～f 表示信息的方法：表示信息是否基于测量、计算或评估。

二、在排放或转移方面，确定信息所使用的方法，必须以现有的最有效的信息来选择；如果可能，应该选择国际公认的方法。

三、必须把信息直接载入联邦环境办公室提供的机密登记册；例外时，数据资料可能以其他方式呈递给联邦环境办公室。联邦环境办公室决定数据资料的形式。

四、任何人把与第五条第一款一致的信息递送给联盟，依据其他规章，可以委托联盟查找与第三款一致的登记信息。联邦环境办公室可以从其他联邦机构查找信息，机构是依据其他规章而成立，并适于转入到登记册来保存维护这些信息清单。

第六条　保留信息的责任

一、根据附件一，设施装置的物主和操作者必须保留搜集的数据资料。这些递交的信息是从五年期间信息的报道中获得的。这些搜集资料必须包含记载资料具体的方法和细节。

二、这些搜集资料必须可供权力部门查询。

第三章　权力部门的义务

第七条　维护污染物排放与转移登记

一、联邦环境办公室应该维护污染物的排放与转移登记。

二、污染物排放与转移登记应该包括：

a. 与第五条第一款一致的非机密信息；

b. 扩散源排放污染物的信息；

c. 与现有的国家环保数据库的电子链接；

d. 与协议合作方的污染物排放同转移登记的电子链接；如有可能，与其他国家的污染物排放同转移登记的电子链接。

三、联邦环境办公室应该更新登记：

a. 前一年里与第二款字母 a 一致的年度非机密信息；

b. 与第二款字母 b 一致的，扩散源排放污染物的阶段性信息。

第八条　面向公众的信息

一、根据第四条，联邦环境办公室应确保，在数据报道后的九个月里，公众能够提出对污染物排放与转移的监督。

二、应确保公众通过因特网获得污染物排放与转移信息，尤其在因特网上，信息至少包含十年的电子版数据资料。

三、联邦环境办公室应确保，依据下列标准可以电子搜索到每年的污染物排放与转移的信息：

　　a. 设施名称及其地理坐标；

　　b. 与附件一一致的装置；

　　c. 物主或操作者；

　　d. 污染物或废物；

　　e. 污染物排入的环境介质；

　　f. 与附件二一致的循环或处理的操作；

　　g. 废物循环或废物处理设施的名称和地址，以及有毒废物越界转移时，循环或处理的具体的地址。

四、联邦环境办公室也应确保在登记册中可查询污染源信息。

第九条　保密性

一、与第五条第一款一致的信息视作公开，该信息不与任何值得保护的重要个人或公众的利益相冲突。

二、值得保护的个人或公众的利益列举在2004年12月17日信息自由法案中第七条。

三、向联邦环境办公室递交文件的任何人必须：

　　a. 指出所有被视为保密的信息；

　　b. 说明所述的利益优于公众利益的理由。

四、联邦环境办公室将评定所述的利益是否更为重要。如果评定结果不同于设施物主或操作者的申请，联办环保办公室必须给物主或操作者一个陈述立场的机会，然后以正式的决定通知他们。

五、如果信息被视为保密，必须在信息类型的登记册中标明，并注明保密的原因。

第十条　数据资料的验证

一、根据附件一，每个州都可以获取它本州范围内有关设施装置的保密登记册（第五条第三款）中的信息。

二、每个州必须验证：

a. 物主或操作者是否遵守了报告要求；

b. 报告的信息是否完整，是否与标准定义一致和便于理解。

三、如果他们确定此条例的要求没有完成，他们将在报告数据后三个月期限之内，按第四条第一款要求，通知联邦环境办公室。联邦环境办公室必须采取必要的措施。

第十一条　对公众的建议与州区的配合

一、联邦环境办公室应定期通知公众有关污染物排放与转移的信息，并针对它的使用和目的提供建议。

二、它应确保与州区定期交流信息，随着污染物排放与转移的快速发展，更好地配合州区的工作。

第四章　最终条款

第十二条　现行法律的修正案

1998 年 12 月 7 日农业数据条例修订如下：

第十五条第一款字母 e

……

附件二

……

第十三条　过渡性条款

一、至 2008 年 7 月 1 日，第五条第一款中的报告必须在报告的第一年递交。

二、如果附件一中设施装置的物主或操作者报告的资料是有关此条例开始执行前的一段时期，该报告将按照第九条处理审核。

第十四条　生效

本条例于 2007 年 3 月 1 日生效。

附件一

（第一条第二款）

装置：

一、能源行业：

a. 石油和天然气的炼油厂；

b. 气化和液化的装置；

c. 热发电站和其他燃烧热量输入超过 50 兆瓦的装置；

d. 可口可乐烤箱；

e. 每小时超过 1 吨生产能力的燃煤轧钢厂；

f. 煤炭产品和固体无烟燃料的生产的装置。

二、金属加工业：

a. 金属矿石（包括含硫矿石）烧结装置；

b. 生产生铁或钢（主要或次要融化）的设施，连续铸造每小时超过 2.5 吨；

c. 黑色金属的处理设施：

①每小时生产超过 20 多吨粗钢的热轧厂；

②每锤的能量超过 50 个千焦的热值超过 20 兆瓦锻冶车间；

③每小时生产 2 吨粗钢的保护熔金属外套的应用程序。

d. 每天生产能力超过 20 吨的黑色金属铸造厂；

e. 设备：

①生产有色金属的设备，该金属是从矿石、主要或次要的原材料经过冶金、化学或电解过程而获得；

②冶炼设备，包括有色金属铸成合金，其熔化能力对铅和镉每天超过 4 吨或对所有其他金属每天超过 20 吨；

f. 通过电解或化学过程对金属和塑料材料进行表面处理的设备，在设备中处理体积超过大桶的 30 立方米。

三、矿产行业：

a. 地下采矿及相关操作的设备；

b. 用于表面开采超过 25 公顷的露天采矿的设备：

①生产能力超过 500 吨/天的熟水泥回转窑；

②生产能力超过 50 吨/天的石灰回转窑；

③其他生产能力超过 50 吨/天的熟水泥或石灰炉。

c. 用于生产石棉及与石棉衍生品的设备；

d. 用于玻璃生产的设备，包括与熔化能力超过 20 吨/天的玻璃纤维生产的设备；

e. 用于熔化矿物质的设备，包括熔化能力超过 20 吨/天矿物纤维的生产的设备；

f. 用于烧制陶瓷产品的设备，特别是生产能力超过 75 吨/天的屋瓦、砖、耐火砖、瓷砖、陶瓷或窑产能超过 4 立方米和密度超过 300 千克/立方米的设备。

四、化学行业：

a. 用于规模化生产有机化合物的设施，例如：

①简单的碳氢化合物（线性或循环，饱和和不饱和，脂肪族或芳香族）；

②含氧碳氢化合物，如醇类、醛类、酮类、羧基酸、酯、醋酸纤维素醚类、过氧化物等；

③含硫碳氢化合物；

④含氮碳氢化合物，如胺、酰胺、硝基氮的化合物、硝酸化合物、腈、异氰酸酯；

⑤含磷碳氢化合物；

⑥同物异体的碳氢化合物；

⑦有机金属的碳氢化合物；

⑧纤维素、纤维聚合物，合成纤维；

⑨合成橡胶；

⑩染料和颜料；

⑪活化剂和表面活性剂。

b. 规模化生产无机化合物质的设施：

①气体，如氨、氯、或碳氧化物、硫化物、氮氧化物、氢、二氧化硫、碳酰氯；

②酸，如铬酸、氢氟酸、磷酸、硝酸、盐酸、硫酸、发烟硫酸、硫磺酸；

③基质，如氢氧化铵、氢氧化钾、氢氧化钠等；

④盐，如氯化铵、氯酸钾、碳酸钾、钠、碳酸岩盐、过硼酸盐硝酸银；

⑤非金属、金属氧化物或其他无机化合物，如电石、硅、碳化硅。

c. 批量生产磷肥、氮肥、钾肥或复合肥的设备；

d. 规模化生产植保产品和杀菌剂的化工设备；

e. 规模化生产医保产品的化学或生物设备；

f. 规模化生产炸药、烟火的设备。

五、垃圾和废水管理：

a. 用于焚烧、热解、恢复、化学处理或用于对危险废物的填埋设备，废物接收每天10吨以上；

b. 垃圾焚烧量达3吨/小时的设备；

c. 无害废物处置能力超过50吨/天的设备；

d. 垃圾填埋场，不包括接受超过10吨/天或者总量超过25万吨的不会发生化学反应的垃圾填埋场；

e. 处理或回收每天总量超过10吨的动物尸体和动物粪便的设备；

f. 具有超过100000人口容量的市政污水处理厂；

g. 独立运营的工业废水处理厂，服务于本附件中所描述一项或多项活动，并且有每天处理超过10000立方米垃圾的能力。

六、纸张和木材生产加工设备：

a. 木材或纤维材料的纸浆生产设备；

b. 对工业纸、纸板和其他主要的木材（塑板、纤维板、胶合板等）生产能力20吨/天的生产设施；

c. 为保护木材和每天能生产超过50立方米的化学性的木材产品的工业设施。

七、集约化畜牧生产设备和水产业设备：

a. 集约化家禽养殖设备：

①饲养家禽超过40000只的养殖场；

②养猪超过2000头的养殖场；

③饲养母猪超过750头的养殖场；

b. 每年鱼类和贝类养殖超过1000吨水产养殖场。

八、来自食品和饮料行业产品的动物和蔬菜：

a. 每天肉生产能力50吨以上的屠宰场；

b. 生产能力每天超过75吨成品的动物原料（牛奶除外）食品饮料的生产设施；

c. 每天超过300吨（季度平均值）蔬菜原料的产品加工厂。

九、其他的活动：

对每天处理超过10吨染色的纤维或纺织品的预处理（如洗涤、漂白）的设备。

附件二

（第四条第一款字母 a 和字母 b）

污染物

破折号（－）表示有就有关参数或媒介没有报告的义务。

编号	CAS 号	污染物	阈值 空气 公斤/年	阈值 水 公斤/年	阈值 土地 公斤/年
1	74－82－8	甲烷（CH_4）	100000	—	—
2	630－08－0	一氧化碳（CO）	500000	—	—
3	124－38－9	二氧化碳（CO_2）	1亿	—	—
4		水文碳氟化合物（HFCS）	100	—	—
5	10024－97－2	氧化亚氮（N_2O）	10000	—	—
6	7664－41－7	氨（NH_3）	10000	—	—
7		非甲烷挥发性有机化合物（NMVOC）	100000	—	—
8		氧化氮（NOx/N_2）	100000	—	—
9		全氟碳化物（PFC）	100	—	—
10	2551－62－4	六氟化硫（SF_6）	50	—	—
11		硫氧化物（SOx/SO_2）	150000	—	—
12		总氮	—	5000	5000
13		总磷	—	5000	5000
14		氟氯烃（HCFCs）	1	—	—
15		氯氟烃（CFC）	1	—	—
16		卤盐	1	—	—
17	7440－38－2	砷及其化合物（以 As 计）	20	5	5
18	7440－43－9	镉及其化合物（如 CD）	10	5	5
19	7440－47－3	铬和化合物（如铬）	100	50	50
20	7440－50－8	铜化合物（如铜）	100	50	50
21	7439－97－6	汞及化合物（如汞）	10	1	1

续表

编 号	CAS 号	污染物	阈值 空气 公斤/年	阈值 水 公斤/年	阈值 土地 公斤/年
22	7440-02-0	镍及其化合物（如镍）	50	20	20
23	7439-92-1	铅及其化合物（以 Pb 计）	200	20	20
24	7440-66-6	锌化合物（如锌）	200	100	100
25	15972-60-8	甲草胺	—	1	1
26	309-00-2	奥尔德林	1	1	1
27	1912-24-9	阿特拉津	—	1	1
28	57-74-9	氯丹	1	1	1
29	143-50-0	十氯酮	1	1	1
30	470-90-6	毒虫畏	—	1	1
31	85535-84-8	氯烷烃，$C_{10}-C_{13}$	—	1	1
32	2921-88-2	毒死蜱	—	1	1
33	50-29-3	滴滴涕	1	1	1
34	107-06-2	1,2-二氯乙烷（EDC）	1000	10	10
35	75-09-2	氯甲烷（DCM）	1000	10	10
36	60-57-1	狄氏剂	1	1	1
37	330-54-1	敌草隆	—	1	1
38	115-29-7	硫丹	—	1	1
39	72-20-8	异狄氏剂	1	1	1
40		卤化有机化合物（如 AOX）	—	1000	1000
41	76-44-8	七氯	1	1	1
42	118-74-1	六氯苯（HCB）	10	1	1
43	87-68-3	六氯丁二烯（六氯丁二烯）	—	1	1
44	608-73-1	1,2,3,4,5,6 六氯环己烷（HCH）	10	1	1
45	58-89-9	林丹	1	1	1
46	2385-85-5	灭蚁灵	1	1	1
47		PCDD + PCDF（二恶英 + 呋喃）（如 TEQ）	0.001	0.001	0.001
48	608-93-5	五氯苯	1	1	1
49	87-86-5	五氯苯酚（PCP）	10	1	1

续表

编 号	CAS 号	污染物	阈值 空气 公斤/年	阈值 水 公斤/年	阈值 土地 公斤/年
50	1336-36-3	多氯联苯（PCB）	0.1	0.1	0.1
51	122-34-9	西玛津	—	1	1
52	127-18-4	四氯乙烯（PER）	2000	—	—
53	56-23-5	四氯化碳（TCM）	100	—	—
54	12002-48-1	三氯苯（的TCB）	10		
55	71-55-6	1,1,1-三氯乙烷	100	—	—
56	79-34-5	1,1,2,2-四氯乙烷	50		
57	79-01-6	三氯乙烯	2000		
58	67-66-3	三氯甲烷	500		
59	8001-35-2	毒杀芬	1	1	1
60	75-01-4	氯乙烯	1000	10	10
61	120-12-7	蒽	50	1	1
62	71-43-2	苯	1000	200	200
63		溴联苯醚（PBDE）	—	1	1
64		壬基酚聚氧乙烯醚（NP/NPE上）和有关物质		1	1
65	100-41-4	乙苯		200	200
66	75-21-8	环氧乙烷	1000	10	10
67	34123-59-6	异丙隆		1	1
68	91-20-3	萘	100	10	1
69		有机锡化合物（如总锡）		50	50
70	117-81-7	二-(2-乙基己基)酯（DEHP）	10		
71	108-95-	2酚类（占总C）		20	20
72		多环芳香烃（PAHs）	50	5	5
73	108-88-3	甲苯	—	200	200
74		三丁基锡化合物和		1	1
75		三苯基锡化合物和		1	1
76		总有机碳（TOC）（占总C或COD/3）		50000	—
77	1582-09-8	氟乐灵		1	1
78	1330-20-7	二甲苯	—	200	200

续表

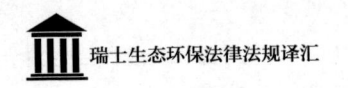

编号	CAS 号	污染物	阈值 空气 公斤/年	阈值 水 公斤/年	阈值 土地 公斤/年
79		氯化物（以总氯）	—	200万	200万
80		氯和无机化合物（如盐酸）	10000	—	—
81	1332-21-4	石棉	1	1	1
82		氰化物（以总CN）	—	50	50
83		氟化物（以总F）	—	2000	2000
84		氟和无机化合物（如HF）	5000	—	—
85	74-90-8	氢氰酸（HCN）	200	—	—
86		颗粒物（PM10）	50000	—	—

附件三

处理和恢复操作

一、处理操作（"D"）

埋入地下或堆放地表（如垃圾填埋场）

土地处理（如将液体状或泥状的垃圾消撒在土壤里）

特殊填埋（如放置到整排的互相分隔容器里）

生物处理，在这个附件中没有其他地方对之加以规定，该处理所产生的混合物可以通过本部分的任何一种指定的处理方法都可以处理掉。

物化处理，在这个附件中没有其他地方对之加以处理，该处理所产生的混合物可以通过本部分的任何一种指定的处理方法都可以处理掉。（如蒸发、干燥、煅烧、中和、沉淀）地表焚烧

永久存储（例如，放置在矿井下的容器中）

在进行本部分的任何其他指定的处理之前的混合

在进行本部分的任何其他指定的处理之前的重新包装

在进行本部分的任何指定的处理时的存储等待

二、恢复操作（"R"）

用作燃料（除了直接焚烧）或以其他方式生成能源

溶剂回收/再利用

不用作溶剂的有机物质的回收/再利用

金属和金属化合物的回收/再利用

其他无机材料的回收/再利用

酸或主要成分的再生

用于消除污染元素的恢复

来自催化剂成分的恢复

使用再次精炼的石油或对先前使用过的油的再使用

有益农业或生态改善和土地治理

对上面这部分再使用的操作中所获得剩余材料的使用

对提交上面的废物的交换使用

用于本部分任何指定处理材料的积聚

关于防止重大事故条例

1991年2月27日制定

(修订截止于2013年4月1日)

根据1983年10月7日联邦环境保护法第十条第四款和第三十九条第一款及1991年1月24日联邦水法第四十七条第一款，联邦委员会颁布关于防止重大事故条例。

第一章 总则

第一条 目的和范围

一、本条例旨在保护公众和环境免遭严重危害或重大意外事故造成的损害。

二、本条例适用于：

a. 规定附件1.1定义的物质、制剂或特殊废物阈值；

b. 按照2012年5月9日安全条例，规定使用3级、4级转基因或致病微生物的行为；

c. 按照1996年12月3日对危险货物铁路运输及缆道运输条例或有关国际协定条例中涉及危险货物运输或转运的铁路装卸；

d. 1983年6月6日过境公路条约在交通道路中的危险货物运输或转运规定与1985年4月17日关于危险货物运输条例或有关国际协议的一致；

e. 在莱茵河运输或转运危险货物，须遵守1970年4月29日莱茵河危险货物运输条例；

f. 2000年2月2日管线条例所界定的管道安装符合附件1.3规定的标准。

三、在个别情况下，考虑到可能会导致严重危害公众安全或环境破坏的情形，执法机关对交通要道或管道安装等可以根据本条例做出如下规定：

a. 处理物质，制剂或特殊废物的机构；

b. 根据管理条例和瑞士生物安全咨询意见，规定使用2级转基因或致病性微生物的行为；

c. 规定以外的运输路线，危险货物运输或转运参照第二款执行；

d. 2000年2月2日的管线条例所界定的管道安装不适用附件1.3规定标准的。

四、鉴于辐射损害公众安全或破坏环境，本条例不适用于安装和运输受法律限制的核能和防辐射等情形。

五、环境保护法第十条是直接适用于机构或交通路线，因为在特殊情形下，导致危害公共安全和环境污染不是来源于物质、制剂、特殊废物、危险品、转基因或致病微生物。

第二条　定义

一、环境保护法第七条第七款规定，机构的设立要在业务（操作区域）范围内，且相关业务是紧密相连的。

二、铁路设备是指直接用于危险货物运输或转运的建筑物和其他固定装置。包括轨道（站台内外），操作区和转运区外专用线，但仓库除外。

三、潜在危害是可能产生的物质、制剂、特殊废物，有关微生物或危险物品的数量和性质的影响的总和。

四、重大事故是指发生在建立运输路线上或在管道安装中有重大影响的特殊事件：

a. 操作区以外；

b. 交通路线上或附近；

c. 管道安装附近。

五、风险是由可能对公众的危害或对环境造成的重大事故和其发生的可能性损害的程度决定的。

第二章　预防原则

第三条　一般安全措施

一、运输路线或管道安装机构的负责人可以利用先进的安全技术、丰富的个人经验和可行的经济政策，采取一切适当措施降低风险。这些措施包括减少潜在危险，防止重大事故，限制其影响等。

二、当选定措施时，应考虑到可能导致重大事故的操作和本地因素，以及未经授权人的行为。

三、采取措施时，应重点考虑在附件二规定的原则。

第四条 特殊安全措施

如果负责人已经明确出示了该机构所在周边地区潜在危险的风险报告，或者根据第六条已经确定了该评估的必要性，那么负责人除了采取一般的安全措施，还需采用附件三所规定的特殊安全措施。

第五条 总结报告

一、机构的负责人必须提交一份总结报告给执法机关。该报告应包括：

a. 机构的总体规划和周边地区信息的简要说明；

b. 机构中最大数量的物质、制剂或特殊废物超过附件1.1规定的阈值数量的清单，连同适用的阈值数量；

c. 2012年5月9日遏制条例第八条规定的风险评估；

d. 制定了在任何财产的起草文件和企业责任保险政策文件；

e. 安全措施细节；

f. 可能对公众的危害或对环境造成重大事故的损害程度的估计。

二、运输路线的负责人须提交一份总结报告给执法机关。它应包括：

a. 运输路线的结构和技术设计，以及周边地区的总体规划和信息的简要说明；

b. 交通运输路线上流量和结构以及交通事故统计数据；

c. 安全措施的细节；

d. 对重大事故造成公众严重损害或环境的损害的可能性的估计。

三、管道安装的负责人应提交总结报告给执法机构。它应包括：

a. 管道的结构和技术设计，以及周边地区的总体规划和信息的简要说明；

b. 关于物质的类型、组成、物理状态和运输准备工作以及经批准的操作压力和事故统计的数据；

c. 安全措施细节；

d. 对重大事故造成公众严重损害或环境的损害的可能性的估计。

四、如果有实质性的变化或有有效的新技术出现，负责人应更新总结报告。

第六条 对总结报告和风险报告的评价

一、执行机关应核实总结报告的完整性和正确性。

二、需核实以下几点：

a. 对机构可能造成的损害及损害（第五条第一款字母 f）程度的评估是否合理；

b. 在交通要道发生重大事故造成严重危害或损害（第五条第二款字母 d）程度的评估是否合理；

c. 在管道安装上发生重大事故造成严重危害或损害（第五条第三款字母 f）程度的评估是否合理；

三、现场检查后，在适当情况下，应当评估假设的有效性：

a. 企业中发生重大事故对公众造成严重危害或对环境造成的损害是否是可预见的；

b. 在运输路线上发生重大事故造成严重伤害或损害的可能性很低；

c. 在管道安装上发生重大事故造成严重伤害或损害的可能性很低。

四、如果这个假设是不予受理的，应当责令责任人按照附件四编制风险报告。

第七条 风险报告的评价

一、执行机关应审查风险报告和评估风险是否可以接受，并且应在监管审查报告中列明其评价。

二、评估风险的可接受性时，应考虑当地的风险因素和特别关注重大事故发生的可能性必须较低的事实：

a. 与机构、运输路线或管道安装的私人和公共利益相比，更应该防止公众或环境免受重大事故所造成严重损害或危害；

b. 可能损害公众或环境破坏的程度就越大。

第八条 其他安全措施

一、如果风险是不可接受的，执法当局须制定这些可能被需要的额外措施。如果有必要，这些可能包括业务和交通的限制或禁止。

二、不同的公共机构在负责各项措施的情况下，执法机关应向主管机

455

关提出适当的要求。如果有必要，联邦委员会应在协调下采取适当措施。

第九条 公布监管审查结果

根据要求，执行机关应按照附件四和监管审查报告，遵守有关保密法律，公布风险报告摘要。

第十条 危险货物运输信息

一、根据区域市政总署在铁路设施中运输危险货物的负责人应定期编制并正式提交给执法机构关于运输业务的所有数据来确定和评估风险，如运输之日，货物的分类及数量，以及出发地和目的地。

二、运输经营人运输危险货物应按特别提款权向其居住的或营业地点的行政区的执法机构提交下列资料：

a. 姓名和地址；

b. 根据要求，关于运输业务用于确定和评估风险的所有其他数据，如运输日期，分类和货物的数量，以及出发地和目的地的位置。

三、根据联邦环境办公室的要求，联邦军政府的首长应确保第二款规定的数据从联邦国防、民防和体育部门的部分收集的交通危险货物按照特别提款权或与1983年6月1日军事道路交通条例。

四、运输经营人运输危险货物应按照 ADNR 向执法机关提交下列资料：

a. 姓名和地址；

b. 根据要求，关于运输业务用于确定和评估风险的所有其他数据，如运输日期，分类和货物的数量，以及出发地和目的地的位置。

第三章 重大事故责任

第十一条

一、负责人应尽一切努力来处理重大事故。

二、负责人应采取的措施：

a. 立即解决重大事故和通知联系人；

b. 立即保护事故现场，防止影响扩散；

c. 尽快补救重大事故所造成的一切影响。

三、负责人应在事故发生后三个月内提交一份报告给执法机关。该报告应包括：

a. 重大事故的过程、影响以及反响的描述；

b. 安全措施有效性的信息；

c. 事故的评估。

四、如果负责人无法在指定的期间内制定出报告，那么他必须向执法机构提交延期申请说明理由以及一份临时状况的调查报告。

第四章 各州的责任

第十一条 a 协调结构和土地利用计划

一、各州应考虑结构和土地利用计划中重大事故的预防。

二、机构、运输路线和管道安装，执行机关指定的毗邻地区建筑和设施的建设可能会导致风险的显著增加。

三、主管当局作出关于修改第二款规定的区域结构和土地利用计划的决定前，它应当获得风险评估执法权威专家的意见。

第十二条 联络点

一、各州应指定一个联络点，负责在任何时间接收重特大事故的通知，并立即报警紧急服务点。

二、各州还应确保中央办公室只要接收到重大事故的通知就立即批转到国家紧急行动中心的紧急服务台。

第十三条 信息和警报

一、各州应确保在发生重大事故的情况下及时通知受影响人员，如有必要应提醒并建议如何行动。

二、如果重大事故的影响可能超越州界或国界，他们还必须确保及时通知和提醒相邻的各州和国家。

第十四条 紧急事务的协调

各州应当协调紧急服务和负责人的应急计划。

第十五条 机构检查的协调

各州应尽可能地根据本法和其他法律协调机构的检查。

第十六条 向联邦办公室提供的资料

一、各州应定期向联邦办公室提供其领地内存在潜在危险和风险的详细说明（风险登记册），并附上所采取的应对措施。

二、为此，主管联邦和各州主管部门应当根据要求提供必要的信息。

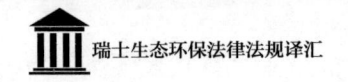

三、以上信息要遵守法律规定的相关保密条例。

第五章 联邦委员会的责任

第十七条 联邦办公室收集的数据

一、主管联邦和州当局均须根据要求依照本条例向联邦办公室收集所有信息。

二、联邦办公室应确保处理和提供给主管部门的数据，只要这是实施为本条例的必要。

三、以上信息要遵守法律规定的相关保密条例。

第十八条 公路运输危险货物的进出口及过境数据

根据联邦办公室的要求，海关总署应确保提供给联邦办公室关于确定和评估风险危险货物的进出口和过境的所有数据。

第十九条 公路运输危险货物运输数据的处理

联邦办公室负责国家有关危险货物道路运输处理的数据（第十条和第十八条）。

第二十条 信息

发生的重大事故可能产生重大的影响超越国界时，主管联邦当局应通知国外的相关瑞士特派团和有关国外当局。

第二十一条 专家委员会

一、联邦环境、交通、能源和通信部可设立专家委员会，对此感兴趣的联邦代表，可以向专家委员会提出意见。

二、联邦生物安全专家委员会是从事转基因或致病性微生物研究的机构。

第二十二条 指导方针

联邦办公室应根据需要，发布解释条例，特别是有关该条例的适用范围，安全措施，总结报告和风险报告的编写工作，以及审查和评估其规定。

第六章 最后条款

第二十三条 执法

一、各州应执行本条例，除非强制执行的责任分配给了联邦。

二、当采用其他联邦行为、国际协定或有关本条例规定的事项的决议，联邦当局也应负责执行本条例。联邦办公室和各州的参与是由环保局管辖第四十一条第二款和第四款，且这些规定须遵守有关保密法律规定。

三、联邦机构应当依照本条例指定最小的地理数据模型和演示文稿模型的官方地理数据，本条例出自联邦政府主管部门的 2008 年 5 月 21 日地质信息条例附件一中。

第二十四条　现行法例的修订

第二十五条　过渡性条文

一、负责人须在以下日期前将总结报告（第五条）提交至执法机关：

a. 如果是一般设施，在 1993 年 4 月 1 日前提交；

b. 如果是用于国家和国际交通运输的铁路设施（如 1957 年 12 月 20 日铁路法第二条中规定的主线路），在 1993 年 4 月 1 日前提交；如果是一般铁路设施，则在 1994 年 4 月 1 日前提交；

c. 如果是 1983 年 6 月 6 日交通道路条例中定义的欧洲公路、机动车道和高速公路，在 1993 年 4 月 1 日前提交；如果是其他交通道路，则在 1994 年 4 月 1 日前提交；

d. 如果涉及莱茵河，在 1993 年 4 月 1 日前提交。

二、第十条第一款中指定的信息应在 1991 年第一时间提交执法当局；第十条第二款字母 a 和第四款字母 a 的信息应在 1991 年 10 月 1 日提交执法权力机关。

三、根据第一款和第二款在执行机关已经拥有必要的信息的情况下，执行机关应放弃提供信息的要求。

第二十五条 a　2013 年 2 月 13 日修订的过渡性条文

一、管道安装的负责人应在本修订条例（第五条第三款）生效后 5 年内提交总结报告给执行机关。

二、根据第一款在执行机关已经拥有必要信息的情况下，执行机关应放弃提供信息的要求。

第二十六条　生效日期

本条例于 1991 年 4 月 1 日生效。

附件一
范围和总结报告

附件1.1
(第一条和第五条)
物质、筹备工作或特殊废物数量上限

一、……

二、阈值数量的测定

(一) 物质或制剂

1. 附件1.1中第三条表中列出的物质或制剂中指定的阈值内的数量都适用。

2. 对于其他的物质或制剂，对有关责任人应确定使用第四点规定的标准临界值的数量。

3. 该标准包含三个内容（第四十一点：毒性；第四十二点：火灾和爆炸特性；第四十三点：生态毒性）。只有一个临界量是要在每个区域确定，继续在该标准中列出（字母）的顺序。一个阈值数量已经确定了一个领域后，另一个继续下一个区域。应通过这种方式获得的最低阈值的数量。

4. 负责人如果能令人相信获取数据的成本是不成比例的，那么并不需要确定一个标准或区的临界量。

(二) 特殊废物

联邦环境、交通、能源和通信署须按照2005年6月22日对废物的变动条例第二条指明垃圾列表中特殊废物的门槛数量。在这样做时，应考虑到它们的：

a. 毒性；
b. 火灾、爆炸特性；
c. 生态毒性。

三、物质和制剂规定的阈值数量（例外列表）

序号	物质名称	CAS 号	TQ（公斤）
1	乙炔	74-86-2	5000
2	4-氨基联苯及其盐类		1
3	砷（Ⅲ）氧化物，砷（Ⅲ）的酸和它们的盐		100
4	砷（Ⅴ）氧化物，砷（Ⅴ）的酸和/或它们的盐		1000
5	联苯胺及其盐类		1
6	汽油（常规，超）		200000
7	二（氯甲基）乙醚	542-88-1	1
8	氯	7782-50-5	200
9	氯甲基甲基醚	107-30-2	1
10	二甲基氨基甲酰氯	79-44-7	1
11	二甲基亚硝胺	62-75-9	1
12	取暖油，柴油		500000
13	六甲基磷酰胺	680-31-9	1
14	煤油		200000
15	粉末形式的4,4'-亚甲基双（2-氯苯胺）及其盐		10
16	2-萘胺及盐类		1
17	镍化合物可吸入粉末形式（镍一氧化碳、二氧化镍，镍硫化物，硫化物，三氧化二砷）		1000
18	4-硝基联苯	92-93-3	1
19	异氰酸甲酯	624-83-9	150
20	聚合氯化苯呋喃，计算作为TCDD当量		1
21	聚合氯化苯二噁英（包括TCDD），计算公式为TCDD当量		1
22	1,3-丙烷磺内酯	1120-71-4	1
23	二氯化硫	10545-99-0	1000
24	氢	1333-74-0	5000

四、确定临界量的标准

（一）毒性

标　准	值标准			
	临界量 = 200 千克	临界量 = 2000 千克	临界量 = 20000 千克	临界量 = 200000 千克
a. 欧盟分类	T +	T, C	xn	xi
b. 急性毒性				
— 口服（毫克/千克）	< 25	25≤200	200≤2000	
— 真皮（毫克/千克）	< 50	50≤400	400≤2000	
— 吸入（毫克/升 4 小时）	<0.5	0.5≤2	2≤20	
C. SDR 分类				
— 类 8		包装组 I，II		包装组 3 III
— 类 6.1	包装组 3I	包装组 3II	包装组 3 III	

（二）火灾和爆炸特性

标　准	值标准			
	临界量 = 200 千克	临界量 = 2000 千克	临界量 = 20000 千克	临界量 = 200000 千克
a. SWISSI 火灾风险		E1	E2, AF, HF, F1, F2, O1, O2	F3, F4, O3
b. 欧盟分类		E	F +, F, O, R10	
c 闪点（0 摄氏度）			≤ 55	> 55
d. 特别提款权分类				
— 类 3			包装组 I，II	PG4III

（三）生态毒性

标 准	值标准			
	临界量 = 200 千克	临界量 = 2000 千克	临界量 = 20000 千克	临界量 = 200000 千克
a. 对水蚤的急性毒性：EC50（毫克/升）1 天后		≤10		
b. 湾对鱼的急性毒：LC50（毫克/升）2 至 4 天后		≤10		

附件 1.2　已废止

（第一条和第五条）

附件 1.3

（第一条）

管道的安装标准

一、管道安装为气态热和发动机燃料的运输适用本条例的范围内需符合下列条件：

a. 经批准的经营压力大于 5 栏和小于或等于 25 栏和产品的帕斯卡在批准的经营压力和以米为单位的外部直径大于 500000 帕斯卡 米（500 栏 厘米）（"压力"是应采取"积极的压力"的意思）；

b. 经批准的经营压力大于 25 栏和产品的帕斯卡在批准的经营压力和以米为单位的外部直径大于 1000000Pam（1000bar cm）（"压力"是应采取"积极的压力"的意思）。

二、为运输的液体热和马达燃料管道的安装属于本条例范围内，如果与批准的经营压力大于 5 栏，在已批准的产品的经营压力在帕斯卡和以米为单位的外部直径大于 200000 帕斯卡 米（200 栏 厘米）（"压力"就是采取"积极的压力"的意思）。

附件二
一般安全措施的原则

附件 2.1

（第三条）

处理物质、制剂或特殊废物的机构

采用一般安全措施时，处理的物质、制剂或特殊废物的机构负责人尤其应考虑到以下原则：

a. 选择一个合适的地点，并确保保持适当的安全距离；

b. 尽可能替代危险物质或用较少的危险制剂，或限制其数量；

c. 尽量避免危险工序、方法或操作程序；

d. 对承重结构进行设计，使其能在重大事故发生之后不会造成额外的严重影响；

e. 物质、制剂或特殊废物以有序方式存储，同时考虑到它们的属性，并保存库存记录；

f. 安装必要的安全设备，并采取必要的结构、技术和组织保护措施；

g. 安装可靠的测量或控制系统，其中只要出于安全原因，所需的多个不同类型的并且彼此独立地操作；

h. 安装适当的警告和警报系统；

i. 监控设备和安全关键部件的操作，并进行定期保养；

k. 建立内部明确责任采纳和监测安全措施；

l. 收集、评估并传递到有关人员，在建立用于高风险方法和过程时提供的任何资料；

m. 部署足够数量的合格的工作人员和训练他们预防、准备和应对重大事故；

n. 控制进入场所；

o. 提供所需应对重大事故的资源和联络的紧急服务。

附件 2.2

（第三条）

微生物处理的机构

涉及转基因活动或致病微生物进行的机构的负责人应：

a. 选择一个合适的地点，并确保保持适当的安全距离；

b. 尽可能地以较少的危险方式替代危险的微生物；

c. 采用在 2012 年 5 月 9 日遏制条例附件四规定的安全措施；

d. 建立内部规则用于重大事故的预防、控制和管理以及列车工作人员；

e. 提供所需的重大事故的管理资源和联络紧急服务；

f. 收集，评估和传递给有关人员对高风险的方法，并在建立的过程中使用任何可用的信息。

附件 2.3

（第三条）

运输路线

当采用一般的安全措施时，运输路线的负责人尤其应考虑到以下原则：

a. 选择一个合适的定位和相应的建设标准，并且确保保持必要的安全距离；

b. 对运输路线进行设计，使其能在重大事故发生之后不会造成额外的严重影响；

c. 安装必要的安全设备，并采取必要的结构、技术和组织保护措施；

d. 安装足够的预警和警报系统；

e. 监控设备和运输路线的安全关键要素操作，并进行定期保养；

f. 危险货物运输需采取必要的交通管理或控制措施；

g. 收集、评价和传递给有关工作人员关于危险货物运输的任何资料；

h. 配合紧急服务制定重大事故应急预案，并定期在这一计划的基础上进行演练。

附件 2.4

（第三条）

管道安装

当采用一般的安全措施时，管道安装的负责人尤其应考虑到以下原则：

a. 选择一个合适的定位/地点，并确保保持适当的安全距离；

b. 考虑到周边地区，安装必要的安全设备并采取必要的结构，技术和组织的保护措施；

c. 收集，评估和传递由运输热和发动机燃料所带来的危害提供的任何资料给感兴趣的第三方（如员工，紧急服务员和土地所有者）。

附件三
特殊的安全措施

附件3.1
（第四条）
处理的物质、制剂或特殊废物的机构
负责物质、制剂或特殊废物处理机构的负责人应：

a. 保持机构中物质、制剂或特殊废物超过附件1.1规定的阈值量的数量和地点的记录，这些记录在发生重大的变化时要立即更新，否则为一周更新一次；

b. 保持在文件指定的物质或制剂的安全性相关属性的书面记录；

c. 特别的规定，保留五年定期检查安全措施的记录；

d. 记录任何显著的操作失误，采用的原因和措施；在操作期间这些文件将被保留，但最长为十年；

e. 按字母a至d把数据和文件保留在一个安全的地方，并按要求向执法当局提供当前状态的信息；

f. 配合紧急服务制定重大事故应急预案，并定期在这一计划的基础上进行演练；

g. 告知工作人员风险报告的结果。

附件3.2
（第四条）
微生物处理的机构
涉及进行转基因或致病微生物活动的机构的负责人应：

a. 保存一份在机构中使用的微生物的清单，并包括使用和储存的信息；

b. 记录任何显著的操作失误，采用的原因和措施；在操作期间这些文件将被保留，但最长为十年；

c. 按字母 a 至 d 把数据和文件保留在一个安全的地方，并按要求向执法当局提供当前状态的信息；

d. 配合紧急服务制定重大事故应急预案，并定期在这一计划的基础上进行演练；

e. 告知工作人员风险报告的结果和重大事故应急预案；

f. 定期以适当的方式，通知可能受到重大事故应急预案影响以及如何在这样的事故的中采取行动的有关人员。

附件四

风险报告

附件 4.1

（第六条）

处理物质、制剂或特殊废物的机构

一、原则

（一）根据第七条，由机构给公众和环境带来的风险报告必须包含所有执法机关为了验证和评估所需的信息，尤其包括第二至五点中列出的所有信息。

（二）在有正当理由的情况下，信息的某些项目可能省略，或替换为其他人同样有效或更适当的。

（三）给定的每个项目信息细节的范围和程度将取决于具体情况，特别是考虑到给予机构的类型，潜在的危险，周围区域和安全措施。

（四）风险报告的文档，特别是测试结果、实验数据、文献引用、计算和详细分析的结果，将保存在执法机关处理。

二、基本数据

（一）机构和周边地区

— 机构与网站规划的描述，包括任何许可证，规划审批或特许，

— 机构的（主要活动，组织结构，人员数量等）特性，

— 周边地区与总体规划的细节，

— 机构按研究单位的分工和原因划分。

（二）存在于各个研究单位名单的物质、制剂或特殊废物

—指定（化学名称、CAS 号、商标名称等），

—最大数量,

—位置,

—物理和化学性质的细节。

(三) 研究单位设施的说明

— 建筑物的结构,

—方法和过程,

—存储,

—传入和传出的出货量,

—提供用品和处置,

—重大事故的特定设施。

(四) 研究单位的安全措施

— 法规的适用和经验,

—采取降低潜在危险的措施,

—采取防止重大事故的措施,

—采取限制重大事故的影响的措施。

三、分析各研究单位

(一) 方法

—所采用的方法说明。

(二) 危害潜力

—概述主要危害的潜力和表征。

(三) 重大事故的主要情况

1. 发布流程

—可能的原因,

—重大发布流程的描述,

—估计发生的可能性,考虑安全措施到位。

2. 发布的影响

—基于分散的考虑,说明效果,

—估计发生的可能性,考虑安全措施到位。

3. 公众和环境的后果

—对可能造成公众的危害或对环境破坏程度的说明,

—估计发生的可能性,考虑安全措施到位。

四、总结

——考虑到研究单位的风险以及安全措施到位，

——机构作为一个整体所带来的风险估计。

五、风险报告摘要

——机构的特性和主要危害潜力的建立，

——安全措施的说明，

——主要重大事故情况的说明，

——机构作为一个整体所带来的风险评估。

附件4.2

（第六条）

微生物处理的机构

一、原则

（一）按照第七条由机构对公众或环境构成风险报告必须包含执法权威用于验证和评估所需的信息。尤其包括在第二至五点中列出的所有信息。

（二）在有正当理由的情况下，信息的某些项目可能省略，或替换为其他人同样有效或更适当的。

（三）给定的每个项目信息细节的范围和程度将取决于具体情况，特别是考虑到要提供给机构的性质，潜在的危险，周围区域和安全措施。标有星号（*）的项目，一般只适用于生产设施。

（四）用于风险报告的文档，特别是测试结果、实验数据、文献引用、计算和详细分析的结果是要保持在执法机关处置。

二、基本数据

（一）机构和周边地区

——机构与网站的计划的描述，包括任何许可证或规划批文，

—— 机构的特征，

——负责人的姓名

——对周边地区与总体规划的信息。

（二）涉及微生物的活动

风险评估根据2012年5月9日遏制条例第八条，特别是身份和微生物活动的性质和规模的特点：

a. 亲本微生物或在适用的情况，所用的宿主载体系统；

b. 涉及的操纵遗传物质的来源和预定的功能（次），

—所包含的使用目的，

—文化卷，

＊预期的产品和可能在活动过程中产生的副产品的性质。

（三）安装

— 安装部分的说明

＊从事安装工作的人以及直接从事微生物工作的人的最大数目。

（四）废物、废水和废气

— 使用微生物所产生的废物和废水的类型和数量，

—终极形式和灭活废物的目的。

（五）安全措施

—活动的等级根据2012年5月9日遏制条例，

—遏制条例中规定的措施，

—预防重大事故的措施，

—限制重大事故的影响的措施。

三、分析

（一）方法

— 采用的方法说明。

（二）潜在危险

— 主要潜在危险的概述和特性。

（三）主要重大事故情况

—重大事故的可能原因，

—基于分散考虑的说明显著释放事件及其影响，

—可能对造成公众的危害或对环境破坏程度的说明，

—估计发生的可能性，鉴于安全措施到位。

四、总结

—考虑风险，鉴于安全措施到位，

—机构引起的风险评估。

五、风险报告摘要

—主要潜在危害和机构的特征，

—安全措施说明，

—主要重大事故情况说明，

—机构引起的风险评估。

附件4.3

（第六条）

运输路线

一、原则

（一）按照第七条由运输路线对公众或环境构成风险报告必须包含执法权威用于验证和评估所需的信息。尤其包括在第二至五点中列出的所有信息。

（二）在有正当理由的情况下，信息的某些项目可能省略，或替换为其他人同样有效或更适当的。

（三）给定的每个项目信息细节的范围和程度将取决于具体情况，特别考虑到特定的功能和交通路线的位置，周围区域，运输体积和流量，事故统计和安全措施。

（四）用于风险报告的文档，特别是测试结果、实验数据、文献引用、计算和详细分析的结果是要保持在执法机关处置。

二、基本数据

（一）机构和周边地区

—运输路线与网站的计划的描述，包括任何许可证或规划批文，

—运输路线的结构、技术和组织数据的信息，

—安全设备的信息，

—对周边地区与总体规划的信息。

（二）运输和事故统计的量和结构

—运输数据，比如交通的总量和重货物运输的比例，

—危险货物运输量和总重货物运输量的比例数据，

—事故发生率，事故黑点和一般事故统计数据。

（三）安全措施

—法规适用和经验，

—降低潜在危险的措施，

—防止重大事故的措施，

—限制重大事故的影响的措施。

三、分析

（一）方法

— 采用的方法说明，

— 用于确定危险货物运输的比例调查方法的描述。

（二）潜在危险

— 主要潜在危险的概述和特性。

（三）主要重大事故情况

—重大事故的可能原因，

—基于分散考虑的说明显著释放事件及其影响，

—可能对造成公众的危害或对环境破坏程度的说明，

—估计发生的可能性，鉴于安全措施到位。

四、总结

—考虑风险，鉴于安全措施到位，

—运输路线引起的风险评估。

五、风险报告摘要

—运输路线和主要潜在危害的特征，

—安全措施说明，

—主要重大事故情况说明，

—运输路线引起的风险评估。

附件4.4

（第六条）

管道安装

一、原则

（一）按照第七条由管道安装对公众或环境构成风险报告必须包含执法权威用于验证和评估所需的信息。尤其包括在第二至五点中列出的所有信息。

（二）在有正当理由的情况下，信息的某些项目可能省略，或替换为其他人同样有效或更适当的。

（三）给定的每个项目信息细节的范围和程度将取决于具体情况，特别考虑到特定类型管道安装，其潜在危险，周边地区以及安全措施。

（四）用于风险报告的文档，特别是测试结果、实验数据、文献引用、计算和详细分析的结果是要保持在执法机关处置。

二、基本数据

（一）管道安装和周边地区

—管道安装与网站、网站的计划的描述，

—管道安装的结构、技术和组织数据的信息，

—安全设备的信息，

—对周边地区与总体规划的信息。

（二）安全措施

—技术标准，

—降低潜在危险的措施，

—防止重大事故的措施，

—限制重大事故的影响的措施。

三、分析

（一）方法

— 采用的方法说明，

（二）潜在危险

— 主要潜在危险的概述和特性。

（三）主要重大事故情况

—重大事故的可能原因，

—基于分散考虑的说明显著释放事件及其影响，

—可能对造成公众的危害或对环境破坏程度的说明，

—估计发生的可能性，鉴于安全措施到位。

四、总结

—考虑风险，鉴于安全措施到位，

—管道安装引起的风险评估。

五、风险报告摘要

—管道安装和主要潜在危害的特征，

—安全措施说明，

—主要重大事故情况说明，

—管道安装引起的风险评估。

后 记

　　一个是被誉为世界上最绿色的国家，一个是致力于建设"东方瑞士"的中国西部省份——在加强生态文明交流合作、推动可持续发展的共同信念和追求下，远隔万水千山的瑞士与贵州紧紧拥抱在一起。贵州与瑞士结下不解之缘，始于两国领导人的高瞻远瞩与牵线搭桥。2013年7月18日，习近平主席在人民大会堂会见瑞士联邦主席于利·毛雷尔时强调，"中国正在加强生态文明建设，致力于节能减排，发展绿色经济、低碳经济，实现可持续发展。贵州地处中国西部，地理和自然条件同瑞士相似。希望双方在生态文明建设和山地经济方面加强交流合作，实现更好、更快发展。"2013年7月20日生态文明贵阳国际论坛召开之际，习近平主席发来贺信，专门提到了"走向生态文明的新时代，建设美丽中国，这是实现中华民族伟大复兴中国梦的重要内容"。习近平主席的贺信在大会上引起了强烈的反响，生态文明贵阳国际论坛2013年年会特别设置"贵州与瑞士对话：携手瑞士，绿色发展"论坛。

　　为贯彻落实习近平主席的讲话精神，中共贵州省委、贵州省人民政府积极进行相关部署和准备工作。2013年7月25日，时任中共贵州省委副书记李军主持召开贵州省生态文明建设领导小组会议，就贵州与瑞士发展比较研究事项做了部署，由贵州省社会科学院承担。贵州省社科院党委对此高度重视，成立由院领导挂帅的领导小组，并于7月27日成立了贵州与瑞士发展比较研究课题组。8月15日，贵州省社科院党委专门研究建立了贵州与瑞士发展比较研究中心。中心成立后，围绕贵州与瑞士发展比较研究开展了一系列的工作。2013年12月，课题组已经完成《贵州与瑞士发展比较研究》课题报告，并得到贵州省人民政府省长陈敏尔，时任中共贵州省委副书记、省生态文明建设领导小组组长李军，现中共贵州省委常委、时任贵州省人民政府副省长、省生态文明建设领导小组副组长慕德贵的肯定性评价，李军副书记专门与课题组成员进行座谈，并转达了省委主要领导希望课题组继续从事这一课题的要求，还划拨专款，成立了"贵州省打造'东方瑞士'发展战略研究"课题组。2014年6月，课题组5位成员赴瑞士考察，回来后又对《贵州与瑞士发展比较研究》进行了认真的修改，由社会科学文献出版社于2014年7月出版，出版后在"2014年生态文明贵阳国际论坛"广泛交流，反响强烈。

2014年7月10～12日，生态文明贵阳国际论坛2014年年会在贵阳顺利举办，国务院总理李克强专门发来贺信，他表示："生态文明源于对发展的反思，也是对发展的提升，事关当代人的民生福祉和后代人的发展空间。中国把生态文明建设放在国家现代化建设更加突出的位置，坚持在发展中保护、在保护中发展，健全生态文明体制机制，下大力气防治空气雾霾和水、土壤污染，推进能源资源生产和消费方式变革，继续实施重大生态工程，把良好生态环境作为公共产品向全民提供，努力建设一个生态文明的现代化中国。"瑞士联邦议会联邦院议长汉纳斯·格尔曼及瑞士驻华大使戴尚贤、瑞士全民代表理事会议员汉斯鲁迪·万福乐一行出席了本届论坛及"山地经济，绿色发展"分论坛。中共贵州省委书记、省人大常委会主任赵克志在会见格尔曼议长一行时说："在习近平主席、李克强总理的亲切关心下，在两国政要和各界朋友的共同努力下，贵州与瑞士开展了一系列务实交流合作，取得了丰硕成果。"2014年7月1日，中瑞自由贸易协定正式生效，为贵州与瑞士交流合作驶入"快车道"带来重大机遇。2014年11月4～13日，中共贵州省委副书记、贵州省人民政府省长陈敏尔率贵州代表团赴瑞士访问。贵州省有关部门多次组织代表团赴瑞士进行深度考察访问，举行贵州（瑞士）商贸旅游推介会，瑞士政界和商界对贵州代表团给予了热情接待，双方在产业经贸、生态环保、文化旅游、城市规划建设、政府管理创新等方面积极推动务实合作，成功签署《中国贵州省与瑞士联邦发展合作署合作意向书》、《中国国际贸易促进委员会贵州省分会与瑞士对外贸易协会合作备忘录》、《中国国际贸易促进委员会贵州省分会与瑞中经济协会战略合作框架协议》等一批战略合作协议。

2015年1月20～22日，李克强总理应邀出席世界经济论坛达沃斯年会并对瑞士进行工作访问。此访是李克强总理就任以来第二次访瑞，且恰逢中瑞建交65周年，凸显了中瑞之间良好的关系，以及中方对发展同瑞士友好合作关系的高度重视。3月25日至4月1日，根据国家旅游局的安排及进一步落实陈敏尔省长访问瑞士时作出的"关于扩大双方旅游文化交流"指示精神,贵州省组织大型民族歌舞《多彩贵州风》及部分旅游企业负责人赴瑞士开展旅游文化推介交流活动。4月23日,在中瑞建交65周年之际,"贵州·瑞士经贸合作交流会"在贵阳举行,还举行了瑞中协会贵阳办事处揭牌仪式,中共贵州省委副书记、贵州省人民政府省长陈敏尔会见了瑞中协会主席托马斯·瓦格纳一行。

课题组认为,瑞士历来重视产业发展和市场主体培育,环境科技、山地旅游、生物制药、食品加工等产业发展处于世界领先地位。贵州近年来在优化提升能矿产业、特色食品加工业等传统优势产业的基础上,大力发展大数据信息产业、大健康医药产业、现代山地高效农业、文化旅游业和新型建筑建材业等"五大新型产业",重点打造100个产业园区、100个现代高效农业示范园区、100个示范小城镇、100个城市综合体和100个重点旅游景区的"5个100工程",丰富的资源优势日益凸显,发展的态势持续向好,有助于双方进一步拓宽合作领域,提升合作水平,实现互利双赢。我们将认真学习借鉴瑞士的先进经验,着力在四个方面加强交流合作。一是加强生态建设的合作,共同推进生态文明建设,避免走先污染、后治理的老路。二是加强产业和贸易的合作,围绕大数据产业、新医药和健康养生产业、山地高效农业开展合作,共同推进贵阳综合保税区内"中瑞自由贸易协定"落地示范区建设。三是加强文化和旅游的合作,推进双方的文化交流,创新旅游综合开发、客源互送等合作方式,促进共同发展。四是加强教育合作,深化共办教育、高校互派学生、干部境外培训等合作,推动贵州与瑞士合作在更高层次、更宽领域取得新成果。在生态文明贵阳国际论坛举办期间,课题组成员积极参加了"中瑞对话"主题论坛,并与对外经济贸易大学共同承办了"打造基于价值观的绿色经济"分论坛,与瑞士巴塞尔大学教授、世界伦理研究基金会秘书长司徒博博士等专家学者进行了交流。

本书对瑞士生态环保法律法规所进行的翻译和汇编也是贵州与瑞士比较研究中心的重要成果之一。为了顺利完成《瑞士生态环保法律法规译汇》,我组织了贵州省社科院的3位研究人员和我指导的英语基础较好的已毕业或在读的博士、硕士,形成一个专门的翻译团队共13人,在5个月的时间内抓紧完成了20部法规的翻译工作。具体分工如下:吴大华(贵州省社会科学院院长、贵州与瑞士发展比较研究中心主任、法学博士后、经济学博士后、二级研究员、博士生导师）：《联邦自然与文化遗产保护法》、前言、后记；李洁（贵州省社会科学院工业经济研究所研究员、中国社会科学院工业经济研究所博士后研究人员、贵州与瑞士发展比较研究中心副主任、法学博士）：《联邦环境保护法》；贾梦嫣（贵州省社会科学院法律研究所助理研究员、英国剑桥大学法学硕士）：《大气污染防治条例》；贺华中［贵州民族大学化学与环境科学学院原院长（现研究生院院长）、教授、理学博士］，邓琳君（华南理工大学法学院2012级博士研究生），朱薇（贵州省社会科学院区域经济研究所副研究员、菲律宾国立比立勤大学管理学哲学博士）：《有害物质和制剂防治条例》；李继扬（云南大学法学院博士研究生）：《污染场地修复条例》、《污染场地修复收费条例》、《污染物排放与废水中废物和污染物转移登记条例》；辛纪元（云南大学法学院博士研究生、贵州师范大学法学院讲师）：《联邦二氧化碳减排法》、《二氧化碳减排条例》；陈远树（华南理工大学法学院博士研究生、广东省商务厅干部）：《降低噪声条例》；田离原（贵州师范大学法学院法学硕士）：《联邦非人类基因技术法》、《挥发性有机物税收优惠条例》；段红丽（贵州大学法学院法学硕士）：《关于防止重大事故条例》；邓琳君：《联邦水资源保护法》、《联邦森林法》、《森林条例》；刘云飞（贵州财经大学法学院副教授、法学博士）：《动物福利法》、《饮料容器条例》；刘洪瑞（贵州民族大学法学院博士研究生、贵州省工商行政管理局副处长）：《联邦格劳宾登州瑞士国家公园法》、《联邦拦水设施法》。

  本书译完后，为确切起见，我邀请了贵州民族大学化学与环境科学学院贺华中教授、杨成教授和王艺教授对译文进行了认真校对，保证了译文的准确性，在此向三位老师致以诚挚而深切的谢意。全书由我担任主编，统审全稿，邓琳君任副主编，协助我做了大量的组译编务，云南大学法学院博士研究生黄孝慧和贵州民族大学法学院在读硕士研究生冯明恩、王唯帮助通读核对。

  最后，我还要感谢社会科学文献出版社谢寿光社长及邓泳红分社社长对本书出版的重视和支持，感谢责任编辑陈颖等的辛勤劳动。

吴大华
2015年5月10日于甲秀楼

图书在版编目(CIP)数据

瑞士生态环保法律法规译汇/吴大华等编译.—北京：
社会科学文献出版社，2015.6
（贵州与瑞士比较研究丛书）
ISBN 978-7-5097-7649-0

Ⅰ.①瑞… Ⅱ.①吴… Ⅲ.①环境保护法-汇编-瑞士　Ⅳ.①D952.226

中国版本图书馆 CIP 数据核字（2015）第 127662 号

· 贵州与瑞士比较研究丛书 ·
瑞士生态环保法律法规译汇

编　　译 / 吴大华　邓琳君　等

出 版 人 / 谢寿光
项目统筹 / 陈　颖
责任编辑 / 陈　颖

出　　版 / 社会科学文献出版社·皮书出版分社（010）59367127
　　　　　　地址：北京市北三环中路甲29号院华龙大厦　邮编：100029
　　　　　　网址：www.ssap.com.cn
发　　行 / 市场营销中心（010）59367081　59367090
　　　　　　读者服务中心（010）59367028
印　　装 / 三河市尚艺印装有限公司
规　　格 / 开　本：787mm×1092mm　1/16
　　　　　　印　张：30.5　字　数：498千字
版　　次 / 2015年6月第1版　2015年6月第1次印刷
书　　号 / ISBN 978-7-5097-7649-0
定　　价 / 128.00元

本书如有破损、缺页、装订错误，请与本社读者服务中心联系更换

▲ 版权所有 翻印必究